Stephan Baur
Susanne Arnold

Annapurna Treks

Annapurna-Runde – Annapurna Base Camp – Nar Phu – Tilicho Lake – Poon Hill

Alle Etappen und Varianten

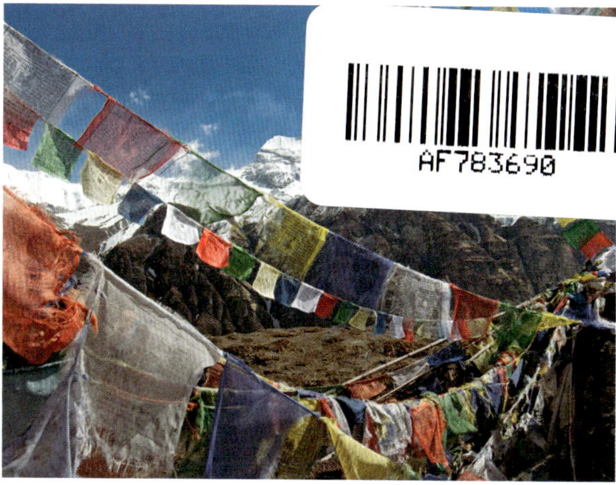

ROTHER
BERGVERLAG

ROTHER WANDERFÜHRER

Abruzzen
Achensee
Adlerweg
Ahrsteig
Albsteig
Algarve
Allgäu 1, 2, 3, 4
Allgäuer Alpen
AlpeAdriaTrail

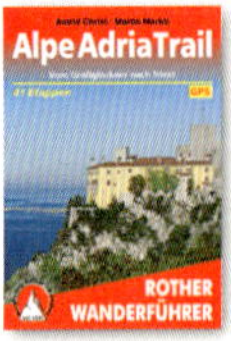

Altmühltal
Altmühltal-Panorama-weg
Andalusien Süd
Annapurna Treks
Antholz - Gsies
Aostatal
Appenzellerland
Apulien
Ardennen
Arlberg - Paznaun
Arnoweg
Asturien
Augsburg
Außerfern
Australien
Auvergne
Azoren
Baskenland
Bayerische Alpen Trekking
Bayerischer Wald
Berchtesgaden -Lienz
Berchtesgadener Land
Bergisches Land
Berlin
Bern
Berner Oberland Ost
Berner Oberland West
Bodensee Nord, Süd
Bodensee - Rätikon
Böhmerwald
Bolivien
Bozen - Kaltern
Brandnertal
Bregenzerwald
Bremen - Oldenburg
Brenta
Bretagne
Bulgarien
Burgund
Cevennen
Chalkidiki - Thassos
Champagne - Ardennen
Chiemgau
Chiemsee
Chur - Hinterrhein
Cilento
Cinque Terre
Comer See
Cornwall-Devon
Costa Blanca
Costa Brava
Costa Daurada
Côte d'Azur
Dachstein-Tauern Ost
Dachstein-Tauern West
Dänemark-Jütland
Dalmatien
Dauphiné Ost, West
Davos
Dolomiten 1, 2, 3, 4, 5, 6, 7, 8
Dolomiten-Höhenwege 1-3, 4-7, 8-10
Donausteig
E5 Konstanz - Verona
Ecuador
Eifel
Eifelsteig
Eisenwurzen
El Hierro
Elba
Elbsandsteingebirge
Elsass
Emmental
Ober-, Unterengadin
England Mitte, Nord, Ost, Süd
Erzgebirge
Fichtelgebirge
Fränkische Schweiz
Fränkischer Gebirgsweg
Frankfurt
Franziskusweg
Freiburg
Friaul-Julisch Venetien
Fuerteventura
Galicien
Gardaseeberge
Garhwal - Ladakh
Garmisch - Brixen
Gasteinertal
Genfer See
Georgien
Gesäuse
Glarnerland
Glockner-Region
Goldsteig
La Gomera
Gotthardweg
Gran Canaria
Grazer Hausberge
Grenzgänger-Weg
Gruyère - Diablerets
GTA
Hamburg
Harz
Haute Route
Hawaii
Hochkönig
Hochschwab
Hohenlohe
Hunsrück
Ibiza
Innsbruck
Irland
Isarwinkel
Island
Israel
Istrien
Jakobsweg - Camino Primitivo
Jakobsweg - Caminho Português
Jakobsweg - Camino del Norte
Französischer Jakobsweg Le Puy - Pyrenäen, Straßburg - Le Puy
Jakobsweg Marburg - Vézelay
Jakobswege Österreich
Jakobswege Schweiz
Spanischer Jakobsweg
Südfranzösischer Jakobsweg - Via Tolosana
Südwestdeutsche Jakobswege
Julische Alpen
Jura, Französischer
Jura, Schweizer
Kärntner Seen
Kalabrien
Kanadische Rocky Mountains
Karawanken
Karnischer Höhenweg
Karwendel
Kaunertal
Kitzbüheler Alpen
Kleinwalsertal
Korfu
Korsika
Korsika - GR 20

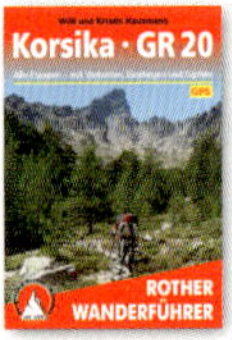

Korsika - Mare e Monti
Kraichgau
Kreta
Kurhessen
La Palma
La Réunion
Lahnwanderweg
Lago Maggiore
Languedoc-Roussillon
Lanzarote
Lappland
Lechweg
Lesbos - Chios
Limesweg
Lofoten
Lothringen
Lungau
Luxemburg - Saarland
Madeira
Mallorca
Malta - Gozo
Marken - Adriaküste
Marokko
Masuren
Maximiliansweg
Mecklenburgische Seenplatte
Menorca
Meran
Mont Blanc
Montafon
Montenegro
Mosel
Moselhöhenweg
Moselsteig
Mühlviertel
München
München - Venedig
Münsterland
Neanderlandsteig
Golf von Neapel
Neckarweg
Neuseeland
Neusiedler See
Niedere Tauern Ost
Niederlande
Niederrhein
Nockberge
Normandie
Norwegen Mitte, Süd, Jotunheimen
Nürnberg
Oberlausitz
Oberpfälzer Wald
Oberschwaben
Odenwald
Ötscher
Ötztal
Ötztal - Pitztal Trekking
Ossola-Täler
Ostfriesland
Ostseeküste
Ost-Steiermark
Osttirol Nord, Süd
Patagonien
Peaks of the Balkans
Peloponnes
Peru
Pfälzer Weinsteig
Pfälzerwald
Pfaffenwinkel
Picardie
Picos de Europa
Piemont Nord, Süd
Pinzgau
Pitztal
Portugal Nord
Provence
Pyrenäen 1, 2, 3, 4
Pyrenäen - GR 11
Regensburg
Rheinhessen
Rheinsteig
Rhodos
Rhön
Riesengebirge
Rom - Latium
Route de Ländle
Rügen

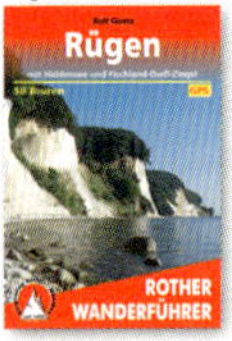

Ruhrgebiet
Rumänien - Südkarpaten
Saar-Hunsrück-Steig
Salzalpensteig
Salzburg
Salzburg - Triest
Salzkammergut Ost, West
Sardinien
Sauerland
Savoyen
Schaffhausen
Schottland
Schwabenkinder-Wege Oberschwaben, Schweiz - Liechtenstein, Vorarlberg
Schwäbische Alb Ost
Schwäbische Alb West
Schwarzwald Fernwanderwege
Schwarzwald Mehrtagestouren Mitte/Nord, Süd/Mitte
Schwarzwald Nord, Süd
Schweden Mitte, Süd
Seealpen
Seefeld
Sierra de Gredos
Sierra de Guadarrama
Sizilien
Spessart
Steigerwald
Steirisches Weinland
Sterzing
Stubai - Wipptal
Trekking im Stubai
Stuttgart
Südafrika West
Surselva
Sylt, Amrum, Föhr
Tannheimer Tal
Tasmanien
Hohe Tatra
Tauern-Höhenweg
Hohe Tauern Nord
Tauferer Ahrntal
Taunus
Tegernsee
Teneriffa
Tessin
Teutoburger Wald
Thüringen Mitte/Nord
Thüringer Wald
Tiroler Höhenweg
Toskana Nord, Süd
Türkische Riviera
Uckermark
Umbrien
Ungarn West
Usedom
Vanoise
Veltlin
Vía de la Plata
Via Francigena
Via Gebennensis
Vierwaldstätter See
Vinschgau
Vizentiner Alpen
Vogelsberg
Vogesen
Vogesen Mehrtagestouren
Vogesen-Durchquerung
Vogtland
Wachau
Waldviertel
Wales
Oberwallis
Unterwallis
Walliser Alpen
Weinviertel
Welterbesteig Wachau
Weserbergland
Westerwald
Westerwald-Steig
Wien
Wien - Lago Maggiore
Wiener Alpenbogen
Wiener Hausberge Nord, Süd
Wilder Kaiser
Zillertal
Trekking im Zillertal
Zürichsee
Zugspitze
Zypern

Vorwort

Nepal ist vieles. Es ist das Land der höchsten Berge. Die meisten 8000er befinden sich im nepalesischen Teil des Himalaya. Es ist das schmale Land zwischen den beiden Giganten Indien und China, von denen es maßgeblich beeinflusst wird. Es ist das Land, in dem die zwei Weltreligionen Buddhismus und Hinduismus friedlich nebeneinander existieren. Es ist das Land, auf das sich viele unserer westlichen Sehnsüchte richten: ruhige kleine Bergdörfer, freundliche Menschen, die ein einfaches, religiöses Leben führen. Grandiose Blicke auf die Eisriesen. Und Nepal ist und bleibt ein Trekking-Paradies.
Aber Nepal ist noch vieles mehr. Schließlich ist nur ein Drittel des Landes alpines Hochland. Da ist der Süden mit seinem subtropischen Klima, Dschungel und Reisterrassen. Da ist die Hauptstadt Kathmandu mit Smog, Überbevölkerung, täglichem Verkehrschaos und großer Armut. Da sind die vielen neu geplanten und bereits angelegten Jeep-Pisten, die in ganz Nepal, auch im Annapurna-Gebiet, immer weiter auch in die entlegensten Täler führen. Da ist ein riesiges Müll- und Energieversorgungsproblem. Aber dieses Kaleidoskop aus vom Reisenden erträumten, aber zum Teil auch abschreckenden Aspekten ist nur in seiner Gesamtheit das reale, moderne Nepal. Gerade in den letzten Jahren hat sich das Land verändert und weiterentwickelt. Die Bergwelt, folglich unser »Trekking-Paradies«, wird von der Zivilisation eingeholt. Auch wir wollten diese Realität und die Veränderungen zunächst nicht akzeptieren. Aber während unserer zahlreichen Reisen nach Nepal hatten wir immer Gelegenheit, uns viele Gedanken über diesen Wandel zu machen. Wir haben längere Zeit an zwei verschieden Schulen im Annapurna-Gebiet gearbeitet und konnten während dieser Zeit enge Kontakte zu den Einheimischen aufbauen. Wir lernten ihre Lebensweise, Einstellungen und Kultur kennen. Uns ist dabei bewusst geworden, dass wir die Zeit nicht anhalten können. Auch in Europa sind die Alpen erschlossen und kleine Dörfer an die Zivilisation angegliedert worden. Wäre es nicht unnatürlich, als fremder Beobachter durch eine Art historisches Freilichtmuseum spazieren zu wollen – obwohl es eine Welt in dieser nostalgischen Form gar nicht mehr gibt? Neben dieser Problematik war speziell das Jahr 2015 auf Grund der Erdbeben und der Handelsblockade für Nepal ein sehr schwieriges Jahr (siehe Infokasten S. 23). Wir können nur hoffen, dass sich das Land schnell von diesen Ereignissen erholt. Ganz sicher sind wir, dass das Annapurna-Gebiet keineswegs an Reiz verloren hat. Dieses reale Nepal strahlt, trotz – oder gerade wegen – seiner Ecken und Kanten, eine unglaubliche Faszination aus.
Uns werden die vielen magischen, wunderschönen, rührenden, aber auch erschreckenden Momente während all der Tage in Nepal immer im Gedächtnis und Herzen bleiben. Denn, um es frei nach Edmund Hillary zu sagen: Wir werden Nepal nicht verändern, aber Nepal hat uns verändert! Und vielleicht bald ja auch Sie!

Dietramszell, im Herbst 2019 — Stephan Baur / Susanne Arnold

Inhaltsverzeichnis

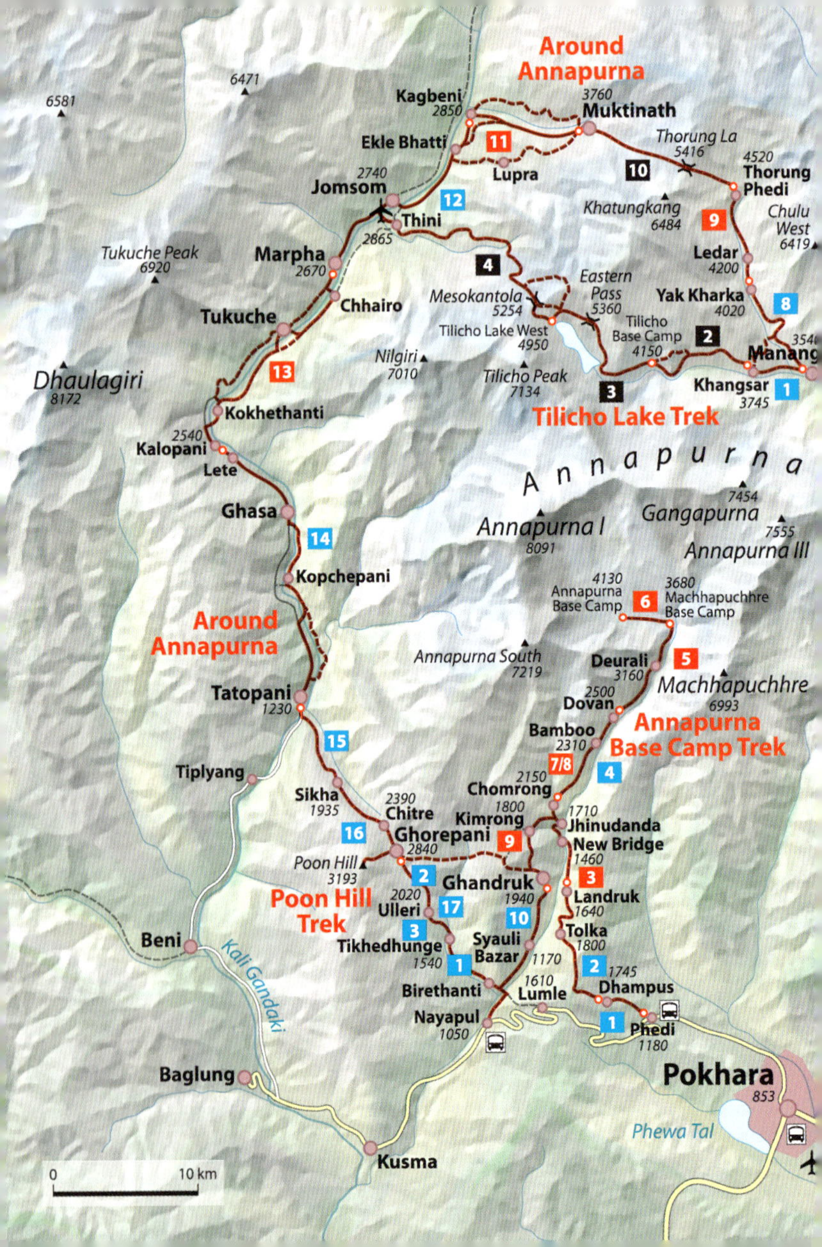
Around Annapurna
6471
6581
Kagbeni
2850
3760
Muktinath
Thorung La
5416
4520
Thorung Phedi
Ekle Bhatti
11
10
Lupra
2740
Jomsom
12
Khatungkang
6484
Chulu West
6419
Thini
2865
9
Tukuche Peak
6920
Marpha
2670
4
Ledar
4200
Eastern Pass
5360
Chhairo
Mesokantola
5254
Yak Kharka
4020
8
Tukuche
Tilicho Lake West
4950
Tilicho Base Camp
4150
2
Nilgiri
7010
Manang
13
Tilicho Peak
7134
Dhaulagiri
8172
Khangsar
3745
1
3
Kokhethanti
Tilicho Lake Trek
2540
Kalopani
Lete
A n n a p u r n a
7454
Gangapurna
Ghasa
Annapurna I
8091
7555
Annapurna III
14
Kopchepani
4130
Annapurna Base Camp
6
3680
Machhapuchhre Base Camp
Around Annapurna
Annapurna South
7219
Deurali
3160
5
Machhapuchhre
6993
Tatopani
1230
2500
Dovan
Annapurna Base Camp Trek
Bamboo
2310
15
7/8
2150
4
Tiplyang
Chomrong
Sikha
1935
2390
Chitre
1800
Kimrong
1710
Jhinudanda
16
Ghorepani
2840
9
New Bridge
1460
Poon Hill
3193
2
Ghandruk
1940
3
Landruk
1640
Poon Hill Trek
2020
Ulleri
17
10
Tolka
1800
3
Tikhedhunge
1540
Syauli Bazar
Beni
Kali Gandaki
1
1170
2
1745
Dhampus
Birethanti
1610
Lumle
Nayapul
1050
1
Phedi
1180
Pokhara
853
Baglung
Phewa Tal
Kusma
0
10 km

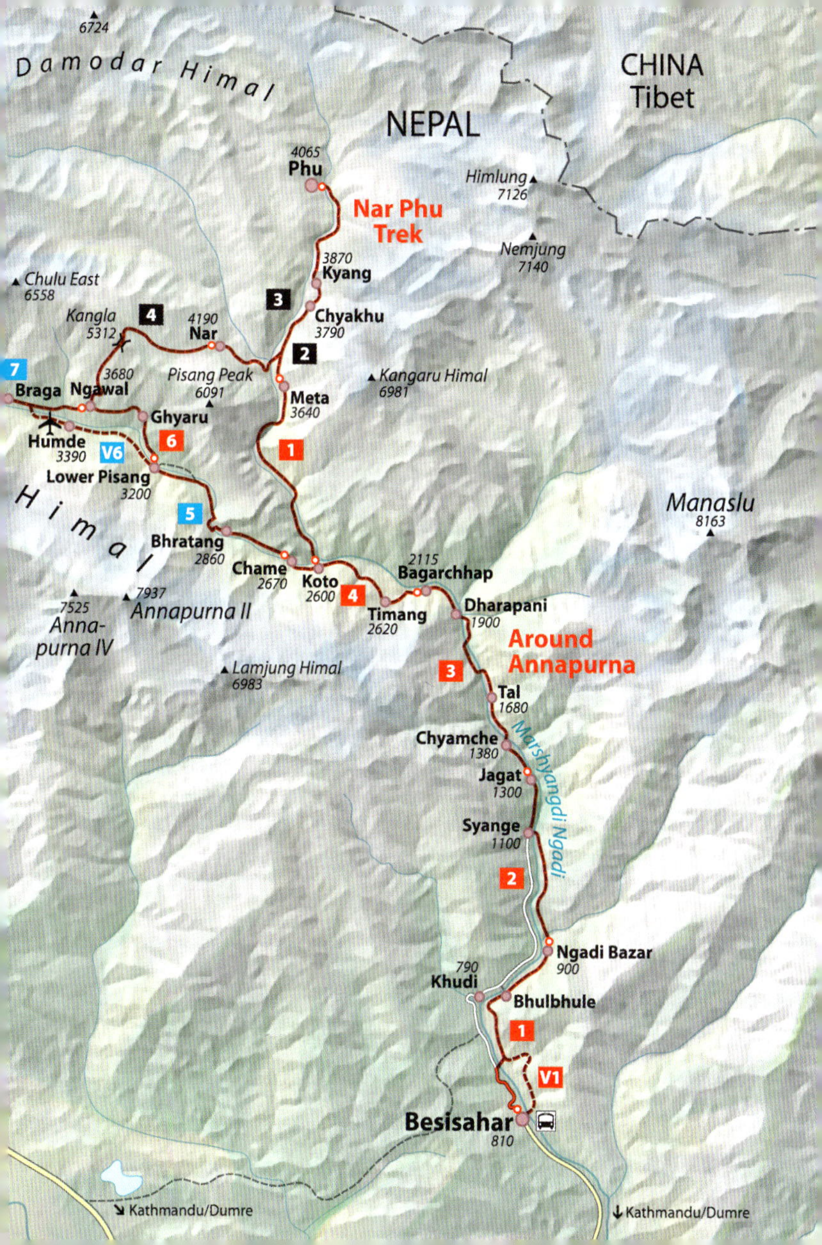

6724
Damodar Himal
NEPAL
CHINA
Tibet
4065
Phu
Nar Phu Trek
Himlung
7126
Nemjung
7140
3870
Kyang
Chulu East
6558
3
Kangla
5312
4
4190
Nar
Chyakhu
3790
2
7
3680
Pisang Peak
6091
Kangaru Himal
6981
Braga
Ngawal
Meta
3640
Ghyaru
Humde
3390
V6
6
1
Lower Pisang
3200
Himal
5
Manaslu
8163
Bhratang
2860
Chame
2670
Koto
2600
4
2115
Bagarchhap
Timang
2620
Dharapani
1900
7525
Annapurna IV
7937
Annapurna II
Around Annapurna
3
Lamjung Himal
6983
Tal
1680
Chyamche
1380
Marshyangdi Ngadi
Jagat
1300
Syange
1100
2
Ngadi Bazar
900
790
Khudi
Bhulbhule
1
V1
Besisahar
810
Kathmandu/Dumre
Kathmandu/Dumre

Annapurna-Trekking

Wer an Trekking denkt, denkt an Nepal! Und so kann Nepal als das Trekkingland schlechthin bezeichnet werden. Schon seit Beginn der 1950er-Jahre werden in Nepal Trekkingreisen unternommen. Seitdem hat sich natürlich viel geändert, auch in Nepal. Die abgelegensten Regionen werden Stück für Stück immer weiter erschlossen. Trotzdem werden wir bei einer Nepalreise immer wieder über das sehr einfache und zum Teil sehr harte Leben der Einheimischen staunen. Besonders bei einer Trekkingtour können wir das Land, die Natur und die Kulturen abseits der Zivilisation am intensivsten erleben. Oft kommt man sich vor wie in einem großen Freilichtmuseum.

Die drei bekanntesten und am häufigsten besuchten Trekkinggebiete in Nepal sind das Langtang-, das Everest- und das Annapurna-Gebiet. Die Region **Langtang** liegt nördlich der Hauptstadt Kathmandu an der Grenze zu Tibet und ist als Nationalpark geschützt. Hier stehen nicht die höchsten, aber dennoch sehr spektakuläre Gipfel mit über 7000 Metern.

Der höchste aller Berge, der Mount Everest, befindet sich im **Everest-Gebiet** oder auch **Khumbu** im Nordosten Nepals. Einen Großteil des Khumbu nimmt der Sagarmatha-Nationalpark ein, der seinen Namen dem Everest, auf Nepali »Sagarmatha« (»Stirn des Himmels«), verdankt. In dieser Region lebt das Volk der Sherpa.

Die meisten Wanderer, die nach Nepal kommen, machen sich auf in das Everest-Gebiet oder in das in diesem Buch beschriebene **Annapurna-Gebiet**. Pflanzen, Tiere und Menschen des Annapurna-Massivs werden durch das Annapurna Conservation Area Project (ACAP) geschützt. Dieser Nationalpark mit fast 8000 km² ist der größte Nepals.

Neben diesen drei Haupttrekkinggebieten gibt es einige weitere Regionen, die zum Teil noch relativ unbekannt, aber immer mehr im Kommen sind. An dieser Stelle soll das **Dolpo** erwähnt werden, das sich im Westen des Annapurna-Massivs befindet und seit 1993 (Inneres Dolpo) von Ausländern besucht werden darf. Immer mehr Wanderer reisen in das **Manaslu-Gebiet** direkt im Osten des Annapurna-Massivs, sowie in das Gebiet um den Achttausender **Kangchendzönga**, das sich im äußersten Osten des Landes findet.

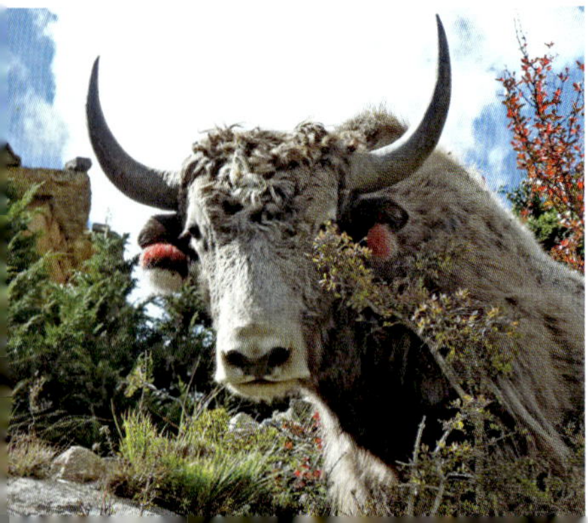

Yak-Yak-Yak (siehe Infokasten auf Seite 144).

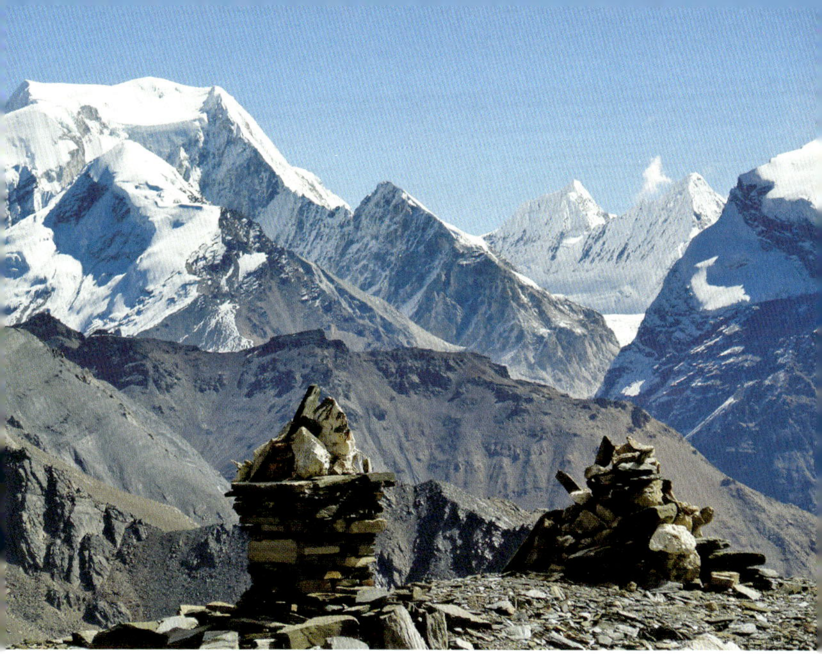

Beeindruckende Hochgebirgswelt bei Nar.

Im Annapurna-Gebiet gibt es zahlreiche Trekkingmöglichkeiten, die sich hinsichtlich der Landschaft, des Anspruchs, der Länge und vieler weiterer Aspekte deutlich voneinander unterscheiden.
Die beiden bekanntesten Touren sind die Umrundung des Massivs (»Annapurna-Umrundung« oder »Annapurna Circuit«) und der Weg zum Annapurna Base Camp (»ABC«).
Von anderen bekannten Trekkinggebieten (z. B. Everest-Gebiet) unterscheidet sich das Annapurna-Gebiet dadurch, dass die meisten Touren auf unter 1000 m Höhe starten und dann zum Teil Pässe mit mehr als 5000 m überwunden werden. Es werden also die unterschiedlichsten Vegetationsstufen durchwandert. Besonders die tieferen Regionen sind meist noch dichter besiedelt als jene über 3500 m und so haben wir gerade hier einen tollen Einblick in das alltägliche Leben der Einheimischen. Natürlich wird die Landschaft von den Bergriesen des Himalaya dominiert, aber hier im Annapurna-Gebiet warten auch viele kulturelle Höhepunkte auf die Wanderer. Manche Gebiete sind stark vom Hinduismus, manche ausschließlich vom Buddhismus geprägt. Die Vielschichtigkeit und Abwechslung, die Nähe

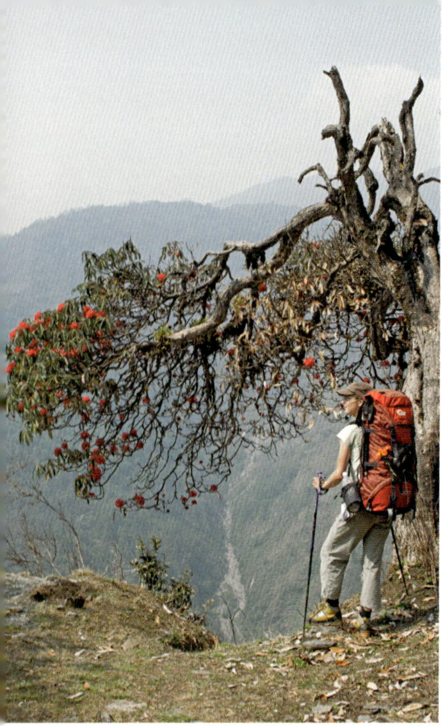

Passend zum Rucksack: Rhododendronblüte auf dem ABC.

zur einheimischen Bevölkerung und die grandiose Landschaft machen das Annapurna-Gebiet so bekannt und beliebt.
Es darf aber nicht unerwähnt bleiben, dass in diesem wunderschönen Gebiet, wie auch in vielen anderen Regionen Nepals, in den letzten Jahren und auch in Zukunft viele Veränderungen stattfinden. Starken Einfluss hat der Straßenbau. Viele Ortschaften, die vor ein paar Jahren nur zu Fuß erreichbar waren, sind jetzt mit holprigen, aber Jeep-tauglichen Pisten an das Straßennetz angebunden. Die neuen Straßen und deren Bau beeinflussen vor allem die Annapurna-Umrundung. Die anderen hier beschriebenen Touren sind nur zum Teil bzw. in keinster Weise von diesem Straßenbau betroffen. Man hört die unterschiedlichsten Dinge über diese Entwicklung. Und es ist nicht verwunderlich, dass Touristen, die schon mal dort waren und sich bei einem neuerlichen Besuch nicht auf den Straßenbau und auf fertige Pisten einstellen, mehr als enttäuscht sind.
Es gibt aber immer mehr Alternativwege (zum Teil auch markiert), die hier aufgezeigt werden, und aus unserer Sicht bleibt das Annapurna-Gebiet mit seinen alten und neuen Gesichtern ein Trekkinggebiet, das allen Ansprüchen gerecht wird. Es ist ein Trekkinggebiet, das das Land Nepal sehr gut repräsentiert.
Wie auch schon vor etlichen Jahren kann man hier das wahre und echte Nepal miterleben, dazu gehört aber auch der Einfluss der Moderne. Und es gibt sie ja auch immer noch, die ganz abgelegenen Regionen im Annapurna-Gebiet, ohne Straße, ohne Elektrizität und ohne Handyempfang.
Entscheiden Sie selbst, welche Tour der hier beschriebenen Ihren Vorstellungen und Wünschen am meisten entspricht.

Im Folgenden werden alle Trekkingtouren, die in diesem Buch dokumentiert sind, kurz vorgestellt. Natürlich sind die Treks zum Teil auch kombinierbar bzw. müssen kombiniert werden.

Annapurna-Umrundung (Annapurna Circuit)

Der ganz große Klassiker! Etwa drei Wochen dauert die Trekkingtour um das gewaltige Annapurna-Massiv. Der Ausgangspunkt Besisahar liegt gerade mal auf 810 m. Der höchste Punkt, der Thorung La mit seinen 5416 m, verbindet das Marshyangdi-Tal im Osten mit dem Kali-Gandaki-Tal im Westen. Die landschaftliche und kulturelle Vielfalt auf diesem bekannten Weg kann kaum übertroffen werden.

Annapurna Base Camp Trek (ABC)

Etwas kürzer und weniger anstrengend als die Annapurna-Umrundung ist der Weg zum Annapurna Base Camp auf einer Höhe von 4130 m. Das Lager steht in einem natürlichen Amphitheater, umrahmt von mächtigen Eisriesen. Atemberaubend ist von dort das 360-Grad-Bergpanorama.

Nar Phu Trek

Tibet zum Greifen nahe! Erst seit 2002 dürfen Touristen das geheimnisvolle Nar-Phu-Tal betreten. Es ist ein Seitental des Marshyangdi-Tals und somit muss dieser Trek mit einem Teil oder mit der gesamten Annapurna-Runde kombiniert werden. Ursprünglichkeit, Abgeschiedenheit und landschaftliche Höhepunkte sind garantiert. Schon allein wegen des steilen Kangla (5312 m) und der noch nicht gut ausgebauten Infrastruktur ist dieser Trek anspruchsvoller und anstrengender als die Annapurna-Umrundung.

Tilicho Lake Trek

Ein See auf 5000 m Höhe und dahinter steile, eisige 7000er. Ein Anblick, den man nicht so schnell vergessen wird. Dieser Trek muss wie der Nar Phu Trek mit Teilen der klassischen Annapurna-Umrundung kombiniert werden. Entweder man besucht den See als mehrtägigen Ausflug vom Ort Manang aus oder man stellt sich der ganz großen Herausforderung: Überschreitung von Manang, vorbei am Tilicho Lake, über den Mesokantola (5254 m) nach Jomson – eine sehr anspruchsvolle Trekkingtour mit Expeditionscharakter.

Poon Hill Trek

Der Weg zur Aussichtskanzel Poon Hill mit ihren 3193 m gehört zu den schönsten und beliebtesten kürzeren Trekkingtouren im Annapurna-Gebiet. Neulinge und alle, die nicht mehr Zeit zur Verfügung haben, finden mit diesem Trek eine Dreitagestour, bei der ein vielfältiger Einblick in die Kultur und Bergwelt sichergestellt ist. Der Trek kann problemlos zu einer fünftägigen Rundtour erweitert werden.

Zum Wanderführer

Aufbau

Dieser Wanderführer ist grob in drei Teile gegliedert. Im ersten Teil, der Einführung, stellen wir im Kapitel »Land und Leute« kurz das Land Nepal vor. Hier wird auf Themen wie Geografie, Bevölkerung, Religionen, aber auch Essen und Trinken eingegangen. Im Kapitel »Praktischer Teil« werden Dinge beschrieben, die Sie, wie zum Beispiel Ausrüstung oder Impfungen, schon vor dem Abflug bedenken sollten. Aber auch Hinweise für die Zeit Ihres Aufenthaltes in Nepal kommen hier nicht zu kurz.
Der Hauptteil, und damit natürlich auch der umfangreichste Teil des Wanderführers, besteht aus der Beschreibung der einzelnen Trekkingrouten. Ein kurzer Sprachführer auf den letzten Seiten wird Ihnen in der einen oder anderen Situation vielleicht weiterhelfen.
In welcher Form werden die einzelnen Trekkingtouren in diesem Buch beschrieben?
Zu Beginn jeder der fünf Trekkingtouren wird auf die Besonderheiten des Treks sowie auf Tipps zur An- und Abreise eingegangen. Die eigentliche Wegbeschreibung ist jeweils in einzelne, von uns empfohlene Tagesetappen eingeteilt, die auch alle sonstigen Informationen zur jeweiligen Strecke enthalten.
Schon der Etappenkopf jeder Tagesetappe informiert Sie über Auf- und Abstiegshöhenmeter (die auch kleine Gegenstiege enthalten können, die im Höhenprofil nicht dargestellt sind) und die Gehzeit (siehe auch »Gehzeiten«). Internetadressen und Telefonnummern sollen Ihnen ermöglichen, die kompletten und aktuellsten Informationen selbst abzurufen. In vielen Fällen lohnt es sich daher sicherlich, schon bei der Planung den angegebenen

Symbole und Abkürzungen

	Unterkunft (mit Einkehr)		Abzweig
	Gasthaus, Teehaus, Kiosk		buddhistisches Kloster, Chörten
	Zeltplatz		Tempel, Schrein
	Schutzhaus, Unterstand		(Eingangs-)Tor
	Busanschluss		Höhle
	Jeep(-Taxi)		Getreidemühle
	Flughafen		Aussichtspunkt
	Pass, Sattel		Wasserfall
	(Hänge-)Brücke		Quelle
	Bachquerung	SDWS	Safe Drinking Water Station

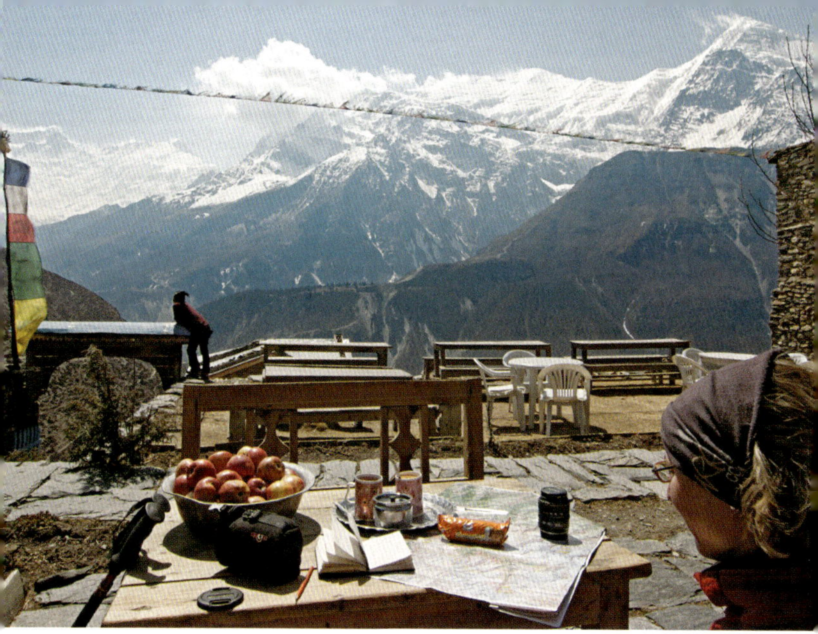

Mittagspause in Gunsang mit atemberaubendem Panorama aufs Annapurna-Massiv (Annapurna-Umrundung Etappe 8).

Links zu folgen und sich so auf den neuesten Stand zu bringen. Sie müssen sich daran gewöhnen, dass sich in Nepal manche Dinge sehr schnell und auch unerwartet ändern können. Versuchen Sie genau das möglichst schnell zu akzeptieren und am besten zu genießen!
Das Höhenprofil zeigt Ihnen auf einen Blick die Gehzeiten, die zu überwindenden Höhenmeter, die Streckenlänge, wichtige Zwischenziele sowie Einkehr- und Übernachtungsmöglichkeiten (siehe Symbole) und erleichtert Ihnen so die Tageseinteilung. Zur besseren Verknüpfung sind alle im Höhenprofil aufgeführten Begriffe bzw. Ortsnamen in der Etappenbeschreibung fett gedruckt und mit der entsprechenden Höhenangabe versehen.
Außerdem sorgt eine für jede Etappe abgebildete Wanderkarte für den nötigen Überblick. Dabei ist der Streckenverlauf rot eingezeichnet, Varianten sind rot gestrichelt dargestellt.
Um allen Ansprüchen gerecht zu werden, stehen Ihnen fast alle Wege als GPS-Tracks (Wegverlauf) samt GPS-Wegpunkten (die wichtigsten davon finden Sie auch in Text, Höhenprofil und Karte) zum Download zur Verfügung (siehe »GPS« auf Seite 16). Besonders bei plötzlichem Wetterumschwung,

Einbruch der Dunkelheit oder auf weglosen Abschnitten kann die Nutzung eines GPS-Geräts eine deutliche Erleichterung darstellen.
In der Etappenbeschreibung versuchen wir den Wegverlauf so genau wie nur möglich zu erläutern. Dazu haben wir oftmals auch die Himmelsrichtungen mit Norden (N), Osten (O), Süden (S) und Westen (W) angegeben.
Zusätzlich Interessantes und Wissenswertes zu Land und Leuten bieten die gelb hinterlegten Infokästen.

Anforderungen

Die Gesamtanforderungen der fünf einzelnen Trekkingtouren werden jeweils im Infoblock des Treks beschrieben. Natürlich gibt es bei den Touren eine oder mehrere »Schlüsselstellen«, die gemeistert werden wollen. In der Regel sind diese Schlüsselstellen die Passüberquerungen. Aber es gibt auch immer wieder Wegpassagen, die z. B. ausgesetzter oder anspruchsvoller sind als der restliche Wegverlauf. Diese Schlüsselstellen bestimmen aber damit automatisch die Gesamtanforderung der Tour. Um Ihnen zudem bei einer mehrtägigen Tour einen gewissen Überblick zu verschaffen, welche Tagesetappe anspruchsvoll ist und welche Sie eher entspannt angehen können, haben wir alle Tagesetappen in folgende drei Schwierigkeitskategorien eingeteilt: blau (einfach), rot (mittel), schwarz (schwer).
Bei dieser Schwierigkeitseinteilung handelt es sich **ausschließlich um die weg- und orientierungstechnischen Anforderungen** der Tagesetappen! Länge und konditionelle Anforderung werden bei dieser Bewertung nicht berücksichtigt. Die diesbezüglichen Anforderungen können Sie gut aus den Angaben von Gehzeit, Höhenmetern und Streckenlänge entnehmen.

Leicht Leichte Bergwege sind oft Fahrwege bzw. breite Wanderwege. Es können auch über weite Strecken überwiegend schmal und steil angelegte Wege sein, die aber alle keine absturzgefährlichen Passagen aufweisen. Die orientierungstechnischen Anforderungen sind gering.

Mittel Mittelschwere Bergwege sind überwiegend schmal, oft steil angelegt und können absturzgefährliche Passagen aufweisen. Auf kurzen Wegabschnitten wird ein gewisser Orientierungssinn verlangt.

Schwierig Schwere Bergwege sind schmal, oft steil angelegt und absturzgefährlich. Es treten auch immer wieder Stellen auf, die den Gebrauch der Hände erfordern. Abschnittsweise kann es auch sein, dass kein angelegter Weg vorhanden ist (Gehen im weglosen Gelände). Trittsicherheit und Schwindelfreiheit sind unbedingt erforderlich. Unser Orientierungssinn wird über längere Passagen immer wieder gefordert und wir müssen manchmal eigenständige Entscheidungen treffen.

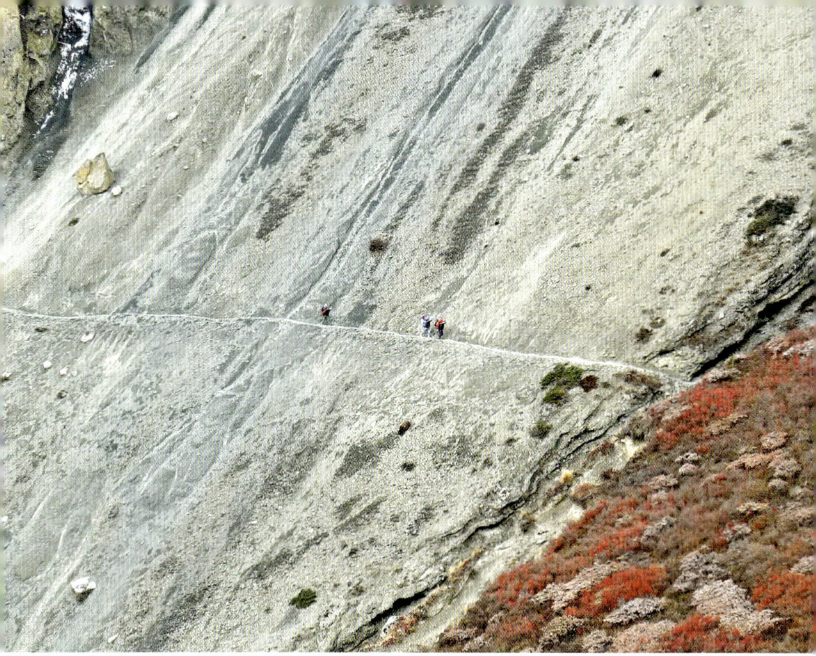

Schlüsselstelle Richtung Tilicho Base Camp (Tilicho Base Camp Trek, Etappe 2).

Gehzeiten

Wir haben uns sehr bemüht, Ihnen für den Durchschnittswanderer angemessene Zeitangaben an die Hand zu geben. Die Zeiten stellen reine Gehzeiten ohne Pausen dar. Je nach Kondition und Gruppengröße kann ganz allgemein im Aufstieg von etwa 300 bis 400 Höhenmetern pro Stunde ausgegangen werden. Ist der Wegabschnitt eher flach, dann wird von ungefähr 4 Kilometern Gehstrecke pro Stunde ausgegangen. Ab einer gewissen Höhe (ca. 3000 m) haben wir versucht, die sich einstellende »Langsamkeit« bei den Gehzeiten zu berücksichtigen. Zudem sind die Gehzeiten bei den anspruchsvolleren Treks (z. B. Nar Phu) etwas »knackiger« bemessen als bei den einfacheren Touren.
Da aber Gehzeiten nun einmal so individuell sind wie jeder Wanderer selbst, empfehlen wir Ihnen, bei Ihren ersten Etappen mehr Zeit einzuplanen. Sicher bekommen Sie bald ein Gefühl dafür, wie Sie von unseren Angaben auf Ihre tatsächlichen Gehzeiten schließen können. Natürlich müssen auch schlechte Wetterverhältnisse (Schnee, Nebel, Nässe etc.) bei der Kalkulation der Gehzeit berücksichtigt werden.

GPS-Tracks

Zu diesem Wanderführer stehen auf www.rother.de GPS-Tracks zum kostenlosen Download bereit.
4. Auflage, Passwort: **439404gad**
Sämtliche GPS-Daten wurden von den Autoren im Gelände erfasst. Verlag und Autor haben die Tracks und Wegpunkte nach bestem Wissen und Gewissen überprüft. Dennoch können wir Fehler oder Abweichungen nicht ausschließen, außerdem können sich die Gegebenheiten vor Ort zwischenzeitlich verändert haben. GPS-Daten sind zwar eine hervorragende Planungs- und Navigationshilfe, erfordern aber nach wie vor sorgfältige Vorbereitung, eigene Orientierungsfähigkeit sowie Sachverstand in der Beurteilung der jeweiligen (Gelände-)Situation. Man sollte sich für die Orientierung auch niemals ausschließlich auf GPS-Gerät und -Daten verlassen.

GPS

Wir stellen Ihnen für die Trekkingtouren im Annapurna-Gebiet GPS-Tracks (Wegverlauf) mit Wegpunkten zum Download zur Verfügung (siehe Kasten). Immer häufiger sieht man Wanderer, die ein GPS-Gerät nutzen. Sicher kann man darüber streiten, ob es ein GPS-Gerät für eine Trekkingtour braucht. Oftmals hätten wir uns unterwegs aber selbst einen GPS-Track gewünscht. Bei Wettersturz zum Beispiel, wenn plötzlich Nebel aufzieht oder Schneefall einsetzt. Oder wenn die Markierung und der Weg sich im Nichts verlaufen. Dann ist es schon ungemein beruhigend, das GPS-Gerät aus dem Rucksack ziehen und der oft auf wenige Meter genauen Trackspur folgen zu können. Beachten Sie aber, dass die Geräte immer noch relativ viel Energie »saugen«. Decken Sie sich also mit genug und guten Batterien ein. In den größeren Ortschaften (z. B. Chame, Manang, Jomson) bekommen Sie in vielen Shops die entsprechenden Batterien.
Besonders für die Trekkingtour von Manang zum Tilicho-See und weiter nach Jomson empfehlen wir die Mitnahme eines GPS-Geräts und die Nutzung unseres GPS-Tracks. Der Wegabschnitt entlang des Sees, über den Pass und hinunter nach Jomson ist alles andere als eindeutig. Bei dieser Route ist das GPS-Gerät kein zusätzliches »Spielzeug«, sondern kann entscheidend für den Erfolg der Tour sein.
Für eine sinnvolle und praktikable Handhabung unserer Tracks können Sie sich für fast alle Tagesetappen eine GPX-Datei downloaden, die den entsprechenden Track und die Wegpunkte enthält. Alle Daten wurden am PC bearbeitet und aufbereitet. Wer mit seinem GPS-Gerät vertraut ist, kann die Etappen mühelos nachwandern. Auch ohne GPS-Gerät unterwegs kann man sich über Satellitenbilder (z. B. Google Earth) schon daheim einen guten Eindruck des Wegs verschaffen, indem man sich mithilfe der GPS-Daten den Wegverlauf am Computer anzeigen lässt.

Updates

Wir wollen Ihnen mit diesem Buch viele wertvolle Informationen für Ihre Trekkingtour in Nepal mitgeben. Die Informationen für diese Neuauflage unseres Buches stammen aus dem Jahr 2019. Wir bitten Sie bei der Nutzung dieses Wanderführers zu berücksichtigen, dass sich in Nepal viele Dinge (Wege, Unterkünfte, Busfahrpläne, Preise etc.) sehr schnell ändern.
Wir sammeln ständig aktuelle Informationen durch persönliche Recherche oder Leserzuschriften. Natürlich wird es nicht jedes Jahr eine Neuauflage dieses Buches geben. Trotzdem wollen wir Ihnen wichtige und aktuelle Hinweise und Korrekturen nicht vorenthalten. Falls es derartige Hinweise gibt, so können Sie diese auf der Internetseite zu diesem Buch auf der Homepage des Bergverlag Rother (www.rother.de) abrufen.

Im Gänsemarsch zum ABC.

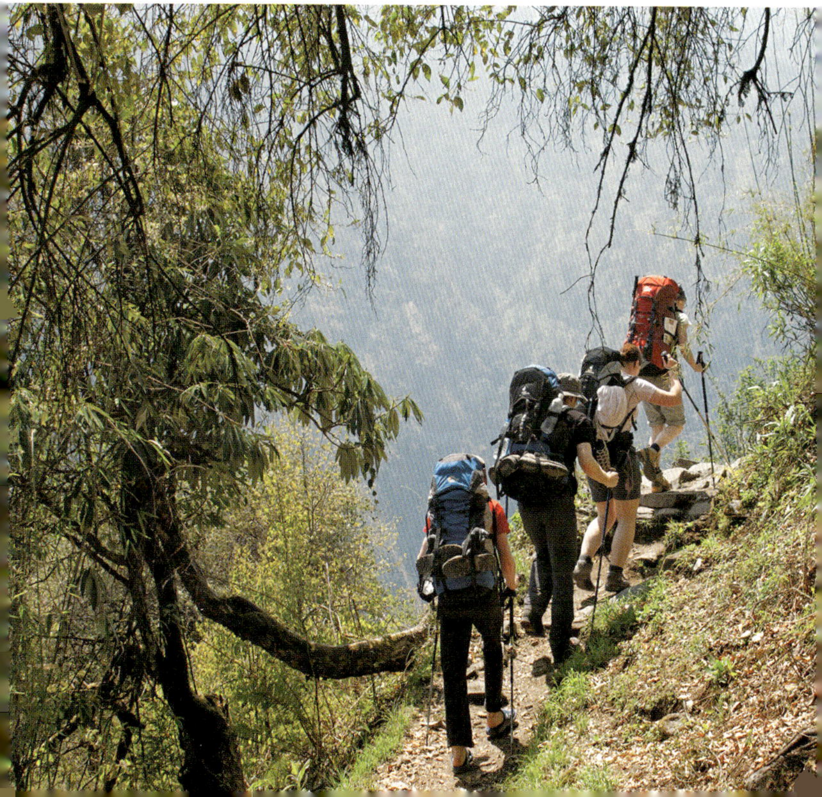

Land und Leute

Geografie und Klima

Geografisch gesehen ist Nepal das Land der Superlative: Es ist das höchstgelegene Land der Erde, es ist Heimat des höchsten Berges, des Mount Everest, und es besitzt noch sieben weitere Achttausender. Ganze 22 Gipfel ragen über die 7000-m-Grenze und 250 über 6500 m auf. Bei solch atemberaubenden Höhen liegt es nahe, dass die ersten Assoziationen mit Nepal meist Eis, Berge, Gletscher und Schnee sind. Das ist jedoch nicht alles, was Nepal zu bieten hat. Flächenmäßig stellt diese Hochgebirgsregion nur einen kleinen Anteil des Landes dar.

Man kann sich Nepal als längliches Rechteck mit einer Länge bis zu 880 km und einer Breite zwischen 150 und 240 km vorstellen, das sich von Nordwesten nach Südosten erstreckt. Es ist zwischen den beiden bevölkerungsreichsten Staaten der Erde eingebettet: Im Norden befindet sich China, mit der autonomen Region Tibet. Im Süden, Westen und Osten grenzt es an Indien mit den Bundesstaaten Uttarakhand, Uttar Pradesh, Bihar, Westbengalen und Sikkim. Dabei liegt Nepal etwa auf demselben Breitengrad wie Florida oder das nördliche Ägypten.

Fröhliche Stimmung bei der Reisernte im Terai.

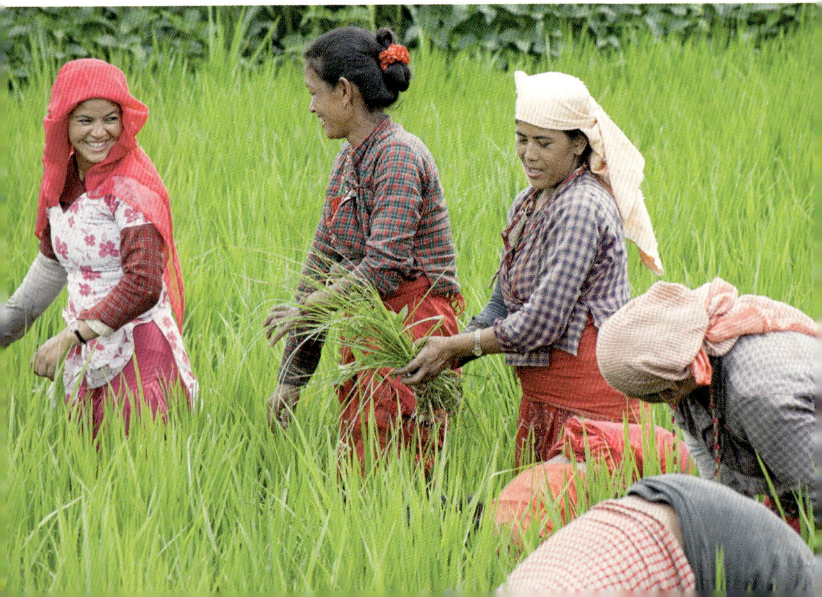

8000er in Nepal

Acht der vierzehn Achttausender stehen in Nepal:

Berg	Höhe	Erstbesteigung	Erstbesteiger
Mount Everest	8848 m	29.05.1953	Edmund Hillary/Sherpa Tensing Norgay (Neuseeland/Nepal)
Kangchendzönga	8586 m	25.05.1955	George Band/Joe Brown (England)
Lhotse	8516 m	18.05.1956	Fritz Luchsinger/Ernst Reiss (Schweiz)
Makalu	8485 m	15.05.1955	Expedition unter Leitung Jean Franco (Frankreich)
Cho Oyo	8188 m	19.10.1954	Sepp Jöchler/Herbert Tichy/Sherpa Pasang Dawa Lama (Österreich/Tibet)
Dhaulagiri	8167 m	13.05.1960	Expedition unter Leitung von Max Eiselin (Schweiz)
Manaslu	8163 m	09.05.1956	Expedition unter Leitung von Yuko Maki (Japan)
Annapurna I	8091 m	03.06.1950	Maurice Herzog/Louis Lachenal (Frankreich)

Nepal lässt sich grob in drei sehr unterschiedliche geografische und sozioökonomische Zonen einteilen. Diese drei Gebiete sind stufenartig von Süden nach Norden angeordnet und erstrecken sich über Höhen von nur 70 m über dem Meeresspiegel bis hin zu über 8000 m im Himalaya.
Im Süden, an Indien grenzend, liegt das **Terai**. Dieses flache und weite Tiefland, welches eine Fortsetzung der indischen Gangesebene darstellt, erstreckt sich über Höhen von 70 bis 500 m. In dem grünen Gürtel leben 47 % der Gesamtbevölkerung Nepals auf nur 14 % der Gesamtfläche. Es herrscht tropisches bis subtropisches Klima. Im Sommer ist das Terai stark vom Monsun geprägt. Bis vor nicht allzu langer Zeit war dieses Gebiet mit Dschungel überwachsen. Das heiße und feuchte Klima zusammen mit üppiger Vegetation war Nährboden für die »Fieberhölle« Nepals. Seit den 1950er-Jahren wurde der Dschungel systematisch gerodet, die Sümpfe trockengelegt und damit die Malaria bekämpft. Dies hatte zur Folge, dass die Bevölkerung drastisch anwuchs. Heute ist das Terai die landwirtschaftlich ertragreichste Region Nepals. Das Gebiet ist ganzjährig frostfrei und wenig erosionsgefährdet. Schon der Name »Terai«, das »feuchte Land«, zeugt davon, dass der Boden fruchtbar ist und Bewässerung kein Problem darstellt, da es der niederschlagreichste Teil des Landes ist. All das sind ideale Bedingungen, um es zur Kornkammer des Landes werden zu lassen. Durch mehrere Ernten pro Jahr werden hier zwei Drittel der landwirtschaftlichen Erträge Nepals erwirtschaftet, sodass ein Großteil der Nahrungsmittelversorgung des Landes aus dieser Region stammt und sogar noch etwas für einen kleinen Export übrig bleibt. Durch die Lebensmittel- und Textilindustrie haben sich auch die meisten großen Städte des Landes im Terai entwickelt: Nepalganj (73.000 Einwohner), Mahendranagar (105.000), Biratnagar (201.000), Birganj (136.000), Bhairawa

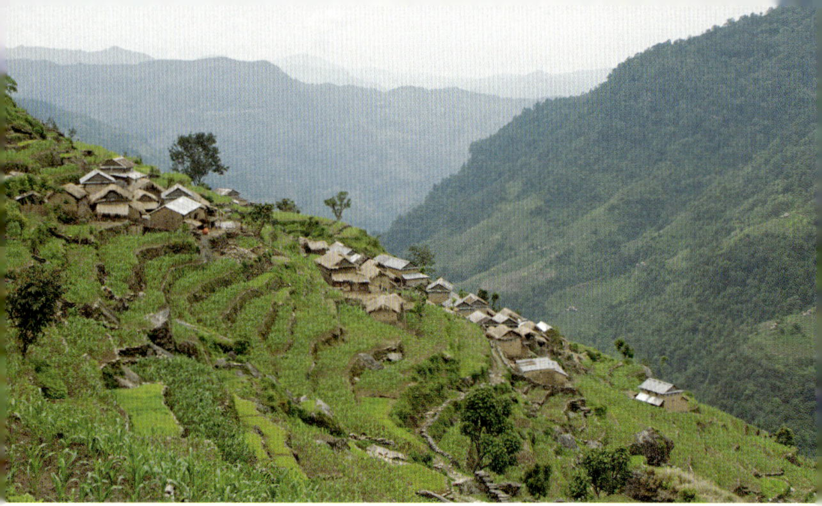

Blick auf Bhujung, ein typisches Dorf im Mittelland (nordwestlich von Besisahar).

(64.000) und Janakpur (98.000). Die Grenznähe zu Indien bietet einen guten Absatzmarkt.

Das **Mittelland** (500 m–3000 m ü.M.) beherbergt zwei parallel über Nepals gesamte Länge verlaufende Gebirgszüge, die zusammen die große indische Kette bilden: im Süden die Shiwaliks (auch als Churia-Berge bezeichnet), nördlich davon die Mahabharat-Kette, die bereits Höhen bis zu 3000 m erreicht. Ackerbau wird hier auf Terrassen betrieben. Es herrscht gemäßigtes bis subtropisches Klima. Die bevölkerungsreichen Täler dieses Hügellandes sind das historische Siedlungsgebiet Nepals. Die wichtigsten davon sind die Täler von Pokhara und Kathmandu. Hier leben 45 % der Gesamtbevölkerung auf nur 30 % der Landesfläche. Diese Zentren leiden inzwischen an Überbevölkerung. Aufgrund der Ballungsgebiete und des günstigen Reliefs verlaufen im Mittelland die Hauptverkehrsverbindungen des Landes.

Für alle Wanderer und Bergsteiger am interessantesten ist jedoch das Hochgebirge, der **Himalaya**. Der Name Himalaya leitet sich aus dem Sanskrit ab (*hima* für Schnee, *alaya* für Ort, Wohnsitz) und bedeutet so viel wie »Ort des Schnees«. Trotzdem ist hier die Schneegrenze erheblich höher als in anderen Bergregionen – besonders verglichen mit den uns bekannten Alpen. Aufgrund der Nähe zum Äquator gibt es hier erst ab etwa 5000 m Höhe dauerhafte Schnee- und Eisfelder.

Der Himalaya ist keine Wasserscheide. So münden alle Flüsse von der Nordseite des Himalaya zunächst in den Brahmaputra, der sich kurz vor dem Golf von Bengalen schließlich mit dem Ganges vereint.

Große Teile des Hochlandes bleiben vom sommerlichen Monsun verschont, da sie sich im Regenschatten der Berge befinden. Dieser nördlichste »Streifen« Nepals ist nur sehr dünn besiedelt. Fast alle Ortschaften der Region konzentrieren sich in den Tälern. Das Relief macht Landwirtschaft schwierig und insgesamt besteht in den Bergen ein Nahrungsmitteldefizit. Viele Lebensmittel müssen von niedrigeren Regionen in die Höhe gebracht werden. Noch sind kaum Straßen vorhanden, allerdings findet zurzeit ein enormer Ausbau der Infrastruktur statt und somit werden immer mehr Dörfer an das Straßennetz angeschlossen. Jedoch ist Gehen immer noch die gängigste Fortbewegungsart und das Tragen der Lasten, sei es durch Menschen- oder Tierkraft, der bewährteste Transportweg.
Die wichtigste Einnahmequelle für diese Gebiete (insbesondere für die Annapurna- und die Everest-Region) stellt der Tourismus dar. Tendenziell ist das Bergland schlechter entwickelt als der Rest des Landes, was es für uns Wanderer umso interessanter und anziehender macht. Diesen geringeren Entwicklungsstand belegt der Human Development Index, der um 25 % vom Landesdurchschnitt abweicht.
Die in diesem Buch beschriebenen Wanderungen im Annapurna-Gebiet befinden sich zum Großteil im Hochland des Himalaya. Allerdings ist zu bedenken, dass die Anreise von Kathmandu aus im Mittelland beginnt und sich auch der Start sowie die ersten Tage der Treks in den warmen, subtropischen Gebieten abspielen. Eben die Durchwanderung mehrerer Klimazonen und Kulturräume macht die Annapurna-Treks so reizvoll.

Ostwand der Annapurna III, 7755 m – Eisriese im Himalaya.

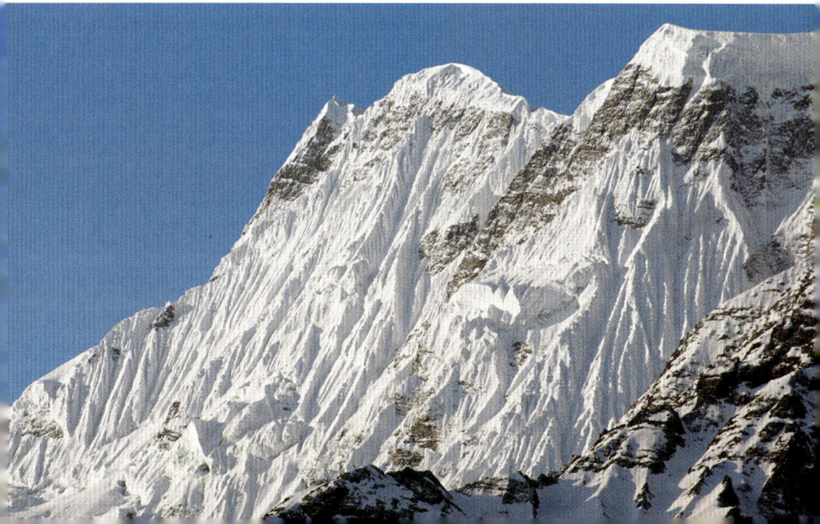

Bevölkerung

Die Bevölkerung in Nepal (29,3 Millionen im Jahr 2017, vormals 28,5 Millionen im Jahr 2015) lebt bis heute zum größten Teil auf dem Land. Der Anteil der Stadtbewohner liegt bei nur 15 % und ist somit einer der geringsten weltweit. Die Verstädterung steigt jedoch immer weiter an, und so liegen die Zuwachsraten bei etwa 5 % pro Jahr. Nepal ist mit seinen 100 verschiedenen ethnischen Gruppen und Kasten und deren mehr als 70 verschiedenen Sprachen und Dialekten ein Vielvölkerstaat. Dieses Mosaik an verschiedenen Kulturen kann grob in zwei Stämme gegliedert werden: die tibeto-burmesische (auch mongolische) und die indo-arische Volksgruppe. Diese Hauptgruppen lassen sich in zahlreiche Ethnien und Kasten untergliedern, was häufig für Verwirrung sorgt, da die Volksstämme (z. B. Newar, Thakali, Gurung) nicht deckungsgleich mit den vier Kasten (Brahamanen, Chhetri, Vaishiya, Sudra) sind.

Die einzelnen Volksgruppen unterscheiden sich hinsichtlich ihrer Lebensweise, Sprache, Kleidung, Arbeitsweise und Feste deutlich voneinander. Das macht das Trekken in der Annapurna-Region besonders interessant und vielfältig. Viele Wege führen nicht nur durch einzigartige Landschaft, sondern es werden Siedlungen verschiedener Kulturkreise durchlaufen, wo der Wanderer direkten Kontakt zur Bevölkerung hat und Zeuge ihrer Lebensart wird.

In der Annapurna-Region leben größtenteils Menschen tibeto-burmesischer Abstammung, die historisch aus dem Norden über die Berge nach Nepal gekommen sind. Im Folgenden sind die wichtigsten ethnischen Gruppen, denen Sie auf Ihrer Wanderung durch die Annapurna-Region begegnen, beschrieben:

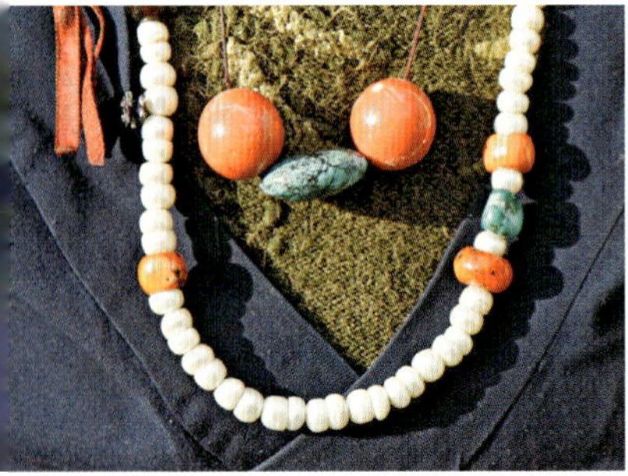

Gumya: Schmuck aus Korallen und Türkisen.

Die **Manangi** (auch Manangbhot) leben im oberen Marshyangdi-Tal, ab Chame, in der Gegend um Manang. Sie sind eng mit den Tibetern verwandt (*bhot* ist eine oft pejorativ verwendete Bezeichnung für Menschen aus Tibet) und damit Buddhisten, was sich an den vielen Klöstern (*gompa*) in ihren Dörfern widerspiegelt. Die Manangi gelten als sehr geschäftstüchtig und gehören damit zu den reicheren Bergethnien. Sie hatten schon in der Vergangenheit das Privileg, sich frei in Nepal zu bewegen, was vielen anderen Stämmen untersagt war. So konnten sie sich ein gutes Handelsnetz aufbauen und einige von ihnen kamen durch ihren Geschäftssinn zu Reichtum. In den 1960er-Jahren importierten die

2015 – ein tragisches Jahr für Nepal

An das Jahr 2015 wird sich die Bevölkerung Nepals noch lange erinnern. Es war ein tragisches Jahr für das kleine Land.
Im April ereignete sich ein schweres Erdbeben mit unzähligen Nachbeben. Etwa 9000 Menschen verloren dabei ihr Leben. Zahlreiche Häuser und historische Bauten, wie Tempel – auch in der Hauptstadt Kathmandu –, wurden schwer beschädigt und zum Teil völlig zerstört. Von den bekannten Trekkingtouren sind besonders die Wege im Langtang- und im Manaslu-Gebiet betroffen. Viele Straßen sind immer noch unpassierbar. Das Annapurna-Gebiet blieb von größeren Schäden und Erdrutschen verschont. Daher kann eine Reise in das in diesem Buch beschriebene Gebiet ohne Bedenken durchgeführt werden.
Bei der Verabschiedung der neuen Verfassung im September kam es zu intensiven Kontroversen, die besonders im Terai zu massiven Protestaktionen führten. Der Straßenverkehr zwischen Indien und Nepal war dadurch bis zum Frühling 2016 stark beeinträchtigt. Durch die Grenzblockade kam es bei Gütern, wie Diesel, Benzin, Kochgas und Medikamenten, zu starken Engpässen. Die Auswirkungen auf das gesamte Land waren und sind immer noch massiv.
Beide Ereignisse haben das Land Nepal und die Bevölkerung Nepals verändert. Aber gerade für dieses gebeutelte Nepal sind Besucher aus dem Ausland wichtig, um wieder auf die Beine zu kommen. Erfreulich ist, dass die Besucheranzahl im Jahr 2017 wieder stark angestiegen ist.

Mangani Produkte aus südostasiatischen Ländern und verkauften sie weiter nach Indien, oft auf dem Schwarzmarkt. Diese wenigen, die es aus der Armut geschafft haben, leben einen Großteil des Jahres, besonders im rauen Winter, in Kathmandu und Pokhara und haben dort ein zweites Standbein. Einem Großteil der Manangi bleibt dieser Wohlstand jedoch verwehrt und so leben die meisten von der Landwirtschaft und vermehrt vom Tourismus.
Viele Frauen tragen noch die tibetische Tracht aus einem knöchellangen Kleid (*koen*) mit einer Schürze (*chuba*), welche das Zeichen dafür ist, dass sie verheiratet ist. Typische Schmucksteine der Manangis sind Korallen und Türkise. Die meisten verheirateten Frauen tragen die *gumya*, eine Kette mit einem großen Türkis in der Mitte, gesäumt von roten Korallen.
Zum Volksstamm der **Gurung** gehören etwa 550.000 Menschen (2,4 % der Gesamtbevölkerung). Sie sind die größte ethnische Gruppe im Annapurna-Gebiet. Vorwiegend besiedeln sie die Gegenden von Kaski, Lamjung und Gorkha sowie die Südhänge des Annapurna und Gurkha Himal. Die Gurung sind tibetisch-burmesischen Ursprungs und nehmen eine mittlere Position im Kastengefüge ein. Viele Gurung-Männer dienten als Gurkha-Soldaten in der englischen und indischen Elitearmee, was einigen unter ihnen zu Reichtum verhalf. Selbst nach dem Ausscheiden aus der Armee ist ihnen noch eine ansehnliche Pension gesichert.
Die Gurung sind bekannt für ihre großen Dorfgemeinschaften von bis zu 8000 Einwohnern, z. B. Ghandruk, welches häufig als Nepals schönstes Dorf bezeichnet wird. Die Häuser sind in traditioneller Bauweise mit Lehm

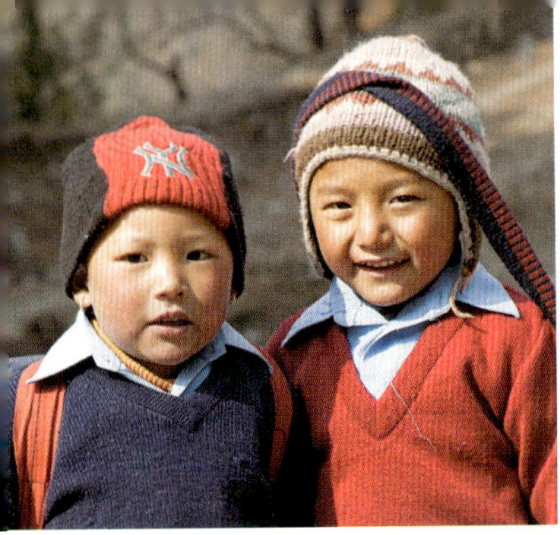

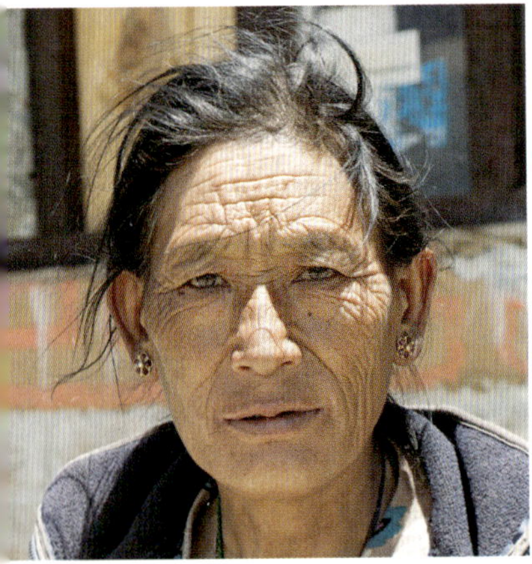

verputzt und die Dächer mit Stroh gedeckt. Heute dominieren jedoch eher aus Stein gebaute Häuser, die mit Schieferplatten gedeckt sind. Eine besondere Eigenart ist das heute nur noch sehr selten zu sehende Rundhaus der Gurung. Auch ihre Kleidung ist charakteristisch: Die wohlhabenderen, in den südlichen Gebieten wohnenden Gurung tragen eher westliche Kleidung, die Männer manchmal sogar noch Gurkha-Uniformen. Je weiter man in isolierte Bergtäler kommt, desto traditioneller werden die Gewänder. Die Tracht der Männer ist an dem praktischen, kreuzförmigen Überwurf aus weißem Stoff zu erkennen, der ihnen als Tasche für Geräte o. Ä. dient. Die Frauen tragen traditionell weinrote, mit bunten Rhododendronblüten bestickte Stoffe.

Die **Magar** sind eng mit den Gurung verwandt und ihre Kultur ist relativ ähnlich. Sie leben in der Region südlich von Ghasa ringsum Ghorepani und Tatopani.

Die **Thakali** hingegen sind mit 14.000 Mitgliedern eine sehr kleine Volksgruppe und stellen nur 0,6 %

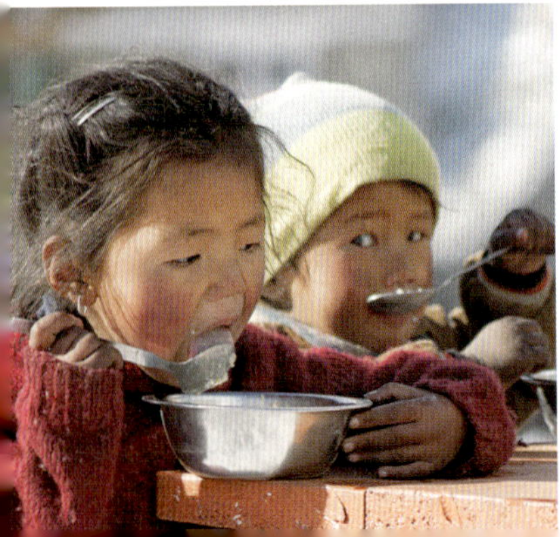

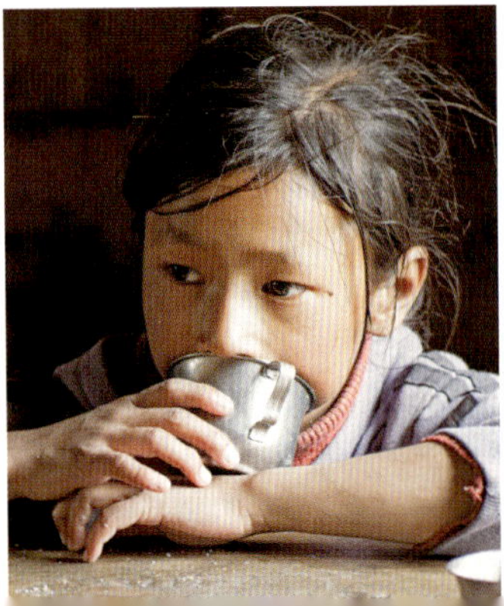

der Gesamtbevölkerung dar. Sie gehören ebenfalls zur tibeto-burmesischen Volksgruppe und sind zusammen mit den Tamang und Gurung ursprünglich aus Westchina nach Nepal gekommen. Sie leben im Kali-Gandaki-Tal in der Region um Jomson – Tukuche – Ghasa entlang des Flusses Thak Khola (tibetisch *thag* für »fernes Land«). Die Thakali haben durch den Salzhandel mit Tibet bis 1960 beträchtlichen Reichtum angehäuft. Zeugnis davon sind die großen, prachtvollen Wohn- und Lagerhäuser in Marpha, Tukuche und Dana. Die Thakali sind bekannt für ihre schönen und sauber geführten Hotels. Ihnen wird auch nachgesagt, dass sie die besten Köche sind.
Zur Verständigung untereinander haben all diese Volksstämme ihre eigene Sprache bzw. Dialekte. So kann es passieren, dass die Einwohner zweier Nachbardörfer einander nicht oder nur schwer verstehen.
Die meisten Menschen in der Annapurna-Region arbeiten in der Landwirtschaft, oder heute in der Tourismusbranche. Ihr Tagesablauf hängt stark von der Jahreszeit ab. Typische Tätigkeiten sind: Gras und Blätter für Tiere sammeln, Tiere hüten, aussähen, Ernte einholen und verarbeiten, Wasser holen, Wäsche waschen, Holz für das Feuer zurechtmachen. In den niedrigeren, hügeligen Gebieten dominiert der Ackerbau, wohingegen die Wiesen des Hochlandes vorwiegend als Weide für Ziegen, Schafe und Yaks genutzt werden.
Das Familienleben spielt sich wie in vielen Kulturkreisen um den Herd in der Küche ab. Die Hausfrau kocht dort das Dal Bhat, Kinder spielen, Großmütter zählen die Perlen ihrer *mala* (Gebetskette mit 108 Perlen, ähnlich dem Rosenkranz), Männer unterhalten sich und trinken *raksi* oder *chang*. Vor allem im Winter ist die Küche rings um den Ofen der einzige Aufenthaltsraum. Sie ist meist ein niedriger, vom Ruß des Ofens schwarzer Raum. In sehr abgelegenen Siedlungen sind die Öfen oft noch nicht mit Abzugskaminen versehen, was häufig zu schweren Lungenerkrankungen der Dorfbewohner führt.
Das Durchschnittsalter liegt in Nepal zwischen 20 und 30 Jahren, was zum Großteil von einer schlechten medizinischen Versorgung herrührt, die die

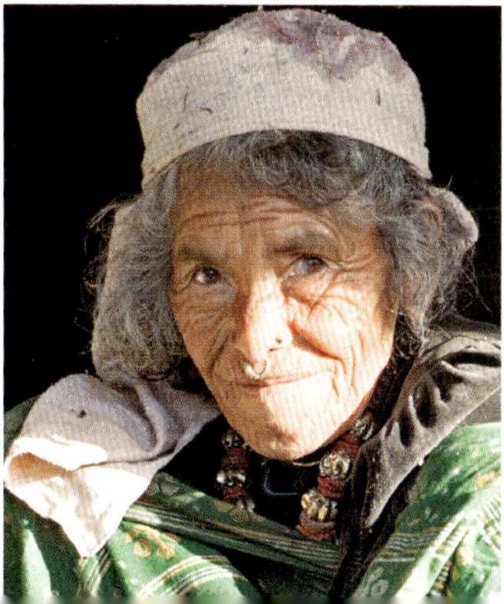

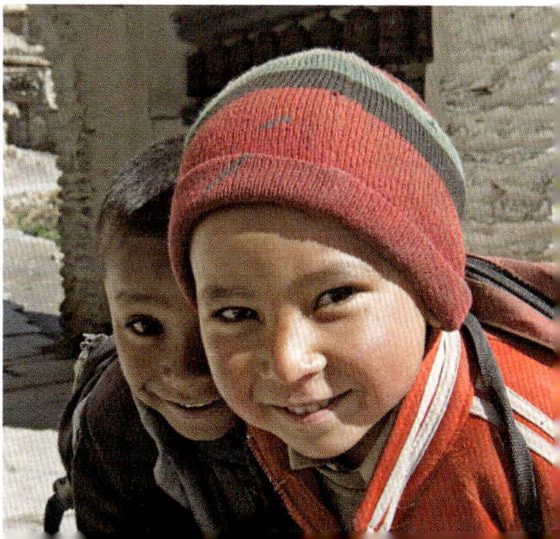

durchschnittliche Lebenserwartung auf ca. 69,6 Jahre (Stand 2014) senkt. Im Jahr 1980 waren es sogar nur 46,5 Jahre. Die Sterblichkeitsrate von Kindern und Müttern ist besonders hoch. Die Säuglingssterblichkeit liegt bei 33 von 1000 Lebendgeburten, die Müttersterblichkeit bei 190 von 100.000 Lebendgeburten (Zahlen 2015, www.weltbevoelkerung.de). Natürlich sind diese Zahlen mit der wachsenden Erschließung der Bergregionen, der Anbindung ans Straßennetz und der besseren medizinischen Versorgung rückläufig (im Jahr 1990 lag die Müttersterblichkeitsrate noch bei 790 von 100.000 Lebendgeburten). Vielleicht sollte man solche Fakten dennoch im Hinterkopf behalten, wenn man den Nepali ihr ruhiges, beschauliches Dorfleben fernab der Zivilisation bisweilen neidet.

Tibeter in Nepal: In den Jahren nach der Eingliederung Tibets in die Volksrepublik China im Jahr 1951 sind viele Tibeter nach Nepal geflohen. Sie haben sich in den Grenzgebieten zu Tibet (z. B. Nar und Phu), aber auch in Kathmandu und Pokhara, wo es gute Erwerbsmöglichkeiten gibt, niedergelassen. Viele wohnen in tibetischen Camps/settlements. Auch heute versuchen zahlreiche Tibeter, der Unterdrückung der Chinesen zu entfliehen. Für viele ist Nepal eine Station auf ihrer Reise weiter nach Indien, insbesondere nach Dharamsala, dem Sitz der tibetischen Exilregierung, oder sogar weiter in die westliche Welt (Amerika, Australien etc.).

Politische Situation / Reise- und Sicherheitshinweise

Seit 1996 kam es in Nepal immer wieder zu politischen Unruhen und Aufständen der Maoisten (ultralinke, kommunistische Partei). Ihr Kampf richtete sich anfangs gegen die Monarchie, später gegen die etablierten Parteien. Mit Guerillaattacken kämpfen sie gegen große soziale Ungerechtigkeiten: den vorherrschenden Feudalismus, Armut auf dem Lande, das alles durchdringende Kastensystem sowie die mangelnde Möglichkeit zur politischen Einflussnahme des Volkes.

Die Hochburg der Maoisten ist zwar das bergige Hinterland von Ropal im Westen, jedoch sind bis 2005 auch andere Gebiete, besonders die Bergregionen und Kathmandu, von Anschlägen betroffen gewesen. In der Annapurna-Region war besonders das Kali Gandaki, speziell der Abschnitt von Tatopani nach Beni sowie rund um Ghorepani, betroffen. In den Jahren 2002 bis 2005 gab es für Touristen eine inoffizielle »Revolutionsgebühr« oder »Kriegsgebühr« von rund 12 € (1000 NPR), die an die Rebellen zu zahlen war, um von diesen unbehelligt zu bleiben. Aktuell ist von dieser Art der Schutzgeldzahlung nichts mehr bekannt.

Ende 2006 wurde ein Friedensabkommen unterzeichnet und im Mai 2008 wurde Nepal zu einer Demokratischen Republik erklärt. Die Maoisten gingen aus den Wahlen im April 2008 mit 40 % als stärkste politische Partei hervor. Im November 2013 wurde eine zweite verfassungsgebende Versammlung gewählt. Schließlich wurde im September 2015 eine neue Verfassung verabschiedet und verkündet und damit jahrelange Diskussionen über inhaltliche Fragen beendet. Die exakte Regelung des Minderheitenschutzes und die genaue Festlegung der Grenzen der einzelnen Provinzen bleiben jedoch umstritten. Diese Problematik führte zu starken Unruhen im Terai, was wahrscheinlich die Handelsblockade (siehe Infokasten auf S. 23) zwischen Indien und Nepal auslöste. Mit einer gewissen Instabilität der politischen Situation muss also weiterhin gerechnet werden.

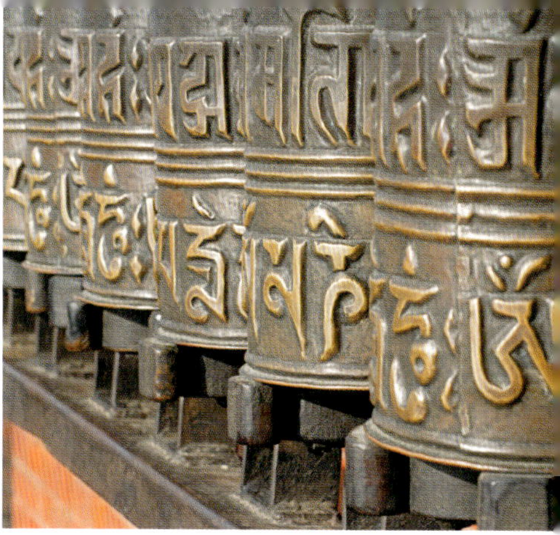

Buddhistische Gebetsmühlen bei Swayambhunath (Kathmandu).

Anschläge und Proteste richten sich in der Regel nicht gegen Touristen, dennoch muss stets mit diesen Unsicherheitsfaktoren gerechnet werden. Unruhen sind keiner Zeit auszuschließen. Besonders betroffen können Touristen auf ihrer Reise mit öffentlichen Verkehrsmitteln durch das Land sein, da es immer wieder zu Zwangsstreiks (*bandhas*) sowie Straßenblockaden kommt.

- Informieren Sie sich bitte vor Reiseantritt unbedingt beim Auswärtigen Amt über die aktuelle politische Situation: www.auswaertiges-amt.de

Religion

Nepal ist ein sehr spirituelles Land, in dem zwei große Religionskulturen dominieren: die indisch-hinduistische und die tibetisch-buddhistische Kultur. Wahrscheinlich zeigen beide Religionen, der Hinduismus und der Buddhismus, in keinem anderen Land eine derartig große Toleranz, Vermischung bzw. Verschmelzung. In Nepal kommt es kaum zu Spannungen aufgrund der unterschiedlichen Religionen. Und so kann es gut sein, dass buddhistische Gebetsfahnen über einem Hindu-Tempel wehen oder dass Statuen von Hindu-Göttern in einer buddhistischen Gompa stehen.

Über 80 % der Einwohner Nepals sind Angehörige des Hinduismus. Bis zum April 2006 war Nepal das einzige Land, in dem der Hinduismus die Staatsreligion (in der Verfassung verankert) war. Nach der Entmachtung des Königs im Jahr 2006 bekannte sich auch das nepalesische Parlament zum Säkularismus. Etwa 10 % der Bevölkerung sind Buddhisten, die restlichen 10 % setzen sich aus islamischen, christlichen, animistischen und anderen Minderheiten zusammen.

Hinduismus

Der Hinduismus ist die älteste der fünf Weltreligionen und dabei die am schwierigsten zu fassende, da es keine einheitliche Lehre gibt. Der Hinduismus gilt als polytheistische Religion (Vielgötterei) und ist vor allem für sein streng hierarchisch gegliedertes Gesellschaftssystem, das Kastenwesen, bekannt. Nach dem Glauben der Hinduisten wird man in eine bestimmte Kaste hineingeboren, wodurch es weder möglich ist, in eine höhere Kaste aufzusteigen, noch denkbar ist, zum Hinduismus zu konvertieren.

Die Hindus glauben an einen Kreislauf der Wiedergeburt (Samsara), der durch die ewige Ordnung (Dharma; im Buddhismus bedeutet dieses Wort »Lehre«) bestimmt wird. Jedes Lebewesen wird in unterschiedlichsten Existenzformen (z. B. Pflanze, Tier, Dämon, Mensch) als göttliches Selbst (Atman) wiedergeboren, was vom jeweiligen Karma der Seele abhängig ist – der Summe aller guten und schlechten Taten. Ziel der menschlichen Existenz ist die Befreiung aus dem Kreislauf der Wiedergeburten (Moksha), um dann in der kosmischen Allseele (Brahman) aufzugehen. *(Text von Katharina Reiter)*

Sadhu

Ausgehungerte, fast unbekleidete Männer mit ewig langen Haaren. Jeder, der in Nepal reist, wird irgendwann sicher auf diese Menschen stoßen: die Sadhus. Was ist der Grund für das Aussehen und die Lebensweise dieser Männer? Sadhus sind Hindus und können nicht nur in Nepal, sondern auch in vielen anderen Ländern Asiens angetroffen werden. Oft werden sie als »Heilige Aussteiger« oder »Heilige Männer des Hinduismus« bezeichnet. Sadhus leben in der letzten der vier Stufen eines idealen Hindu-Lebens. In dieser Stufe soll man sich von allem Weltlichen lösen. Aus diesem Grund leben die Sadhus heimatlos und nur von dem, was andere ihnen schenken. Durch die absolute Askese wollen sie den nötigen Freiraum für den Weg in die göttliche Wirklichkeit und die Erleuchtung erlangen.

Entscheidet sich ein Hindu für das Leben als Sadhu, schließt er sich zunächst einem Guru an, der ihm die Techniken der Askese und der Meditation lehrt. Anschließend legt er ein Gelübde ab, dessen Inhalt vom jeweiligen Guru abhängt. In den Grundzügen beinhaltet es Hei-

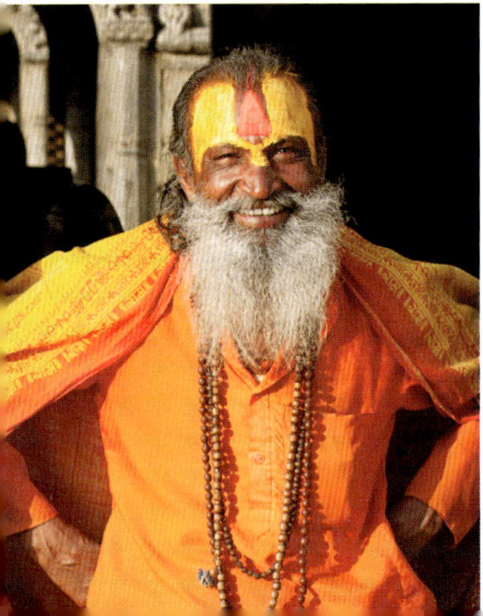

Sadhu bei Pashupatinath.

Holy Festival – Achtung!

Am Tag des ersten Vollmondes im März bewaffnen sich die Kinder und Jugendlichen in den Ortschaften mit rotem Farbpulver (Zinnoberpulver). Sie bewerfen sich gegenseitig und reiben sich die Gesichter, Arme und Hände damit ein – besonders Spaß macht es natürlich bei den Touristen! Den ganzen Tag finden auf den Straßen Schlachten statt, neuerdings auch mit Wasserbomben und Farben aller Art. Der Hintergrund dieses Festes ist hinduistisch, die Menschen feiern das Ende des Winters und begrüßen den Frühling.

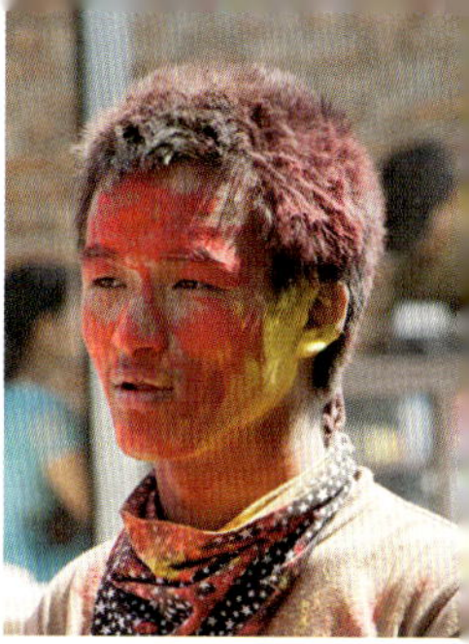

matlosigkeit, Familienlosigkeit, Armut, sexuelle Enthaltung, Fasten, Nacktheit … Indem sie ihre körperlichen Bedürfnisse überwinden, möchten sie die Erlösung ihrer Seele erreichen. Manchmal erfolgt dies mit für uns eher befremdlichen Praktiken: Manche geloben, für die nächsten 20 Jahre zu stehen, andere binden sich zur Unterdrückung ihrer Lust Steine an Hoden und Penis. Als Zeichen der lebenslangen Treue zu ihrem Guru werden die Haare abrasiert.

Danach begeben sich die Sadhus auf eine lebenslange Pilgerreise. Orte, an denen der Gott Shiva verehrt wird (z. B. Muktinath), werden bevorzugt. Sie bleiben aber nicht lange an einem Ort, sondern sind ständig in Bewegung, weil das Körper und Geist wach hält. In einem Sadhu-Leben werden die Haare nicht mehr geschnitten oder gekürzt. Sie verfilzen stark und werden oft als lange Dreadlocks getragen.

Unter den Sadhus gibt es die unterschiedlichsten Orientierungen und Gruppierungen. Viele der Sadhus gehören dem Shivaismus an. Sie verehren also den Gott Shiva und sind von ihrer Einstellung her am radikalsten. Von ihnen wird eine absolute Trennung von der Welt und von alle sozialen Verpflichtungen verlangt. Oft rauchen sie aus rohrartigen Pfeifen Haschisch. Gott Shiva schuf und rauchte diese Pflanze angeblich zum Zwecke der Meditation. Obwohl zum Beispiel in Indien die Regierung strenge Strafen auf Haschischbesitz vergibt, wird der Konsum bei Sadhus wegen der »religiösen Notwendigkeit« toleriert.

Neben dieser radikalen Gruppe gibt es aber auch Sadhus, die heiraten und eine Familie gründen. Diese Sadhus leben jedoch auch in sehr einfachen Wohnungen und überleben ausschließlich durch Spenden. Auch das Leben in Gemeinschaften (Ashrams) oft in der Nähe eines Tempels kommt infrage. So findet man zahlreiche Sadhus, die nahe beim Tempel Pashupatinath leben, dem heiligsten Ort Nepals.

Leider gibt es an den sehr populären Wallfahrtsorten immer wieder Menschen, die sich bewusst als Sadhus ausgeben. Sie erwarten als nicht-fromme Bettler durch ihr äußeres, »frommes« Erscheinungsbild mehr Spenden oder sie kassieren von Touristen Geld für ein Foto.

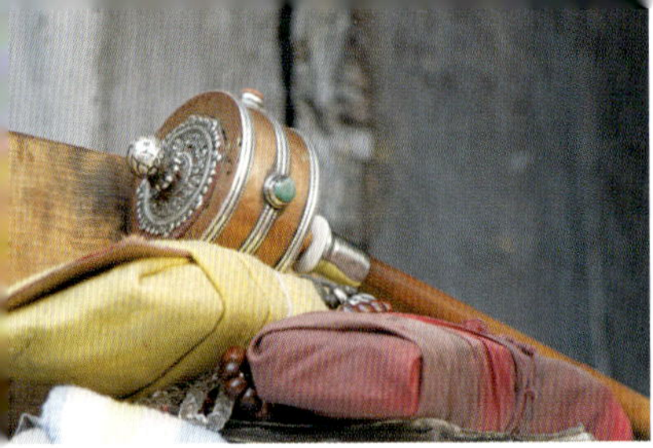

Wichtiges buddhistisches Utensil: die Gebetsmühle.

Buddhismus

Der Buddhismus ist als Reformreligion aus dem Hinduismus hervorgegangen und wird auf die Stiftergestalt Siddharta Gautama, den historischen Buddha, zurückgeführt. Der Buddhismus ist Religion und Philosophie in einem. Auch die Buddhisten glauben an die Wiedergeburt, wobei sie das Leben stärker vom Leiden her deuten (Die Vier Edlen Wahrheiten). Ziel der Buddhisten ist es, durch ethisches, tugendhaftes Verhalten, die Praxis der »Versenkung« (Meditation) und die Entwicklung von Weisheit und Mitgefühl aus diesem Kreislauf herauszutreten, um durch Erleuchtung den Zustand des Nirwana realisieren zu können. *(Text von Katharina Reiter)*

Bildung

Obwohl eine gute Schulbildung zur Bekämpfung der Armut außerordentlich wichtig wäre, ist das Bildungsniveau in Nepal noch sehr niedrig. Die Alphabetisierungsrate bei Jugendlichen über 14 Jahren liegt bei nur knapp über 50 % der Gesamtbevölkerung. Das heißt, nur jeder zweite Erwachsene ist des Lesens und Schreibens mächtig.

In der Theorie besteht für jedes nepalesische Kind zwischen dem sechsten und zehnten Lebensjahr Schulpflicht (fünf Jahre Grundschule/*primary school*). Anschließend ist es den Kindern freigestellt, ob sie die 6. bis 10. Klasse der *secondary school* und sogar noch die zwei Jahre der *upper secondary school* (11. und 12. Klasse) besuchen möchten. Für den Besuch der 1. bis 6. Klasse einer staatlichen Schule herrscht in Nepal sogar Gebührenfreiheit. In der Realität sieht das allerdings ganz anders aus. Viele Kinder können nicht am Grundschulunterricht teilnehmen, da ihre Eltern erwarten, dass sie im Haushalt helfen oder zusätzliches Geld für die Familie verdienen. Viele Erwachsene erkennen nicht die Notwendigkeit von Bildung für ihre Kinder und sehen keinen Grund, die Kinder regelmäßig in die Schule zu schicken, geschweige denn, sie in schulischen Belangen zu unterstützen.

Mädchen sind dabei besonders benachteiligt. Sie werden viel seltener als Jungen zur Schule geschickt bzw. brechen die Schule oft sehr früh ab. Sie werden zu Hause als Arbeitskraft benötigt oder sehr jung, schon im Alter von 15 bis 19 Jahren, verheiratet. Vielen konservativen Eltern leuchtet es nicht ein, warum sie ihre Töchter auf die Schule schicken sollten. Hinzu kommt, dass besonders auf dem Land Schulen oft Mangelware sind. Wo Grundschulen noch in jedem größeren Dorf zu finden sind, sind Sekundarschulen sehr dünn gestreut. So kommt es, dass einige Schüler jeden Morgen einen

Schulweg von einer bis sogar zwei Stunden Fußmarsch bestreiten müssen. All dies spiegelt sich in den Klassenzimmern wider. Im Vergleich zur 1. Klasse sitzen beispielsweise in einer 6. Klasse deutlich mehr Schüler (bis zu 65), da sie aus sämtlichen umliegenden Dörfern zusammenkommen. Davon sind allerdings 90 % Jungen.

Weitere Probleme stellen die schlechte Ausbildung und die mangelnde Motivation der meisten Lehrer staatlicher Schulen sowie die Ausstattung der Schulen an sich dar. Viele Lehrer haben nur eine minimale Ausbildung nach ihrer eigenen Schullaufbahn. In vielen Schulen wird von ihnen erwartet, Fächer wie Mathematik, Biologie, Physik usw. auf Englisch zu unterrichten, obwohl weder ihre Englischkenntnisse, geschweige denn die der Schüler, dafür ausreichen. Auch das Gehalt eines Lehrers (etwa 200 € im Monat – zum Vergleich: 1 l Benzin kostet ca. 1 €) trägt nicht unbedingt zu ihrer Motivation bei. Oft mangelt es in Schulen auch an grundlegender Ausstattung: Es gibt keine Toiletten, Trinkwasser fehlt, die Bänke und Tische sind häufig alt oder kaputt, die Tafeln so alt, dass man kaum noch etwas auf ihnen erkennt, und den Schülern fehlt es an Büchern und Stiften.

Bei dem niedrigen Niveau an staatlichen Schulen verwundert es nicht, dass sich viele Eltern gegen einen Schulbesuch ihrer Kinder entscheiden. All diejenigen, die es sich irgendwie leisten können, schicken ihre Kinder auf eine Privatschule. Allerdings befinden sich solche Privatschulen nur in größeren Ortschaften, sodass ihnen häufig ein Internat angeschlossen ist. Privatschulen kommt somit ein viel größerer Stellenwert zu als bei uns in Europa.

Essen

Das Kapitel Essen lässt sich in Nepal in zwei Wörtern zusammen fassen. Und diese zwei Wörter lauten: **Dal Bhat**. Die Einheimischen ernähren sich fast ausschließlich von diesem Nationalgericht: einer Art Linsenbrei (*dal*), der je nach Zubereitung mehr oder weniger flüssig ist und bei jeder Hausfrau

Jeden Morgen um 9 Uhr heißt es strammstehen bei der Morning Assembly.

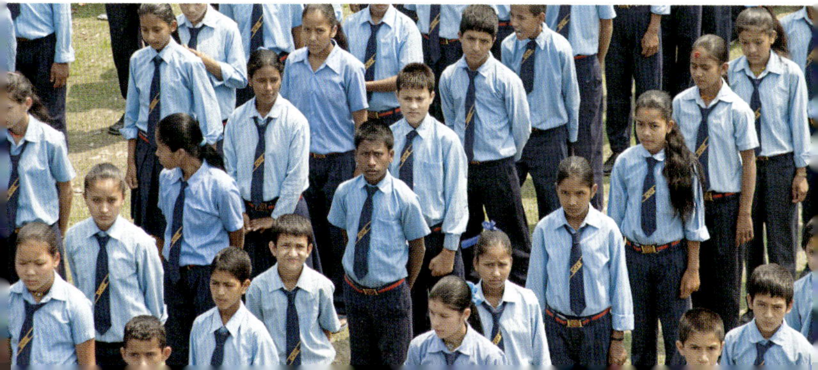

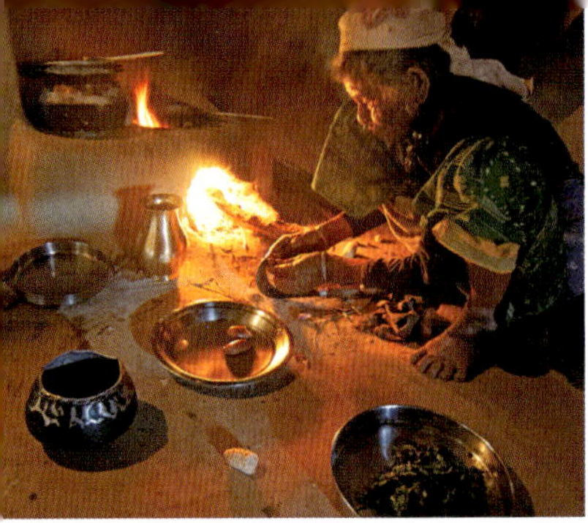

Dal-Bhat-Zubereitung im Chulu-Ofen.

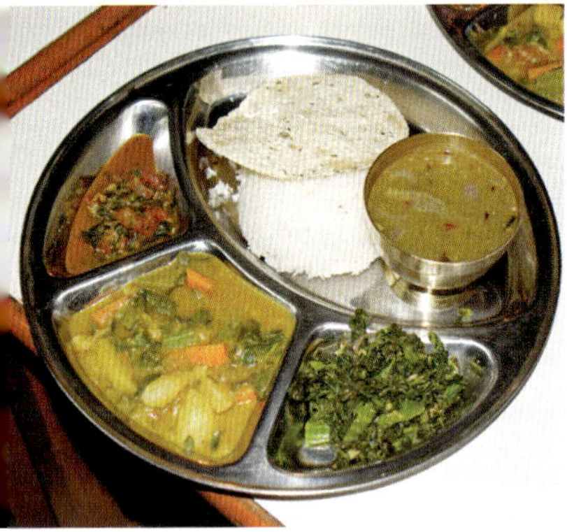

Das Nationalgericht Dal Bhat.

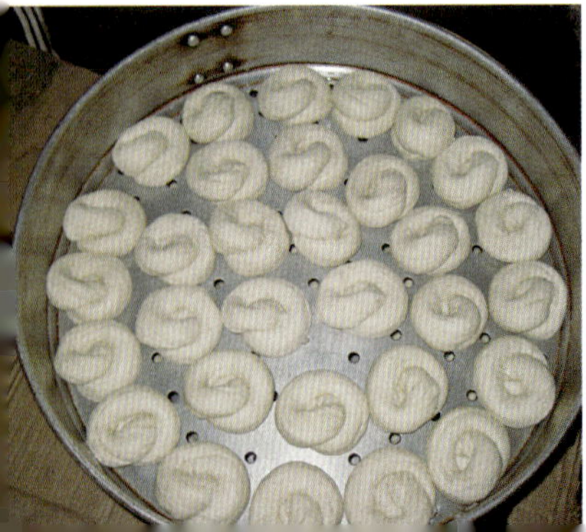

wohl etwas anders schmeckt, und einem riesigen Berg Reis (*bhat*). Dazu gibt es das schmackhafte *tarkari*, ein würziges Gemüsecurry, meist aus Kartoffeln oder Bohnen. Es gleicht einem vegetarischen indischen Curry. Zu einem richtigen Dal Bhat gehören noch *saag* (Spinat, Mangold oder Blätter der Senfpflanze) und *ajar* (hausgemachtes, süß-scharf eingelegtes Gemüse, auf Englisch *pickles*).

Ein Nepali isst dieses köstliche Gericht zweimal täglich: morgens gegen 9 Uhr (nach dem Aufstehen um ca. 5.00 Uhr wird nur eine Tasse Tee getrunken) und abends, wenn die Sonne untergeht, so gegen 20 Uhr. Und das 7 Tage die Woche, 52 Wochen im Jahr und ein Leben lang.

Das Dal Bhat wird von der Hausfrau auf einem Chulu-Ofen (meist mit nur einer Feuerstelle!) mühevoll zubereitet und auf einem Aluteller mit mehreren »Fächern« angerichtet. Dann wird alles mit der rechten (reinen) Hand auf dem Teller vermischt und einhändig verspeist. Es ist oft unglaublich, welche Berge von Reis verdrückt werden können! Dies trifft übrigens auch auf das Essen in Restaurants zu, denn beim Dal Bhat gilt immer »all you can eat«, das heißt, wenn der Teller leer gegessen ist, kann man immer noch Nachschlag verlangen. Touristen müssen natürlich nicht mit der Hand essen, sie bekommen Löffel und Gabel dazu. Was uns emanzipierte Euro-

Rohe tibetische Tingmos im Dampfgarer (Steamer).

päer bisweilen erschrecken mag: In vielen Haushalten ist es immer noch gang und gäbe, dass zuerst die männlichen Familienmitglieder essen, danach erst die weiblichen.
Selbstverständlich variiert das Essen von Region zu Region. Je weiter wir uns in die Höhe bewegen, desto geringer wird die Auswahl an frischem Gemüse. Auf den Tisch kommt, was der Gemüsegarten gerade hergibt. Fleisch wird insgesamt sehr wenig gegessen. Meistens aus dem einfachen Grund, weil es rar und teuer ist. Wo man im Mittelland eher Wasserbüffel auf der Speisekarte findet, gibt es in den Bergen als Spezialität eher Yakfleisch – meist in getrockneter Form, um es länger haltbar zu machen.
Im buddhistischen Kulturkreis ganz im Norden Nepals ernähren sich die Einheimischen auch von tibetischen Speisen, wie **Thukpa** (Nudelsuppe mit Gemüse) oder **Thenduk** (selbst gemachte, flache Nudelfladen in Brühe). Auch **Tsampa** (geröstetes Gerstenmehl) gehört für viele Menschen zur täglichen Mahlzeit dazu. Das Mehl wird mit Flüssigkeit (meistens Buttertee) zu einem zähen Brei verrührt, mit den Händen verknetet und roh gegessen. Diese Teigmischung ist außerordentlich nahrhaft und sättigend.
Momos, mit Gemüse oder Fleisch gefüllte Teigtaschen (»tibetische Tortellini«), die in einem Dampfgarer gekocht werden, gibt es in ganz Nepal als kleine Zwischenmahlzeit.

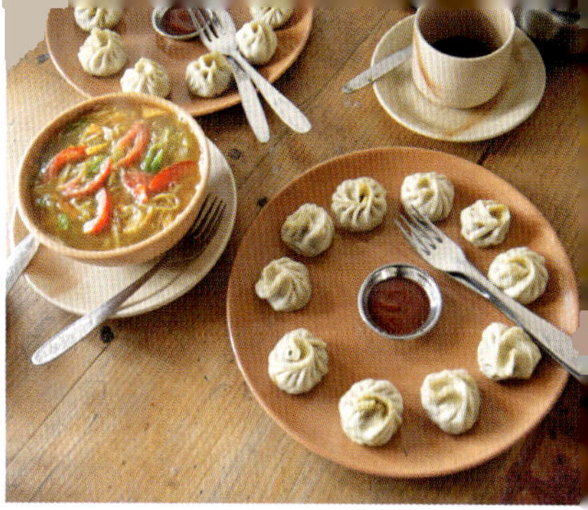

Momos und Thenduk.

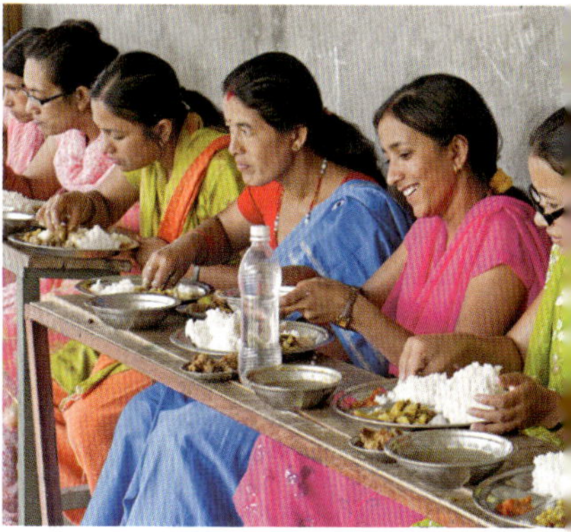

»Khana Khanus« – »Lasst uns essen«.

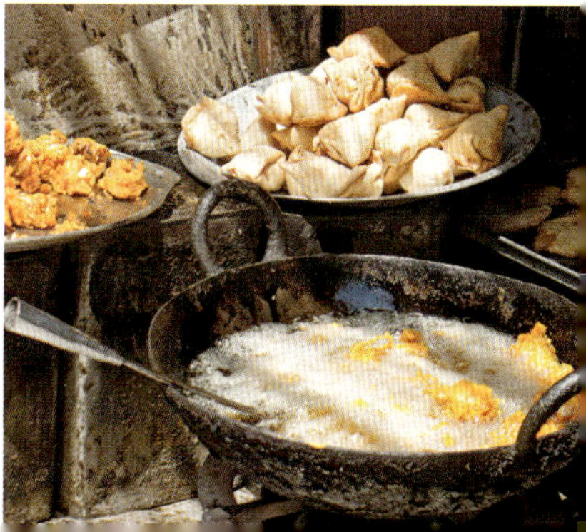

Samosas und Pakhoras an der Straßenküche.

Eine ebenfalls typisch tibetische Spezialität sind **Tingmos** (oder auch Tea Momos). Dabei handelt es sich um eine Art Dampfnudeln aus einem Wasser-, Mehl- und Backpulverteig, die kunstvoll geknotet und ebenfalls im Steamer (Dampfgarer) zubereitet werden. Sie schmecken köstlich, wenn man sie in ein würziges Curry tunkt.
An vielen Straßenecken finden Sie kleine Essensstände, die **Samosas** zubereiten. Samosas sind kleine, dreieckige mit einer würzigen Kartoffel-Gemüse-Mischung gefüllte Teigtaschen, die auf offener Straße frittiert werden. In vielen Straßenküchen bekommen Sie für den kleinen Hunger zwischendurch neben Momos auch **Chowmein**. Das ursprünglich chinesische Gericht besteht aus gebratenen Nudeln mit etwas Gemüse.
In den großen Städten Kathmandu und Pokhara gibt es natürlich eine riesige Auswahl an Gerichten, auch internationaler Art. Sie werden eine Vielzahl sowohl indischer als auch westlich beeinflusster Restaurants mit Traveller Food, wie Pizza und Pasta, finden.

Getränke

Zum Essen trinken die Nepali für gewöhnlich Wasser. Zum Frühstück und zwischen den Mahlzeiten wird *chiya*, schwarzer Tee mit viel Zucker, getrunken, entweder schwarz oder nach indischem Rezept mit Milch und Gewürzen (Kardamom, Nelken, Zimt, Ingwer usw.) als *chyia masala*. Teetrinken hat in Nepal auch eine soziale Funktion: Er wird in Gesellschaft genossen, und es gibt keine Einladung, bei der kein Tee serviert wird. In den Bergen trinken die Einheimischen oft die tibetische Variante des Tees, den berühmt-berüchtigten **Buttertee** (*sutschia* bzw. *soel cha*) – schwarzer Tee mit einer Prise Salz und einem Stück Butter. Wie die Zutaten bereits erahnen lassen, handelt es sich nicht um ein süßes Getränk, wie wir in Europa den Tee kennen, sondern eher um eine salzige Flüssigkeit, die an eine heiße Bouillon erinnert. Der Sutschia ist sehr wärmend und nahrhaft und gibt den Menschen im rauen Bergklima Energie bei der Arbeit. Der Geschmack variiert stark, je nachdem wie frisch oder auch wie ranzig die Butter ist. Zur Herstellung wird zunächst schwarzer Tee aus dem Teeziegel gebrüht und mit Salz und Yakbutter in ein spezielles hölzernes Rohr (*dhongmo*) mit einem Kolben gefüllt. Durch Auf- und Abbewegen des Kolbens werden die Zutaten vermischt. Getrunken wird der Buttertee traditionell aus kleinen Holz- oder Keramikschalen.
Auch auf Alkohol wird in Nepal, besonders im kalten Bergwinter, nicht verzichtet. Lokal gebrautes Bier (*chang*) aus Gerste, Reis oder Weizen wird in ländlichen Gegenden und zu Festen in rauen Mengen getrunken. *Local wine* (eigentlich ein Schnaps), der sogenannte *raksi*, wird ebenfalls aus den regional angebauten Getreidesorten (Gerste, Reis, Weizen oder Hirse) gebrannt. Er kann kalt oder warm getrunken werden und ist für unseren Geschmack sehr gewöhnungsbedürftig.
Weitere Informationen siehe Kapitel »Praktischer Teil« (Verpflegung).

Kathmandu

Kathmandu ist die Hauptstadt Nepals und gleichzeitig auch die größte Stadt des Landes. Die Einwohnerzahl wird auf rund 1,7 Millionen geschätzt, wobei manche Schätzungen von über 3 Millionen ausgehen. Sie ist wirtschaftliches, kulturelles und politisches Zentrum des Landes. In der Regel beginnt und endet jede Trekkingtour in Kathmandu. Der Tribhuvan International Airport (KTM) im Osten der Stadt ist Nepals einziger internationaler Flughafen. Die immer wieder faszinierende Stadt liegt im dicht besiedelten, sehr fruchtbaren Kathmandu-Tal, ein natürlicher Kessel auf einer Höhe von etwa 1300 m. Die eigentliche Stadt Kathmandu liegt nördlich des Bagmati-Flusses. Im Süden des Flusses befindet sich die Stadt Patan. Beide Städte sind mit der Zeit zusammengewachsen.

Verlassen wir den internationalen Flughafen, tauchen wir ganz schnell in das lebendige Treiben der Großstadt ein. Man könnte auch sagen, in das Chaos einer großen Entwicklungsstadt. Zwar gibt es in Nepal sehr wenige private PKW, aber aufgrund der unzähligen Busse, Taxis, LKWs, Mopeds und zum Teil Kühe, bricht der Verkehr in der Stadt zu den Stoßzeiten täglich zusammen. Die Verkehrsabgase sind so enorm, dass Kathmandu zu den Städten mit der höchsten Luftverschmutzung gehört. Das Leben pulsiert in den engen, überfüllten Straßen der Stadt. Lassen Sie sich in diesem Chaos treiben.

Geschäftiges Treiben in der Altstadt von Kathmandu (Ason-Platz im Süden von Thamel).

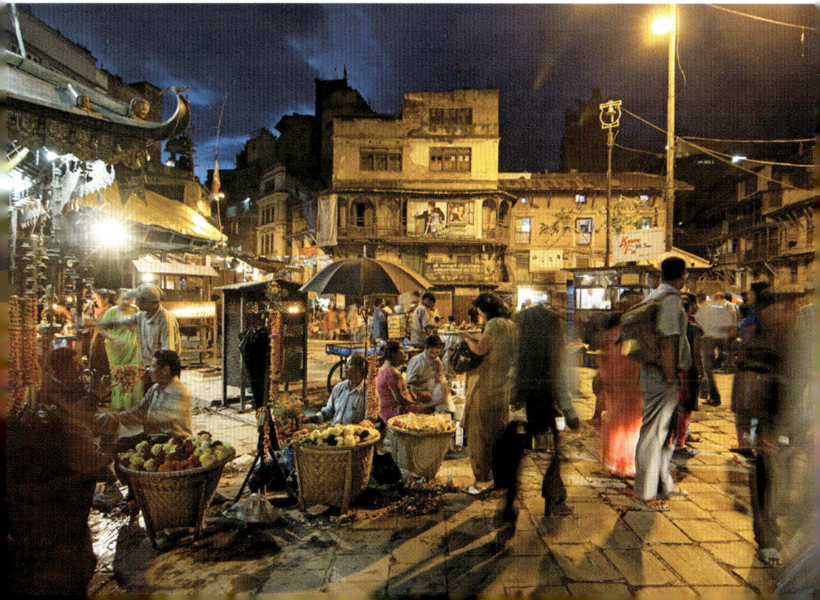

An jeder Ecke und Gasse gibt es neue, interessante Dinge zu erleben. Überall nimmt man köstliche – und weniger köstliche –, fremdartige Gerüche auf. Kathmandu ist eine der Städte mit der höchsten Bevölkerungsdichte weltweit. Das Gewimmel auf den Straßen, der Kontrast zwischen den alten und neuen Stadtteilen, zwischen Arm und Reich, die Vielfalt der Farben und Geräusche lassen so manche europäische Stadt blass dagegen aussehen.

An einigen Ecken fühlt man sich in das Mittelalter zurückversetzt. Aber auch die moderne Welt hat vor Kathmandu nicht haltgemacht. So wird in der einen Straße die Ziege am Boden geschlachtet, zerlegt und verkauft. Ein paar Straßen weiter bringt uns eine Rolltreppe im klimatisierten Einkaufszentrum von Stockwerk zu Stockwerk. Leider ist die Infrastruktur für diese modernen Einflüsse und für die Masse von Menschen nicht ausgelegt. Daraus ergeben sich einige sehr große Probleme: Luft- und Wasserverschmutzung, Wassermangel, Staus, Müllprobleme, Stromversorgungsdefizite (siehe Infokasten »Load Shedding« auf Seite 78), Kriminalität usw. Ursprünglich lebten hier ausschließlich Newari, die auch den Baustil der historischen Gebäude geprägt haben. Heute verschmelzen im Kathmandu-Tal alle Kulturen und Völker des Landes. Als einzige Großstadt des Landes fungiert Kathmandu gleichsam als Magnet für die arme Landbevölkerung, die in der

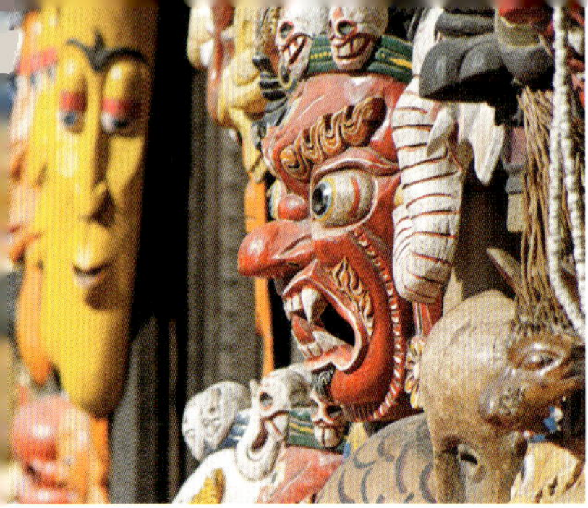

Grrrr …

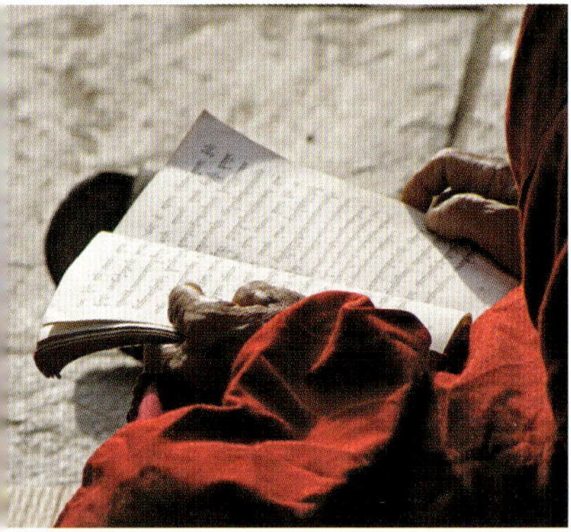

Heilige Schriften.

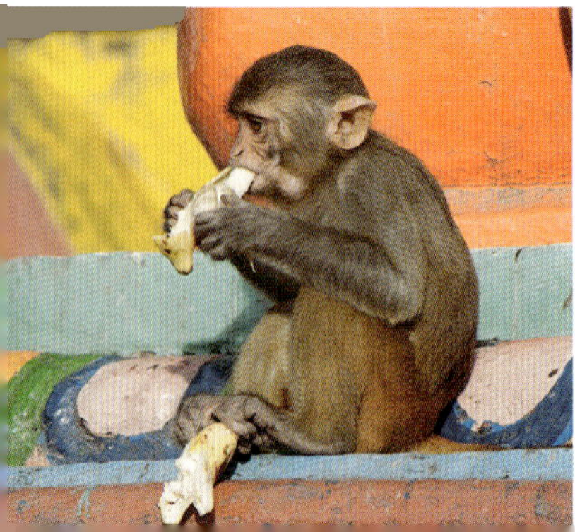

Guten Appetit!

Hoffnung auf Arbeit und bessere Verdienstmöglichkeiten Landflucht begeht und in Kathmandu auf ein besseres Leben hofft. Besonders im Winter ist die Stadt zudem Zufluchtsort für zahlreiche Menschen aus den Bergregionen, die es sich leisten können, den Winter nicht in eisiger Höhe zu verbringen.
Die drei alten Königsstädte Kathmandu, Patan und Bhaktapur liegen sehr dicht beieinander. Alle drei haben einen eigenen Durbar Square – einen Platz, auf dem sich die unterschiedlichsten Tempel und Königspaläste befinden. Alle drei Plätze gehören zum UNESCO-Weltkulturerbe. Leider wurden bei dem Erdbeben im Frühling 2015 zahlreiche Gebäude schwer beschädigt bzw. zerstört. Neben diesen drei wichtigen Attraktionen gibt es aber auch noch einige andere kulturelle Höhepunkte, die einen Besuch lohnen (siehe folgende Seiten).
Kathmandu gehört zweifellos zu jeder Nepalreise. Aber auch wenn das Erlebnis in dieser einzigartigen Stadt unvergesslich bleiben wird, nach ein paar Tagen sind die meisten froh, die Stadt und die damit verbundene Anstrengung wieder hinter sich lassen zu können.

Sehenswürdigkeiten und Ausflüge

Für alle, die sich vor ihrer Trekkingtour kulturell akklimatisieren wollen oder nach der Tour noch das Stadtleben kennenlernen möchten, sind hier einige Sehenswürdigkeiten in und um Kathmandu kurz beschrieben.

Thamel

Kein Weg führt an Thamel, dem Touristenviertel Kathmandus, vorbei. Sehr viele suchen sich in diesem etwas nördlich der Altstadt und dem Durbar Square gelegenen Stadtteil auch ihre Unterkunft. Hier gibt es unzählige Übernachtungsmöglichkeiten und es werden Zimmer in allen Preisklassen angeboten. Auch wenn man anderswo in Kathmandu übernachtet, wird fast jeder mindestens einmal in Thamel vorbeischauen. Vielfältige Restaurants und Einkaufsmöglichkeiten locken die Besucher. Fast unzählbar sind all die Trekkingagenturen (Trekking agencies), die geführte Wanderungen und Ausflüge in alle erdenklichen Regionen Nepals anbieten. Hier in Thamel bekommt man alles – wirklich alles! Von deutscher Schokolade über Zahnpasta, Trekkingausrüstung und italienischem Kaffee bis zu Medikamenten etc. Also keine Panik, wenn Sie etwas zu Hause vergessen haben! Thamel hat nichts mit dem übrigen Kathmandu zu tun. Es ist ein Stadtteil rund um den Tourismus. Die Außenwände der Häuser sind vollgepflastert mit Tausenden leuchtenden, bunten Schildern und Hinweistafeln, die nicht immer die Orientierung erleichtern. Frühstücken kann man in den vielen Bakeries. Es gibt moderne Internet-Cafés und gut sortierte Buchläden mit Bildbänden, Romanen, Landkarten und Postkarten. Vergessen Sie beim Einkaufen in den unzähligen Souvenir- und Kleidungsshops nicht das Freigewicht für Ihren Rückflug. Wer dem ganzen Trubel etwas entkommen möchte, der findet ruhige Dachterrassen oder Innenhöfe, die schon fast wie Oasen wirken. Gönnen Sie sich dort zum Entspannen ein Lassi oder genießen Sie zum Lesen einen der guten Milchkaffees. Alles andere als ruhig verlaufen die Abende in Thamel. In den Restaurants gibt es internationale Küche, in vielen spielen laute Rock Bands live und die Öffnungszeiten (in der Regel bis 24 Uhr) sind die längsten im Lande. Auch wenn Thamel nichts mit dem übrigen Nepal zu tun hat, gehört es zum Pflichtprogramm einer Nepal-Reise.

Durbar Square

Ein Spaziergang von Thamel durch die engen, geschäftigen Gassen Richtung Süden bis zum Durbar Square ist ein absolutes Highlight. Besonders am Abend, wenn die Straßen und Bazare zum Leben erweckt werden!

Der Durbar Square ist eine der Hauptsehenswürdigkeiten der Stadt. Durbar heißt so viel wie Königshof. Und so handelt es sich um den Platz um den alten Königspalast mit all seinen Tempeln und Pagoden. Leider wurden zahlreiche Gebäude durch das Erdbeben 2015 zerstört. Ein Besuch lohnt sich trotzdem weiterhin. Der gesamte Platz ist wohltuenderweise für Autos gesperrt. Daher kann man in aller Ruhe, ohne lästiges Hupen und ohne laute Motorengeräusche, die Atmosphäre des Platzes genießen – jedenfalls wenn man nicht die Aufmerksamkeit einer der aufdringlichen Führer auf sich gezogen hat, der unbedingt seine Dienste verkaufen möchte.

- Um den Platz betreten zu dürfen, müssen Touristen ein Ticket kaufen. Das Ticket gilt als Multiple entry. Falls Sie also den Platz während Ihres Nepal-Aufenthaltes noch einmal betreten möchten, lassen Sie das Datum auf der Rückseite notieren.

Bodhnath (Boudha)

Im Osten Kathmandus, ca. 6 km vom Zentrum entfernt, befindet sich im Stadtteil Boudha die Stupa Bodhnath, das wichtigste buddhistische Heiligtum Nepals. Sicher kommt jedem diese 40 m Durchmesser große, weiße Stupa von zahlreichen Reiseführern oder Postkarten bekannt vor. Oft wird sie auch als Wahrzeichen Nepals gesehen (siehe auch Foto auf Seite 47).

Die Stupa steht auf einem runden, von Häusern gesäumten Platz, der an eine Art Amphitheater erinnert. Sie ist ein solides Bauwerk und besitzt somit keine Räume oder Ähnliches, die man betreten könnte. Allerdings kann man durch einen Eingang an der Nordseite die weiße Kuppel begehen und so auch um das Bauwerk pilgern. Die Stupa ist ringsum mit Gebetsmühlen versehen, die mit dem Mantra Om mani padme hum (siehe Infokasten auf Seite 124) verziert sind. Pilger umrunden das Heiligtum im Uhrzeigersinn und drehen dabei die Gebetsmühlen. Um das Bauwerk hat sich eine beträchtliche tibetische Gemeinde mit Klöstern und Klosterschulen angesiedelt.

Die Stupa ist wie ein buddhistisches Mandala aufgebaut. Jedes Mandala ist ein kreisförmiges bzw. quadratisches Gebilde mit einem Zentrum. Und so ist

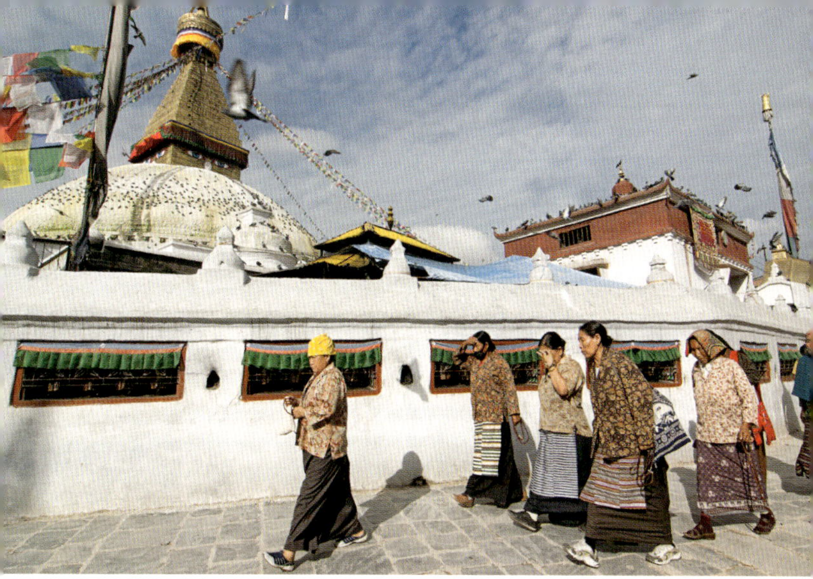

Mal schnell, mal langsam drehen die Gläubigen ihre Runden im Uhrzeigersinn um Boudha.

es auch bei Boudha: Auf vier Stufen sitzt die große weiße Kuppel, auf der ein quadratischer Turm mit 13 Stufen emporragt. Diese 13 Stufen entsprechen den 13 Stufen geistlicher Erkenntnis. Auf der Spitze steht sinnbildlich für die Erleuchtung ein goldener Schirm. Von jeder Seite des Turms schauen die Augen Buddhas wachend auf die Pilger hinunter (3 Augen; Nase = Zahl 1). Der gesamte quadratische Turm auf der weißen Kuppel wurde durch das Erdbeben 2015 zerstört. In Eigenleistung der tibetischen Bevölkerung wurde die Stupa in kürzester Zeit restauriert und erstrahlt nun wieder in vollem Glanz. Geschmückt wird die Stupa durch Tausende Gebetsfahnen, die im Wind wehen und ebenfalls mit dem Mantra Om Mani Padme Hum versehen sind. Besonders in den Morgen- und Abendstunden herrscht hier an der Stupa eine spirituelle Atmosphäre. Nehmen Sie sich Zeit für den Besuch und lassen Sie die Stimmung in Ruhe auf sich wirken. Von einem der Cafés auf den Dachterrassen kann man sich von der gesamten Anlage ein Bild aus der Vogelperspektive machen und hat auch die Gelegenheit, das Gebäude in seiner ganzen Pracht als Postkartenmotiv auf seinen Fotochip zu bannen.

■ Für das Betreten des Platzes müssen Touristen vor Ort ein Ticket (250 NPR; Stand 2017) kaufen. Von Thamel kann man entweder mit dem Taxi für ca. 400 NPR nach Boudha gelangen, oder mit dem blauen Micro Bus von der Micro-Bus-Station am Ratna Park für etwa 20 NPR.

Stupa

Die Stupa (Sanskrit), oder auf Tibetisch Chörten, ist ein buddhistisches Denkmal. Ursprünglich war sie ein Grabmal oder ein Grabhügel. Später wurde sie auch zur Verehrung von Heiligen als religiöses Symbol an besonderen Orten erbaut. Besonders unter König Ashok (3. Jh. v. Chr.) sind viele dieser ersten Stupas entstanden.
Die heutige Form der Stupa geht auf die Urstupa von Sanchi in Zentralindien zurück: Sie hat eine quadratische Plattform, über der sich eine halbkugelförmige Kuppel befindet. Darüber ist die Reliquienkammer, die in einer Spitze mündet und mit einem Juwel bzw. einer Krone abgeschlossen ist. Diese vier Stufen stellen die Elemente des Buddhismus dar: Die Plattform als Basis steht für Shanga (Gemeinschaft), die Halbkugel für Dharma (Lehre), die Reliquienkammer und Spitze für Buddha (Erleuchteter) und das abschließende Juwel steht für das Nirwana (Erleuchtung).

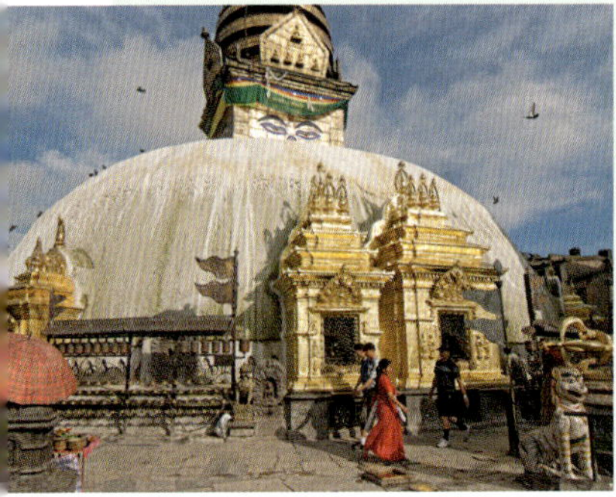

Kommt man auf seiner Wanderung an einer Stupa vorbei, umläuft man sie stets im Uhrzeigersinn, ebenso wie die Manimauern (siehe Infokasten S. 124).

Swayambhunath

Die Stupa oben am Hügel, etwa 2 Kilometer westlich von Kathmandu, verziert mit Tausenden von Gebetsfahnen, gehört sicherlich zu den meist fotografierten Motiven der Stadt und von ganz Nepal. Sie gilt schon fast als Wahrzeichen von Kathmandu; häufig wird für die Stupa auch der Name »Swambu« benutzt. Da an der Tempelanlage unzählige freilaufende Affen anzutreffen sind, wird Swayambhunath auch »Affentempel« genannt. Swambu ist wie Boudha eine Stupa. Aber hierher pilgern nicht nur Buddhisten, sondern auch Hindus. Von der Anlage hat man einen herrlichen Blick auf die Häuser der Hauptstadt Nepals.

- Sie können sich entweder mit dem Taxi (von Thamel 300 NPR; Stand 2017) hinbringen lassen oder sich auch zu Fuß von Thamel auf den Weg zur Stupa machen. Touristen müssen einen Eintritt von 200 NPR (Stand 2017) bezahlen.

Pashupatinath

Pashupatinath liegt 5 km östlich vom Zentrum Kathmandus am heiligen Fluss Bagmati und ist eine der wichtigsten Tempelanlagen des Hinduismus. Der dem Gott Shiva geweihte Haupttempel ist Nicht-Hinduisten nicht zugänglich. Allerdings gibt es auf dem gesamten Areal noch genug Sehenswertes.

Im Südosten der Anlage, direkt am Ufer des Bagmati, befinden sich die Ghats, die Verbrennungsstätten: Flussaufwärts die Arya Ghats, hier werden Angehörige der höheren Kasten verbrannt. Weiter stromabwärts Richtung Süden sind die Surya Ghats für die Angehörigen der niederen Kasten.
Von zwei über den Fluss führenden Brücken oder vom Ufer aus kann man bei der Feuerbestattung und der damit verbundenen Zeremonie zusehen. Für Hinduisten ist es sehr erstrebenswert, hier am Bagmati-Fluss, welcher in den heiligen Ganges fließt, verbrannt zu werden.
Der Leichnam wird zunächst, in ein gelbes Tuch gehüllt, auf die Steinstufen des Ghats gelegt. Seine Füße werden mit heiligem Wasser gewaschen und Blumen sowie Tücherstreifen werden auf seinen Körper gelegt. Es ist die Aufgabe des ältesten Sohnes, das Feuer beim verstorbenen Vater zu entfachen. Bei der verstorbenen Mutter ist es die Aufgabe des jüngsten Sohnes. Falls es in einer Familie nur Töchter gibt, übernimmt dies ein dazu Ausgebildeter außerhalb der Familie. In einem Ritual wäscht sich der Sohn mit dem heiligen Wasser und spült auch seinen Mund damit aus. Zudem wird ihm der Kopf kahl rasiert. Schließlich wird ein mit Butter getränktes Strohbüschel in den Mund der Leiche gesteckt. Diese gesamte Zeremonie läuft meist sehr friedlich und ohne viel Aufsehen ab.
Nebenan befinden sich die Scheiterhaufen. Einige von ihnen werden gerade aufgeschlichtet, bei anderen brennt bereits ein Feuer. Bedienstete sind damit beschäftigt, das gleichmäßige Abbrennen zu gewährleisten. Die Verbrennung dauert mehrere Stunden. Die Asche sowie die anderen Überreste werden dem Fluss überlassen.

Es gibt viel zu sehen an den Ghats von Pashupatinath. Im Vordergrund finden die Feuerbestattungen der höheren Kasten statt (Arya Ghats).

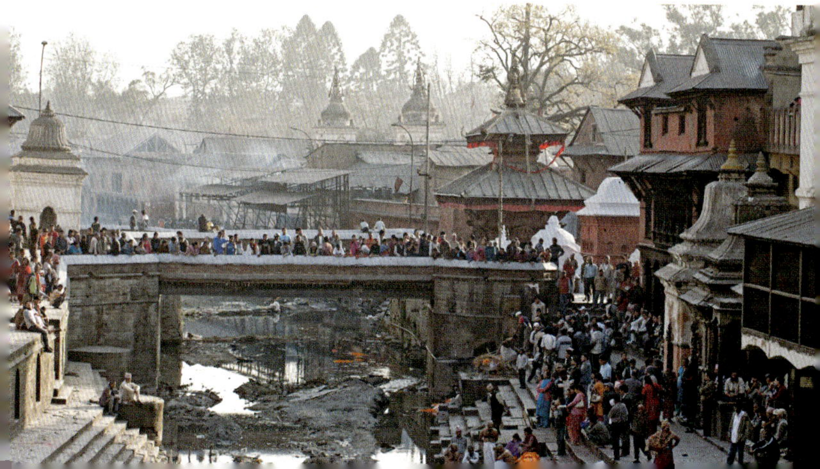

Und so sehen wir weiter flussabwärts Kinder und Jugendliche mit Keschern und Sieben im schmutzigen Fluss stehen, um das Wasser nach wertvollen Resten (z. B. Goldzähne, Ringe etc.) abzusuchen. Noch ein Stück weiter im Süden wird der Bagmati von Angestellten von sämtlichen Blumengirlanden gesäubert, die vor der Verbrennung ins Wasser geworfen werden.
Etwas zurückversetzt von den Ghats steht ein Lazarett und gleich in der Nähe des Ufers befinden sich einige offene Hütten mit Sterbebetten.
Für Touristen wird auch hier ein Eintritt von 1000 NPR (Stand 2017) verlangt. Ein Taxi von Thamel kostet etwa 300 NPR. Sie erreichen die Anlage auch unproblematisch mit einem Micro Bus. Ein Ausflug nach Boudha lässt sich gut mit einem nach Pashupatinath kombinieren.

Bhaktapur
Die altertümliche Stadt Bhaktapur liegt 15 Kilometer östlich von Kathmandu an einer alten Handelsstraße nach Tibet. Mit etwa 82.000 Einwohnern (Stand 2011) ist sie die drittgrößte Stadt im Kathmandu-Tal. Die Einwohner sind hauptsächlich Newar, die ursprünglichen Bewohner des Tals. Im Vergleich zu Kathmandu und Patan ist Bhaktapurs Durbar Square noch größer und prachtvoller. Leider wurden einige Gebäude und Tempel durch das Erdbeben im Frühling 2015 beschädigt und zum Teil völlig zerstört. Ein Besuch lohnt sich weiterhin. Es laufen auch Renovierungsarbeiten. Die Fahrt nach Bhaktapur lohnt sich nicht nur wegen des Durbar Squares. Die ganze Stadt wirkt wie ein großes Freilichtmuseum. Aufgrund des historischen Erscheinungsbildes fühlt man sich beim Durchspazieren in vergangene Jahrhunderte zurückversetzt. Betonbauten wird man hier vergeblich suchen. Dafür können Sie niedrige Häuser mit wunderschönen, kunstvollen Holzschnitzereien, zahlreiche Tempel und mit Ziegeln gepflasterte Gassen bestaunen. Die gesamte Innenstadt ist für den Durchgangsverkehr gesperrt, was sehr zur Bhaktapurs entspannter Atmosphäre beiträgt. Zur Restaurierung der historischen Bauwerke hat in den 1970er-Jahren übrigens auch Deutschland im Rahmen des Deutsch-Nepalesischen Bhaktapur Development Project einen nennenswerten Beitrag geleistet.
Auch der Alltag der Menschen in der Stadt spiegelt das Leben vergangener Zeiten wider: Frauen holen mit großen Messinggefäßen Wasser am Brunnen, Reis und Gewürze werden zum Trocknen auf den Plätzen ausgelegt, Wäsche wird in den Straßen gewaschen, ringsum angebautes Gemüse und Obst werden feilgeboten. Neben den landwirtschaftlichen Erzeugnissen ist Bhaktapur besonders bekannt für seine Töpfereien. Mindestens einen halben Tag Zeit sollte man sich nehmen, um das bunte Treiben in den Gassen in aller Ruhe beobachten zu können. Gemütliche Restaurants mit Dachterrasse am Taumadhi Tol laden dazu ein, die Atmosphäre auf sich wirken zu lassen. Spätestens hier fällt einem auf, dass die Uhren in Bhaktapur langsamer ticken.
■ Ein für nepalesische Verhältnisse saftiger Eintritt von 15 US$ (Stand 2017)

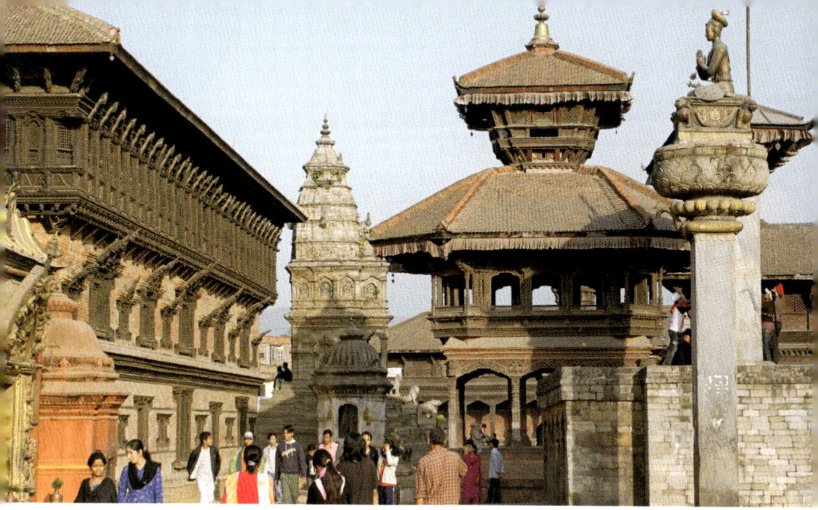

Sonntägliches Flanieren durch das historische Bhaktapur.

lässt viele Touristen stutzen. – Anreise: Entweder mit dem Taxi (Hin- und Rückfahrt 2500 NPR; Stand 2017) oder ebenfalls unkompliziert mit dem Micro Bus vom Ratna Park nach Bhaktapur. Fahrzeit etwa 45 Min.

- Übernachtung in Bhaktapur: mehrere sehr schöne Unterkünfte, z. B. Peacock Guest House, Tel. +977 1 661 18 29, www.peacockguesthouse-nepal.com.

Patan

Die Stadt Patan (auch Lalitpur, auf Sanskrit: »Stadt der Schönheit«) liegt südlich des Bagmati-Flusses und ist durch diesen von Kathmandu getrennt. Mit seinen etwa 300.000 Einwohnern ist sie die zweitgrößte Stadt im Kathmandu-Tal. Die Hauptsehenswürdigkeiten in Patan sind der historisch gut erhaltene Durbar Square und der Goldene Tempel. Neben diesen beiden Attraktionen ist es auch interessant, das Treiben in den Gassen rund um den Durbar Square zu beobachten. Auf dem Platz steht der dreiteilige Königspalast. Der mittlere Teil – der älteste – wird Mul Chowk genannt. Beeindruckend sind schon die beiden Löwen aus Stein beim Eingangsbereich. Rechts vom Königspalast befindet sich der Sundari und links davon der Manikeshava Chowk. Zahlreiche weitere Tempel stehen auf dem Platz verstreut. Im Vergleich zum Durbar Square in Kathmandu ist dieser gepflegter, dafür aber etwas kleiner. Ein Besuch lohnt sich auf jeden Fall!

- Für den Besuch des Durbar Square wird Eintritt verlangt. Für die Anreise ist ein Taxi empfehlenswert.

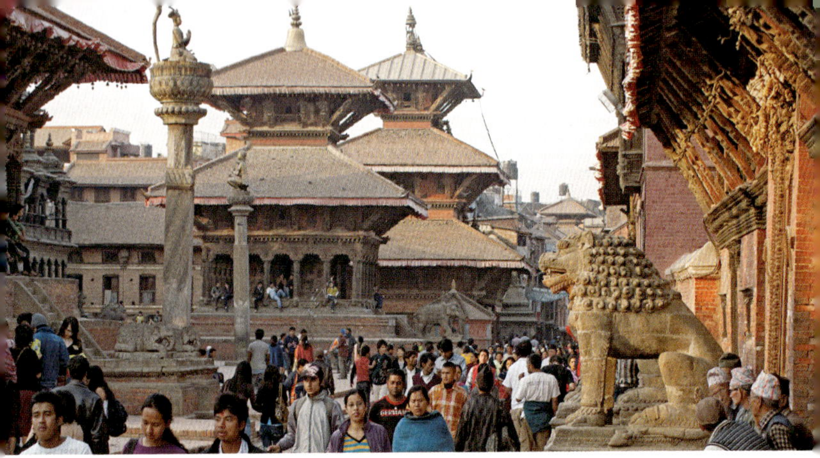

Durbar Square von Patan noch vor dem Erdbeben 2015. Der größte Teil blieb erhalten.

Unterkünfte in Kathmandu

In Kathmandu gibt es unzählige Unterkünfte in den unterschiedlichsten Preisklassen, verteilt über die ganze Stadt. Große, sehr komfortable und damit auch eher teure Quartiere befinden sich eher außerhalb des Zentrums. Die höchste Unterkunftsdichte besteht in Thamel und Umgebung. Sehen Sie die hier aufgezählten Möglichkeiten lediglich als Tipp an. Ein Taxi vom Flughafen nach Thamel kostet etwa 500 NPR.

- **Paknajol** ist ein kleiner Stadtteil nordwestlich von Thamel. Hier ist es etwas ruhiger als im lebhaften Thamel, das man zu Fuß jedoch in wenigen Minuten erreichen kann. Falls Sie in Paknajol nächtigen, dann gehen Sie doch mal in eines der sehr günstigen, rustikalen und wenig touristischen Restaurants und essen ein typisches Dal Bhat. Oder probieren Sie die guten Momos an den zahlreichen »Momo-Buden« am Straßenrand.
- **Thamel**
  - International Guest House: Am Rande (Westen) von Thamel, großes, sehr gepflegtes Hotel mit sehr schönem Innenhof, Tel. +977 1 425 22 99, www.ighouse.com.
  - Hotel Excelsior: Mitten im Trubel Thamels, untere Preiskategorie, saubere Zimmer, Tel. +977 1 425 77 48 bzw. 470 15 66, www.excelsiornepal.com.
  - Potala Guest House: Etwas größeres Hotel mit über 60 Zimmern am südlichen Rand Thamels, Tel. +977 1 422 04 67 bzw. 422 65 66, www.potalaguesthouse.com.
  - Hotel Utse: Traditionelles, von Tibetern geführtes Hotel, schöner Eingangsbereich mit Restaurant, Tel. +977 1 425 76 14 bzw. 422 89 52, www.utsehotel.com.

- Tibet Guest House: Ruhige Lage in Thamel, kleiner Garten, Dachterrasse, geräumige Zimmer, Tel. +977 1 426-0383, 425-1763, 426-0556, www.tibetguesthouse.com.
- ACME Guest House: Schöner Innenhof, Tel. +977 1 470 02 36, 470 10 49, www.acmeguesthouse.com.

Ansonsten steuern Sie einfach Thamel an und wählen Sie eine von den schon fast unzählbaren Unterkünften nach Geschmack und Geldbeutel aus. Lassen Sie sich nicht von all den Schildern überfordern!

Tipps

Essen in Thamel bzw. Kathmandu: Es gibt unzählige gute und zum Teil auch sehr exotische Restaurants in Thamel. Hier gibt es wirklich alles! Vom Frühstück mit Croissants, Schokokuchen und italienischem Kaffee über das typische Dal Bhat, tibetisches Essen bis hin zu Pizza und Pasta. Wir können empfehlen:

- Dashain Ghar: Thamel, einfache Garküche, gutes und günstiges Essen, sehr gute Momos, in der Nähe von Fire and Ice Pizzeria.
- Western Tandoori & Naan House: Thamel, gut und günstig, hervorragende indische Speisen, aber auch sehr gutes Dal Bhat.
- Yak Restaurant: Thamel, einfaches, gutes und günstiges Essen.
- Dechenling Garden Restaurant: Thamel, schöner Garten, umfangreiche Speisekarte.
- Fire and Ice Pizzeria: Thamel, sehr gute Pizza, für alle, die es nicht lassen können.
- Himalayan Java: Thamel, sehr gutes Kaffee.
- Thamel Momo Hut: Thamel, günstige und gute Momos, wenn es schnell gehen soll.
- Travellers Cafe: Thamel, sehr gutes und relativ günstiges Dal Bhat.
- Sam's One Tree Cafe: Durbar Marg, östlich von Thamel, großes Restaurant, sehr gutes Essen.
- Curilo Cafe und Grill: Lazimpat, bei der britischen Botschaft, sehr gemütliches, kleines Restaurant.
- White Dzambala Tibetan Restaurant: Boudha, schön ruhig im Hinterhof, umfangreiche Speisekarte, gutes Essen.
- Karma Coffee: Lalitpur, sehr gemütliches Kaffee, abseits der Touristenbereiche.

Alle Einkehrmöglichkeiten sind gut per Google Maps zu finden.

Der ganz normale Wahnsinn: die Touristenmeile von Thamel.

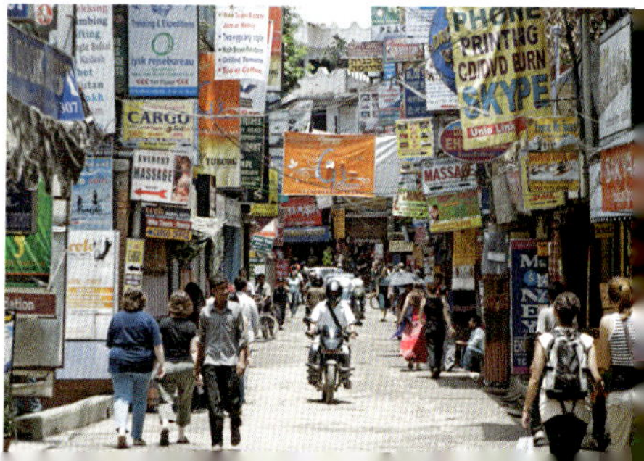

Keine Fahrt ohne Contactor

Wenn man zum ersten Mal nach Nepal kommt und im Taxi Richtung Innenstadt sitzt, dann fragt man sich sicher, wie der Verkehr bei all diesem Hupen und Chaos funktionieren kann. Aber es funktioniert. Und es funktioniert sogar erstaunlicherweise gut! Für die meisten Einheimischen ist die einzige Fortbewegungsmöglichkeit von einer Ortschaft in die andere der Bus. Für Europäer sind die ersten Busfahrten in Nepal ein Abenteuer. Schauen Sie beim Einsteigen nicht zu genau auf das Reifenprofil und achten Sie nicht zu sehr auf die eigenartigen Motor-, Getriebe- oder Lagergeräusche. In den Städten bewegt man sich in der Regel mit Taxi, Minibus oder Motorriksha fort. Bushaltestellen wie in Europa, Pläne für die Abfahrtszeiten oder Listen für die Fahrpreise wird man vergeblich suchen. Ampeln und Straßenmarkierungen werden nicht beachtet, dafür wird ständig, und aus unserer europäischen Sicht oft ohne Grund, gehupt! Ein eigenes Auto können sich nur sehr wenige leisten. Die Fahrzeuge kosten wegen der hohen Steuer mehr als in Europa und der Preis für Treibstoff mit etwa 1 € pro Liter liegt im Verhältnis zum Einkommen in Nepal um ein Vielfaches höher als in Deutschland. Ein Grund, warum in diesem offensichtlichen Chaos doch eine gewisse Ordnung und Regelmäßigkeit herrscht, sind die »Contact Boys«. Diese sind oft Jugendliche, die, anstatt in die Schule zu gehen, in einem der Minibusse in Kathmandu arbeiten, um Geld zu verdienen. Für jeden Minibus gibt es einen Fahrer und einen »Contact Boy«. Letzterer ist für das Kassieren und für die Sitzordnung im Bus zuständig. Er gibt dem Fahrer Zeichen, wann und wo angehalten wird. Er brüllt aus dem Fahrzeug, wohin die Fahrt gehen wird und er gibt dem Fahrer auch durch typische Klopfsignale (zweimal bedeutet Losfahren, einmal anhalten) an, wann der Bus in all dem Chaos wieder startklar ist. Vertrauen Sie diesen Jugendlichen, sie machen in der Regel ihren Job sehr gut!

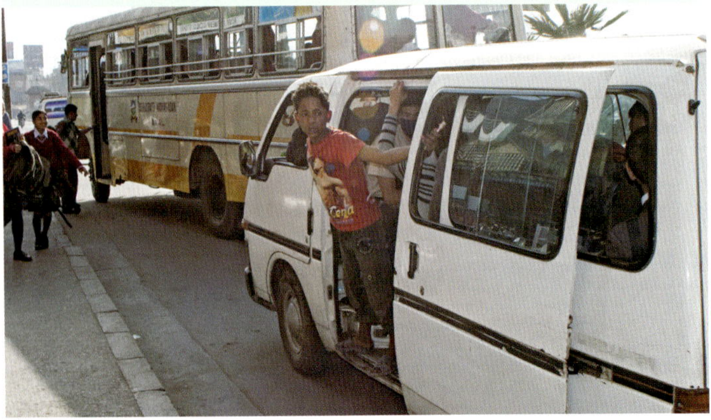

Rechts: Postkartenmotiv von der Dachterrasse von Boudha. Der goldene Turm auf der weißen Kuppel wurde nach dem Erdbeben 2015 wieder aufgebaut.

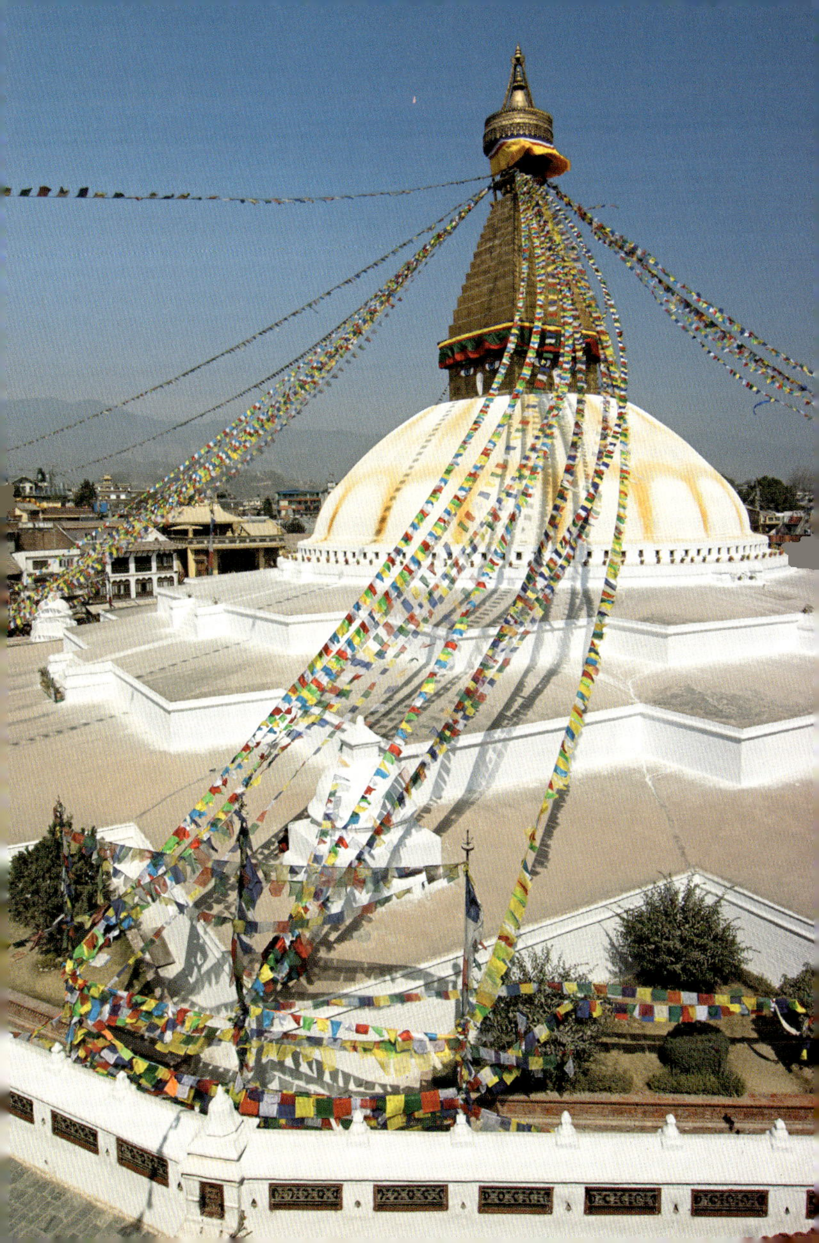

Pokhara

Pokhara ist neben der nur 200 km westlich liegenden Hauptstadt Kathmandu sicherlich das zweitwichtigste Touristenziel Nepals. Fast die Hälfte aller heutigen Nepaltouristen besucht Pokhara. Die Stadt mit seinen etwa 314.000 Einwohnern (Stand 2011) liegt ziemlich genau im geografischen Mittelpunkt des Landes. Die nahen weißen Gipfel des Himalaya und der See (Phewa Lake) sind die Hauptattraktion der Gegend. Von nur wenigen anderen Städten hat man einen so grandiosen und unmittelbaren Bergblick wie von dieser Stadt. Und von wo man die Berge so gut sieht, sind sie schließlich auch nicht mehr weit. Gerade mal gute 40 km Luftlinie ist der Gipfel der Annapurna I mit seinen 8091 m von Pokhara entfernt. Neben Annapurna I sind auch noch die beiden 8000er Dhaulagiri und Manaslu zu sehen. Die Stadt selbst hingegen liegt nur 820 Meter über dem Meeresspiegel. Kein Wunder, dass bei klarem Wetter die Gipfel der Eisriesen von den Dachterrassen in Pokhara zum Greifen nahe scheinen. Besonders das »nepalesische Matterhorn«, der Machhapuchhre, dominiert das Bergpanorama von Pokhara – obwohl er mit seinen 6993 m nicht zu den ganz Großen zählt. Dafür besticht er umso mehr durch seine elegante Form. Seinen Spitznamen »Fischschwanz« (Fishtail mountain) trägt der Berg wegen seiner Doppelspitze, die an eine Fischflosse erinnert. Diese Doppelspitze ist jedoch nicht von der Perspektive der Stadt aus zu erkennen, sondern erst, wenn wir uns dem Berg auf unserer Wanderschaft nähern.

Da der Himalaya hinter Pokhara von 1000 auf 8000 Meter sehr steil ansteigt und die Wolken damit zum Abregnen »zwingt«, muss man hier in der Regenzeit (Juni – September) mit sehr hohen Niederschlagsmengen rechnen. Das Klima im Pokhara-Tal ist subtropisch. Da Pokhara niedriger liegt, sind die Temperaturen hier auch wärmer als in Kathmandu. Im Sommer steigt das Thermometer manchmal auf bis zu 35 °C. Die kühlsten Temperaturen werden im Winter (Dezember und Januar) mit etwa 7 °C erreicht.

Der Name Pokhara kommt von *pokhari*, was nichts anderes als See bedeutet. Dies lässt sich daraus erklären, dass die Stadt Pokhara in einem Tal mit

Bergpanorama von Pokhara

Besonders in den Monaten von Oktober bis März kann man in der Regel mit klarer Bergsicht rechnen. Dann ist der Ausblick von Pokhara nach Norden auf die Himalaya-Kette gewaltig. Meist ist die Sicht am Morgen klarer als am Abend, und so ist ein morgendlicher Blick von der Dachterrasse eines Hotels besonders lohnend. Am linken Rand des »Bilderbuch-Panoramas« ist der Dhaulagiri (8167 m) zu bestaunen. Er wird gefolgt von Annapurna Süd (7219 m) und der etwas zurückversetzten Annapurna I (8091 m). Schließlich sticht der Machhapuchhre (6993 m) heraus. Weiter rechts schließen Annapurna III (7555 m) und Annapurna IV (7525 m), gefolgt von Annapurna II (7937 m), an. Bei klarem Wetter sind weiter östlich auch der Lamjung Himal (6983 m), Manaslu (8163 m) und der Himalchuli (7893 m) zu erkennen.

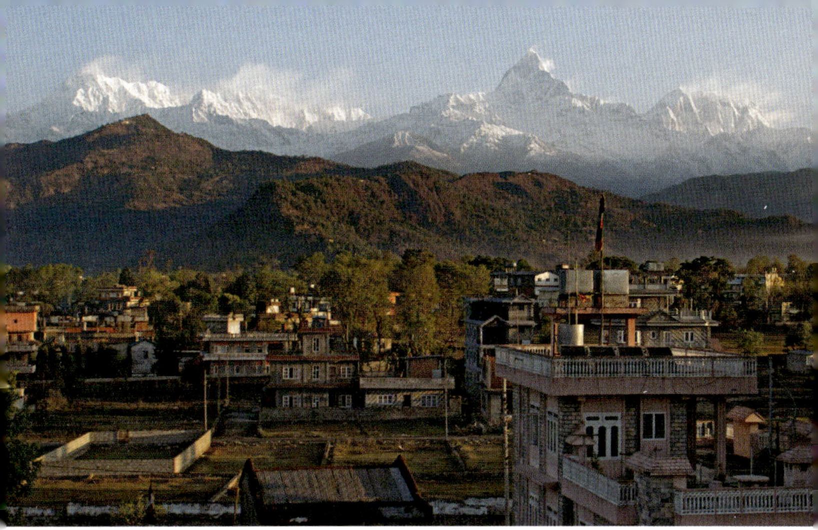

Fotomontage oder Wirklichkeit? Das Bergpanorama am Horizont von Pokhara.

ursprünglich sieben Süßwasserseen liegt. Davon sind heute drei Seen von Bedeutung: Phewa-, Begnas- und Rupa-See. Der größte davon ist der Phewa Lake. Er liegt direkt im Süden der Stadt und prägt das Bild und die Atmosphäre von Pokhara maßgeblich. Die beiden anderen Seen, Begnas und Rupa Lake, liegen etwa 10 km östlich außerhalb der Stadt am Prithvi Highway Richtung Kathmandu. In beiden Seen wird in großem Umfang Fischzucht betrieben.

Pokhara bietet wenig kulturelle Höhepunkte und ebenfalls wenige bauliche Sehenswürdigkeiten. Dafür sorgt der Phewa Lake direkt bei der Stadt bei Touristen für Urlaubsstimmung und vermittelt eine relaxte, fast mediterrane Atmosphäre. Leider eignet sich der See nicht zum Baden, aber Ruderboote können gemietet werden. Der See wurde durch Aufstauung etwas vergrößert und der Damm an seinem südlichen Ende gibt dem dortigen Stadtviertel den Namen **Damside**. In dieser Gegend befinden sich ein paar nette und ruhige Hotels. Für jemanden, der längere Zeit in Pokhara bleibt, ist Damside sicher eine angenehme Ecke.

Das wahre Touristenviertel in Pokhara ist allerdings **Lakeside**. Wie der Name besagt, liegt dieses Viertel direkt am Seeufer. Hier spielt sich wirklich alles rund um die Bedürfnisse der Reisenden ab. Lakeside ist in Pokhara das, was in Kathmandu Thamel ist – jedoch etwas gemäßigter, weitläufiger und entspannter. Die Touristenmeile ist übersät mit Trekking- und Reiseagenturen, Hotels, Pensionen, Restaurants, Diskotheken, Bars, Cafés, Souvenir-

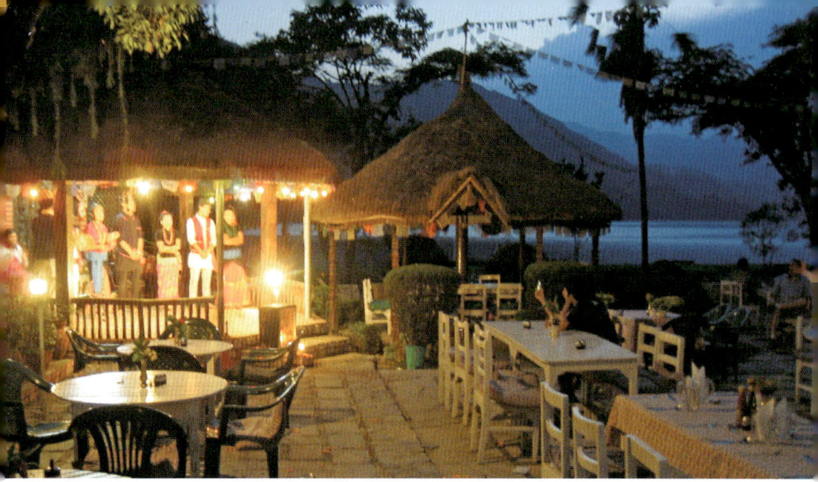

Strandfeeling im Touristenviertel Lakeside in Pokhara.

geschäften, Wechselstuben, Geldautomaten, kleinen Supermärkten, Buchläden etc. Hier findet man alles, was das Trekker-Herz begehrt. Besonders in den gemütlichen Restaurants, auf den Dachterrassen und in den Saftbars kann man ausspannen und die »Strandatmosphäre« genießen. Und so ist es kein Wunder, dass es auf einer Trekkingtour immer wieder Momente gibt, in denen man sich den Luxus und Komfort von Lakeside herbeiwünscht.
In der Regel führt also für keinen Reisenden der Weg an Lakeside vorbei. Allerdings sehen leider viele Touristen von Pokhara ausschließlich Lakeside, den Flughafen und vielleicht noch den Busbahnhof.
Aber nicht nur in Lakeside tobt das Leben, sondern auch in anderen Vierteln der Stadt. Wer Zeit hat, sollte auf jeden Fall einen Ausflug nach Mahendrapul starten (Micro Bus oder Taxi). Dies ist das Zentrum der Stadt für die Einheimischen, die hier ihre Einkäufe tätigen. Rund um den Bimsen Chowk befindet sich eine Mischung aller möglichen Geschäfte, Straßenhändler und Restaurants. Von Stoffgeschäften, Schneidereien, über DVD/CD-Geschäfte bis hin zu Haushaltswarenläden finden Sie hier alles. Außerdem gibt es mehrere große Bekleidungsgeschäfte (z. B. Ufo und Niva), wo man bei Fixed prices sehr günstig Kleidung nach westlichem Stil kaufen kann. Zudem gibt es einige typische, sehr gute Restaurants. Wer ein besonders gutes Dal Bhat abseits des Straßenlärms essen möchte, dem sei die Mustang Thakali Kitchen im zweiten Stock zu empfehlen.
Insgesamt wirken die Basare im Vergleich zu Kathmandu weniger chaotisch. Sie sind kleiner, sauberer und geordneter und somit für unser westliches Empfinden weniger anstrengend, aber eben auch weniger exotisch.

Aufgrund seiner günstigen Lage ist Pokhara Ausgangs- und Endpunkt für die meisten Trekkingtouren in der Annapurna-Region (ABC, Poon Hill, Mustang Trek sowie einer Reihe von Kurztreks). Der Startpunkt für die Annapurna-Umrundung, Besisahar, ist etwa 5 Stunden Busfahrt von Pokhara entfernt, jedoch unproblematisch zu erreichen. Letzte Trekkingvorbereitung, wie Besorgungen, Buchen einer Trekkingtour oder eines Guides/Porters, können in Lakeside in einer der unzähligen Trekkingagenturen erledigt werden.

Sehenswürdigkeiten und Ausflüge

World Peace Stupa (1103 m)

Oben auf einem Bergrücken an der Südseite des Phewa-Sees direkt gegenüber von Lakeside befindet sich die moderne Weltfrieden-Stupa. Die weiße Stupa ist von Lakeside aus gut zu erkennen und von dort oben hat man einen schönen Rundblick über den See, die Stadt und die Bergwelt.

- Entweder man fährt mit dem Taxi zur Rückseite des Bergs und gelangt so zur Stupa oder man lässt sich von Lakeside mit dem Ruderboot zur anderen Uferseite bringen und läuft von dort in knapp einer Stunde hinauf zur Stupa.

Sarangkot (1592 m)

Der »Hausberg« von Pokhara ist Aussichtspunkt Nummer 1 auf die Annapurna-Bergwelt – vom Dhaulagiri im Westen über die Fischflosse des Machhapuchhre bis hin zur Annapurna II im Osten. Besonders lohnenswert ist der Blick bei Sonnenauf- oder -untergang.

- Anreise mit dem Taxi von Lakeside ca. 45 Minuten. In Sarangkot gibt es mehrere Unterkünfte und Restaurants. Es existiert auch ein Wanderweg vom Phewa-See nach Sarangkot (etwa 4 Stunden), allerdings ist dieser sehr schwer zu finden.

International Mountain Museum

Wer einen Museumsbesuch in Nepal nicht auslassen möchte, dem sei ein Besuch des International Mountain Museum empfohlen. In einem großen neuen Ausstellungsgebäude erhält der Besucher Informationen über die unterschiedlichen Bergregionen Nepals, alle 8000er mit ihren Erstbesteigern, die Entwicklung der Ausrüstung (origi-

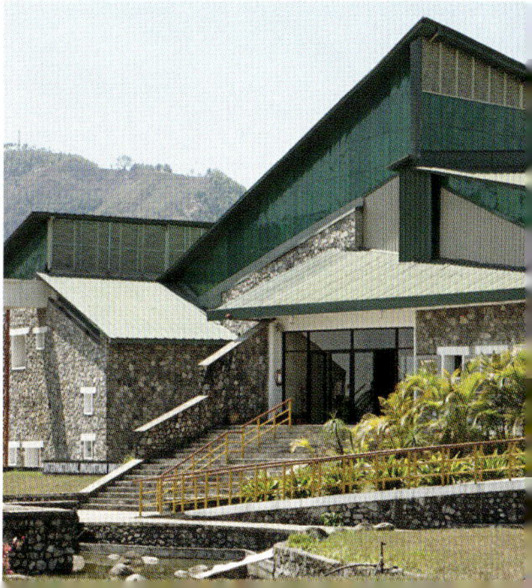

Der Eingang des International Mountain Museum.

nal Ausrüstungsgegenstände der Expeditionen). Außerdem lernt man von Nepals Geschichte, Flora und Fauna, Geografie und Geologie. Das Museum befindet sich südlich des Flughafens, in der Nähe des Himalaya Eye Hospital.

- International Mountain Museum, Tatapaira, Pokhara 17, Eintritt 400 NPR (Stand 2017), geöffnet 9.00–17.00 Uhr, Tel. +977 61 46 07 42 oder 46 03 43. Anfahrt am besten mit dem Taxi.

Anreise

Von Kathmandu nach Pokhara und zurück:

- Local Bus (350 NPR; Stand 2016): Hat sicher einen gewissen Erlebniswert, dauert aber deutlich länger als alle anderen Varianten, weil der Bus ständig anhält. Von Komfort kann bei dieser Variante sicher nicht die Rede sein!
- Tourist Bus (600–800 NPR ohne Klimaanlage; Stand 2017): Tickets mit Sitzplatz am Tag vorher in den Agenturen und in der Regel in allen Hotels buchbar. Fahrtdauer ca. 7 Stunden. Ganz verlässlich ist diese Zeitangabe allerdings nicht. Es kann auch mal 2 bis 3 Stunden länger dauern.
- Tourist Bus der besseren Kategorie (etwa 20 US$): der höhere Preis wird dadurch gerechtfertigt, dass die Busse komfortabler sind und z. B. über eine Klimaanlage verfügen. Zudem wird auf halber Strecke an einem Hotel angehalten und das Buffet ist selbstverständlich im Preis inbegriffen.
- Kleines Taxi (etwa 6000 NPR; Stand 2016), Fahrzeit etwa 5 Stunden, aber eher sehr unüblich und teuer.

Und welcher ist nun der richtige? Keine Chance ohne Contact Boy (Ratna Park).

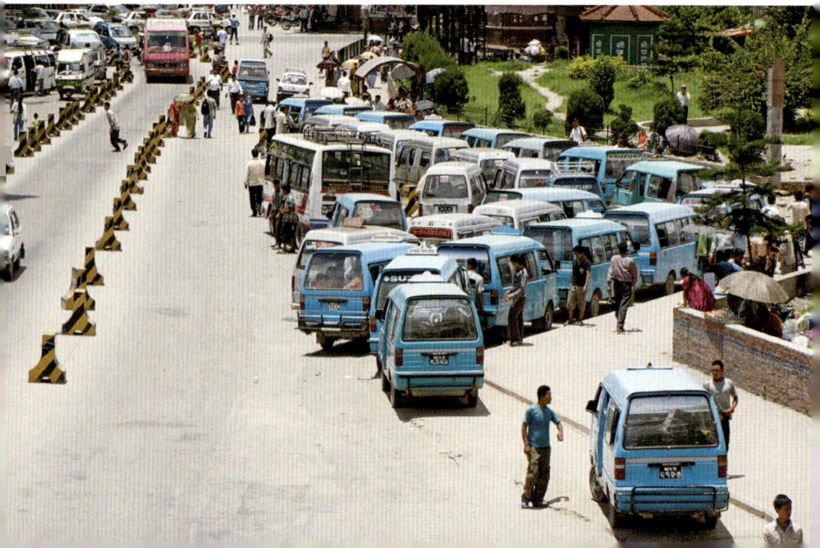

- Flugzeug (100–140 US$; Stand 2018): Tickets in den Agenturen, Hotels oder direkt am Flughafen buchbar.
- Unser Tipp: Tourist Bus um 600–700 NPR und eine Strecke eventuell fliegen, schon wegen der Aussicht.

Von Pokhara nach Besisahar und zurück: Siehe ab Seite 90.

Unterkünfte Pokhara

- **Lakeside**

– The Little Tibetan Guest House: Sehr ruhiges und gepflegtes Guest House, von tibetischem Ehepaar geleitet, von der Straße zurückgesetzte Anlage in schön angelegtem Garten, vor allem die Erdgeschosszimmer sind sehr schön; etwa 1000 NPR pro Nacht, Tel. +977 61 46 18 98, littletibgh@yahoo.com.
– Hotel Vimal's: Mitten in Lakeside gelegenes Familien-Guest-House mit einfachen, sauberen Zimmern und schönem Innenhof; Tel. +977 61 46 23 06.
– Hotel Nirwana: Großes, gepflegtes Hotel.
– Hotel Asia: Großes, sehr gepflegtes Hotel, Tel. +977 61 46 63 37 bzw. 46 63 38, www.hotelasiapokhara.com.
– Giri Guest House: Größeres, komfortables, aber etwas unpersönliches Guest House in Seitenstraße am Rande von Lakeside, Tel. +977 61 46 49 55, pageni_20@yahoo.com.
– Fishtail Lodge: Sehr teure Unterkunft am Phewa Lake, sehr schöne, ruhige und komfortable Anlage, Zimmer etwa 150 US$, Tel. +977 61 46 50 71 und 46 02 48, info@fishtail-lodge.com, www.fishtail-lodge.com/fishtail.

- **Damside**

– Drei sehr ähnliche Hotels mit Blick auf den See in der Nähe der German Bakery: Hotel Monalisa, Hotel Jharna; New Hotel Cosmos.
– Das große Dragon Hotel (ab 15 US$ pro Nacht, Stand 2019, Tel. +977 61 46 03 91 oder 46 02 37, Mobil +977 984 606 02 05, info@dragonhotelgrp.com, www.dragonhotelgrp.com) befindet sich zentral im Viertel Damside und ist ein älteres, aber eher luxuriöseres Hotel.

Tipps

- Internet: Zahlreiche und wirklich schnelle Internet-Cafés in Lakeside; 1 Std. 120 NPR (Stand 2016), oft Skype möglich.
- Taxi von Lakeside zum Tourist Bus Stand: etwa 200 NPR (Stand 2014).
- Geld: Neben vielen Wechselstuben gibt es auch einige, meist funktionierende Geldautomaten (ATM).
- Travel Agencies: Schnell ist man überfordert von den vielen Werbeschildern der unzähligen Travel Agencies. Achtung, vergleichen Sie die Angebote mehrerer Agenturen, sie variieren oft stark in Preis und Leistung.

Praktischer Teil

Anreise – Flug nach Nepal

Die Anreise erfolgt im Normalfall wohl mit dem Flugzeug. Der einzige internationale Flughafen Nepals befindet sich in Kathmandu (Tribhuvan International Airport – TIA, Flughafencode KTM) und ist gut an das internationale Flugnetz angebunden. Es gibt keine Direktflüge von Europa nach Kathmandu. Von Deutschland gehen die günstigsten Flugverbindungen ab Frankfurt, zum Beispiel bieten Gulf Air, Quatar, Etihad und Thai Air Flüge mit ein bis zwei Zwischenstopps an. Von München aus haben wir gute Erfahrungen mit Turkish Airlines, Quatar und Etihad gemacht. Die reine Flugzeit beträgt 14 Stunden. Der Flugpreis bewegt sich zwischen 700 und 1500 €. Wem die von den meisten Fluggesellschaften vorgeschriebenen 20 kg (oft auch 30 kg) Reisegepäck nicht reichen, der kann bei einigen Fluggesellschaften zusätzlich 10 kg Trekkinggepäck im Voraus beantragen.

Ankunft in Kathmandu

Wer schon einmal in eine asiatische Großstadt gereist ist, kennt ihn gut: den Schock, wenn man sich aus der Schutzraumatmosphäre des Flughafens hinaus auf die Straße begibt. Man wird sofort von Dutzenden von Taxifahrern und Schleppern belagert, die einen zu überteuerten Preisen in das beste Hotel (natürlich ihrer Wahl zwecks Provision) in die Stadt bringen möchten.
Zu empfehlen ist der offizielle Taxistand. Die Fahrt kostet etwa 500–800 NPR. Falls Sie eine Motor-Rikscha oder ein unabhängiges Taxi erwischen, vereinbaren Sie vorher einen festen Preis. Falls Sie ein bestimmtes Hotel gebucht oder ausgesucht haben, beharren Sie darauf, dass der Fahrer Sie dort (und nur dort!) hinbringt. Falls Sie noch keine Wahl getroffen haben, lassen Sie sich nach Thamel, dem Touristenzentrum Kathmandus, bringen. Einige Hotels bieten bei Vorab-Buchung auch einen kostenlosen Flughafentransfer an.
In den letzten Jahren war bei der Rückreise nach Europa eine Flughafengebühr (Ausreisegebühr) fällig. Dies ist momentan nicht mehr der Fall!
Es ist durchaus sinnvoll, sich den Rückflug bis 72 Stunden vor Abflug rückbestätigen zu lassen, um keine bösen Überraschungen zu erleben.

- Yak und Yeti Reisen hat sich auf Nepalflüge spezialisiert: www.yakyeti.de/html/nepalfluge_.html (gute Übersichtsseite der wichtigsten Airlines mit Bewertung und ausführlichen Informationen zu den Fluggesellschaften).

Inlandsflüge

Zahlreiche Fluggesellschaften bieten Inlandsflüge (z. B. nach Jomson, Pokhara, Lukhla etc.) an. Neben der staatlichen nepalesischen Fluggesellschaft Nepal Airlines, die als eher unzuverlässig gilt, gibt es seit einigen Jahren eine Reihe privater Fluggesellschaften, die vorwiegend touristisch orientierte Orte anfliegen.

Folgende Flugstrecken könnten interessant sein:

- Kathmandu – Pokhara: Flugzeit etwa 35 Minuten, etwa 100–140 US$ (Stand 2018)
- Pokhara – Jomson: etwa 120 US$ (Stand 2017)
- Pokhara – Humde: Seit etwa 2012 werden keine Flüge mehr angeboten.

Fluglinien:

- Buddha Air: www.buddhaair.com, Tel. +977 1 554 24 94
- Yeti Airlines: www.yetiairlines.com, Tel. +977 1 442 12 15
- Nepal Airlines: www.nepalairlines.com.np, Tel. +977 1 422 07 57
- Sita Air: www.sitaair.com.np, Tel. +977 1 444 50 12
- Gorkha Air: www.gorkhaairlines.com, Tel. +977 1 443 51 21

Am besten buchen Sie die Inlandsflüge in einem der Reisebüros in Kathmandu oder Pokhara oder über das Internet. In den Trekkingmonaten evtl. frühzeitig buchen. Flüge rückbestätigen lassen! Achtung: Flüge in die Bergregionen, z. B. Jomson, können wegen schlechtem Wetter sehr kurzfristig abgesagt werden.

- Übersicht über die einzelnen Fluggesellschaften: www.nepalvista.com/web-directory/transportation/airlines

Auf dem Rollfeld von Jomson.

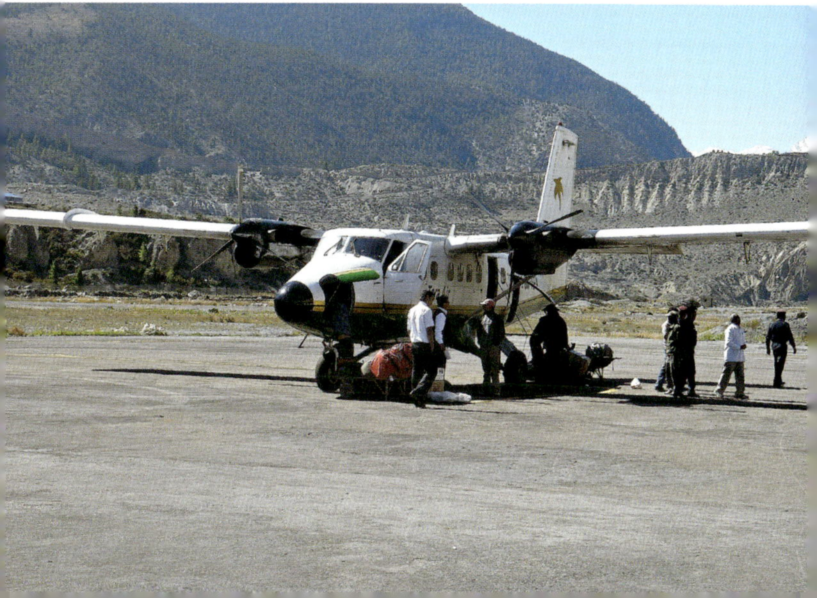

Busse

Da es in Nepal kein ausgebautes Bahnnetz gibt, ist der Bus das Hauptbeförderungsmittel. Busfahrten sind für unsere Verhältnisse sehr billig, oft sehr abenteuerlich und meist sehr unbequem. Wegen der schlechten Straßenverhältnisse, des sehr hohen Verkehrsaufkommens und des ständigen Ein- und Aussteigens ist mit langen Fahrzeiten zu rechnen. So müssen zum Beispiel für die 200-km-Strecke Kathmandu – Besisahar mindestens fünf bis sechs und oft deutlich mehr Stunden einkalkuliert werden. Auf jeden Fall muss zwischen einem *local bus* und einem *tourist bus* unterschieden werden.

Der *local bus* ist die billigste Variante und das Standardtransportmittel für die meisten Einheimischen. Diese Busse sind in der Regel sehr alt, meistens überfüllt und halten an fast jeder gewünschten Stelle. Ein Handzeichen am Straßenrand genügt und der Bus bleibt stehen. Mit diesen Bussen wird wirklich alles transportiert – Personen, Gepäck, Lebensmittel, Tiere und vieles mehr. Größere Gepäckstücke werden auf dem Dach befestigt. Ist im Bus kein Platz mehr, werden meist die jüngeren Männer ebenfalls auf das Busdach verfrachtet. Natürlich können Sie auch nach einem Platz auf dem Dach verlangen. Genießen Sie dabei den Fahrtwind und die Aussicht, aber achten Sie auch auf sehr tief hängende Stromleitungen! Schon wegen dem Gesamterlebnis sollte jeder Nepalreisende mindestens einmal mit einem *local bus* fahren, aber auch die dafür notwendige Geduld einpacken.

Die Reise kann beginnen: Tourist Bus Station in Pokhara.

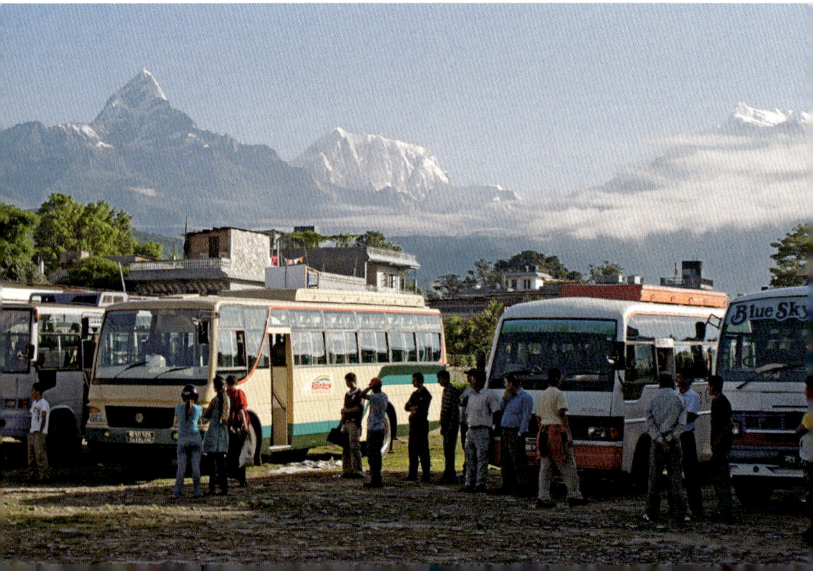

Etwas gewohnter verläuft die Fahrt in einem *tourist bus*. Für eigentlich fast alle Touristenrouten kann man ein Ticket für den Sitzplatz in einem solchen *tourist bus* buchen. Die Kosten sind etwas höher, aber dafür hat man einen festen Sitzplatz und die Busse sind meist etwas komfortabler. Zudem halten diese Busse nicht ständig an und so kann man mit deutlich kürzeren Fahrzeiten rechnen. Die Tickets müssen ein bis zwei Tage im Voraus z. B. im Hotel oder in einer Agentur (Kathmandu und Pokhara) gebucht werden. Beim Kauf des Tickets erfahren Sie auch den genauen Abfahrtspunkt des Busses. Touristenbusse von Kathmandu nach Pokhara fahren in der Nähe von Thamel ab.
In den Städten gibt es oft mehrere Busbahnhöfe. Informieren Sie sich also, wo Ihr Bus genau abfährt und ankommt. Die Taxifahrer wissen in der Regel auch Bescheid (siehe auch Infotext »Contactor« Seite 46).

Zeitverschiebung

Während der Sommerzeit (Ende März – Ende September) sind die Uhren in Nepal der mitteleuropäischen Zeit (MEZ) um 3.45 Stunden voraus. In der Winterzeit sind es 4.45 Stunden. Um 8.00 Uhr in Deutschland ist es also in Nepal schon 11.45 bzw. 12.45 Uhr.
Und neben dieser offiziellen Zeitverschiebung gibt es auch eine Zeitumstellung, deren Beachtung vielleicht noch wichtiger ist: Die Uhren in Nepal gehen langsamer und ungenauer als die in Europa! Gewöhnen Sie sich schnell an diese Tatsache und Sie haben mehr Freude an Ihrer Tour.

Reisezeit

Die besten Reisezeiten für die Annapurna-Region sind der Frühling und der Herbst.
Von März bis Mai ist es tagsüber angenehm warm. Besonders schön ist zu dieser Jahreszeit die weltberühmte Rhododendronblüte. Allerdings kann in diesen Monaten der Blick auf die großen Riesen teilweise etwas getrübt sein, da durch den Südwind Staub aus der indischen Ebene in den Himalaya geweht wird.
Oktober und November sind die besten Monate für die Wanderung. Die Temperaturen sind angenehm, man hat trockenes Klima und sehr gute Bergsicht. Weil das Wetter in diesem Zeitraum perfekt ist, ist besonders im Oktober mit vielen Trekkern zu rechnen. Sie sind sicher nicht alleine unterwegs und die Lodges können bisweilen ausgebucht sein.
Ab Mitte Juni setzt der Monsun ein und dauert bis September. Es wird sehr feucht, die Wege sind schlammig und von Erdrutschen bedroht. Blutegel stellen für den Wanderer ein zusätzliches Problem dar. Für diejenigen, die diese Risiken in Kauf nehmen möchten, sind die Treks in den meisten Jahren dennoch begehbar. Vor allem die Regionen um Manang und Muktinath bleiben weitgehend vom Regen verschont, da der Himalaya als Barriere für die

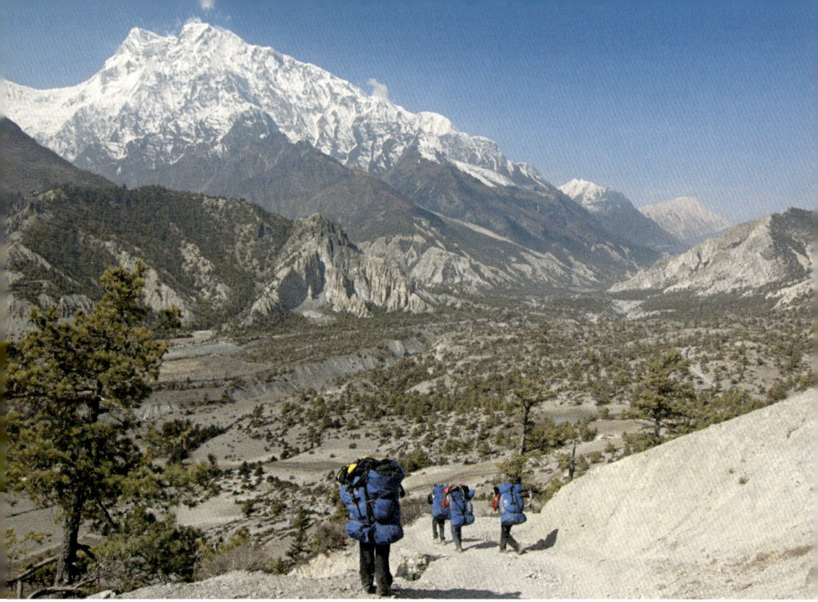

Träger beim Abstieg von Ngawal in Richtung Manang.

Monsunwolken wirkt (Regenschatten). Die Kulisse von weißen, strahlenden Eisriesen vor stechend blauem Himmel wird allerdings die Ausnahme sein. Ab Dezember wird es sehr kalt und der Thorong La kann durch starken Schneefall unpassierbar werden.
Saisonunabhängig ist selbstverständlich zu beachten, dass die Temperaturen in unterschiedlicher Höhe stark variieren. Selbst wenn Sie Ihren Trek im T-Shirt beginnen, kann es in der Höhe ungemütlich kalt und windig werden. Bitte unbedingt zu jeder Jahreszeit ausreichend warme Kleidung einplanen!

Individuell oder organisiert? Guide? Träger?

Individuell oder organisiert? Diese Frage ist eine grundsätzliche Frage und kann nicht pauschal beantwortet werden. Viele Trekkingtouristen stellen sich diese Frage überhaupt nicht. Für die einen ist es vollkommen klar, dass sie in Nepal nur mit Träger und Führer unterwegs sein wollen. Für die anderen kommt dies aber gar nicht infrage. Sie wollen ihr Gepäck selber tragen und jeden Tag selber entscheiden.
Beide Möglichkeiten haben Vor- und Nachteile. Wir können und wollen Ihnen diese Entscheidung nicht abnehmen, weil sie stark von Ihnen selbst abhängt. Wollen Sie einen anspruchsvollen Trek (Nar Phu oder Tilicho Lake)

in Angriff nehmen und auf Träger und Führer verzichten, dann sollten Sie über einen großen Erfahrungsschatz, Durchhaltevermögen und viel Kondition verfügen. Fühlen Sie sich unsicher, dann schauen Sie sich besser nach einem Führer um. Haben Sie Erfahrung, sind gerne individuell unterwegs und haben sich für einen der Standardwege (Annapurna-Umrundung oder ABC) entschieden, dann spricht überhaupt nichts dagegen, alles selbst in die Hand bzw. auf den Rücken zu nehmen.

Falls Sie sich für einen Träger (*porter*) und/oder Führer (*guide*) entscheiden, dann beachten Sie folgende Informationen:

Sie können eine geführte Tour als Komplettpaket in den zahlreichen Agenturen in Deutschland, Österreich und in der Schweiz buchen. Diese Angebote sind in aller Regel sehr professionell organisiert (erfahrene Guides, die zum Teil sogar Deutsch und auf jeden Fall gutes Englisch sprechen) und kosten auch entsprechend viel. Es spricht aber auch nichts dagegen, eine Tour in den schon fast unzähligen Agenturen in Kathmandu (Thamel) oder Pokhara (Lakeside) zu buchen. Man kann sich auch auf dem Trek bzw. am Ausgangspunkt nach Trägern umschauen. Jedoch ist es in diesem Fall nicht sicher, ob wirklich gerade ein Träger Zeit hat.

Wenn Sie in einer Agentur in Nepal buchen, dann vereinbaren Sie ein Treffen mit dem Guide, zum Beispiel zum Abendessen oder zum Frühstück. Nutzen Sie die Gelegenheit, um sich kennenzulernen. Sie werden mit dieser Person Ihren Urlaub verbringen. Die Chemie muss stimmen! Können Sie sich mit ihm ausreichend gut verständigen?

Besprechen Sie die geplante Tourenlänge (Tagesanzahl) und den Tourenverlauf genau. Es ist auch vorher festzulegen, ob Ihr Begleiter sein Essen und seine Unterkunft selber bezahlt (das ist die Regel) oder ob Sie diese Kosten übernehmen.

Sie haben auch eine gewisse Verantwortung für Ihren Begleiter: Ist

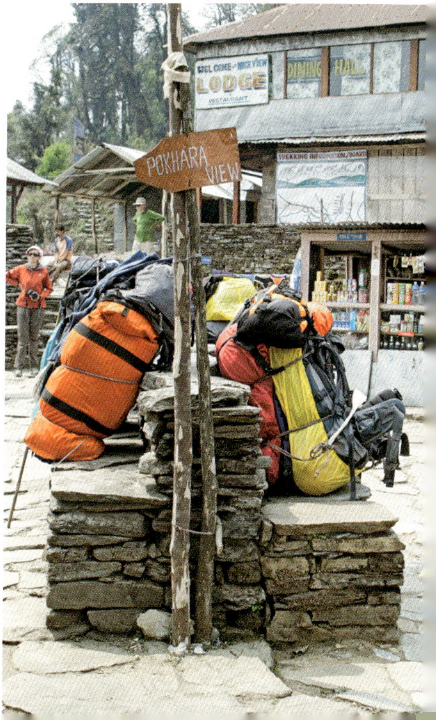

Wohlverdiente Pause an einer Chautara (siehe Infokasten auf Seite 101).

er über eine Agentur versichert? Ist seine Ausrüstung für die geplante Tour ausreichend (Schuhe, warme Kleidung etc.)?
Neben dem offensichtlichen Vorteil, dass ein Guide Ihnen die meisten organisatorischen Dinge abnimmt, haben Sie durch Ihren Träger bzw. Guide deutlich bessere Einblicke in das Leben der Einheimischen und in landschaftliche Besonderheiten. Oft genug hat sich schon nach ein paar Tagen ein freundschaftliches Verhältnis entwickelt.
Da die Porter ihren eigenen Rhythmus gehen – meist starten sie nach Ihnen, sind aber deutlich vor Ihnen am Ziel –, ist es nötig, einen eigenen Tagesrucksack mit allem nötigen Krimskrams selbst mitzunehmen. Das Hauptgepäck wartet dann meist schon in der Unterkunft auf Sie.
Einzuplanende Preise (etwa):

- Guide am Tag: 18–40 €
- Porter am Tag: 12–18 €, 10 bis 20 kg maximal

Falls Sie nur ein Teilstück eines Treks gehen möchten, ist es üblich, die Träger für eine bestimmte Anzahl von Tagen weiter zu bezahlen; eben so lange, wie sie brauchen, um wieder zu ihrem Ausgangspunkt zurückzugelangen.

Gesundheit

Impfungen

Für die Einreise nach Nepal sind keine Impfungen vorgeschrieben. Jedoch sollten unbedingt die üblichen Impfungen – Tetanus, Diphtherie und Polio – überprüft und gegebenenfalls aufgefrischt werden. Außerdem werden Impfungen gegen Hepatitis A sowie Typhus empfohlen. Eine Hepatitis B sowie Meningitis/Enzephalitis-Impfung wird nur bedingt und besonders für Langzeitreisende empfohlen. Allerdings gibt es relativ unkomplizierte und günstige Kombi-Impfungen von Hepatitis A + Hepatitis B, sodass dies zu überlegen ist.
Es kann hier nur eine Empfehlung ausgesprochen werden. Bitte informieren Sie sich selbst (z. B. beim Hausarzt oder beim Tropeninstitut) und treffen Sie die für Sie sinnvollste Entscheidung.

Ärztliche Versorgung

Sobald wir die Städte Kathmandu oder Pokhara verlassen, ist medizinische Versorgung nur noch sehr rudimentär gewährleistet und häufig mit weiten Transportwegen verknüpft.
Auf der Annapurna-Umrundung sowie dem Annapurna Base Camp Trek gibt es auf dem Weg in mehreren Ortschaften kleine sogenannte Health Posts, wo mehr oder weniger gut ausgebildete Krankenschwestern eine Grundversorgung leisten können und elementare Medikamente verkaufen. In Manang (siehe Annapurna-Umrundung) ist während der Saison in der Regel auch ein internationaler Arzt vor Ort.

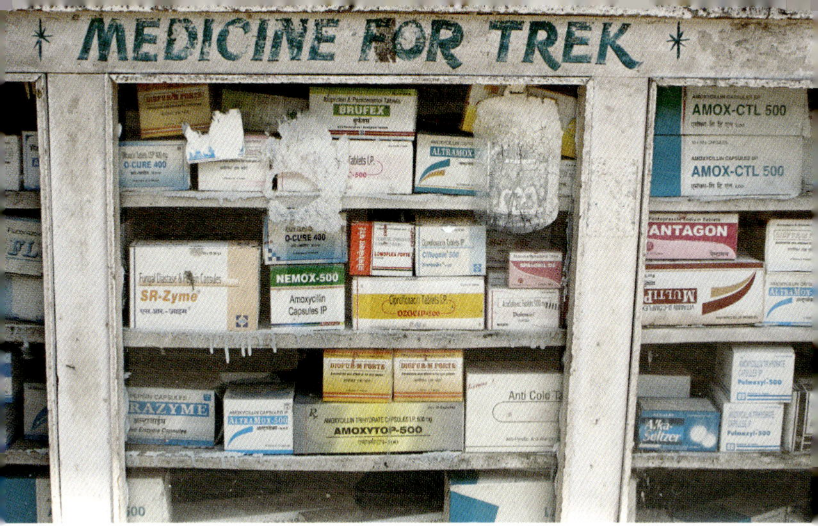

Medikamente
Es ist durchaus sinnvoll, eine gut ausgestattete Reiseapotheke mitzunehmen. Die meisten gängigen Medikamente, oder zumindest deren Generika, können auch in Health Shops in Kathmandu und Pokhara (für einen deutlich niedrigeren Preis als in Europa) gekauft werden. Bei der Verständigung während des Einkaufs hilft es ungemein, deren lateinische Wirkstoffe (z. B. Ciprofloxacin o. Ä.) zu kennen.

Typische Erkrankungen
Die häufigsten Erkrankungen sind Durchfall sowie Atemwegserkrankungen (von Halsschmerzen bis hin zu Bronchitis).
Das A und O für eine gesunde Reise durch Nepal ist das Wasser (siehe »Ernährung«)! Achten Sie unbedingt darauf, nur für unseren europäischen Magen geeignetes, also sauberes oder abgekochtes Wasser zu trinken. Bei zahlreichen Lebensmitteln kommt »gefährliches« Wasser in versteckter Form vor, besonders bei Obst und Gemüse. Daher frei nach dem Motto handeln: »Cook it, peel it or forget it« (kochen, schälen oder vergessen).

Akute Höhenkrankheit (AMS: Acute Mountain Sickness)
Leider setzt immer wieder bei einigen Reisenden in Höhen ab etwa 3000 m die sogenannte Höhenkrankheit ein. Nehmen Sie die Anzeichen Ihres Körpers ernst und handeln bzw. entscheiden Sie entsprechend.
Die Zauberworte bei der Höhenanpassung heißen: langsam gehen und viel trinken.

Die Höhenkrankheit tritt in der Regel dann auf, wenn Wanderer zu schnell aufsteigen, und zwar bereits ab einer Höhe von etwa 2500 m. Sie ist fast völlig unabhängig von Kondition und Alter. Es kann folglich jeden treffen, auch wenn er im besten Alter und noch so fit ist.
Je höher wir steigen, desto geringer ist der Sauerstoffpartialdruck. Vereinfacht ausgedrückt heißt das: Es ist weniger Sauerstoff in der Luft vorhanden. An diese Gegebenheit muss sich der Körper aber anpassen (Akklimatisierung) und dafür braucht er Zeit! Er möchte bei dieser »dünneren« Luft den Sauerstoffmangel ausgleichen, indem er zunächst versucht, durch schnellere Atmung wieder genug Sauerstoff aufzunehmen. Das Herz pumpt also mehr Blut pro Schlag und erhöht zusätzlich die Schlagzahl (Pulserhöhung). Zudem werden nach und nach mehr rote Blutkörperchen produziert, sodass mehr Sauerstoff von der Lunge zu den anderen Organen transportiert werden kann. Gibt man dem Körper nicht ausreichend Zeit für all diese Anpassungsprozesse, kann es schließlich zur Höhenkrankheit kommen.

Bei diesem Bad geht es nicht nur um körperliche Reinheit: Waschung im Tempelkomplex von Muktinath.

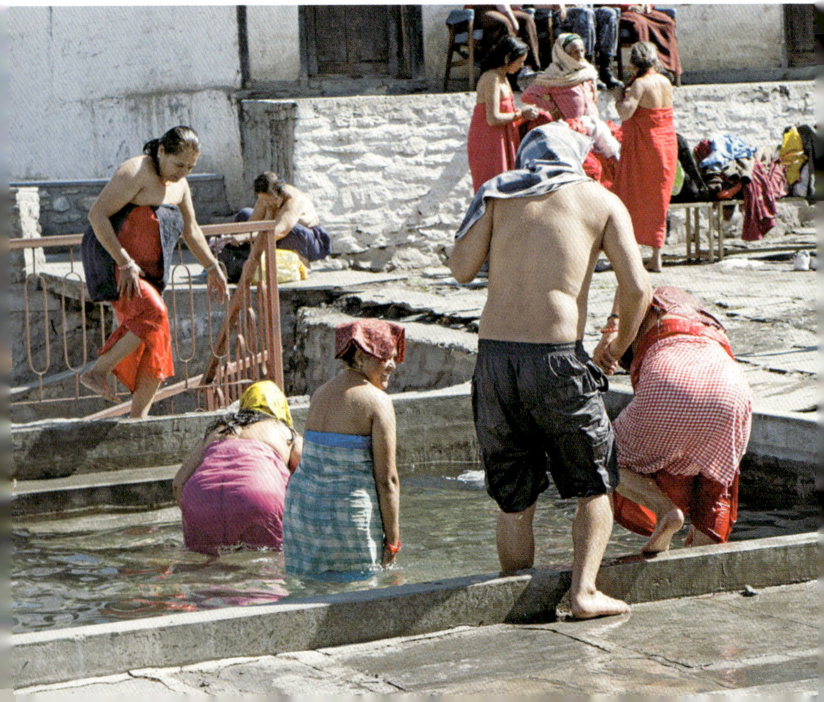

Nimmt man beispielsweise eine Höhe von 3000 Metern, so zeigt sich, dass die Luft bereits auf dieser Höhe nur noch die Hälfte des Sauerstoffgehaltes im Vergleich zu dem auf Meereshöhe aufweist. Auf 5000 m ist er nur noch ein Drittel!

Erste klassische Symptome sind Kopfschmerzen, Müdigkeit und Appetitlosigkeit. Wenn diese ersten Anzeichen nicht nach 12 Stunden wieder abklingen, muss unbedingt abgestiegen werden. Weitere, schwerwiegendere Symptome sind Übelkeit, Schwindel, Herzrasen, Atemnot sowie nächtliche Atempausen. Im schlimmsten Fall kann es zu einem Lungen- oder Hirnödem kommen, was schließlich sogar zum Tod führen kann. Nehmen Sie die Anzeichen ihres Körpers also ernst und ignorieren Sie seine Warnsignale nicht. Reagieren Sie darauf, indem Sie rasch in niedrigere Gefilde absteigen.

Um dem Körper bei der Akklimatisierung zu helfen, gelten folgende Tipps:

- Geben Sie Ihrem Körper Zeit, sich an die Höhe zu gewöhnen; das heißt, steigen Sie nicht zu rasch auf. Faustregel: ab einer Höhe über 3000 Metern nur effektive 300–500 Meter aufsteigen, das bedeutet, das nächste Schlafziel sollte nicht höher als ca. 500 Meter über dem Tages-Ausgangspunkt liegen.
- Machen Sie einen Ruhetag, sobald Sie eine Höhe von über 3500 Metern erreichen (z. B. Manang bei der Annapurna Runde).
- Trinken Sie außergewöhnlich viel Flüssigkeit (etwa 4–6 Liter).
- Übernachtungen sollten in der Regel niedriger als die am Tag erreichte Maximalhöhe liegen (nach dem englischen Motto: »Climb high, sleep low«).
- Gehen Sie langsam und behalten Sie Ihren persönlichen Rhythmus bei. Niemals »überdrehen«; bewusst tief und übertrieben ein- und ausatmen.

Medikamente gegen Höhenkrankheit sind sehr tückisch. Es gibt das allseits bekannte und gern angepriesene Diamox (in Manang finden sogar schon »Werbeveranstaltungen« dafür statt) oder ähnliche Präparate. Diese Medikamente eigenen sich dafür, schon an Höhenkrankheit Erkrankte so weit zu stabilisieren, dass sie aus der Gefahrenzone gebracht werden können. Vorbeugen oder gar die Höhenkrankheit »heilen« können diese Mittel nicht. Vielmehr täuschen sie das eigene Körperempfinden, u. a. durch leichte Nebenwirkungen. Die einzig wirklich wirksame Maßnahme gegen eine Erkrankung ist Vorbeugung: Hören Sie gut in Ihren eigenen Körper hinein, erkennen Sie erste Symptome der Höhenkrankheit und steigen Sie im Ernstfall wieder ab!

Hygiene

Unsere europäischen Hygienestandards werden wir in Nepal wohl etwas umstellen müssen. Die gewohnte tägliche Dusche gibt es für diese Zeit nicht. Zwar sind viele Lodges, besonders auf der Annapurna-Umrundung und dem ABC, mit guten Waschgelegenheiten ausgestattet. Viele sind be-

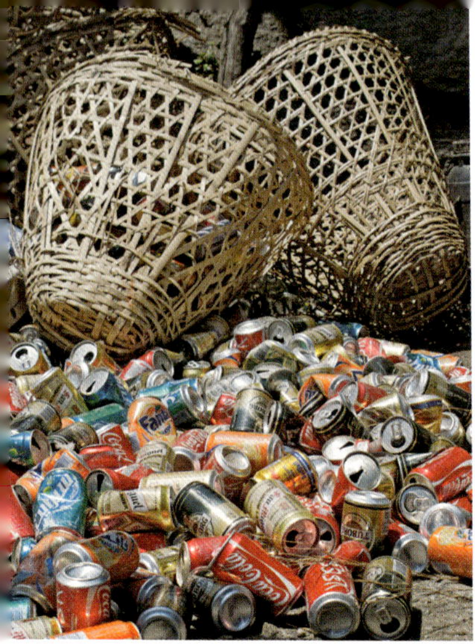

Sicher ohne Dosenpfand …

reits mit einer solarbetriebenen Dusche, mit einem Durchlauferhitzer (Strom bzw. Gas) oder dem Bucket Shower Service (»Eimerdusche«) ausgerüstet. Jedoch ist dies nicht flächendeckend der Fall und zudem sollte der hohe Wasserkonsum im Hinterkopf behalten werden. In der Höhe und bei folglich niedrigeren Temperaturen legt sich das Bedürfnis nach einer kalten bis lauwarmen Dusche von ganz alleine.

Was sich insbesondere ändert, ist die gewohnte Regelmäßigkeit, mit der Sie sich und Ihre Wäsche waschen. Bietet sich eine gute Gelegenheit, nutzen Sie diese gleich aus. Wer weiß, wie die Gegebenheiten in der nächsten Unterkunft sind …

Damenhygiene-Artikel sind am besten von zu Hause mitzunehmen. Zwar sind sie in Kathmandu und Pokhara erhältlich und zur Not und mit etwas Glück auch in den größeren Ortschaften entlang des Treks, aber lieber nicht darauf verlassen!

Umwelt und Tourismus

Der Tourismus im Allgemeinen hat große Auswirkungen auf die Umwelt. Das Trekking spielt dabei eine besondere Rolle, da man in sehr entlegene und teils noch sehr ursprüngliche Regionen vordringt und so einen intensiven Einfluss auf die noch unberührte Natur und die Menschen dort hat. Der Trekkingtourismus nimmt, wie überall, auch hier im Annapurna-Gebiet stetig zu. Waren es in den Anfängen im Jahr 1996 noch 49.887, so waren es 2010 mit

Besucherzahlen ACA und Tourist Checkpost Dharapani

Jahr	ACA	Dharapani	Jahr	ACA	Dharapani
1996	49.887	8.309	2004	42.347	10.526
1997	53.183	9.083	2005	36.224	9.590
1998	61.715	10.264	2006	37.475	9.360
1999	67.485	11.234	2007	60.237	14.191
2000	76.407	12.777	2008	?	16.911
2001	65.313	13.920	2009	79.896	17.065
2002	38.642	9.841	2010	88.418	18.075
2003	40.668	11.136	2011	?	19.646

88.418 schon fast doppelt so viele Trekker, die die Annapurna Conservation Area (ACA) besucht haben. Diese Entwicklung zieht vor allem ein gewaltiges Müllproblem nach sich. Deshalb ist es das Wichtigste, sich sehr zu bemühen, den verursachten Abfall wieder mitzunehmen. Das gilt insbesondere für Müll, der nur schwer verrottet bzw. schädlich ist, wie z. B. Batterien. Man sollte sich aber auch fragen, ob es notwendig ist, auf über 4000 m noch Snickers oder Ähnliches zu kaufen, da diese in tagelanger Arbeit von den Einheimischen dort hinaufgetragen werden müssen und die Verpackungen einfach hinter dem Dorf entsorgt werden. Man muss aber auch sagen, dass sich das Verständnis der Bevölkerung durch die Touristen schon sehr verändert hat und sie um die Erhaltung des Naturraums bemüht ist.
Einige Touristen beteiligen sich auch persönlich bei der Unterstützung der Bevölkerung und gründen nach ihrem Himalayaerlebnis Hilfsorganisationen oder Schulen. Entlang der Strecke bekommt man davon auch einige zu Gesicht. Vielleicht werden Sie ja selbst zum Handeln animiert. Das Wichtigste dabei ist, mit der Bevölkerung in Kontakt zu treten, was bei den netten und aufgeschlossenen Nepalis, mit etwas Englisch, auch kein Problem ist. Außerdem erfährt man dabei noch einiges Interessantes über Land und Leute.
(Text von Lukas Gess)

Bei der Safe Drinking Water Station in Chame.

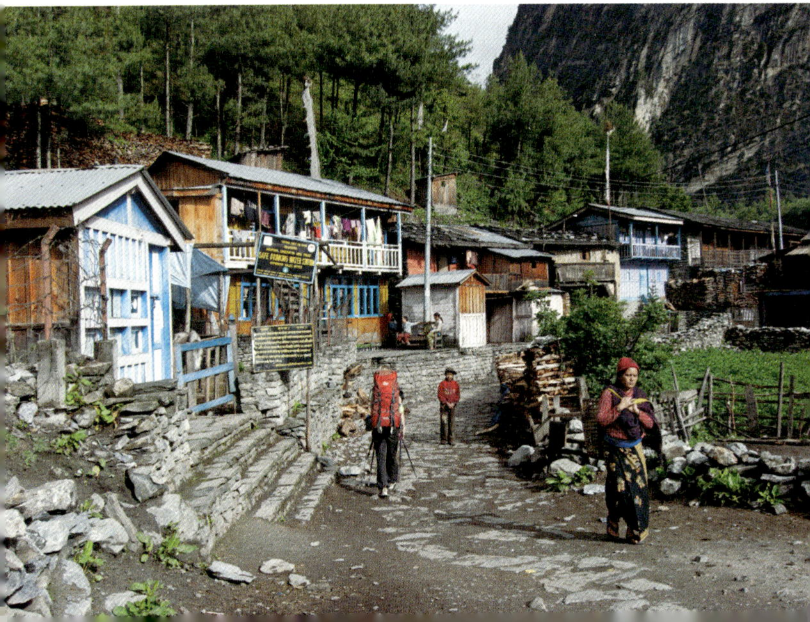

Ausrüstung

Wie viele Socken nehme ich mit? Lang oder kurz? Wie viele Unterhosen? Baumwolle, Fleece oder Daune? Brauche ich für jeden Tag einen Müsliriegel? Solche und viele ähnliche Fragen führen während der Vorbereitung oft zu Kopfschmerzen oder sogar zu schlaflosen Nächten.

Das Patentrezept können wir an dieser Stelle leider auch nicht geben. Aber vielleicht helfen Ihnen unsere Tipps weiter. Fast alle, die von der Annapurna-Runde zurückkommen, würden bei einer zweiten Umrundung deutlich

Tipps für die Packliste

Kleidung

- Wander- bzw. Trekkingschuhe
- Wanderhose
- Wind-/Regenjacke
- Daunenjacke (muss nicht sein, ist aber zu empfehlen)
- Handschuhe, Mütze, Schal
- lange (Funktions-)Unterwäsche
- Fleecejacke bzw. warmer Pullover
- Regenhose
- Wandersocken
- Strümpfe, Unterwäsche
- T-Shirts
- Sonnenhut, -brille, -creme (Lippenschutz!) und Nasensalbe (trockene Luft)
- Sandalen bzw. Badeschlappen (für Lodges und Duschen)
- evtl. leichte Schuhe
- Mütze, Handschuhe

Ausrüstung

- Rucksack
- Schlafsack
- Wanderstöcke
- Landkarten (auch in Kathmandu erhältlich)
- Reiseliteratur (... natürlich inklusive dieses Wanderführers!)
- Zelt + Zubehör (nur bei selbst organisiertem Trekking auf dem Tilicho Trek; auch in Kathmandu zu mieten, vor Ort ausprobieren)

Diverses

- Handtuch
- Hüttenschlafsack (für Kathmandu und Pokhara)
- Toilettenartikel (Toilettenpapier)
- Stirnlampe
- Schreibzeug, Notizblock
- Taschenmesser
- evtl. kleines Vorhängeschloss für Zimmer in Lodges
- Trink-/Thermosflasche (evtl. Wasserfilter)
- Fotoapparat + Ersatzakku/Batterien
- Dokumente (Pass, Auslandskrankenversicherungsnachweis usw.)

Reiseapotheke

- Erste-Hilfe-Set
- Desinfektionsmittel
- Micropur/Aquamira
- Tabletten gegen Durchfall (Imodium + Kohletabletten)
- leichtes Schmerzmittel (Aspirin, Paracetamol)
- Pflaster, Blasenpflaster, Tape
- Breitbandantibiotikum
- fiebersenkendes Mittel
- Halstabletten u. Ä.

Nach Belieben

- Kompass
- Höhenmesser
- GPS
- Kreditkarte (+ Telefonnummer zum Sperren)
- Lesestoff
- Regenschirm
- Waschmittel aus der Tube

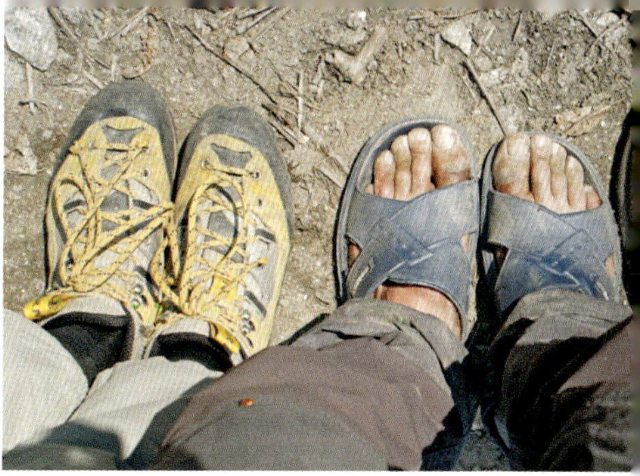
Entscheiden Sie selbst!

weniger Gepäck mitnehmen. Nehmen Sie sich das zu Herzen und überlegen Sie sich bei jedem Stück, ob Sie es wirklich brauchen. Ganz nach dem Sprichwort: Weniger ist oft mehr! Sie können sich sicher sein, jedes eingesparte Gramm an Gepäck steigert den Genussfaktor der Tour. Zu viel Gepäck führt nur zu leidigen Rückenschmerzen, größerer Anstrengung und zu nervigem, stundenlangem Auspacken, Einpacken und Sortieren. Genießen Sie doch die Freiheit, nur mit dem Wesentlichsten auszukommen.

Egal ob Sie ihr Gepäck selber tragen oder mit einem Träger unterwegs sind, wir empfehlen einen 50-bis-60-Liter-Rucksack (für Träger ist jedoch eine stabile Reisetasche in der Größe besser zu schultern als ein Rucksack). Darin sollte alles Platz haben, was Sie für die Annapurna-Runde benötigen. Wanderer mit Träger sollten zusätzlich einen kleinen, leichten Tagesrucksack mit etwa 25 Liter Volumen mitnehmen, um darin Wertsachen, Fotoausrüstung, Jacke usw. für untertags zu verstauen. Bedenken Sie aber immer, dass der Träger Sie erst ab dem Ausgangspunkt des eigentlichen Treks unterstützen wird und dass Sie bis dahin (in Kathmandu, bei der Busfahrt Richtung Pokhara) für Ihr Gepäck selbst verantwortlich sind.

Für diejenigen, die ihr gesamtes Gepäck selbst tragen, ist der **Rucksack** wohl der wichtigste Ausrüstungsgegenstand. Es versteht sich von selbst, dass Sie Ihren Rucksack gut kennen und ihn schon häufig mit entsprechenden Lasten getragen haben sollten.

Ein Rucksack-Gesamtgewicht von 12 bis allerhöchstens 15 Kilogramm ist absolut realistisch. Nicht umsonst wird die Annapurna-Runde auch als »Teahouse Trek« bezeichnet. Jede Nacht wird in einer Lodge verbracht, die auch alle Halbpension anbieten. Zudem stehen zahlreiche Lodges am Wegesrand für eine Mittagspause zur Verfügung. Das bedeutet, dass weder Isomatte und sonstige Campingausrüstung noch große Mengen an Verpflegung mitgenommen werden müssen. Anders ist das beim Tilicho Lake Trek und eventuell Nar Phu Trek! Hier werden Zelt, Isomatte, Kocher und Verpflegung benötigt.

Egal in welcher Lodge Sie übernachten, Sie können immer mit einem Bett und einer einfachen Matratze rechnen. Für die Nächte benötigen Sie also nur einen **Schlafsack**, der einen weiteren wichtigen Ausrüstungsgegenstand darstellt. Besonders in den Unterkünften ab einer Höhe von etwa

3500 Metern ist nachts mit einer Temperatur von unter 0 °C zu rechnen. Bewährt haben sich deshalb Daunenschlafsäcke mit einer Füllung von etwa 1 kg (Komfortbereich bis −10 °C). Falls es doch zu kalt wird, fragen Sie nach einer Decke (über den Schlafsack).

Bei der Wahl des **Schuhwerks** spalten sich die Meinungen. Natürlich spricht zunächst mal nichts gegen einen knöchelhohen, festen Bergschuh, besonders da bei der Überquerung des Thorung La mit Schnee gerechnet werden muss. Auch Gamaschen haben sich dabei bewährt. Wir empfehlen Ihnen aber, zusätzlich (jedenfalls wenn Sie mit Träger unterwegs sind) für die oft stundenlangen, ebenen Etappenstücke leichte und bequeme Turnschuhe oder Trekkingschuhe mitzunehmen. Damit läuft es sich auf breiten, einfachen Wegstücken definitiv bequemer und auch der Schmerz von möglichen Blasen reduziert sich. Des Weiteren lassen sich diese Schuhe gut am Abend in der Lodge oder beim Abendspaziergang tragen.

Sandalen oder leichte Badeschlappen sind ebenfalls praktisch, besonders für die Dusche.

Sehr empfehlen können wir Trekkingstöcke. Sie schonen nicht nur die Gelenke, sondern sparen auch Kraft und erhöhen die Gangsicherheit im anspruchsvolleren Gelände.

Typische Lodge.

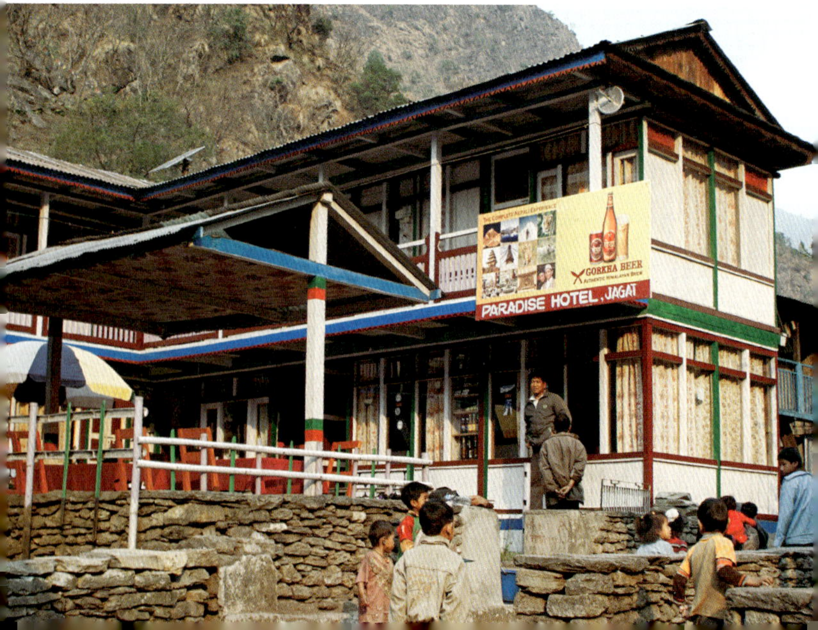

Verpflegung und Unterkunft

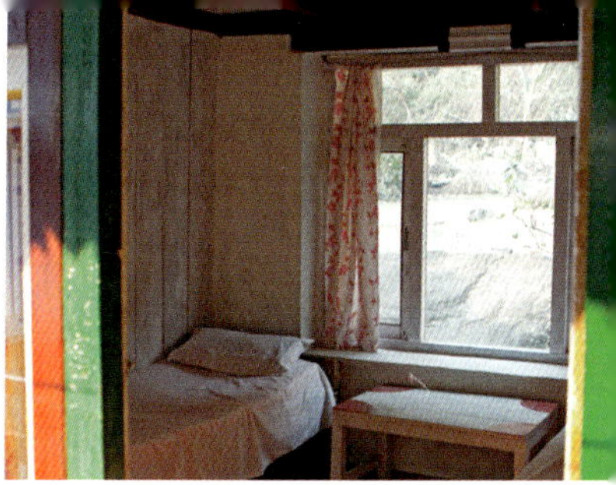

Zimmer in einer Lodge.

Übernachtung

Entlang des Annapurna Base Camp Treks und der Annapurna-Runde gibt es sehr gute Versorgungsmöglichkeiten. Nicht umsonst trägt die Runde den Spitznamen »Teahouse Trek«. Auf dem Weg liegen zahlreiche kleine Ortschaften mit unzähligen Lodges oder Restaurants, in denen man sich stärken kann.
Lodges sind meist von Familien geführte Unterkünfte mit einem gemeinschaftlichen Speiseraum. Sie bieten Zwei-bis-Dreibettzimmer, manchmal auch Massenlager, an. Die Zimmer sind in der Regel recht einfach mit Pritschen und dünnen Matratzen ausgestattet. Ein eigener Schlafsack ist erforderlich, auch wenn manchmal Decken angeboten werden. Allerdings entsprechen diese meist nicht unserer Vorstellung von Sauberkeit. Da die Lodges von unterschiedlichster Qualität sind, lassen Sie sich die Zimmer unbedingt zeigen, bevor Sie sie beziehen! Verlassen Sie sich auf Ihr Gespür und auf die Empfehlungen in diesem Buch sowie die Tipps von Einheimischen und anderen Touristen.
Im Normalfall gibt es Gemeinschafts-Waschgelegenheiten auf dem Gang oder im Innenhof. Manche Lodges haben sogar den Luxus von solarbeheizten Duschen!
Die Nacht kostet pro Person, je nach Lodge und Saison, zwischen 300 und 600 NPR. Die Preise für ein Zimmer steigen jedoch mit der Höhe. So kostet ein Zimmer kurz vor dem Thorung La beispielsweise bis zu 1000 NPR.
Eine Vorreservierung der Lodges ist normalerweise nicht möglich, sodass es in der Hauptsaison eventuell zu Engpässen kommen kann.
Auf der gesamten Annapurna-Runde sowie auf dem ABC Trek gibt es Elektrizität. In vielen Lodges können Sie mit Ihrem eigenen Ladegerät Akkus (z. T. gegen Aufpreis) laden. Da es häufig zu Stromausfällen kommt, verlassen Sie sich besser nicht allzu sehr darauf. Auch eine Stirnlampe wird Ihnen gute Dienste erweisen. Die meisten Lodges bieten auch WiFi an. Ab einer Höhe von 3000 m locken viele Lodges mit einem geheizten Gastraum. Dies funktioniert so, dass einfach ein kleiner Kohleofen unter den Gemeinschaftstisch mit langer, dicker Tischdecke gestellt wird. Das gibt schön warme Füße!

Essen und Trinken auf der Trekkingtour

In jeder Lodge können Sie sich auch kulinarisch verpflegen. Es gibt meistens eine Speisekarte, von der Sie ein Abendessen und Frühstück bestellen können.

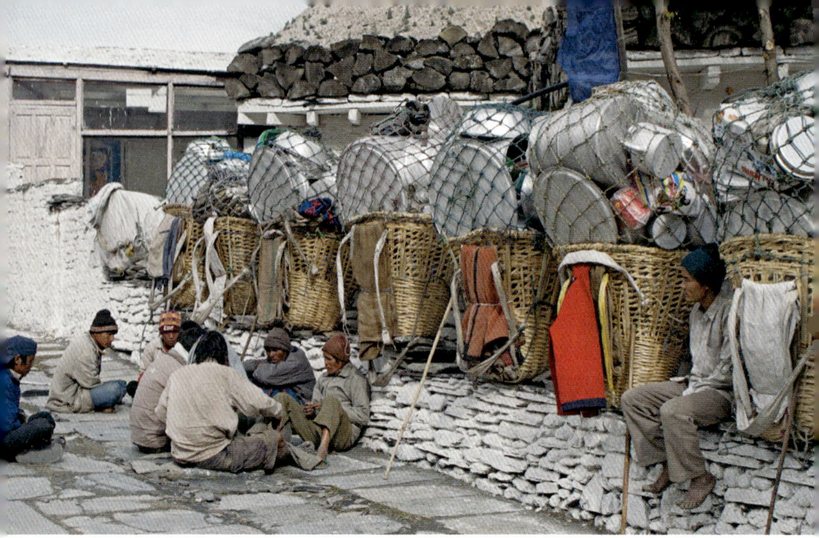

So kommt die Küchenausstattung ins Hochgebirge.

Die Restaurants bemühen sich sehr, ihr Angebot an die Wünsche und den Geschmack der Touristen anzupassen. Zum Abend- und Mittagessen gibt es immer eine Auswahl an Suppen und gebratenen Nudel-, Reis- und Kartoffelgerichten: mit Gemüse, mit Ei, mit Ketchup und alles in sämtlichen Variationen und Kombinationen. Ein typisches Gericht wäre beispielsweise Fried Vegetable Noodles with Egg. Manche Lodges bieten sogar Pizza und Lasagne an – auch wenn ein Italiener sie vielleicht nicht als solche erkennen würde. Fleisch ist besonders in der Höhe eher Mangelware. Und natürlich gibt es auch immer das traditionelle Dal Bhat! Besonders für die hungrigen Wanderer ist dies oft die beste Option, da es immer Nachschlag gibt. Und glauben Sie uns, wenn man erst einmal mehrere Tage hintereinander Dal Bhat gegessen hat, wie das die Einheimischen eben auch tun, kann man sich gar nichts Besseres nach einem langen Wandertag mehr vorstellen!
Zum Trinken gibt es immer verschiedenste Teesorten (schwarz, Minze, Ingwer, Zitrone etc.), Wasser und Softdrinks (Cola, Fanta, Sprite). Aber bedenken Sie, dass alles, was nicht in der Region angebaut oder gewonnen werden kann, mit Menschenkraft hinaufgetragen werden muss. Und alles, das nicht von selbst verrottet, unnötigen Müll in den Bergen verursacht!
Auch Bier wird in zahlreichen Restaurants und Lodges verkauft. Internationale Marken wie Carlsberg, San Miguel, Tuborg etc. sind meist in 650-ml-Flaschen erhältlich. Aber auch das lokale Bier Chang wird in manchen Lodges angeboten. Dabei handelt es sich um ein ungefiltertes Bier, das aus Gerste,

Reis, Weizen oder anderem Getreide angesetzt wird. Aufgrund mangelnder Hygiene bei der Herstellung ist es eher mit Vorsicht zu genießen – ansonsten könnte sich unser verwöhnter westlicher Magen rächen und die folgende Nacht eher ungemütlich werden lassen … Eine weitere lokale Spezialität alkoholischer Art ist Raksi, welcher fast euphemistisch auf Englisch als *local wine* bezeichnet wird. In Wirklichkeit handelt es sich um selbst gebrauten Schnaps aus Reis, Gerste, Weizen oder Hirse. Er kann warm oder kalt »genossen« werden.

Die Frühstücksauswahl besteht aus Porridge, Pfannkuchen, Chapati (Fladenbrot) mit Marmelade oder Honig, oft sogar Müsli und dazu natürlich Tee oder Nescafé.

Wenn Sie mit einer Gruppe unterwegs sind, ist es anzuraten, aufgrund der lokalen Ressourcen sowie um lange Wartezeiten (und die Gefahr des Verhungerns …) zu vermeiden, für alle die gleiche Mahlzeit zu bestellen.

Verpflegung am Wegesrand

Auf den beiden bekannteren Treks (Annapurna-Runde und ABC) besteht in der Regel in jedem Dorf die Möglichkeit, sich mit Getränken zu versorgen. In vielen der Dorfläden oder Kioske gibt es auch kleine Snacks, wie Schokoriegel o. Ä. Wir empfehlen, sich beim Frühstück mit ausreichend Getränken bis zur Mittagsrast einzudecken. Besonders in der Höhe ist die Flüssigkeitszufuhr enorm wichtig!

An dieser Stelle noch ein paar Worte zu dem wichtigen Thema **Trinkwasser**: Vermeiden Sie Leitungswasser zu trinken, außer Sie haben es vorher gefiltert oder mit Micropur o. Ä. versehen. In jedem Dorf gibt es Mineralwasser aus Plastikflaschen, die aus dem Tal hinaufgetragen werden. Achten Sie darauf, dass der Originalverschluss intakt ist. Für die Gesundheit ist dies auf jeden Fall die sicherste Variante, für die empfindliche Umwelt allerdings die problematischste. Eine einfache Rechnung verdeutlicht dieses Problem: Ein Wanderer trinkt am Tag mindestens 3 l Wasser, das sind pro Person bei 18 Tagen mindestens 54 Plastikflaschen. Bei rund 12.000 Trekkern pro Jahr macht das knapp 650.000 Plastikflaschen allein auf der Annapurna-Runde. Über eine halbe Million nicht verrottende Plastikflaschen!

Eine gute, umweltschonende Alternative stellt hier das Safe Drinking Water Project des Annapurna Conservation Area Project dar. Hier wurde in einigen Dörfern von Mitgliedern der Dorfgemeinschaft eine Safe Drinking Water Station errichtet, in der Leitungswasser mit Ozon behandelt und damit selbst für unseren europäischen Magen gut verträglich gemacht wird. Dieses Trinkwasser wird aus großen Kanistern/Tanks in die ei-

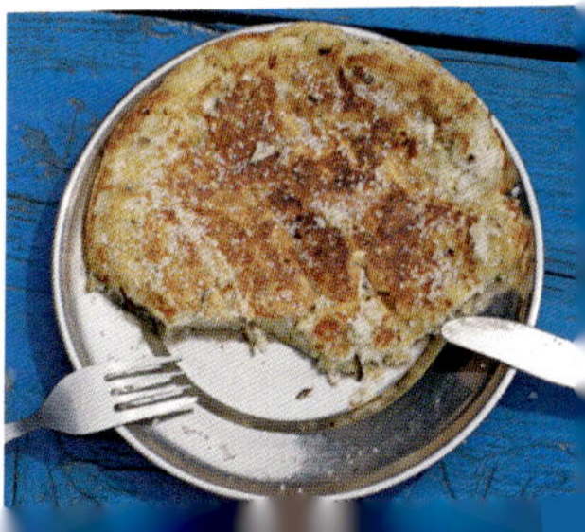

Sehr zu empfehlen: Apfelpfannkuchen!

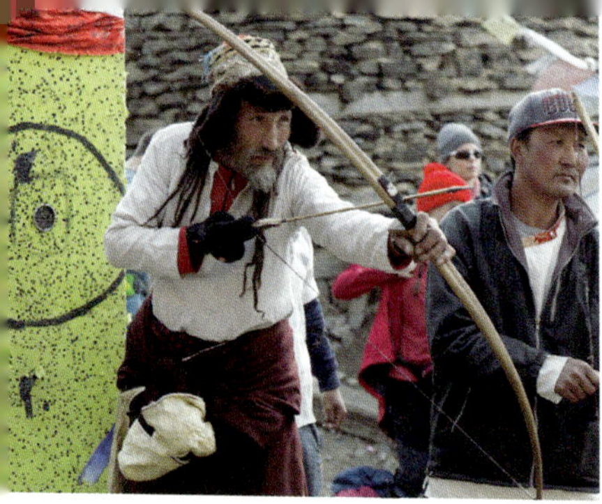

Traditioneller Bogenschießwettkampf in Upper Pisang.

genen Trinkflaschen der Wanderer abgefüllt. Der Preis pro Liter liegt bei etwa 80 NPR und steigt mit der Höhe. Der Verdienst kommt der Dorfgemeinschaft zugute. Das Problem an dieser Art der Wasserversorgung ist, dass die Safe Drinking Water Stations nicht immer in Betrieb sind. Und so kann es passieren, dass für eine Station geworben wird, sie aber dennoch im Moment geschlossen ist.
Auf dem Nar Phu und dem Tilicho Lake Trek muss etwas vorausschauender geplant werden. Es gibt deutlich weniger Verpflegungsmöglichkeiten am Wegesrand als zum Beispiel auf der Annapurna-Umrundung. Wasserstellen sind bei den jeweiligen Etappen beschrieben.

Visum

Für die Einreise nach Nepal ist ein Reisepass erforderlich, der nach Ende des Aufenthalts mindestens noch ein halbes Jahr gültig ist. Zudem benötigt man ein Touristenvisum. Dieses kann vor Reisebeginn bei der nepalesischen Botschaft bzw. beim entsprechenden nepalesischen Konsulat beantragt werden. Dafür sind ein ausgefülltes Antragsformular, der Reisepass (siehe oben), die entsprechende Visagebühr sowie ein Passfoto erforderlich. Das Formular kann im Internet heruntergeladen werden: www.nepalkonsulat-muenchen.de.
Zudem kann das Visum problemlos direkt bei der Ankunft am internationalen Flughafen in Kathmandu ausgestellt werden. Halten Sie hierfür zwei Passfotos sowie die Gebühr in Euro/Dollar bereit. Allerdings sind hier bisweilen längere Warteschlangen in Kauf zu nehmen.
Mögliche Visa: 15 Tage: 25 €, 30 Tage: 40 €, 90 Tage: 100 €; (+ 5 € Bearbeitungsgebühr bei den Konsulaten).
Seit einiger Zeit sind alle Visa Multiple entry, das heißt, man kann innerhalb der Frist mehrmals in Nepal einreisen.
Adressen zur Beantragung des Visums:

- **Deutschland:** Nepalesische Botschaft in Berlin
  Guerickestraße 27, 10587 Berlin, Tel. +49 30 34 35 99-20, -21, -22, rneberlin@t-online.de, www.nepalembassy-germany.com
- **Österreich:** Nepalesisches Honorargeneralkonsulat in Wien
  Akaziengasse 30, 1230 Wien, Tel.+43 1 698 16 17, consulat@nepal.at, www.nepal.at

- **Schweiz:** Konsularabteilung der Botschaft von Nepal
  Rue de la Servette 81, 1202 Genf, Tel. +41 22 733 26 00-21, mission.nepal@bluewin.ch, Internet: über www.eda.admin.ch

Eine Visumsverlängerung bis zu einem Gesamtaufenthalt von 150 Tagen ist in Kathmandu beim Department of Immigration und in Pokhara beim Immigration Office möglich:

- **Department of Immigration in Kathmandu:** Tel. +977 1 442 96 59, 442 96 60, 443 88 62, 443 88 68, www.nepalimmigration.gov.np; Kalikasthan, Dillibazar, Kathmandu, Gehzeit von Thamel ca. 30 Min., östlich vom Ratnapark; Öffnungszeiten: So–Do 10–17 Uhr (Nov. bis Jan. 10–16 Uhr), Fr 10–15 Uhr
- **Immigration Office in Pokhara:** Tel. +977 98 56 07 46 66 oder +977 61 46 51 67; Damside, Pardi (zwischen Flughafen und Lakeside); Öffnungszeiten: So–Do 10–15 Uhr, Fr 10–13 Uhr

Permit

Für viele Gebiete in Nepal müssen Permits beantragt werden. Für alle in diesem Buch beschriebenen Trekkingtouren brauchen Sie auf jeden Fall das ACAP-Permit und das TIMS-Permit. Steht der Nar Phu Trek oder der Trek von Manang zum Tilicho-See und weiter nach Jomson auf dem Programm, so benötigen Sie zu den beiden oben genannten Permits ein weiteres spezielles Permit für diese Regionen.
Wo bekomme ich die Permits und was kosten sie?

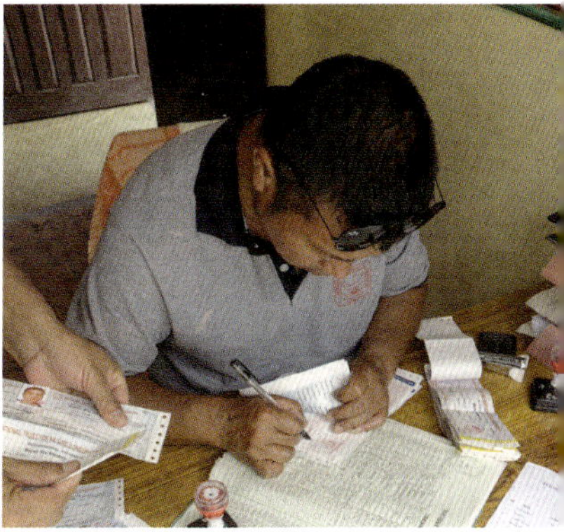

Kontroller der Permits in Besisahar.

ACAP-Permit

Alle im Buch beschriebenen Touren verlaufen im Annapurna-Nationalpark (Annapurna Conservation Area). Vom Nationalpark wird pro Person und Besuch (single entrance) eine Eintrittsgebühr (ACAP-Permit) von 2000 NPR (ca. 20 €) verlangt, unabhängig von der Länge des Aufenthalts. Diese Gebühr ist entweder in Kathmandu, Pokhara oder Besisahar zu bezahlen und wird während der Tour immer wieder an Checkpoints kontrolliert. Für das Permit benötigen Sie zwei Passbilder. Ganz einfache Passbilder reichen völlig aus und können meist auch noch in der Nähe des ACAP-Büros in kleinen Shops angefertigt werden. Das Permit können Sie entweder bei einer Trekkingagentur erwerben oder Sie gehen direkt in das ACAP-Büro.

- Kathmandu: Das ACAP-Büro befindet sich im Tourist Information Center (Nepal Tourism Board) an der Ecke Exhibition Road/Durbar Marg. Der Eingang befindet sich direkt rechts an der Zufahrt. Von Thamel auch gut zu Fuß erreichbar (etwa 2 km). Im selben Gebäude wird auch das TIMS-Permit ausgestellt. Öffnungszeiten: So–Sa 9–17 Uhr (Sa oft geschlossen).
- Pokhara: Von Lakeside an der Uferstraße (Hauptstraße) Richtung Damside, an einer Polizeistation (rechte Straßenseite) vorbei hinauf zu einer Art Kreisverkehr. Hier befindet sich die Tourist Bus Station (15 Min. zu Fuß von Lakeside). Zum ACAP- und Immigration-Büro in Pokhara gehen Sie an diesem Kreisverkehr rechts und bei der nächsten Straßenkreuzung erneut rechts ein wenig bergab und kommen so direkt zum ACAP-Büro (20 Min. zu Fuß von Lakeside). Das Büro befindet sich an der rechten Straßenseite. Nepal Tourism Board, Tourist Service Centre, Pardi Damside, Öffnungszeiten: So–Sa 10–17 Uhr (Sa oft geschlossen).
- Besisahar: Sie erhalten das Permit auch direkt in Besisahar. ACAP Entry Permit Counter, etwa 200 m vom TIMS Checkpoint entfernt, Öffnungszeiten: So-Sa etwa 10-17 Uhr. Manchmal mit Zusatzkosten verbunden. Wir empfehlen, das Permit in Kathmandu oder in Pokhara zu organiseren.

TIMS-Permit

Neben der Eintrittserlaubnis für den Nationalpark benötigen Sie auch ein sogenanntes TIMS-Permit. TIMS steht für Trekkers Information Management

TIMS Checkpost in Besisahar.

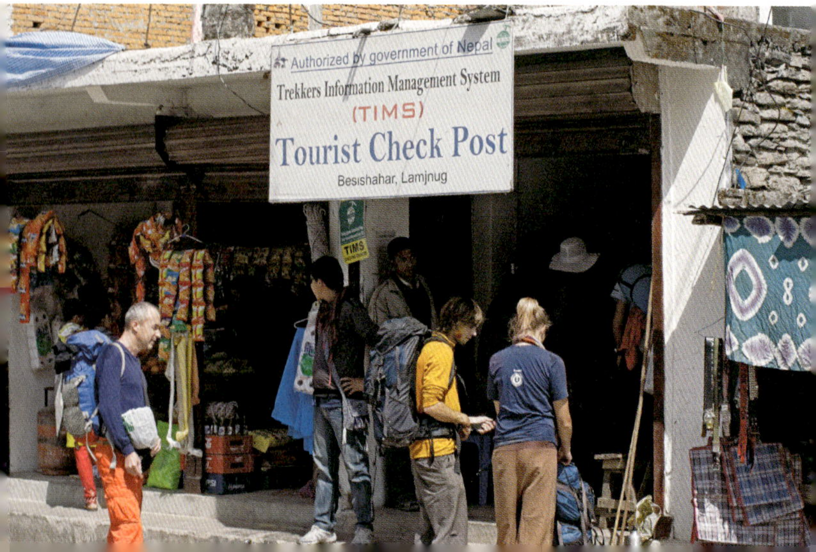

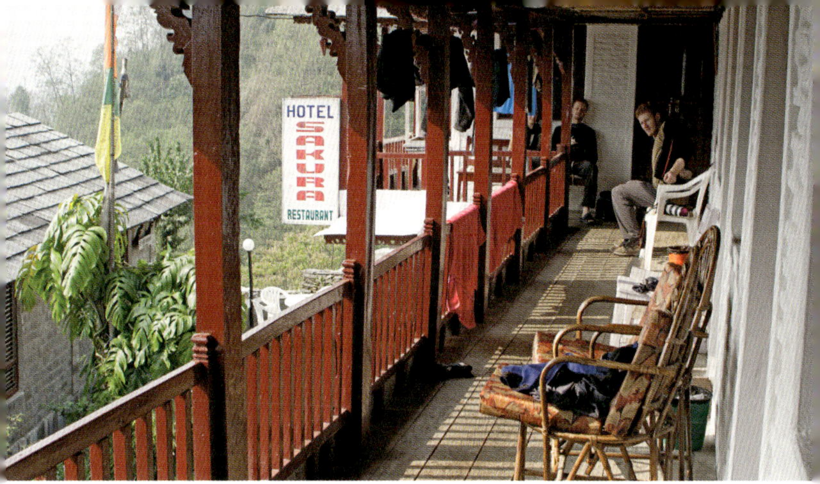

Erholung von den Strapazen des Tages in einer Lodge von Ghandruk.

System. Bei diesem Permit wird Ihr Trekkingziel und der Trekkingzeitraum registriert. Im Falle eines Unfalls oder Verschwindens sollen durch diese Registrierung Hilfemaßnahmen schneller und effektiver eingeleitet werden können. Der Selbsttest ergab leider: Nach drei Monaten auf der Annapurna-Umrundung werden auf jeden Fall noch keine Maßnahmen eingeleitet. Kontrolliert wird das Permit an den Check Points dennoch strengstens! Kosten für das TIMS-Permit: 20 US$, in Rupien je nach Wechselkurs (ca. 2000 NPR). Sie benötigen zwei Passbilder und müssen den Pass vorlegen. Erhältlich ist die TIMS Registration Card in Kathmandu und Pokhara im gleichen Gebäude wie das ACAP-Permit.

■ Infos unter www.timsnepal.com

Manang-District-Permit

Für das Gebiet Nar Phu benötigen Sie neben dem ACAP- und TIMS-Permit zusätzlich ein spezielles Permit. Dieses Permit kostet pro Person und Woche 75 US$ (Dez. bis Aug.) bzw. 90 US$ (Sept. bis Nov.). Es kann immer nur für ganze Wochen ausgestellt werden und ist ausschließlich in Kathmandu im Immigration Office (siehe Seite 73) erhältlich. Sie können sich aber auch gut in einer der Trekkingagenturen in Thamel informieren.

Trekking Peaks

Haben Sie sich entschlossen, nicht nur zu trekken, sondern sogar eine Gipfelbesteigung in Angriff zu nehmen? Für Gipfel ab etwa 6000 m benötigen Sie immer ein spezielles Climbing Permit, auch für die technisch einfacheren sogenannten Trekking Peaks. Je nach Berg und Gruppengröße kostet dies eine Gebühr von mehreren hundert US$ pro Gruppe. Das Climbing Permit wird von der Nepal Mountaineering Association in Kathmandu ausgestellt.

- Nähere Informationen erhalten Sie auf der übersichtlichen Homepage: www.nepalmountaineering.org

Geld

Die Währung ist die Nepalesische Rupie (NPR oder NR oder NC = Nepalese Currency). Sie wird in 100 Paisa aufgeteilt.

Umrechnungskurs im April 2019: 100 NPR = 0,81 €; 1 € = 124 NPR. Den aktuellen Wechselkurs finden Sie auf zahlreichen Internetseiten.

Geldwechseln ist in größeren Städten problemlos möglich. Dafür eignen sich Euro wie Dollar gleichermaßen. Sie können dazu in Wechselstuben (Wechselgebühr) oder Banken gehen. Auch zahlreiche Hotelrezeptionen bieten einen Umtausch an, jedoch häufig zu einem schlechteren Kurs. Öffnungszeiten der Banken in der Regel: So–Do 9.30–15.30, Fr 9.30–12.30 Uhr. Lassen Sie sich stets eine Quittung aushändigen.

In größeren Geschäften oder Hotels werden in den Städten auch die gängigen Kreditkarten akzeptiert.

In Kathmandu und Pokhara kann an mehreren Stellen mit der EC-Karte/Kreditkarte Geld vom Geldautomaten (ATM) abgehoben werden (Gebühr 500 NPR, max. Abhebungsbetrag 35.000 NPR, Kurs in etwa gleich wie in den Wechselstuben). Allerdings empfiehlt es sich nicht, sich ausschließlich darauf zu verlassen. Wer besonders vorsichtig sein möchte, bedient einen Bankautomaten nur zu Öffnungszeiten, so spart er sich Aufregung und Mühe, falls Probleme auftauchen. Wir haben es oft erlebt, dass ein Geldautomat nicht funktioniert. Versuchen Sie ihr Glück dann einfach beim nächsten Gerät.

Berücksichtigen Sie bei Ihrer Reiseplanung, dass der Geldumtausch nur in größeren Städten möglich ist. In den Bergregionen kann ausschließlich mit Bargeld (Rupien) bezahlt werden. Achten Sie darauf, keine zu großen Geldscheine auf die Wanderung mitzunehmen. Häufig werden diese nicht angenommen oder können nicht gewechselt werden. Vermeiden Sie es auch, eingerissene oder stark vergilbte Banknoten anzunehmen. Bisweilen werden Sie diese nicht mehr los.

- Tipp: Auf Trekkingtour sollten Sie pro Person und Tag für Übernachtung und Verpflegung mit etwa 30–40 € gut auskommen!

Telefon – Internet – Post – Elektrizität

Telefon

In den letzten Jahren sind in den Städten Kathmandu und Pokhara viele private Kommunikations-Shops (Telefon, Internet) aus dem Boden gespros-

sen. Von ihnen hat man eine relativ gute und günstige Verbindung nach Deutschland.
Das Mobiltelefonnetz wird in ganz Nepal stark ausgebaut. So ist seit einigen Jahren auf der Annapurna-Runde in vielen Bereichen Mobilnetz vorhanden. Speziell das Versenden von SMS ist oft möglich. Eventuell lohnt es sich, eine SIM-Karte (z. B. Anbieter Namaste) vor Ort zu besorgen.
Einige wichtige Vorwahlen nach …

- Nepal: +977
- Deutschland: +49
- Österreich: +43
- Schweiz: +41
- Kathmandu: 01
- Pokhara: 061

Von Deutschland nach Nepal ohne Null für die Ortsvorwahl, z. B. Pokhara: +977 61 plus Nummer des Anschlusses.

Internet
In den Städten gibt es unzählige Internet-Cafés mit sehr günstigen Preisen. Die Leitungen sind in der Regel so schnell, dass auch Skype genutzt werden kann. Für die Annapurna-Runde: Sehr viele der Lodges bieten (z. T. gegen

Frischer geht es nicht. Und das ganz ohne Kühlschrank.

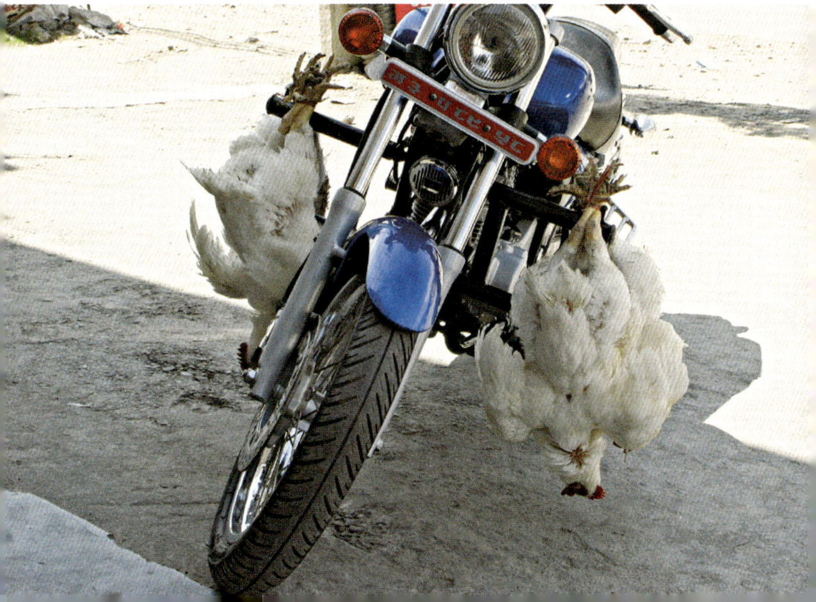

Aufpreis) WiFi an. Diese Möglichkeit hat sich in den letzten Jahren stark verbreitet. Die Verbindung ist in der Regel nicht sehr schnell, reicht aber zum Verschicken von Nachrichten usw. völlig aus. Darauf verlassen kann man sich jedoch nicht! Es gibt auch immer mehr kleine Internet-Cafés unterwegs.

Post

Wichtigste Anlaufstelle: General Post Office (G.P.O.) in Kathmandu (am Kantipath, nahe Bimsen Tower). Werden Postkarten von Kathmandu nach Deutschland verschickt, so sollte mit einer Dauer von 10 bis 14 Tagen gerechnet werden. Aus kleineren Ortschaften natürlich deutlich länger!
Alle Postkarten und Briefe möglichst persönlich zur Post bringen, um Zeuge beim Abstempeln der Briefmarken zu sein. Sonst werden die Marken möglicherweise abgelöst und weiterverkauft. Jedoch ist der Gang zur Post schon ein Abenteuer für sich. Um die Briefmarken festzukleben, ist Bastelstunde angesagt: Man bedient sich des großen Leimtopfes, da die vorgesehene homöopathische Menge an Klebstoff niemals einen Weg nach Europa durchhalten würde.

Elektrizität

Die Wechselspannung aus der Steckdose beträgt in Nepal 220 Volt. Europäische Stecker passen in der Regel in die Steckdosen. Sie brauchen also keinen Adapter. Beachten Sie aber, dass es regelmäßig zu Stromausfällen kommt (siehe Infotext »Load Shedding«).
Akkus für Foto oder andere Kleingeräte können auch in einigen Lodges auf der Trekkingtour (z. T. gegen eine Gebühr) aufgeladen werden. In den Bergregionen wird der Strom häufig durch kleine Wasserkraftanlagen oder Gene-

Load Shedding

Die größeren Städte sind an das öffentliche Stromnetz angeschlossen. In Nepal ist Strom zum Teil Mangelware und aus diesem Grund werden zu manchen Zeiten ganze Stadtteile für eine gewisse Zeit vom Netz genommen. Diese bewusst gesteuerten Stromausfälle schimpfen sich »load shedding«. Zu manchen Jahreszeiten werden in Kathmandu die einzelnen Stadtteile pro Tag für 16 Stunden vom Netz getrennt. Dieses »Spektakel« kann man besonders gut nachts von den Dachterrassen beobachten, wenn in manchen Vierteln das Licht schlagartig ausgeht und dafür anderswo wieder angeht. Die Ein- und Ausschaltzeiten sind vorbildlich mit einem Plan z. B. in Hotels ausgehängt, und seit einiger Zeit gibt es sogar eine entsprechende App. Es gibt Diskussionen im Land, ob dies eher eine politische Maßnahme ist oder ob es sich um tatsächlichen Strommangel handelt. Tendenziell hat sich die Situation seit 2016 deutlich verbessert.

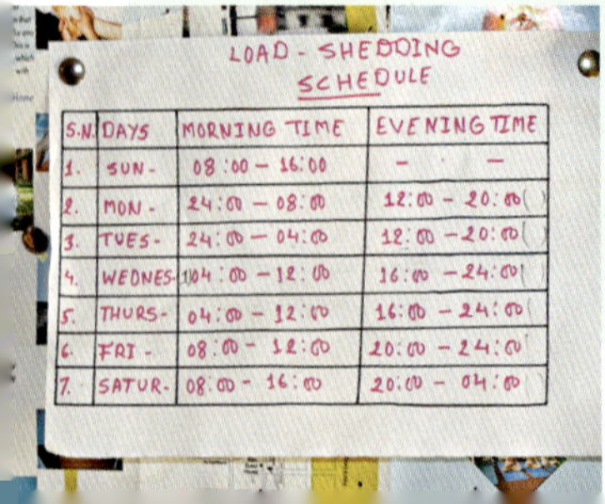

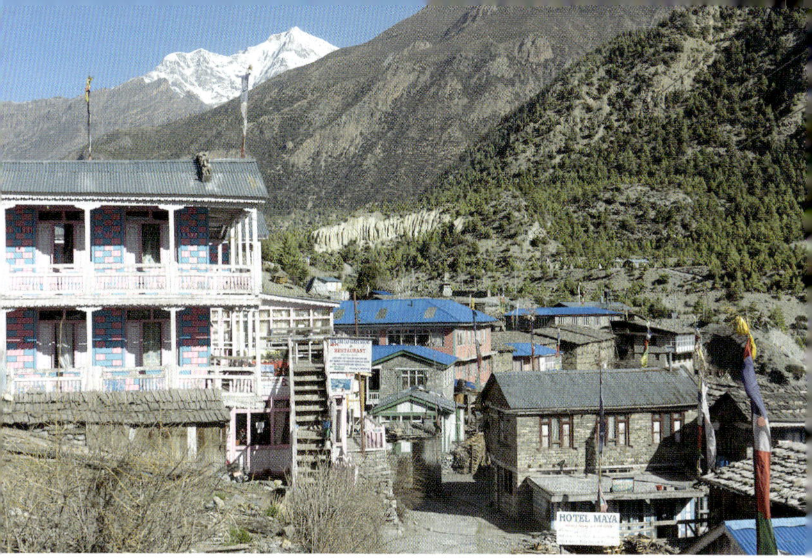

Ortschaft Lower Pisang auf der Annapurna-Umrundung im Manangtal.

ratoren erzeugt. Die Spannung schwankt deshalb zum Teil sehr stark und so kann es sein, dass z. B. Glühbirnen im Zimmer nur sehr schwach im »Dämmermodus« leuchten. Zum Laden der Akkus spielt das im Prinzip keine Rolle. Ist nachmittags oder abends kein Strom verfügbar, dann stecken Sie Ihr Ladegerät trotzdem an. Oft ist in einer solchen Situation nachts für ein paar Stunden Strom verfügbar.

Adressen – Internetquellen

- Botschaft der Bundesrepublik Deutschland
  Embassy of the Federal Republic of Germany, Gyaneshwar Marga 690, P.O. Box 226, Kathmandu, Tel. +977 1 421 72 00; Öffnungszeiten: Mo–Fr 9.00–11.30 Uhr (insbesondere Abgabe von Visumsanträgen). Außerhalb der Geschäftszeiten gibt es für Notfälle einen Bereitschaftsdienst, erreichbar unter +977 98511 37 943 und 37 942, www.kathmandu.diplo.de.
- Nützliche Internet-Adressen
  - www.auswaertiges-amt.de (viele nützliche und sehr aktuelle Informationen, z. B. über Sicherheit).
  - www.nepal-information.de (sehr gute Seite mit landeskundlichen Informationen).
  - www.nepalboard.de (Diskussionsplattform zu sämtlichen nepalspezifischen Themen sowie allgemeine Landesinformationen).

Karten – Literatur

Karten

Zur Orientierung unterwegs sollten die im Buch abgedruckten Karten ausreichen. Diese Karten wurden mit bestem Wissen und mit den vorhandenen Möglichkeiten erstellt. Wer sich zusätzlich mit Kartenmaterial ausstatten möchte, für den ist es ein leichtes Spiel, in Kathmandu oder Pokhara in den unzähligen Bookshops eine Karte zu kaufen. Achtung, viele der angebotenen Karten sind nicht gerade aktuell!

Wer sich schon zu Hause kartentechnisch vorbereiten möchte, kann die folgenden beiden Karten erwerben, bezahlt allerdings den dreifachen Preis im Vergleich zu Nepal. Im gutsortierten Buchhandel oder in Bergsportgeschäften sind folgende Karten erhältlich:

- Nepa Maps: Around Annapurna (Maßstab 1:125.000), ISBN 979-9993323074. Bunte, ansprechende Karte mit allen neuen alternativen NATT-Wegen (Natural Annapurna Trekking Trails).
- Nepal-Kartenwerk der Arbeitsgemeinschaft für vergleichende Hochgebirgsforschung Nr. 9: Annapurna (Maßstab 1:100.000). Topografisch exakte Landkarte, auch erhältlich im GeoCenter Stuttgart: vertrieb@geocenter.de, Tel. +49 711 78 19 46 10.

Literatur

- Hans G. Voßmann: Nepali Wort für Wort. Kauderwelsch Band 9. Reise Know-How Verlag, ISBN 978-3-89416-064-7.

Morgenstimmung bei Braga im Manangtal.

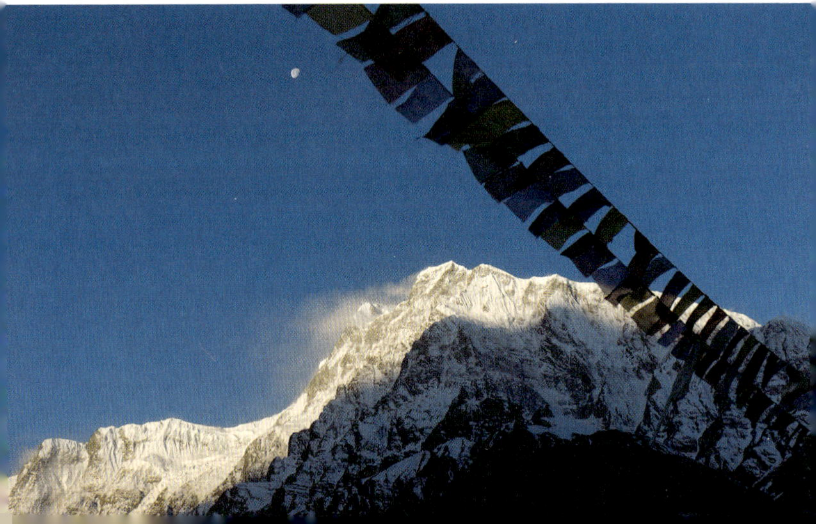

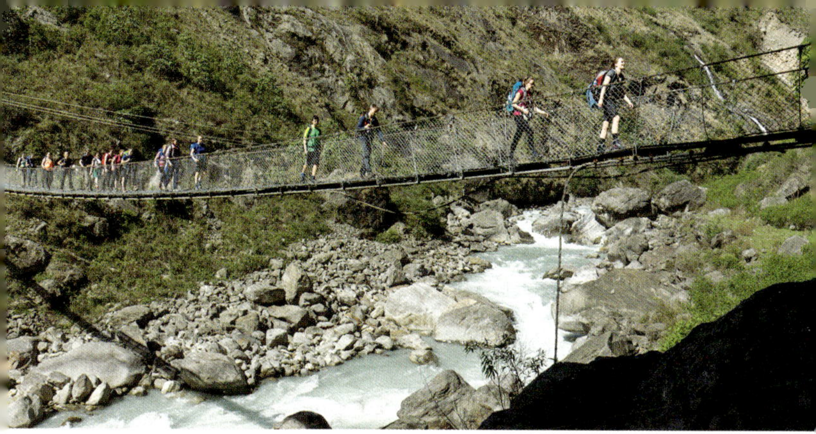

Hängebrücke kurz hinter der Ortschaft Chyamche (Annapurna-Umrundung Etappe 3).

- Andrew Stevenson: Rund um den Annapurna. Eine Trekkingtour durch den Himalaya. National Geographic, ISBN 978-3-492-40120-3.
- Andrées de Ruiter, Prem Rai: Trekking the Annapurna Circuit including new NATT-trails which avoid the road, 1. Aufl. 2010, ISBN 978-9937577830, 2. Aufl. 2013 (als Kindle-Version immer erhältlich, gedruckt nur zeitweise).
- Reinhold Messner: Annapurna, Expeditionen in die Todeszone. National Geographic, ISBN 978-3-492-40336-8.
- Maurice Herzog: Annapurna: The First Conquest of an 8000-Metre Peak. Random House, ISBN 978-1-4090-7727-5 (in englischer Sprache!).
- Peter Matthiessen: Auf der Spur des Schneeleoparden. National Geographic, ISBN 978-3-492-40089-3.
- Kanak Mani Dixit: Adventures of a Nepali Frog. Rato Bangala Kitab, ISBN 978-9993380115 (auch in deutscher Sprache; absolutes, besonders lustiges Highlight für Nepalliebhaber).
- Zeitschrift der Deutsch-Nepalischen Gesellschaft e.V.: erscheint zweimal im Jahr und enthält immer sehr informative Artikel zu den unterschiedlichsten Themen in Nepal; Tel. +49 221 233 83 80; Postfach 190327, 50500 Köln.
- Franz Berghold u. a.: Alpin- und Höhenmedizin. Springer, ISBN 978-3-7091-1832-0.
- Thomas Hochholzer, Martin Burtscher: Trekking & Expeditionsbergsteigen. Ein medizinischer Ratgeber. Panico Verlag, ISBN 978-3-936740-73-8.
- Edwin Schmitt: Nepal. Trekkerparadies im Himalaya (Bildband). Bergverlag Rother, ISBN 978-3-7633-7031-3.
- Dieter Glogowski: Nepal – Acht. Der Weg hat ein Ziel (Bildband). Frederking & Thaler, ISBN 978-3-9541-6174-4.
- www.nepal-dia.de (informative Seite über Landeskunde und Trekking).

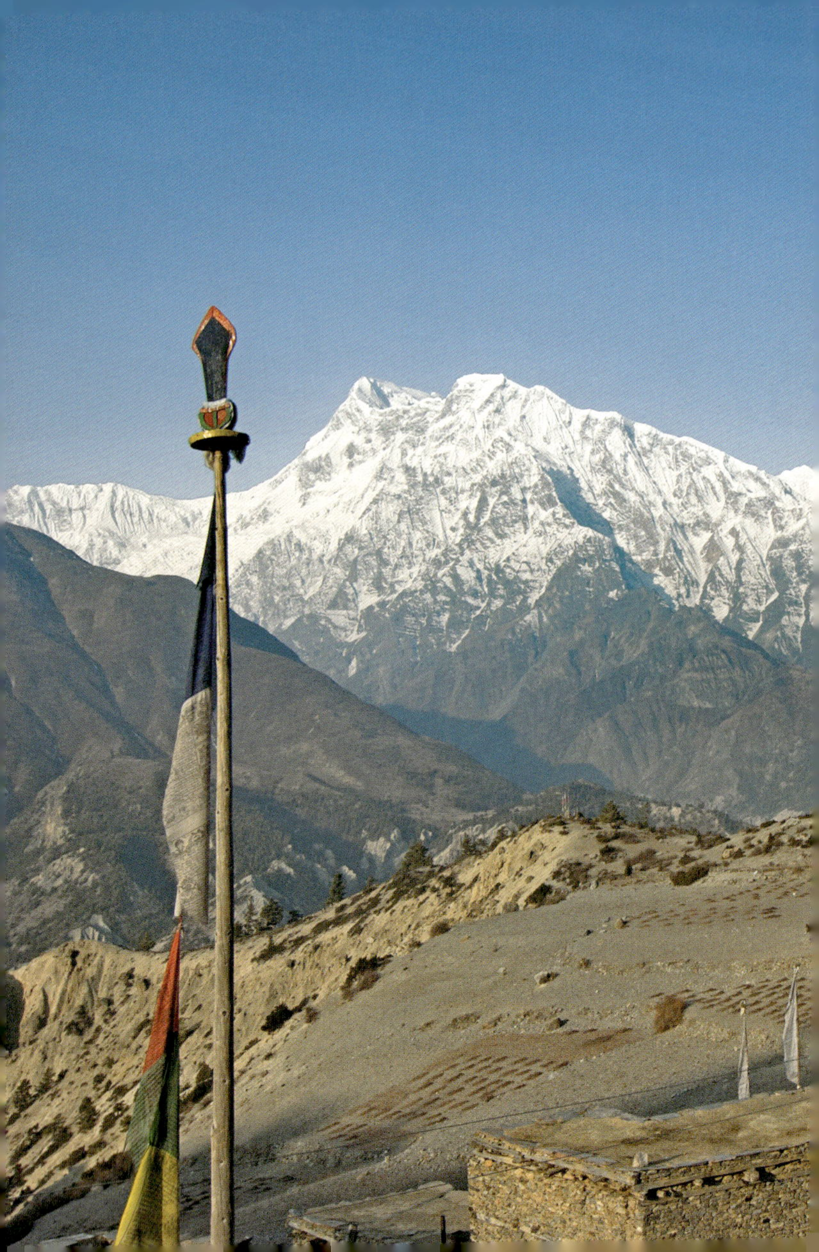

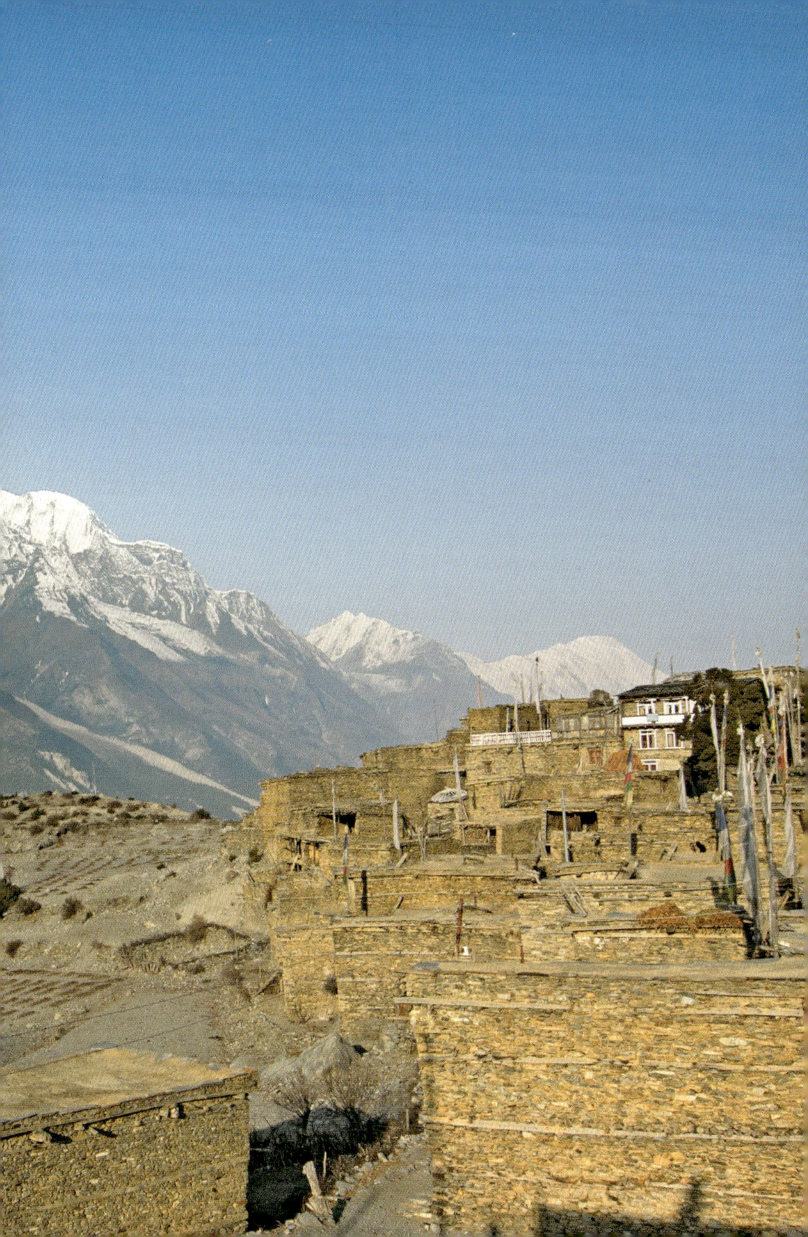

Annapurna-Umrundung

Die Annapurna-Umrundung ist der Trekking-Klassiker schlechthin und vielleicht die bekannteste Trekkingtour überhaupt. Für die gesamte Umrundung des mächtigen Annapurna-Massivs müssen knapp drei Wochen eingeplant werden.

Die Annapurna mit 8091 m ist der einzige 8000er des gleichnamigen Massivs, bei dem weitere etwa 40 Gipfel eine Höhe von über 7000 Metern aufweisen. Nur 30 Kilometer entfernt liegt der Achttausender Dhaulagiri und zwischen diesen beiden Eisriesen das Kali-Gandaki-Tal, die tiefste Schlucht der Erde. Dieses Tal begrenzt das Annapurna-Massiv auf der Westseite. Auf der Ostseite stellt das Marshyangdi-Tal die natürliche Grenze dar. Beide Täler sind durch den Pass Thorung La miteinander verbunden.

Die Trekkingtour durch diese beiden Täler bietet einen großen und unvergesslichen Querschnitt durch die kulturelle, landschaftliche und klimatische Vielfalt des Annapurna-Gebiets. Wir begegnen Völkern mit sehr unterschiedlichen Lebensweisen, Brauchtümern und Religionen. Die Tour ist hinsichtlich der Infrastruktur und der Wege sehr gut ausgebaut. Technisch sind nur sehr kurze Wegabschnitte schwierig. Nicht zu unterschätzen ist aber die Höhe! Ein Pass mit weit über 5000 m will bewältigt werden. Aufgrund der zahlreichen Übernachtungsmöglichkeiten entlang des Weges können die Tagesetappen beliebig und auch vor Ort spontan eingeteilt werden. Nach unserer Beschreibung sollten Sie 17 Tage und am besten einen weiteren Ruhetag zum Akklimatisieren in Manang einplanen. Falls Sie genug Zeit haben, dann bauen Sie weitere Ruhetage ein, zum Beispiel nach der Passüberquerung in Muktinath oder Kagbeni.

Wir starten die Umrundung in Besisahar. Von hier steigen wir auf nach Manang, überschreiten dann den Thorung La mit 5416 m und gelangen so nach Muktinath. Von hier verläuft der Weg entlang des Kali Gandaki Richtung Süden, um dann schließlich vorbei am Aussichtsberg Poon Hill in der Ortschaft Nayapul den Halbkreis zu vollenden. Schon aufgrund der unterschiedlichsten Höhenzonen kann man sich auf einer Trekkingtour kaum mehr landschaftliche und kulturelle Abwechslung wünschen. Die Tour ist länger und auch anspruchsvoller als etwa der Weg zum Annapurna Base Camp (ABC), wobei aber auch hier bei der Annapurna-Umrundung jede Nacht in einer Lodge (Unterkunft) verbracht wird und somit das Mitnehmen eines Zeltes überflüssig ist. Zahlreiche größere und kleinere Ortschaften werden während der Umrundung passiert und so bekommt man einen realistischen Einblick in das alltägliche Leben der Einheimischen.

Unerwähnt darf an dieser Stelle aber nicht bleiben, dass seit einigen Jahren Straßen (Jeep-Pisten) im Annapurna-Gebiet gebaut wurden und werden (siehe Seite 94). Diese Jeep-Pisten sind der Grund, warum einige Trekkingtouristen nach der Tour erschrocken von den Veränderungen auf der Anna-

purna-Umrundung erzählen. In Nepal wurde im Jahr 2014 der Beschluss gefasst, das Straßennetz im gesamten Land auszubauen. Ziel ist, jedes *district head quarter* (Provinzhauptstadt) an das öffentliche Straßennetz anzubinden. Für die Annapurna-Region bedeutet dies, dass die beiden district head quarter Chame und Jomson über eine Jeep-Piste an das eigentliche Straßennetz anzubinden sind. Der Ausbauplan der Jeep-Pisten wurde sogar erweitert. Aktuell (Stand 2019) führt im Kali-Gandaki-Tal die Piste bis nach Jomson und weiter bis nach Muktinath. Im Marshyangdi existiert die Piste bis nach Chame und weiter bis nach Manang. Abhängig vom Wetter und der Jahreszeit sind die Pisten mal gut, mal weniger gut und zum Teil auf Abschnitten nicht befahrbar.
Durch den Straßenbau geht einerseits viel von der Ursprünglichkeit der Gegend verloren. Andererseits bietet die Straße für die einheimische Bevölkerung auch sehr viele Vorteile. Und wir können ebenfalls die sich dadurch ergebenden Möglichkeiten nutzen, um die Annapurna-Umrundung individuell auf uns abzustimmen: Wer nicht ausreichend viel Zeit hat, kann an mehreren Stellen die Umrundung abkürzen, z. B. am Beginn mit einer Jeepfahrt bis Chyamche oder mit einem Rückflug von Jomson. Entscheiden Sie selbst! Wir zählen an den entsprechenden Stellen die einzelnen Möglichkeiten auf.

Blick von einer Anhöhe bei Besisahar in Richtung Lamjung Himal (6983 m).

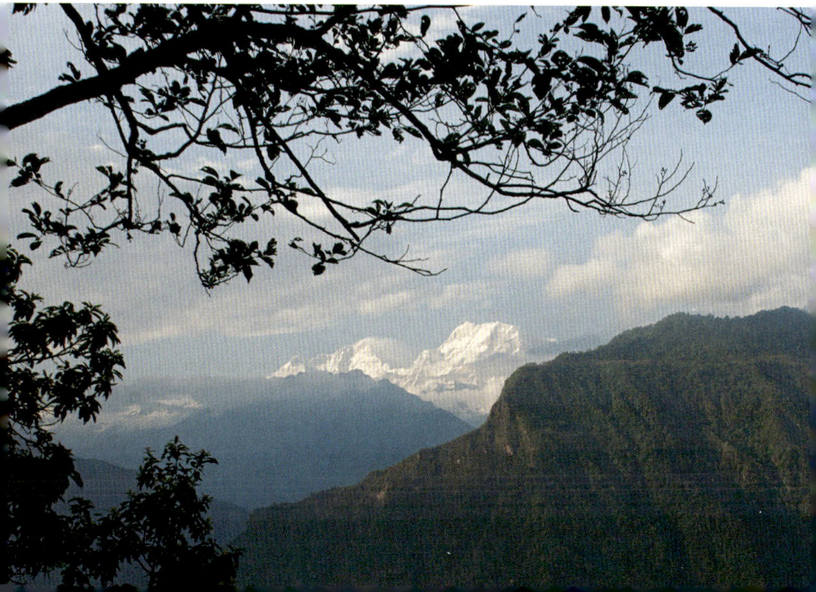

Es ist klar, dass diese Straßen großen Einfluss auf die Bevölkerung, Landschaft, Kultur und auch auf den Tourismus haben. Die Einheimischen sehen große Vorteile und einen Fortschritt durch den Straßenbau.
Wir Trekkingtouristen empfinden das natürlich anders, denn keiner hat Lust, tagelang auf einer staubigen Piste zu laufen und ständig von Motorrädern und Jeeps überholt zu werden. Die neue Straße bzw. Jeep-Piste verläuft oft auf der klassischen Trekkingroute. Aber es gibt auf fast allen Wegabschnitten alternative Wanderwege, die komplett abseits, z. B. auf der anderen Talseite, verlaufen. Diese neu erkannten und entdeckten Wege werden immer weiter erschlossen und sind oft deutlich reizvoller als die klassischen Wegabschnitte. Seit ein paar Jahren wird von New Annapurna Trekking Trails (NATT) gesprochen. Wir haben versucht, möglichst viele dieser Alternativwege zu beschreiben, um das Laufen auf der Piste weitgehend zu vermeiden.
Aus unserer Sicht entwickelt sich die Annapurna-Umrundung gerade zu einer neuen, vielleicht auch etwas anderen Trekkingtour. Es wird hier in den nächsten Jahren auch sicher noch einige Veränderungen geben: positive und negative. Aber das, was wir hier auf der Runde sehen und auch in Zukunft sehen werden, ist das reale Nepal, wie es sich entwickelt, wie es lebt. Die Umrundung hat ihren ganz besonderes Reiz. Sie ist und bleibt eine große, bekannte und faszinierende Trekkingtour, die in kaum beschreibbarer Weise die unterschiedlichsten Facetten Nepals widerspiegelt.

Etappenübersicht

Etappe		Schwierigkeit	Auf-/Abstieg	Strecke	Gehzeit
1	Besisahar – Ngadi Bazar	M	370/280 Hm	11,1 km	3.45 Std.
V1	Besisahar – Ngadi Bazar	M	620/520 Hm	13,5 km	4.30 Std.
2	Ngadi Bazar – Jagat	M	660/260 Hm	14,7 km	5.30 Std.
3	Jagat – Dharapani/Bagarchhap	M	1060/240 Hm	22,3 km	7.00 Std.
4	Dharapani/Bagarchhap – Chame	M	830/280 Hm	12,7 km	4.45 Std.
5	Chame – Pisang	L	730/220 Hm	14,1 km	4.30 Std.
6	Pisang – Ngawal	M	640/160 Hm	10,0 km	4.00 Std.
7	Ngawal – Manang	L	190/310 Hm	10,5 km	3.00 Std.
V6	Pisang – Manang	L	430/90 Hm	15,1 km	3.45 Std.
8	Manang – Yak Kharka	L	520/40 Hm	9,8 km	3.45 Std.
9	Yak Kharka – Thorung Phedi	M	540/40 Hm	7,1 km	3.15 Std.
10	Thorung Phedi – Muktinath	S	910/1670 Hm	14,1 km	7.45 Std.
11	Muktinath – Kagbeni	M	0/910 Hm	9,3 km	2.45 Std.
12	Kagbeni – Marpha	L	60/240 Hm	15,6 km	4.00 Std.
13	Marpha – Kalopani	M	120/250 Hm	20,7 km	6.00 Std.
14	Kalopani – Tatopani	L	200/1510 Hm	23,5 km	6.15 Std.
15	Tatopani – Sikha	L	760/50 Hm	7,9 km	3.45 Std.
16	Sikha – Ghorepani	L	940/40 Hm	7,6 km	3.30 Std.
17	Ghorepani – Nayapul (Pokhara)	L	140/1930 Hm	19,3 km	6.15 Std.
Insgesamt			8400/8300 Hm	232 km	17 Tage

Wegmarkierungen

Seit einigen Jahren werden die Wanderwege auf der Annapurna-Umrundung markiert. **Rot-weiße Markierungen** (siehe Foto) kennzeichnen die **Hauptroute** und **blau-weiße Markierungen** weisen den Weg auf **Alternativabschnitten**. Die Markierungen befinden sich in der Regel gut sichtbar z. B. an Felsblöcken oder Bäumen. Zum Teil weisen auch Pfeile in die korrekte Richtung. Verläuft der Weg auf der eigentlichen Jeep-Piste, so findet man keine Markierungen.

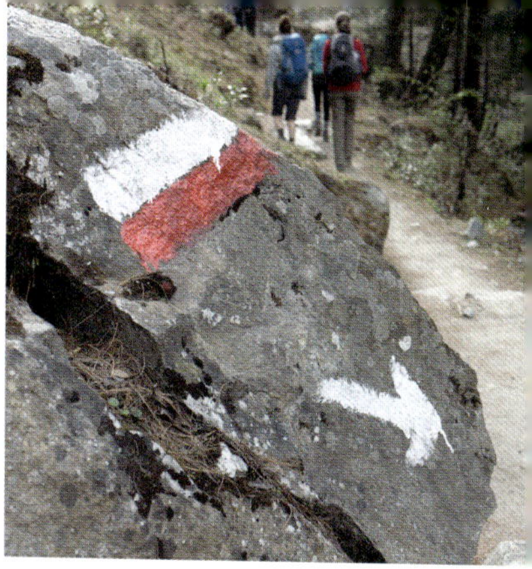

Permit

ACAP- und TIMS-Permit erforderlich (siehe ab Seite 73).

Ausrüstung

Es wird ausschließlich in Lodges übernachtet, kein Zelt etc. erforderlich.

Beste Reisezeit

März bis Mai und Oktober bis November; im Frühling kann im oberen Bereich besonders am Thronung La noch Schnee liegen; Rhododendronblütezeit März und April; beste Sicht im Herbst.

Anreise – Ausgangspunkt

Aller Anfang ist schwer! Um eine Annapurna-Umrundung in Angriff nehmen zu können, gilt es zunächst einmal, an den Ort zu kommen, von dem man wirklich loslaufen kann. Wir empfehlen und beschreiben die Umrundung gegen den Uhrzeigersinn und so ist unser Ausgangspunkt Besisahar und unser Endpunkt Nayapul. Aber wo liegt dieses Besisahar und wie kommt man dort überhaupt hin?

In der Regel bricht man entweder von Kathmandu oder von Pokhara nach Besisahar auf, das sich von beiden Städten unproblematisch er-

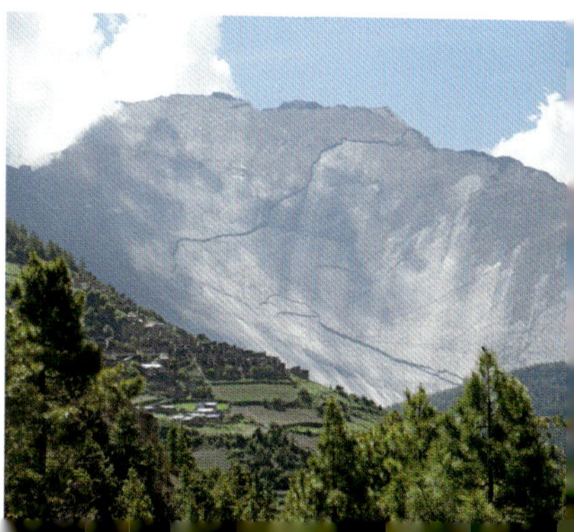

Auf dem Weg von Pisang nach Humde: die mächtige Felswand des Swargadwari (siehe Etappe 5) und am Hang davor die Häuser von Upper Pisang.

reichen lässt. Da Besisahar etwa in der Mitte zwischen den beiden Städten liegt, ist es wenig sinnvoll, von Kathmandu erst nach Pokhara zu fahren oder zu fliegen, um dann weiter nach Besisahar zu gelangen.
Von Kathmandu nach Besisahar sind es nur 137 km und von Pokhara nach Besisahar sogar noch weniger. Trotzdem muss man, ganz gleich welches Verkehrsmittel man wählt, für beide Strecken mindestens einen halben Tag einplanen. Sind schon am ersten Tag die ersten Meter zu Fuß geplant, ist also ein frühes Aufbrechen von Kathmandu bzw. Pokhara erforderlich.
Das liegt zum einen an den Straßenverhältnissen und zum anderen an den vielen LKWs, die – hoffnungslos überladen – mit maximal 30 km/h vor uns fahren. Es ist immer wieder erstaunlich, an welchen Stellen der Busfahrer es wagt, die LKWs zu überholen. Wenn man allerdings bedenkt, dass religiöse Hindus an die Wiedergeburt glauben …
Von Kathmandu führt die Straße zunächst über Serpentinen hinaus aus dem Kathmandu Valley in Richtung Pokhara. Diese Verbindungstraße (Prithvi Rajmarg) zwischen den zwei Städten ist die Hauptverkehrsstrecke Nepals. Vorbei an Polizei-Kontrollposten und Ziegeleien werden die Häuser des anfangs dicht besiedelten Gebietes langsam spärlicher und es geht in hügeliger Landschaft durch kleine Ortschaften und Reisterrassen. Die Straße führt stets Richtung Westen entlang des Trisuli-Flusses, bis dieser bei Mugling mit dem Marshyangdi River zusammenfließt. Nach etwa der Hälfte der Straße

Abstieg vom Thorung La Richtung Muktinath und Kali-Gandaki-Tal.

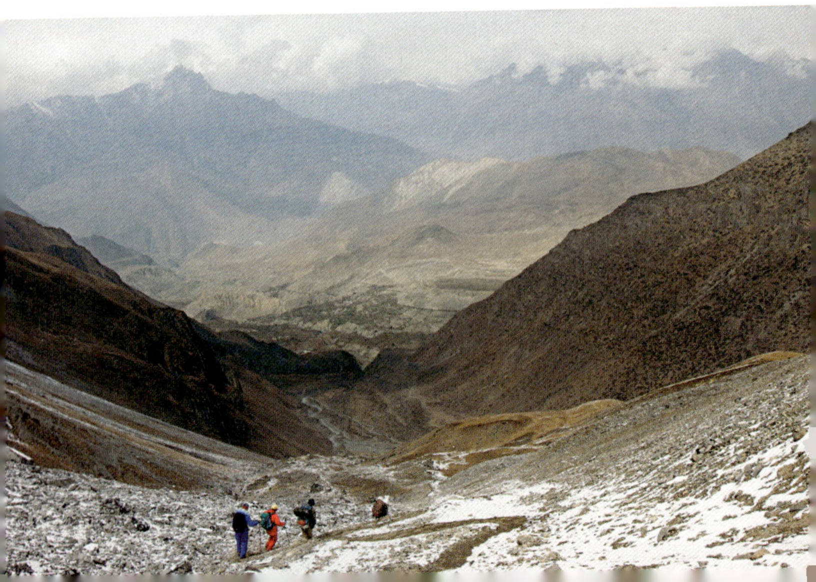

Kathmandu – Pokhara erreichen wir Dumre, eine schmuddelige Durchgangsstadt, die einen Verkehrsknotenpunkt darstellt: Es ist laut, dreckig und es wimmelt von Menschen, von denen mindestens die Hälfte der Meinung ist, uns etwas verkaufen zu müssen.
Von Pokhara nehmen wir auch den Prithvi Rajmarg, nur in die entgegengesetzte Richtung nach Osten, und erreichen so auch die Ortschaft Dumre.
In Dumre zweigt unser Weg nach Norden ins Marshyangdi-Tal nach Besisahar ab. Es wird deutlich, dass wir die Hauptverkehrsroute verlassen haben. Die zwar immer noch geteerte Straße ist deutlich schmaler und die Siedlungen sind ländlicher und ursprünglicher. Nach gut einer Stunde sticht auf der rechten Seite ein großer Staudamm ins Auge. Er ist Teil des Marshyangdi Hydro Power Project, ein maßgeblich von Deutschland und Kanada initiiertes modernes Wasserkraftwerk, das seit 2009 in Betrieb ist. Nach etwa 1.30 Std. Fahrzeit ab Dumre erreichen wir Besisahar.
Es gibt mehrere Möglichkeiten, an den Ausgangspunkt Besisahar zu gelangen, je nach Geldbeutel und Belieben.

Kathmandu – Besisahar

- **Taxi:** Die teuerste, schnellste und luxuriöseste Variante ist es, sich ein Taxi aus Kathmandu zu nehmen. Allerdings ist dieser Luxus in Anbetracht der anderen Alternativen nicht wirklich nötig. Zudem entgehen einem damit viele interessante Einblicke in die Fortbewegungs- und Reisegewohnheiten der Nepali. Kosten ca. 8.000–14.000 NPR (Stand 2017).
- **Tourist Bus:** Eine weitere sehr angenehme Weise, nach Besisahar zu kommen, ist der Tourist Bus (genauere Infos auf Seite 52). Dabei handelt es sich um recht komfortable Reisebusse, die z. T. sogar zum Mittagessen in einem gepflegten Restaurant an der Strecke halten (Achtung: teilweise Touristen-Abzocke!). Die Busse starten in der Früh in Kathmandu. Sie fahren jedoch nicht nach Besisahar, sondern direkt nach Pokhara.
  Um nach Besisahar zu gelangen, steigt man in Dumre aus (Busfahrer Bescheid geben!) und nimmt dort einen Local Bus oder Local Micro Bus weiter nach Besisahar. Kosten 110–150 NPR, Fahrzeit noch etwa 1.30–2 Std. Die Fahrkarten werden in Dumre beim Fahrer/Contactor gekauft. Vorsicht: In Dumre wird von den Touristen meistens viel zu viel für den Weg nach Besisahar verlangt.
  Seit einiger Zeit gibt es auch direkte Verbindungen von Kathmandu nach Besisahar in einem Tourist Bus. Kosten etwa 700–800 NPR.
  Der Tourist Bus kann unproblematisch in Kathmandu (z. B. Thamel) in Agenturen oder auch in den Hotels gebucht werden.
- **Micro Bus/Force Bus:** Micro Bus (oft Toyota): etwas kleiner, etwas schneller und etwas gefährlicher. Fahrzeit etwa 5 Std. Force Bus (oft Mercedes): Fahrzeit etwa 6 Std., Preis etwa 600 NPR (Stand 2017). Lassen Sie sich mit dem Taxi zur Micro Bus bzw. Force Bus Station für Besisahar

fahren. Tickets werden direkt dort gelöst. Los gehts, sobald der Bus voll ist. Der Bus fährt direkt von Kathmandu nach Besisahar.

- **Local Bus:** Der Local Bus ist die typische Fortbewegungsmöglichkeit für die meisten Einheimischen. Er ist für Touristen aber nicht wirklich viel günstiger als der Tourist Bus und die Fahrzeit ist deutlich länger. Deshalb empfehlen wir diese Möglichkeit nicht.
- **Tipp:** Wir empfehlen den Micro Bus/Force Bus von Kathmandu nach Besisahar.

Pokhara – Besisahar

- **Taxi:** Ein Taxi von Pokhara nach Besisahar kostet etwa 6000–8000 NPR.
- **Bus (Direktverbindung):** Es gibt zahlreiche Busverbindungen von Pokhara nach Besisahar, wobei man bei den meisten einen Bus Richtung Kathmandu nimmt und in Dumre umsteigen und dort den Preis nach Besisahar aushandeln muss. Vorsicht: Dumre ist schon bekannt dafür, dass dort Touristen finanziell ausgenommen werden. Aber es gibt auch – was wir empfehlen – täglich ein paar Direktverbindungen:
  6.30 Uhr von der Tourist Bus Station (Taxi von Lakeside dorthin) in Pokhara direkt nach Besisahar, Ankunft etwa um 12–13 Uhr in Besisahar. Tickets und feste Sitzplätze lassen sich in den zahlreichen Agenturen in Lakeside buchen, etwa 400 NPR. Man sollte so gegen 6 Uhr an der Tourist Bus Station eintreffen. Hier gibt es auch zwei einfache Restaurants, wo man sich noch mit Milchkaffee, Tee und Zimtrollen für die Fahrt stärken kann. Nicht erschrecken! Beim Bus nach Besisahar handelt es sich nicht um einen komfortablen Touristenbus, sondern um einen einfachen Bus, mit dem auch die Einheimischen fahren.
  Busse direkt nach Besisahar mit Abfahrt später als 6.30 Uhr starten nicht von der Tourist Bus Station, sondern von der Kreuzung Prithuichowk. Dort einfach nach dem richtigen Bus durchfragen und Ticket im Bus oder am Ticket-Counter am Prithuichowk lösen (Preis: 200 NPR). Gute Erfahrungen haben wir mit dem Bus gemacht, der etwa um 13.15 Uhr losfährt. Festen Fahrplan gibt es aber keinen.
  Fahrzeit: Pokhara – Dumre 2 Std.; Dumre – Besisahar 2 Std.
- Bus (Tourist und Local): Natürlich kann man auch mit einem der sehr komfortablen Touristbusse Richtung Kathmandu fahren und dann in Dumre aussteigen. In der Regel wird dann aber der volle Preis bis nach Kathmandu abkassiert und ab Dumre bis nach Besisahar fahren dann nur noch Lokal-Busse. Aus diesem Grund raten wir von dieser Variante ab.

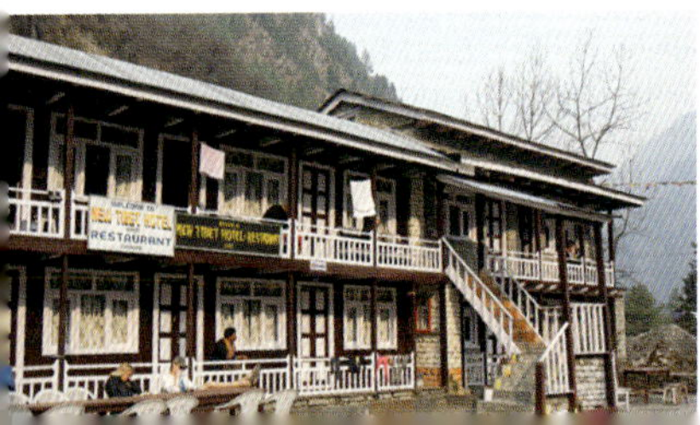

Hier lässt es sich aushalten: einladende Lodge bei Chame (Etappe 4).

Jeep-Piste von Besisahar nach Manang

Vor gut 10 Jahren war Besisahar die Endstation für alle Busse und Jeeps. Von hier führte nur noch ein Wanderweg weiter bis nach Manang. An dieser Situation hat sich in den letzten Jahren viel geändert. Mit viel Aufwand wurde die Jeep-Piste von Besisahar bis nach Manang fertiggestellt. Abgeschlossen werden die Bauarbeiten wohl nie sein. Besonders nach der Regenzeit im Sommer blockieren z. T. Erdrutsche die Piste und die direkte Verbindung nach Manang ist abgeschnitten. Diese Situation wird dann in der Regel so gemeistert, dass der Bereich des Erdrutsches zu Fuß überwunden wird und danach der nächste Jeep für den folgenden Abschnitt bereitsteht. Schon allein wegen der sehr schlechten und ruppigen Straßenqualität auf vielen Abschnitten ist die Jeep-Fahrt ab Besisahar mit gewissen Risiken verbunden. Ein gutes Sitzpolster und stabile Nerven sind also gefragt bei der Fahrt entlang des Marshyandis in Richtung Manang. Schwierig ist es eine Empfehlung auszusprechen, ob und wie weit die Jeep-Benutzung ab Besisahar sinnvoll ist. Wir empfehlen auf jeden Fall wegen der notwendigen Höhenanpassung den Jeep maximal bis nach Chame zu nehmen. Sinnvoller erscheint uns, falls man sich für den Jeep entscheidet, eine Fahrt bis etwa Jagat bzw. Chyamche. Bei dieser Möglichkeit spart man sich das Laufen der ersten beiden Etappen und fährt an der doch größeren Wasserkraftwerkbaustelle bei Ngadi vorbei. Aus unserer Sicht lohnt sich jedoch immer noch der Start zu Fuß in Besisahar. Entscheiden Sie selbst!

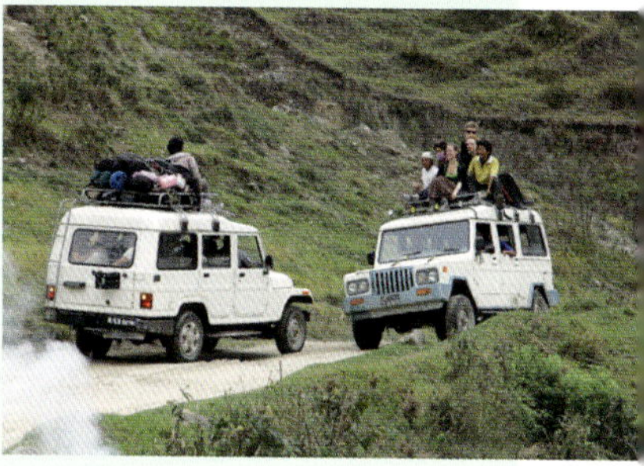

- Besisahar – Chyamche (Etappe 3): Fahrzeit etwa 3 Std., 1000–2000 NPR für Touristen
- Besisahar – Chame: Fahrzeit etwa 6–8 Std., 3500–4000 NPR für Touristen
- Besisahar – Manang: Fahrzeit etwa 10–12 Std., 5000–6000 NPR für Touristen

Rückfahrt

Der Endpunkt unserer Annapurna-Umrundung, Nayapul, liegt an der Straße von Beni nach Pokhara. Diese Straße befindet sich etwas oberhalb von Nayapul. Hier befindet sich die »Bushaltestelle«. Einfach warten ist angesagt. Es gibt keinen festen Fahrplan, aber eine hohe Frequenz an Bussen. Die Busfahrt von Nayapul nach Pokhara dauert ungefähr 2 Stunden und kostet etwa 200 NPR. Oder wir nehmen eines der Taxis nach Pokhara. Ein Taxi ist natürlich deutlich schneller, kostet jedoch etwa 1000–2000 NPR und der Erlebniswert ist bei der Busfahrt deutlich größer. Sind Sie eher spät in Nayapul, dann empfehlen wir dennoch eine Taxifahrt. Und berücksichtigen Sie auch, dass das Taxi Sie direkt zur Unterkunft in Pokhara bringen wird. Der Bus hält nur an bestimmten Stellen in Pokhara, von wo wir in der Regel auch noch ein Taxi (etwa 250 NPR) bis zur Unterkunft in Pokhara (z. B. im Touristenzentrum Lakeside) brauchen.

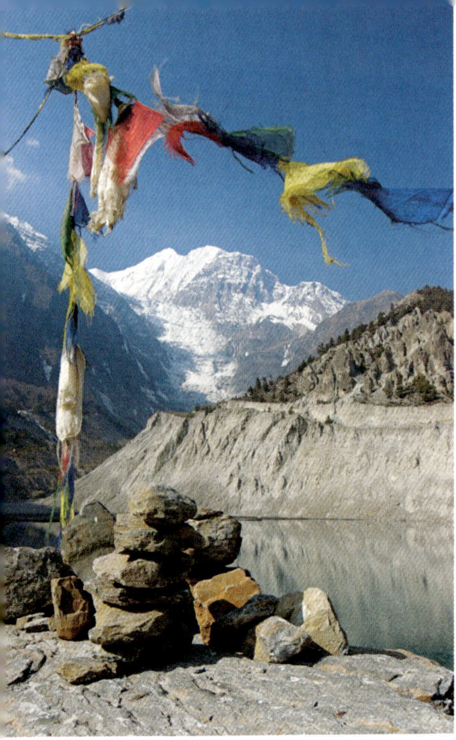

Unterhalb der mächtigen Eiswände des Gangapurna (7454 m) befindet sich der gleichnamige kleine Gletschersee (kurzer, sehr lohnender Ausflug von Manang).

Besisahar

Leider fällt so manchem Urlauber der Reiz und die Liebenswürdigkeit dieser großen, lang gezogenen, bisweilen schmuddelig wirkenden Ortschaft erst beim zweiten Hinsehen ins Auge. Mit seinen über 27.000 Einwohnern (Stand 2011) ist Besisahar (760 m), die Provinzhauptstadt des Distrikts Lamjung. In seiner lebendigen, von Geschäften und Dienstleistern gesäumten Hauptstraße spiegelt sich das typische, unverfälschte Leben einer nepalesischen Kleinstadt wider: Obst und Gemüse werden feilgeboten, Eisenwarenhändler stellen ihre Töpfe, Teller und Werkzeuge zur Schau, hinter zugezogenen Vorhängen verbergen sich kleine Restaurants, in denen es leckeres nepalesisches »fastfood« (Chowmein, Momos oder Samosas, siehe auch Seite 33/34) gibt, mehr oder weniger moderne Elektrogeschäfte bieten Fernseher oder Handys an, eifrige Friseure schnippeln Haare und stutzen Bärte, Kinder spielen auf der Straße, voll beladene Busse und Jeeps quetschen sich unter Hupen durch das Getümmel … In dieser Hauptstraße gibt es wohl nichts, das es nicht gibt. Da Besisahar bis heute der wichtigste Ausgangspunkt für alle Trekker der Annapurna-Umrundung ist, mischen sich unter das bunte Treiben noch mit großen Rucksäcken bepackte Wanderer.

Die kleine Stadt liegt am Ende der geteerten Straße. Am Ortsende (N) von Besisahar geht die geteerte Straße in die Jeep-Piste über, die vorbei an Chame bis nach Manang führt. Die meisten Wanderer wollen Besisahar gleich noch am Anreisetag verlassen, weil es auf den ersten Blick wie erwähnt alles andere als einladend wirkt. Aber Besisahar hat entgegen seines Rufs durchaus seinen Reiz und einige gemütliche und einladende Ecken. Entlang der Hauptstraße findet man zahlreiche Lodges, Restaurants und Einkaufsmöglichkeiten. Die eigentliche Trekkingtour beginnt am Ortsende, wo die geteerte Straße zur Jeep-Piste übergeht.

Unterkünfte in Besisahar
Zahlreiche Unterkünfte entlang der Hauptstraße. Wir können in Besisahar folgende Lodges empfehlen:

- Sayapatri: Unterkunft mit kleinem Shop für die letzten Besorgungen.
- Tukuche Peak: Am selben Platz befindet sich auch das Hotel Tukuche Peak, das älteste Hotel in Besisahar. Da es am südlichen Ortsende (Ortsteil Sera) steht, ist es für alle, die mit dem Bus dort ankommen, sehr günstig gelegen. Der Trek beginnt allerdings erst am nördlichen Ortsende.
- New Thorongla Guest House: Saubere Zimmer, nette Unterkunft, direkt gegenüber vom TIMS Checkpost, Tel. +977 66 52 03 18.
- Mongolian Guest House: Saubere Zimmer, große Lodge direkt am Start des Treks (also am nördlichen Ortsende) gelegen, Tel. +977 66 52 01 60.
- Hotel Thorung Peak: Auf der rechten Straßenseite etwa 100 m nach TIMS Checkpost, in der zweiten Häuserreihe und deshalb etwas abgelegener und ruhiger, neues Hotel mit sauberen Zimmern, gutes Essen, 1000 NPR für ein Zimmer, Tel. +977 66 52 02 00.
- Gateway Himalaya Resort: große Hotelanlage mit Swimmingpool, gute Küche, 1600 NPR für ein Zimmer, ruhiger Garten, etwas übertrieben schick für Besisahar, Tel. +977 66 521-301 oder -302, booking@gatewayhimalayaresort.com, www.gatewayhimalayaresort.com.

i ***Ausflug von Besisahar zum Königspalast und zum Dorf Gaunsahar:*** *Falls Sie viel Zeit haben und einen Extratag in Besisahar einplanen, dann erkunden Sie doch die Gegend. Wir können einen Ausflug zum sehenswerten Dorf Gaunsahar sehr empfehlen. Es handelt sich dabei um einen Halbtagesausflug (Aufstieg: 570 Hm; Abstieg: 20 Hm; Zeit für den Aufstieg: 1.45 Std.), bei dem Sie auf jeden Fall wenig oder keine anderen Touristen treffen werden. Die Aussicht von der Ortschaft ist wunderschön und Sie haben einen sehr unverfälschten Einblick in das Leben der Einheimischen.*

Dazu gehen Sie auf der Hauptstraße durch Besisahar in Richtung Süden. Am New Mustang Hotel steigen Sie über Steinstufen hinunter zum Bach, den Sie über die von oben schon sichtbare Brücke überqueren. Dann folgen Sie dem Hauptweg oft auf Steinstufen stetig bergauf. Sie bleiben immer am Bergrücken und kürzen ab und zu die Piste ab. Am Anfang führt der Weg durch Wald, später auf Wiesengelände. Immer wieder haben Sie einen tollen Ausblick zurück auf Besisahar. In Gaunsahar gibt es einige Plätze, die zum Verweilen und Schauen einladen. Verpassen Sie auch nicht den Platz um den Königspalast.

i **Straßenbau:** *Vor etwa 15 Jahren bestand die Annapurna-Umrundung aus einem Fußweg, der sich einmal um das gesamte Massiv schlängelte. Träger, Einheimische, Touristen, Esel und so weiter arbeiteten sich Tag für Tag zu Fuß von Ort zu Ort. Die Runde wurde bei uns Trekkern immer beliebter und in manchen Ortschaften schossen neue Lodges wie Pilze aus dem Boden. Das Bild der Dörfer änderte sich. Das Annapurna-Gebiet wurde immer weiter erschlossen. Besonders für uns Touristen, aber auch für die Einheimischen brachte diese Erschließung viele Annehmlichkeiten. Seit einigen Jahren wird auch der Straßenbau (Jeep-Pisten) im Annapurna-Gebiet, wie in vielen anderen Teilen Nepals, stark vorangetrieben. Immer längere Abschnitte, die früher nur zu Fuß zu bewältigen waren, können jetzt in einem wackligen Bus oder per Jeep zurückgelegt werden. Auf beiden Seiten des Thorung La wurde fleißig an den Jeep-Pisten gearbeitet. Zunächst war die Piste bis Jomson und dann bis nach Muktinath fertig. Seit Kurzem können sich Einheimische und Touristen auf vier Rädern im Marshyangdi-Tal von Besisahar bis nach Manang hochschaukeln lassen. Abschnitte der Pisten müssen, abhängig von der Jahreszeit und dem Wetter, immer wieder stabilisiert und regelmäßige Erdrutsche beseitigt werden. Die Bauarbeiten werden wahrscheinlich nie ganz abgeschlossen sein.*

Der Zauber der ursprünglichen Umrundung des gewaltigen Annapurna-Massivs ausschließlich zu Fuß ist durch den Bau der Straßen sicherlich ein Stück verloren gegangen. Bei vielen Lodgebesitzern, an deren Unterkunft nun oft vorbeigefahren wird, spürt man förmlich die deprimierte Stimmung, und fraglich ist auch, wie sich der westliche Einfluss bei den Einheimischen auswirken wird. Vor ein paar Jahren spielten die Kinder noch auf den schmalen Gassen durch Jagat und ab und zu zog eine Eselkarawane durch den Ort. Jetzt fahren täglich mehrere Jeeps auf einer breiten Piste durch die Häuseransammlung und machen oft nur für eine kurze Teepause halt.

Wir haben über diese Problematik viel mit Einheimischen gesprochen. Fast alle, die nichts mit dem Tourismus zu tun haben, sehen die Straße als große Chance. Durch die Piste ist eine deutlich bessere und schnellere medizinische Versorgung gewährleistet und die Preise für Nahrungsmittel werden wegen der geringeren Transportkosten sinken.

Neben diesen Vorteilen gibt es aber leider auch viele bereits angedeutete Nachteile. Die Bevölkerung, die Kultur und die Lebensweise werden durch die Straße stark beeinflusst. Bald werden zwei verschiedene Welten im Manang-Tal aufeinandertreffen. Viele der Lodgebesitzer befürchten eine Bedrohung ihrer Existenz, da der Tourismus in vielen Ortschaften deutlich abnehmen oder sogar ausbleiben wird. Die westliche Welt nimmt unaufhaltsam Einzug in die sensible Bergregion, und Müll, Lärm und Abgase werden auch in diesem friedlichen Stück Erde zum Problem werden.

Es handelt sich jedoch um eine Entwicklung im gesamten Land Nepal – eine Entwicklung, die wir nicht aufhalten können, ebenso wenig wie die infrastrukturelle

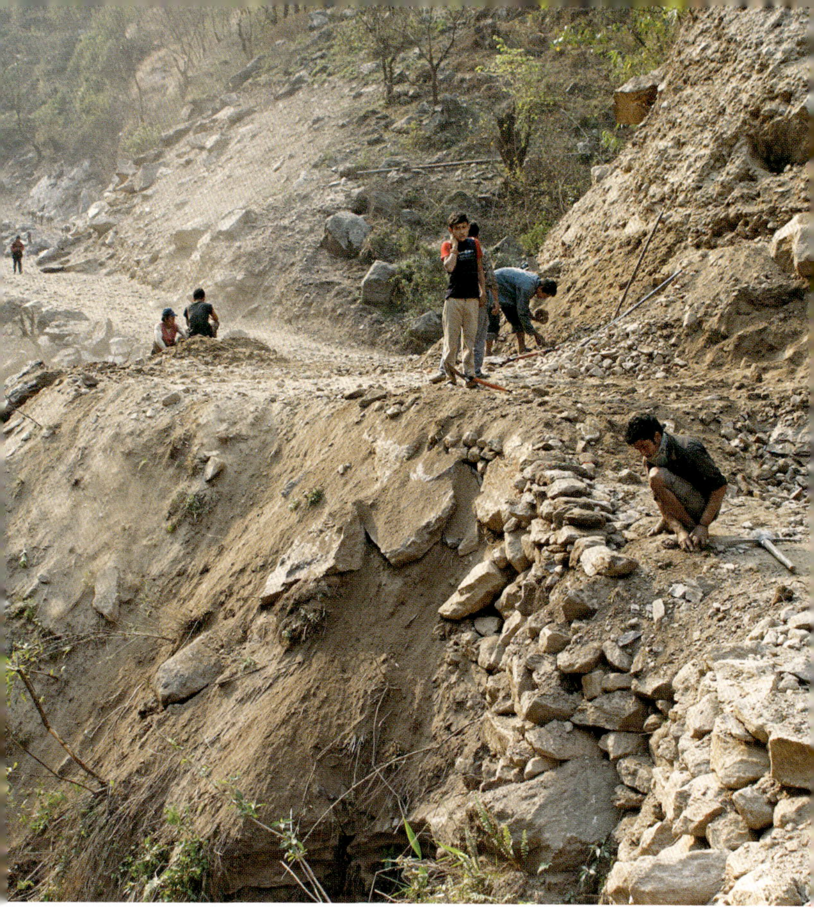

Meter für Meter wurde die Jeep-Piste durch das Marshyangdi-Tal gebaut.

Erschließung der Alpen aufgehalten wurde. Aus unserer Sicht wird sich dadurch die Annapurna-Region auf jeden Fall verändern. Aber es wird eine Region der Superlative bleiben, und wir können hier hautnah das reale Nepal erleben mit seinen alten und auch den neuen Problemen. Schließlich lässt sich die Zeit nicht künstlich anhalten. Zeit hat immer etwas mit Wandel zu tun, und das Annapurna-Gebiet war, ist und wird trotz vieler Veränderungen immer eine Reise wert sein.

1 Besisahar – Ngadi Bazar

3.45 Std.

↑370 ↓280

Staubiger Auftakt in Besi

Egal, ob wir in Besisahar (»Besi«) übernachtet haben oder heute erst von Kathmandu oder Pokhara angereist sind, nun geht es los. Besisahar wird für uns für fast drei Wochen die letzte größere Siedlung darstellen. Wir überqueren heute die ersten großen Hängebrücken und verbringen dann die erste Nacht in einer Lodge. Für knapp drei Wochen werden wir eintauchen in die überwältigende Natur des Himalaya. Die heutige Etappe stellt eine gemütliche Halbtagesetappe dar. Vor ein paar Jahren ist jeder Wanderer am Westufer des Marshyangdi-Flusses entlang auf der Hauptroute von Besi nach Khudi gelaufen und hat erst kurz vor Bhulbhule auf die Ostseite des Flusses gewechselt. Von Bhulbhule geht es dann entlang des Flusses weiter nach Ngadi.

In den letzten Jahren hat sich in dieser Region aber viel getan und der Straßenbau lässt sich auch hier, wie in ganz Nepal, nicht aufhalten. Und so kann man in der Regel per Jeep die gesamte Strecke von Besisahar bis Manang zurücklegen. Zwischen Besisahar und Bhulbhule verkehren sogar normale Busse. Natürlich können wir auf dieser Jeep-Piste zu Fuß ohne große Anstrengungen und zügig nach Bhulbhule wandern. Bei dieser Route müssen wir aber mit vielen vollbepackten Jeeps und Bussen rechnen, die sich ihren Weg an uns vorbei bahnen. Für die wirklich Eiligen bietet sich tatsächlich die Nutzung dieser Verkehrsmittel an. Für alle anderen beschreiben wir hier einen sehr schönen Weg am Ostufer des Flusses, etwas abseits vom Trubel und Einfluss der Straße. Nur die ersten 45 Minuten müssen wir entlang der Hauptpiste laufen; bei der kleinen Ortschaft Belauti Bishauni verlassen wir sie schon. Für diejenigen, die ausreichend Zeit mitbringen und sehr viel Wert auf Einsamkeit und Stille legen, haben wir eine weitere Variante (Etappe V 1) beschrieben, bei der wir schon ab Besisahar auf die Ostseite des Flusses wechseln. Egal für welche der Wegvariante wir uns entscheiden, unser Ziel wird heute Ngadi Bazar sein. Und dort werden wir unsere erste Nacht in einer Lodge verbringen. China hat in den letzten Jahren nördlich von Ngadi ein großes Wasserkraftwerk gebaut. Die Region um Ngadi und die Ortschaft Ngadi selbst ist durch dieses Bauprojekt stark beeinflusst und es wird voraussichtlich in den nächsten Jahren zu größeren Veränderungen kommen. Falls wir schon am Frühnachmittag in Ngadi eintreffen, dann lohnt sich das Weiterlaufen (etwa 2 Std.) bis zur deutlich ruhigeren Ortschaft Bahundanda (siehe Etappe 2).

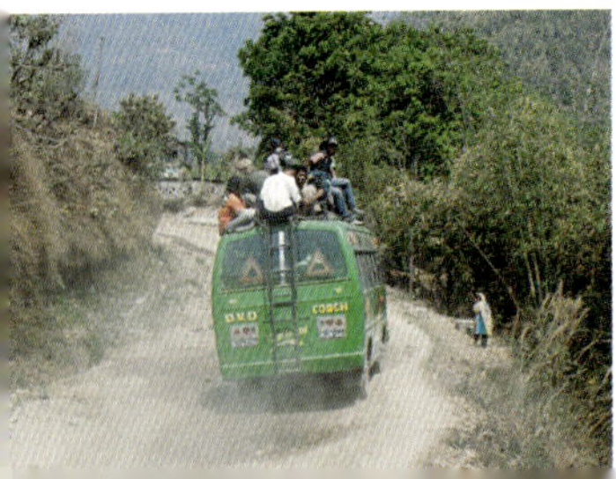

Staubig und wacklig ist die Busfahrt von Besisahar nach Bhulbhule.

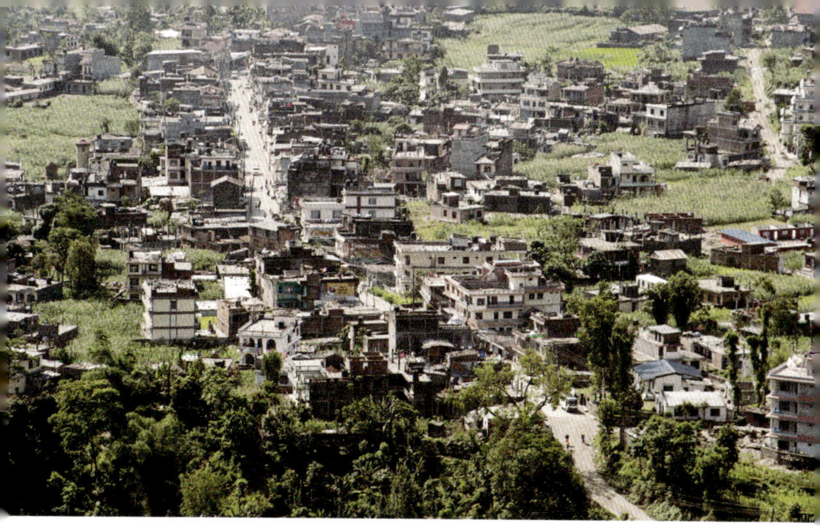

Blick von Norden auf Besisahar. Das größere Gebäude am rechten Bildrand vorne ist das Mongolian Guest House.

Ausgangspunkt: Besisahar (Mongolian Guest House), 810 m.
Entfernung: 11,1 km.
Anforderungen: Einfache Wanderwege; von Belauti Bishauni bis Bhulbhule etwas Orientierungssinn erforderlich, hier keine Beschilderung.
Einkehr: In allen Lodges am Weg; kleiner Shop in Simalchauer. – SDWS in Bhulbhule.
Unterkunft: **Bhulbhule:** 4 Lodges. – **Ngadi Bazar:** Zahlreiche Lodges, z. B. Holiday Trekker's Lodge noch vor dem eigentlichen Ort.
Verkehrsmittel: Busse und Jeeps von Besisahar nach Bhulbhule; Jeeps (je nach Zustand der Piste) bis nach Manang. Weitere Infos in der Infobox auf Seite 91. Informieren Sie sich über die aktuelle Situation in Besisahar. Abfahrt der Busse und Jeeps am nördlichen Ende von Besisahar, beim Mongolian Guest House (kurz bevor die Straße steil bergab geht). Ticket Counter kurz nach dem TIMS Checkpost (rechte Straßenseite) oder direkt bei den wartenden Jeeps anfragen. Von Vorteil ist es auch, sich mit anderen Touristen zusammenzutun.
Hinweis: Im Bereich dieser Etappe kommt es wegen der Baumaßnahmen für das Wasserkraftwerk bei Ngadi immer wieder zu Änderungen beim Streckenverlauf. Derzeit (Stand 2017) empfehlen wir deshalb, diese Etappe bis Ngadi mit dem Bus (200 NPR) zurückzulegen.

Unser Weg startet am nördlichen Ortsende von **Besisahar**, 810 m. Direkt am Ortsende, beim Mongolian Guest House, fahren auch die Jeeps und Busse nach Bhulbhule, Ngadi, Chame, Manang usw. ab.
Beim **Mongolian Guest House (1)** (links), dort wo die Straße wieder bergab führt, sehen wir an der rechten Straßenseite ein großes Steinpodest mit gro-

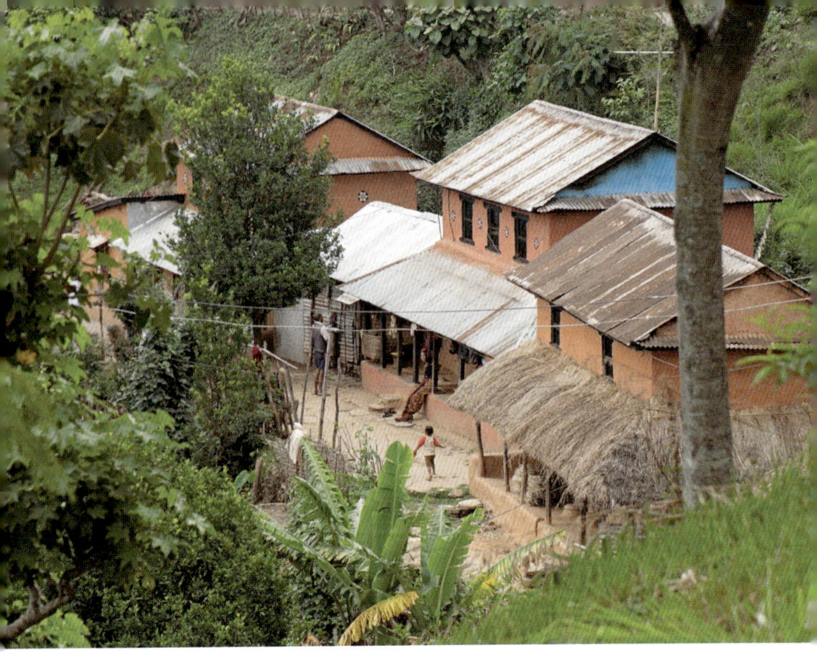

Typisches Dorfleben im Mittelland.

ßem Baum, eine sogenannte Chautara (siehe Infokasten »Chautara«). Dieser Ortsteil wird deswegen auch Manangi Chautara genannt. Hier legten früher viele Reisende oder Heimkehrer nach Manang an der Chautara, dem steinernen »Abstellplatz« für Lasten, eine Rast ein.

Wir verlassen hier die Straße und steigen gegenüber vom Hotel Mongolian an der Chautara rechts über Steinstufen, durch Bananenstauden, hinab bis zu dem kleinen Fluss Powa Khola. Diesen überqueren wir mithilfe einer kleinen **Brücke**, 740 m, und gelangen nach dieser Abkürzung auf die breite Sandpiste. Ihr folgen wir, stets entlang der Windungen des Marshyangdi-

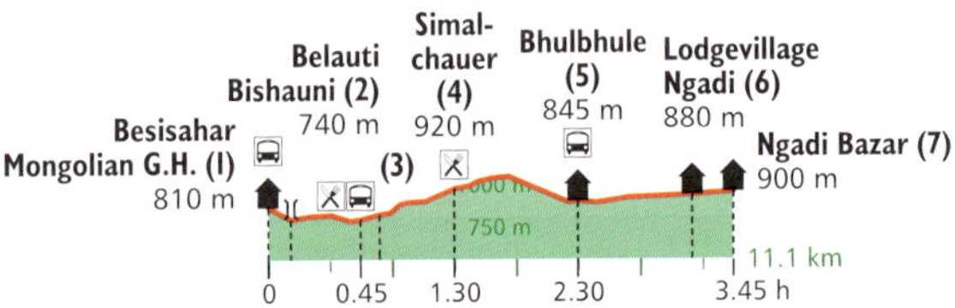

Flusses. Zur Mittagszeit kann es auf der Piste bisweilen stechend heiß sein und der Staub der entgegenkommenden bzw. überholenden Fahrzeuge ziemlich lästig. Ein Tuch vor dem Mund macht es erträglicher. Am Wegrand können Sie sich an kleinen Shops mit Getränken erfrischen. Nach etwa 45 Min. kommen wir zur kleinen Siedlung **Belauti Bishauni (2)**, 740 m.
Der eigentliche bzw. ursprüngliche Weg führt auf der breiten Piste weiter nach Khudi und von dort nach Bhulbhule. Wir verlassen hier jedoch die Sandpiste und wechseln auf die andere Flussseite. Der Abzweig ist nicht ganz eindeutig und deshalb heißt es hier aufpassen und Augen auf! Rot-weiße Markierungen sind vorhanden. Am Anfang von Belauti Bishauni führt

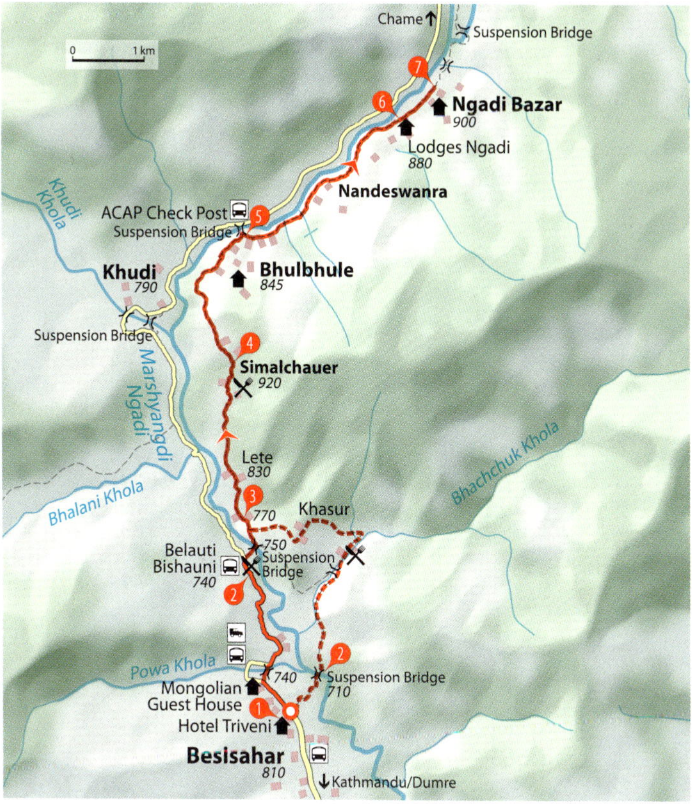

die Sandpiste über eine kleine Betonbrücke. Wenig später biegen wir im Ort nach zwei kleinen Shops (rechte Straßenseite) nach rechts ab. Auf diesem schmalen Weg gelangen wir vorbei an ein paar Häusern zur Hängebrücke, 750 m. Falls wir in der Siedlung den nicht gut erkennbaren Abzweig tatsächlich verpasst haben sollten, wird 30 m danach am Ortsende die Hängebrücke sichtbar und wir gelangen auf einem schmalen Pfad ebenfalls direkt zur Brücke.
Nach der Hängebrücke über den Marshyangdi-Fluss führt unser Weg leicht ansteigend links entlang der Strommasten weiter zu ein paar **Häusern (3)**, 770 m. Hier mündet von rechts der Weg von Khasur ein (siehe Etappe V 1). Wir laufen weiter in Richtung Norden durch Ackerland; zunächst eben, dann geht es hinauf zu einer Chautara im Ort **Lete**, 830 m. Wir folgen dem Hauptweg und gelangen in einen kleinen netten Ort mit einem großen geschmückten Baum auf dem Dorfplatz. Nach der Ortschaft heißt es noch mal kurz aufgepasst! Der Weg macht eine Rechtsbiegung. In dieser Rechtsbiegung ver-

8 Säcke, 80 Kilogramm, 8 Stunden täglich … Drückt Ihr Rucksack immer noch?

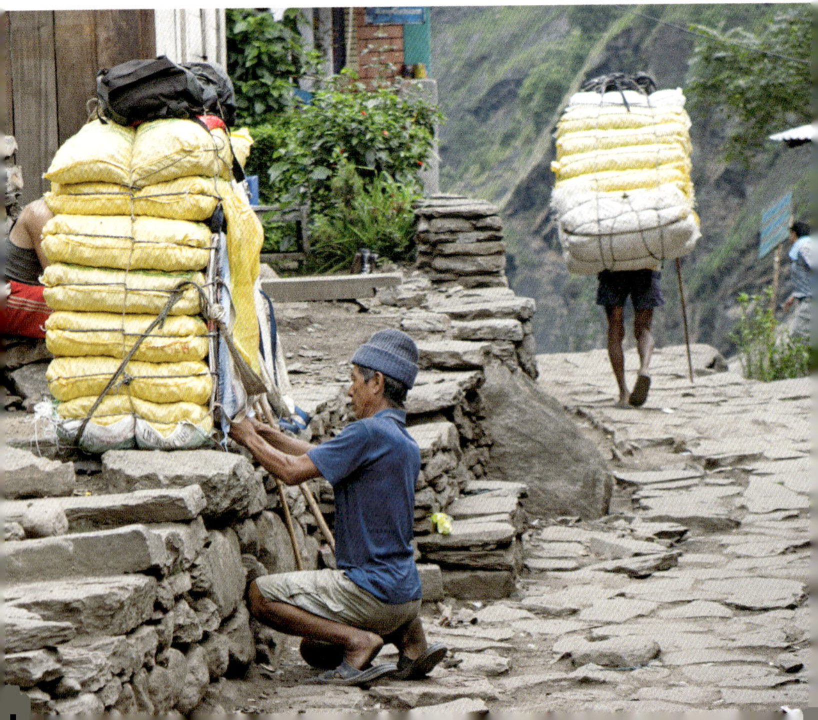

i ***Chautara:*** *Rucksack zu schwer? Eine Rast gefällig? Dann steuern Sie am besten eine der zahlreichen Chautaras am Wegesrand an. Das sind steinerne Plattformen bei Rastplätzen an günstigen Punkten entlang des Weges. Oft sind sie am Dorfanfang, an Kreuzungen oder steilen Passagen. Sie sind genau in der richtigen Höhe gebaut, sodass die Träger ohne großen Kraftaufwand ihre Lasten abstellen können. Aber nicht nur für die »dokos« (die großen Körbe mit Stirntrageriemen) der Einheimischen, sondern auch für Wanderer mit schwerem Rucksack kommen die Chautaras sehr gelegen. Befinden sie sich in der Dorfmitte, so dient eine Chautara oft als Treffpunkt der Dorfbevölkerung, sozusagen das nepalesische Pendant zur italienischen Piazza. Manchmal sind in der Mitte von solchen Plattformen Bäume gepflanzt, um den Rastenden Schatten zu spenden. Falls Sie eine Chautara mit einem Pipal-Baum erspähen, so eignet sich diese besonders gut zu einer Rast. Dem »pipal tree« wird nämlich nachgesagt, außergewöhnlich viel Sauerstoff zu produzieren. Zudem wird er von den Buddhisten als heiliger Baum verehrt.*

lassen wir den Weg nach links. Der Weiterweg führt über ein oft ausgetrocknetes, steiniges Bachbett und entlang einer Steinmauer. An dieser Stelle ist Ihr Orientierungssinn gefragt! Falls Sie sich unsicher sind, erkundigen Sie sich bei den Einheimischen nach »Simalchauer« und achten Sie auf die Markierungen. So gelangen wir hinauf zu dem Dorf **Simalchauer (4)**, 920 m.
Bei der Weggabelung kurz nach dem Dorf nehmen wir den rechten Weg und steigen auf Steinstufen weiter bergan. Das folgende Wegstück ist sicher das aussichtsreichste an diesem heutigen Tag. Links unter uns sehen wir, wie sich der kleine Khudi Khola und der Marshyangdi River (von rechts kommend) zu einem Fluss vereinen. Zudem blicken wir auf den Verlauf der Jeep-Piste und die neue, große Straßenbrücke bei Khudi. Der Weg kratzt knapp eine Höhe von 1000 m, fällt dann bequem nach Bhulbhule ab.
Vorbei an einer Chörte (siehe Infokasten auf Seite 118) und der Primary School gelangen wir zum Ortskern von **Bhulbhule (5)**, 845 m, mit dem Hotel Arjun, Heaven Guest House und Hotel Manang. Wir gehen direkt durch den Ort geradeaus weiter Richtung Ngadi, welches wir von hier in gut 1 Std. erreichen werden. Seinen Namen trägt der Ort Bhulbhule aufgrund der natürlichen Wasserquelle in der Nähe der Siedlung. Denn *bhul bhul* heißt nichts anderes als »Blubbern des Wassers«.
Wir wandern auf einer breiten Piste weiter bis nach Ngadi. Nach etwa 1 Std. erreichen wir die ersten **Lodges** von **Ngadi (6)**, 880 m. Nach weiteren 15 Min. kommen wir zum eigentlichen Ort und Etappenziel **Ngadi Bazar (7)**, 900 m. Das Ngadi der Einheimischen befindet sich etwa 15 Min. oberhalb des »Lodgedorfes«. Wie schon im Einleitungstext erwähnt ist die Region um Ngadi stark vom Bau eines Wasserkraftwerkes (Tunnel, große Gebäude, häufige Änderung des Streckenverlaufs) beeinflusst. Falls Sie noch etwas Zeit haben, empfehlen wir deshalb das Weiterlaufen bis nach Bahundanda (siehe Etappe 2).

V1 Besisahar – Ngadi Bazar über Khasur

4.30 Std.
↑620 ↓520

Eine echte Alternative

Keine Frage, mithilfe von Jeeps oder Bussen kann man relativ bequem und schnell von Besisahar nach Bhulbhule und weiter in Richtung Manang gelangen. Alle, die in Zeitnot sind, sollten diese Möglichkeit auch wahrnehmen. Aber es gibt sicher auch viele Trekker, die genügend Zeit haben und konsequent ab Besisahar die komplette Annapurna-Umrundung auf eigenen Füßen und möglichst abseits der Piste bewältigen möchten. An Stellen, wo das möglich ist, haben wir uns um Alternativwege, meist auf der anderen Flussseite, bemüht. Bei Etappe 1 wandern wir die ersten 45 Minuten auf der Hauptpiste. Wer dieses vielbefahrende Stück Piste umgehen will, dem empfehlen wir die hier vorgestellte Variante V 1: Schon in Besisahar wechseln wir auf die Ostseite des Flusses und machen einen Abstecher zu dem wunderschönen und sehr gepflegten Dorf Khasur. Auf dem hier beschriebenen Weg gibt es bis Bhulbhule nur dürftige Einkehr- und keine Übernachtungsmöglichkeiten. Wir müssen auch einen zusätzlichen Anstieg von etwa 300 Höhenmetern hinauf nach Khasur bewältigen. Höhenmeter, die wir anschließend wieder absteigen werden. Im Gegenzug ist dies aber ein Weg, auf dem wir sicher nicht viele andere Touristen antreffen werden, und die Ortschaft Khasur stellt schon den ersten Höhepunkt unserer Annapurna-Umrundung dar.

Ausgangspunkt: Besisahar (Hotel Triveni), 800 m.
Entfernung: 13,5 km.
Anforderungen: Einfacher, schmaler Pfad. Orientierungsvermögen erforderlich.
Einkehr: Es gibt nur ein paar wenige und sehr einfache Shops am Wegesrand. Decken Sie sich also mit Proviant ein!
Unterkunft: **Bhulbhule:** 4 Lodges. – **Ngadi Bazar:** Zahlreiche Lodges, z. B. Holiday Trekker's Lodge noch vor dem eigentlichen Ort.
Hinweis: Karte siehe Etappe 1 (V 1 ist dort gestrichelt eingezeichnet).

Unser Weg startet in **Besisahar**, 800 m, beim **Hotel Triveni (1)**, nicht ganz am nördlichen Ende der Ortschaft. Wir verlassen auf einem schmalen Weg Richtung Osten (zum Marshyangdi hin) direkt gegenüber vom Hotel die Hauptstraße von Besisahar und folgen dem Fußweg vorbei an Wohnhäusern bergab. Nach ein paar Steinstufen überqueren wir einen Fahrweg, 770 m, und halten uns direkt danach links. Vorbei an Feldern bringt uns der schmale Weg schließlich über zahlreiche Steinstufen hinunter zur **Hängebrücke (2)**, 710 m, über den Marshyangdi-Fluss. Falls man sich auf diesem Wegabschnitt nicht zurechtfinden sollte, fragt man am besten die Einheimischen nach der Brücke über den Marshyangdi (auf Nepali: *kaahaa pul marshyangdiko chaa?*). Kurz nach der Brücke gelangen wir auf einen Fahrweg, dem wir nach links (Norden) folgen. Bald steigt dieser Weg leicht bergan und vorbei

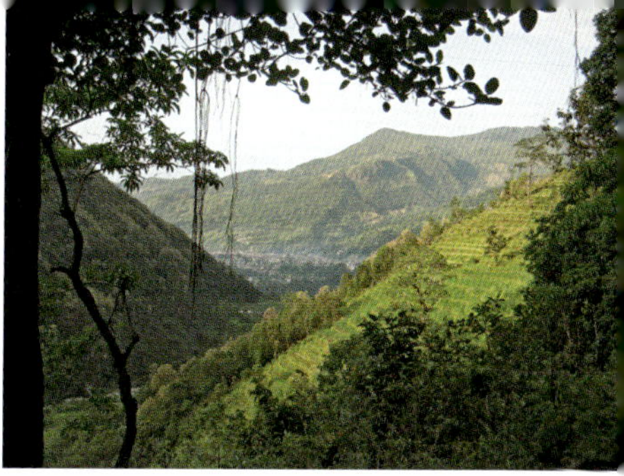

Kurz vor Khasur, Blick zurück auf »Besi«.

an ein paar Häusern, 795 m, erreichen wir den Bhachchok Khola, 780 m. (*Khola* bedeutet kleiner Fluss oder Bach.) Zu den von hier direkt vor uns sichtbaren Häusern gelangen wir entweder weiter auf dem Fahrweg (gehen wir auf dem Fahrweg weiter, zweigt direkt nach dem Fluss ein Weg nach links ab, der am Hang entlangführt und eine Umgehung von Khasur darstellt) oder – schöner – direkt vor dem Bach ab auf einem Pfad zu einer Hängebrücke, 780 m, und von dieser zu den Häusern, wo wir auch zwei kleinere Shops finden. Links oben (N) in der Scharte sehen wir schon die Häuser von Khasur. Um dort hinaufzugelangen, wandern wir kurz auf dem Fahrweg und kürzen dann ab, indem wir die Steinstufen direkt hinauf in den Ort nehmen. Dieser Weg ist zum Teil sehr steil – perfekt zum Warmlaufen der Beine für die kommenden Wochen. Bei einer Chautara, 980 m, gabelt sich der Weg. Wir nehmen besser den rechten und gelangen so direkt in den aussichtsreichen Ort **Khasur**, 1025 m. Ca. 1.15 Std. sollten wir dafür von Besisahar einplanen. Die saubere und gepflegte kleine Ortschaft ist vom Tourismus bisher völlig verschont geblieben. Wunderschön sind die Blicke hinunter zum Marshyangdi-Fluss und auf Besisahar.

Für unseren Weiterweg halten wir uns im Ort leicht links und schon bringen uns sehr sauber angelegte Steinstufen steil und schnell wieder hinunter. Der Wegverlauf wird flacher und der Pfad ist nicht mehr so eindeutig. Wir folgen den Spuren hinaus aus dem schönen kleinen Tal, überqueren einmal den Bach und gelangen so zu ein paar **Häusern (3)**, 770 m, bei einer Stromleitung. Bei diesen Häusern treffen wir auf den breiteren Weg, der von links kommend von der Hängebrücke beim kleinen Ort Belauti Bishauni herführt (siehe Etappe 1). Wir folgen diesem Weg nach rechts (Norden) und gelangen von hier in knapp 3 Std. zu unserem heutigen Etappenziel **Ngadi Bazar (7)**, 900 m, genauere Beschreibung siehe Etappe 1.

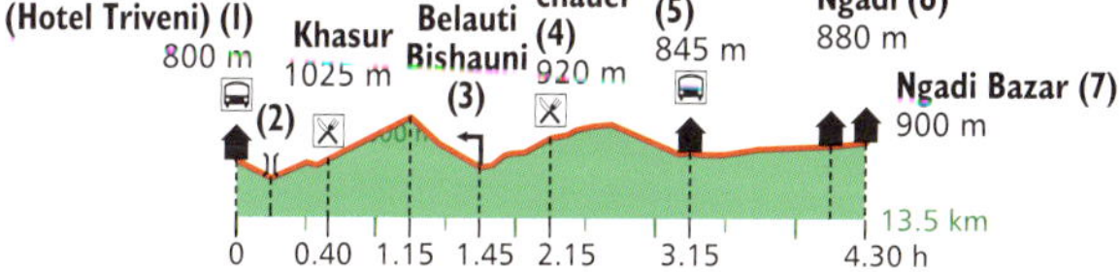

2 Ngadi Bazar – Jagat

5.30 Std.

↑660 ↓260

Reisterrassen, so weit das Auge reicht

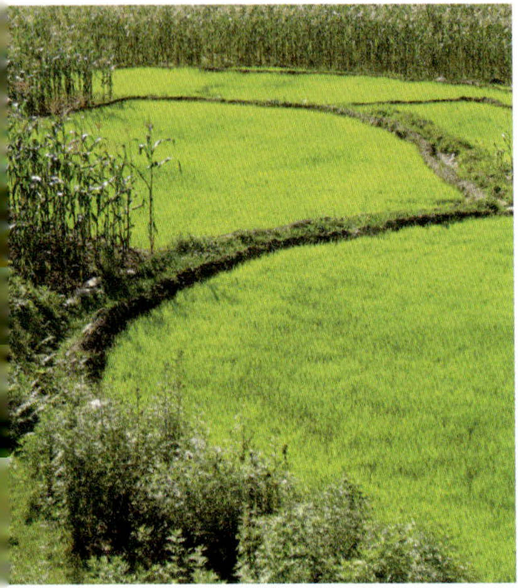

Grün, grüner, am grünsten.

Heute können wir unsere Kondition bei den ersten längeren Anstiegen, besonders bei dem hinauf nach Bahundanda, unter Beweis stellen. Trotzdem ist der Anstieg nach Bahundanda kurzweilig, weil wir direkt neben dem Weg das tägliche Leben der Dorfbewohner beobachten und bestaunen können. Reis wird zum Trocknen ausgelegt. Kinder erledigen im Garten ihre Hausaufgaben. Frauen sitzen am Webstuhl, Männer arbeiten auf den Feldern und Hunde liegen faul in der Sonne. Es ist schön zu sehen, wie langsam die Uhren hier ticken und wie die Arbeiten in aller Ruhe erledigt werden. Hinter Bahundanda geht es wieder bergab und der Blick wird frei auf unzählige Reisterrassen, die alle Hügel in dieser Gegend zu landwirtschaftlichen Flächen machen. Auf der linken Flussseite ist die neue Straße gut zu erkennen. Bei Syange überqueren wir den Marshyangdi und gelangen damit gleichsam in ein anderes Zeitalter. Der Bau dieser Straße hat viel geändert. Alles wirkt schmutziger und nicht mehr so friedlich. Für uns mag der Bau dieser Straße unverständlich sein, für die Einheimischen jedoch bringt er auch viele Vorteile. Sicher ist, dass durch die Straße der Charakter von Jagat, unserem heutigen Etappenziel, verändert wird.

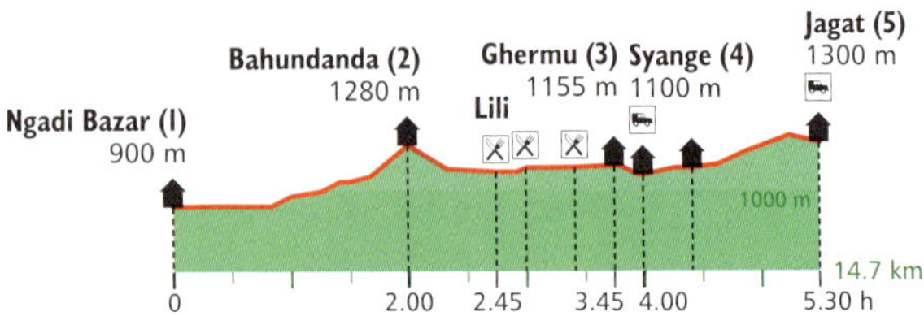

Ausgangspunkt: Ngadi Bazar, 900 m.
Entfernung: 14,7 km.
Anforderungen: Einfache Wanderwege, Orientierung problemlos, Anstieg nach Bahundanda anstrengend.
Einkehr: In den Lodges; einfache Restaurants und Shops entlang des Weges.
Unterkunft: Bahundanda: Zahlreiche Lodges, empfehlenswert ist das Hotel Mountain View. – **Ghermu:** 5 Lodges. – **Syange:** 3 Lodges. – **Jagat:** Zahlreiche Lodges, wir können die Eco Lodge empfehlen, saubere geräumige Zimmer. Viele nächtigen auch im »bunten« Paradise Hotel am Ortsende (N) links.
Verkehrsmittel: Jeeps fahren von Besisahar nach Syange, Jagat und Chyamche (siehe Etappe 3).
Tipp: Wer will, kann auch in Ghermu übernachten. Dadurch verlängert sich zwar der folgende Tag um 1.30–2 Std. Gehzeit, aber die Lodges in Ghermu sind auch sehr einladend und Ghermu ist (abseits der Jeep-Piste) deutlich ruhiger als Jagat.

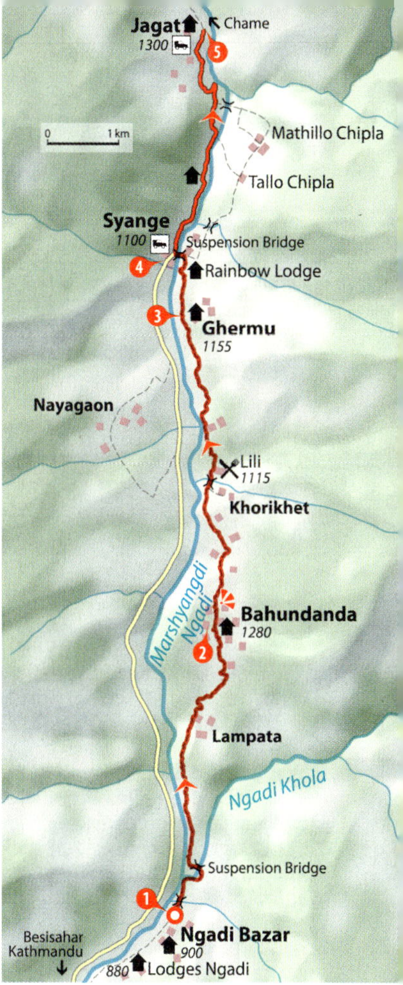

Von **Ngadi Bazar (1)**, 900 m, laufen wir weiter in Richtung Norden vorbei an den großen Gebäuden der Wasserkraftwerks und kommen direkt nach der Ortschaft zum eigentlichen Damm des neuen Kraftwerks. Noch vor der Staumauer weist ein Schild »Piste Manang« nach rechts auf unseren Wanderweg. Bald bringt uns eine Hängebrücke über den Ngadi Khola zu einer Häuseransammlung. Von hier nehmen wir den Weg weiter in Richtung Norden direkt am Marshyangdi River entlang.
Nach einer Weile gelangen wir an eine Weggabelung. Der Weg nach links führt bergab und würde uns über eine Brücke zur Jeep-Piste auf der anderen Flussseite bringen. Wir halten uns rechts. Nach einer Weile verlassen wir die breite Piste und ein kurzer Steilanstieg bringt uns hinauf zu den ersten Häusern, die bereits zu Bahundanda gehören. Vor uns sehen wir einen markanten Hügel. Bald macht unser Weg einen Rechtsbogen und schon spitzen die Häuser von Bahundanda am

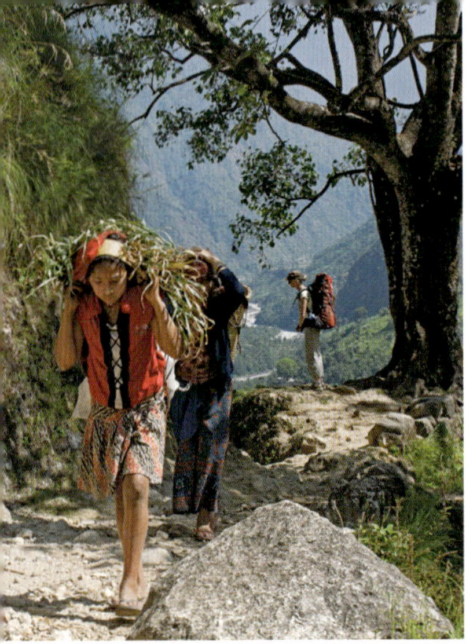

Kurz nach Bahundanda öffnet sich ein gewaltiger Blick ins Tal.

Bergrücken rechts unterhalb des Hügels hervor. Der Anstieg dort hinauf stellt besonders in der Mittagshitze den anstrengendsten Teil der heutigen Etappe dar. Wir halten uns immer auf dem offensichtlichen, teils sogar beschilderten Hauptweg (nach links führt eine ebenfalls beschilderte Abkürzung durch den Ort) und gelangen so nach **Bahundanda (2)**, 1280 m, 2 Std. von Ngadi. Bahundanda bedeutet Hügel *(danda)* der Bramahnen. Direkt oben im Ort befindet sich ein kleiner Dorfplatz, natürlich auch mit einer Chautara, an der wir unsere Rucksäcke abstellen können. Hier finden wir einige Shops und Einkehrmöglichkeiten.

Wir verlassen Bahundanda Richtung Norden, und nach den letzten Häusern tut sich ein wunderschöner Blick auf das vor uns liegende Gebiet auf: mit Anbauterrassen übersäte Hügel, dem sich durch das Tal schlängelnde Marshyangdi und am Horizont bereits mächtige, zum Teil verschneite Berge. Am Ortsende wartet ein kurzer, aber steiler Abstieg auf uns. Danach geht es bequem weiter. Nach einer soliden Stahlbrücke (davor führen Steinstufen in 10 Min. rechts hinauf zu der kleinen Ortschaft Khorikhet; direkt nach der Brücke rechts befindet sich eine alte Mühle) erfolgt ein weiterer kurzer Anstieg, der oben am einfachen Restaurant River View im kleinen Ort **Lili**, 1115 m, mit einem Getränk belohnt werden kann.

Auch die anschließenden Tiefblicke vom teils ausgesetzten, aber ebenen Weg machen die Wanderung vorbei am The Peaceful Hotel (nur einfache Einkehrmöglichkeit, keine Nächtigung!) bis Ghermu kurzweilig. In dem überschaubaren und ruhigen Ort **Ghermu (3)**, 1155 m, gibt es mehrere Einkehr- und Übernachtungsmöglichkeiten. Am Ortseingang befindet sich das Crystal Guest House (nette Sitzgelegenheit), im eigentlichen Ort finden wir drei Lodges und am Ortsende die schöne Rainbow Lodge. (Kurz vor der Lodge zweigt der Alternativweg von Ghermu weiter am Ostufer entlang bis nach Jagat ab. Dabei passieren wir die beiden kleinen Ortschaften Tallo Chipla und Mathilo Chipla. Der Weg ist z. T. mit rot-weißen-Markierungen versehen. Bei dieser Variante müssen wir aber mehr als 600 zusätzliche Höhenmeter in Kauf nehmen und sollten von Ghermu bis Jagat etwa 7 Std. einplanen. Besitzer der Lodge gibt Auskunft.) Wir empfehlen, in Ghermu die verdiente Mittagspause einzulegen. Und wem es hier sehr gut gefällt, der kann auch hier abseits der Jeep-Piste nächtigen und am nächsten Tag dafür eine längere Tagesetappe in Kauf nehmen (siehe »Tipp«).

Auf der gegenüberliegenden Talseite sehen wir einen großen Wasserfall, an dessen Fuß die Ortschaft Syange liegt, die wir nach einem 15-minütigen Abstieg und dem Überqueren einer Hängebrücke erreichen. **Syange (4)**, 1100 m, ist ein kleines, eher düsteres Dorf, das im Schatten des Berghanges liegt. Im Ort Syange macht sich der Einfluss der neuen Piste deutlich bemerkbar. Nur wenige Touristen machen hier Halt. Die meisten laufen direkt weiter nach Jagat. Die Straße wurde ohne große Umwege kompromisslos direkt durch den Hang oberhalb der Ortschaft Syange gebaut. In Europa würde man von einer »Umgehungsstraße« sprechen. Es ist fraglich, wie die Zukunft der Lodges in der Ortschaft aussehen wird.

Uns bleibt von Syange bis nach Jagat keine Alternative, wir laufen auf der staubigen Piste weiter Richtung Norden. Der Weg führt an den beiden neuen, großen Lodges Boomerang Hotel und Hiker's Guest House vorbei, die zum Ort Shrichaur gehören. Es geht bald bergauf, wo schließlich die Straße über eine längere Strecke mit sehr viel Aufwand in die Felswand gebrochen wurde. Nach einer der vielen Straßenbiegungen sehen wir die Häuser von Jagat unter uns liegen, noch weiter unten der rauschende Marshyangdi. Ein kurzer Abstieg bringt uns an unser heutiges Etappenziel: **Jagat (5)**, 1300 m, ein Straßendorf mit vielen großen, komfortablen Unterkünften.

Die breite Piste frisst sich am Hang entlang nach Jagat.

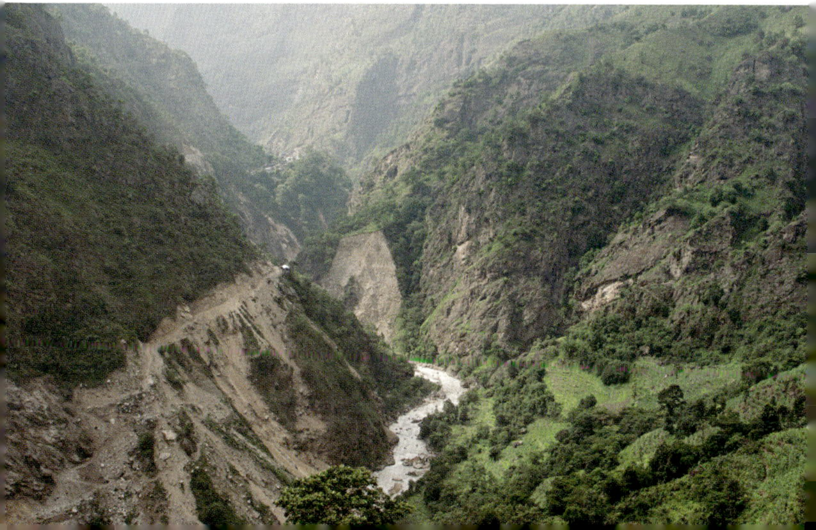

3 Jagat – Dharapani/Bagarchhap

7.00 Std.
↑1060 ↓240

Durch tiefe Schluchten

Die heutige Etappe ist länger und anstrengender als die gestrige. Frühes Aufbrechen lohnt sich also. Wir empfehlen Ihnen, etwa um 8.00 Uhr in Jagat zu starten. Die Ortschaft Tal liegt sehr schön und stellt bei der heutigen Etappe ungefähr die Halbzeit dar. Um Tal zu erreichen, will ein Steilanstieg gemeistert werden, und somit spricht alles für eine ruhige und erholsame Mittagspause in diesem Ort. Hier in Tal verlassen wir den Distrikt Lamjung und treten in den Distrikt von Manang ein. Ab hier wird auch die Nähe zu Tibet landschaftlich wie kulturell spürbarer. Gewaltig sind die Schluchten, die wir heute sehen werden, und steil und mächtig die Felswände, an denen wir entlanglaufen werden. Der Blick auf immer höhere, von Schnee bedeckte Berge wird frei.

Ausgangspunkt: Jagat, 1300 m.
Entfernung: 22,3 km.
Anforderungen: Überwiegend einfacher Wanderweg, teils ausgesetzte Passagen. Orientierung problemlos.
Einkehr: Lodges am Weg; dazu einige Restaurants. – SDWS in Tal.
Unterkunft: Kleinere am Wegesrand. – **Chyamche:** Drei Lodges; am Ortseingang einladendes Tibetan Hotel, im Ortskern Tibet Lhasa Hotel (können wir empfehlen) und Chyamche Hotel. – **Tal:** Zahlreiche Lodges, wir empfehlen das Potala Guest House eher am Dorfende auf der rechten Seite des Hauptweges, sehr schöner Speiseraum oder das Hotel Monalisa im Zentrum des Ortes bei der SDWS. 5 Min. nach Tal das sehr ruhig gelegene Hotel Paradise mit direktem Blick auf den Marshyangdi River. – Zwischen Tal und Karte mehrere Lodges im Bau (2018).– **Karte:** Mehrere Lodges. – **Dharapani:** 11 Lodges. – **Bagarchhap:** Mehrere Lodges. – **Odar** (Variante): Ein paar Familien bieten »homestay« an. Sie übernachten bei einer Familie in deren privaten Räumen. Gehen Sie von sehr einfachen und nicht immer ganz sauberen Schlafmöglichkeiten aus. Natürlich dürfen Sie auch keine Speisekarte o. Ä. erwarten! Die Einwohner sprechen kaum Englisch (Abendessen und Nächtigung ca. 1000 NPR).
Einkauf: Tal: Medical Center.
Variante: Falls Sie eine kleine Gruppe sind, ein wenig Nepali sprechen und mit einer sehr einfachen Übernachtungsmöglichkeit zurechtkommen, dann können wir den Weg über Odar (S. 113) empfehlen.

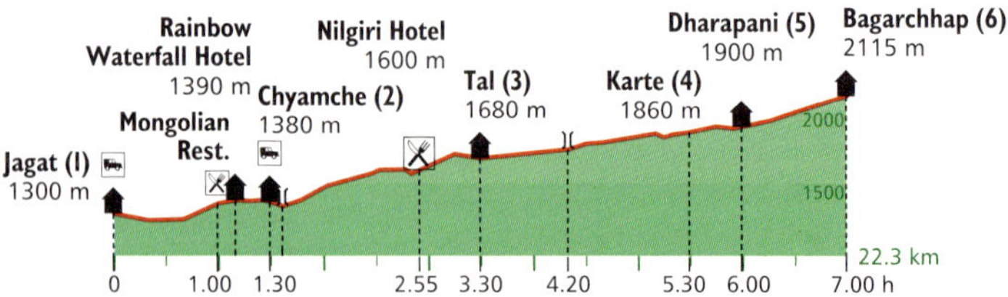

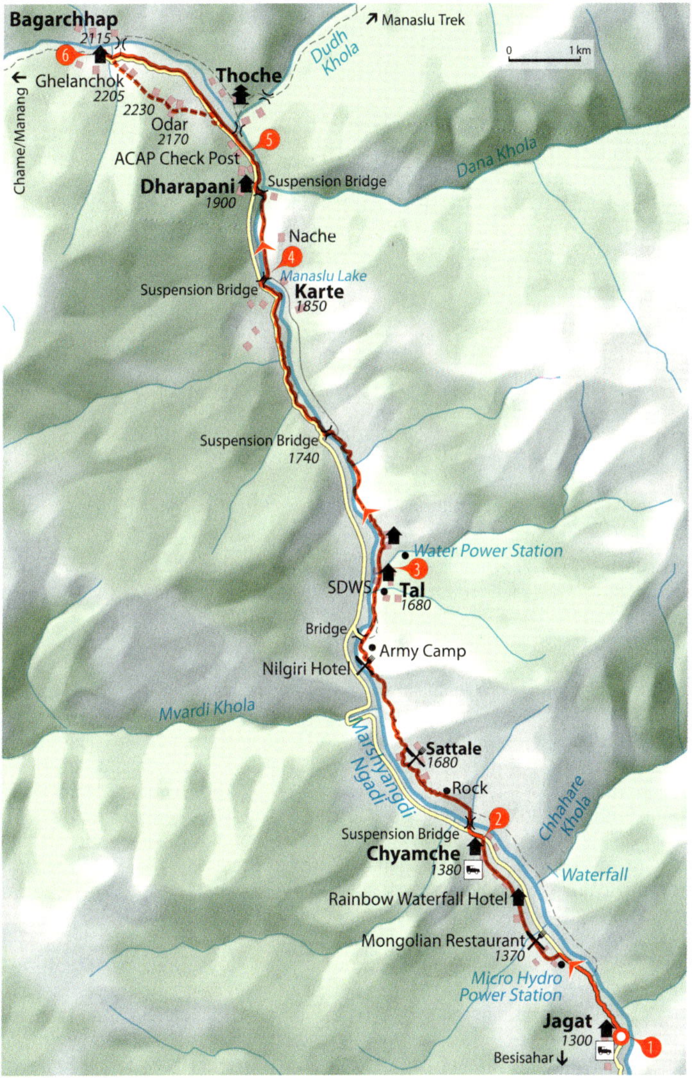
Bagarchhap
2115
Manaslu Trek
Dudh Khola
0
1 km
Thoche
Ghelanchok
2205
Chame/Manang
2230
Odar
2170
ACAP Check Post
Dana Khola
Dharapani
1900
Suspension Bridge
Nache
Manaslu Lake
Suspension Bridge
Karte
1850
Suspension Bridge
1740
Water Power Station
SDWS
Tal
1680
Bridge
Army Camp
Nilgiri Hotel
Mvardi Khola
Marshyangdi Ngadi
Sattale
1680
Rock
Chhahare Khola
Suspension Bridge
Chyamche
1380
Waterfall
Rainbow Waterfall Hotel
Mongolian Restaurant
1370
Micro Hydro Power Station
Jagat
1300
Besisahar
1
2
3
4
5
6

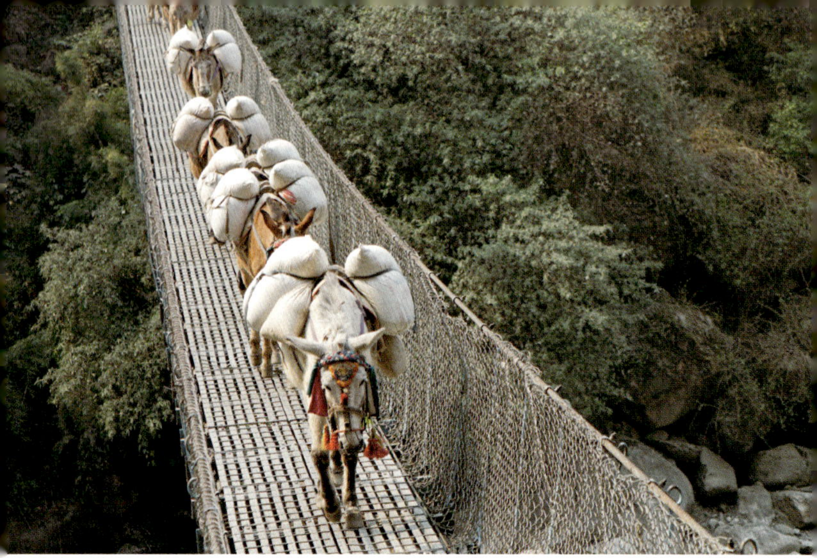

Bei solchem Gegenverkehr bitte an einer Brückenseite geduldig warten.

Von **Jagat (1)**, 1300 m, folgen wir der Piste für knapp 40 Min. Richtung Norden. Oft sind Mulikarawanen unsere Begleiter, welche sich schon allein durch ihren Geruch eindeutig bemerkbar machen. Wir bleiben auf der Piste, bis links das Turbinenhäuschen einer kleinen Wasserkraftanlage (bzw. zwei Teehäuser von Ghatte Khola) auftaucht. Direkt nach diesem Turbinenhäuschen verlassen wir die Piste und steigen links bergan auf den ehemaligen Trek (Schild bzw. rot-weiße Markierungen vorhanden). Unser Weg verläuft idyllisch durch den Wald. Wir überqueren immer wieder kleine, rauschende Bächlein und links und rechts von uns wachsen Bananenstauden in die Höhe. Man könnte fast meinen, wir bewegen uns im Urwald. 20 Min. nach dem Turbinenhäuschen erreichen wir das **Mongolian Restaurant**, 1370 m. Der Blick auf den gewaltigen Wasserfall auf der gegenüberliegenden Talseite wird immer besser. Nach weiteren 10 Min. kommen wir zum **Rainbow Waterfall Hotel**, 1390 m, von wo wir schon unser nächstes Ziel Chyamche sehen. 1.30 Std. nach Jagat erreichen wir den Ort **Chyamche (2)**, 1380 m.
Nach dem Ort folgen wir nicht der Piste, sondern steigen rechts ab (Schild) zur Hängebrücke, 1350 m, und überqueren den Fluss. Unser Weg führt weiter das Tal hinein. Gewaltige Felsblöcke scheinen den Weg zu versperren, aber der Wegverlauf findet immer wieder einen »Durchschlupf«. In anstrengendem Auf und Ab gewinnen wir nur langsam an Höhe. Tief unter uns tobt der Marshyangdi River. Auf der anderen Seite des Flusses verläuft die Jeep-

Piste am Hang entlang. Unvorstellbar, wie hier nur mit einfachsten Werkzeugen die Straße Zentimeter für Zentimeter nach Manang angelegt wurde.
Unser Weg schlängelt sich immer leicht ansteigend am Hang entlang. Etwa 1 Std. nach Chyamche erreichen wir zwei sehr einfache Einkehrmöglichkeiten (z. B. Thorong Peak Restaurant), die zum Ort Sattale gehören. Dann kommen wir an eine Aussichtplattform mit einer Chautara und anschließend an eine Engstelle des Marshyangdi River. Ziemlich beeindruckend ist der Verlauf der Jeep-Piste auf der gegenüberliegenden Talseite quer durch die riesige Felswand, die vom Fluss in die Höhe ragt. 2009 war von der Piste nichts zu sehen und 2013 fuhren die ersten Jeeps auf diesem Abschnitt.
Am Fuße unseres nächsten Steilanstieges steht das kleine Restaurant **Nilgiri Hotel**, 1600 m (nur Einkehr, oft auch geschlossen!). Oben angekommen halten wir uns links und lassen rechts von uns einen Armeeposten liegen. Nach einem Torbogen zweigt nach links ein Weg zu einer Hängebrücke ab. Parallel zur Hängebrücke gibt es eine breite Straßenbrücke, die Tal an das Straßennetz anbindet. Über die Hängebrücke könnten wir auf den Weg nach Gherang gelangen. Wir halten uns jedoch rechts und laufen auf den Ort Tal zu, der vor uns schon deutlich zu erkennen ist. Die Häuser wurden direkt am Fluss auf einer großen, ebenen Sandbank errichtet.
Vor der verdienten Mittagspause in Tal ist noch eine manchmal etwas kritische Stelle zu überwinden: Der Weg bringt uns direkt an das Ufer des hier

Kurzer Abstieg zur Ortschaft Chyamche.

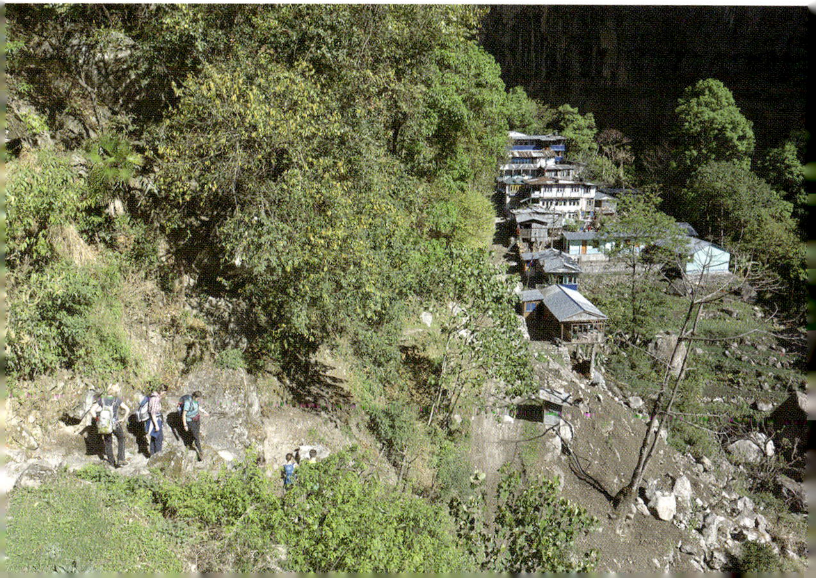

sehr breiten Marshyangdi River und führt dann auf einem mit Drahtnetzen und Steinblöcken befestigten Weg direkt an einer Felswand entlang.
So erreichen wir durch ein Tor die Ortschaft **Tal (3)**, 1680 m. Mit dem Tor verlassen wir den Distrikt Lamjung und treten ein in den Distrikt von Manang. Tal ist ein weitläufiger, freundlicher Ort. Wir finden hier eine Save Drinking Water Station (beim Hotel Monalisa), ein Medical Centre, zahlreiche sehr einladende Lodges und Restaurants. Bis zu unserem heutigen Etappenziel Dharapani bzw. Bagarchhap sind es von hier noch 2 bis 3 Std. und auf diesem nun folgenden Wegstück finden wir keine wirklich einladenden Restaurants mehr. Wir empfehlen deshalb, in Tal einzukehren.
Nach Tal ändert sich erneut das Landschaftsbild und auch kulturelle Veränderungen sind spürbar. Wir sehen die ersten Gompas, die ersten Gebetsmühlen und kommen an den ersten Chörten vorbei. Es wird buddhistischer! Vorbei an drei kleinen Lodges in Sirantal (knapp 30 Min. nach Tal) wechseln wir nach insg. 50 Min. nach Tal mithilfe einer **Hängebrücke**, 1740 m, die Flussseite und nehmen ab hier die Jeep-Piste taleinwärts Richtung Norden. (Bald soll es ab der Hängebrücke einen neuen bzw. wiederhergestellten Wanderweg weiter am Ostufer entlang bis nach Karte geben. Informieren Sie sich dazu am besten in einer der Lodges in Tal.)
An einer Stelle schießt meistens ein kleiner Wasserfall auf die Piste, was aber deutlich abenteuerlicher aussieht, als es tatsächlich ist. Im Auf und Ab gelangen wir an eine weitere Hängebrücke, über die wir erneut den Fluss (hinüber zur Ostseite) queren. Geradeaus, also nicht über die Brücke, geht es direkt auf der Piste nach Dharapani. (Wir empfehlen auf jeden Fall den Weg über die Hängebrücke.) Direkt nach der Brückenüberquerung erreichen wir die kleine, ausgestorben wirkende Siedlung **Karte (4)**, 1860 m. Im Ort biegen wir links ab. Nach rechts geht es zum Manaslu Lake (oberhalb vom Ort Nache), der auf einer Höhe von 4700 m liegt (5-tägiger Ausflug).
30 Min. nach Karte erreichen wir wieder eine Hängebrücke, die uns hinüber zum lang gezogenen Ort **Dharapani (5)**, 1900 m, bringt. Die besseren und gepflegteren Lodges stehen am Ortsanfang und Ortsende. Am ACAP Checkpoint (linke Seite) wird nach dem Permit verlangt und man kann sich über die aktuellen Besucherzahlen der Trekker informieren (siehe Seite 64).
Falls es schon spät sein sollte oder sich die Beine schon sehr müde anfühlen, können wir uns heute in Dharapani niederlassen. Wir empfehlen aber, wenn es die Kräfte und die Zeit noch zulassen, weiter bis nach Bagarchhap zu wandern.
Nach dem ACAP Checkpoint in Dharapani (nördliches Ortsende) befindet sich der Abzweig (Schild vorhanden) nach rechts zum Larkya-Pass mit über 5000 m. Dieser Pass wird durch das Dudh Tal erreicht und stellt den höchsten Punkt der Manaslu-Umrundung dar. Kurz nach dieser Abzweigung gelangen wir an eine weitere Abzweigung. Hier zweigt ein beschilderter Weg nach links ab und steigt sehr steil hinauf zur kleinen Ortschaft Odar (siehe

unten Variante). Wir bleiben aber auf der breiten Piste. Auf ihr erreichen wir ziemlich genau in 1 Std., homogen ansteigend, die Ortschaft **Bagarchhap (6)**, 2115 m, unser Etappenziel für heute.

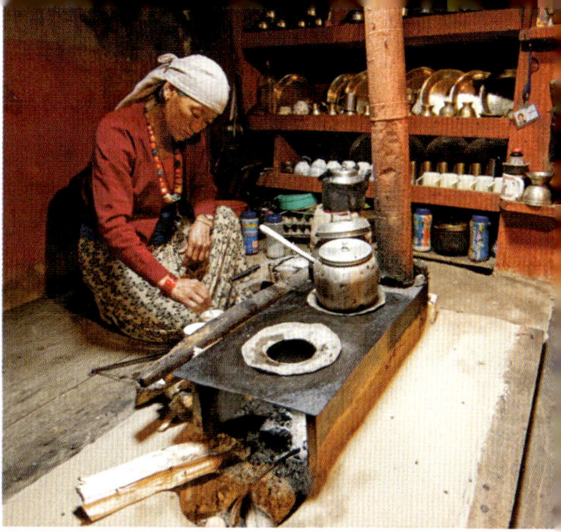

Einfach, aber sehr sauber: typische Küche der Einheimischen.

Variante: Odar und Ghelanchok

Wollen Sie ein sehr ursprüngliches Gurung-Dorf besuchen? Wollen Sie vielleicht sogar im Haus einer Gurung-Familie übernachten und am Abendessen teilnehmen? Diese Möglichkeiten bietet die Ortschaft Odar, die etwa 200 Hm oberhalb von Dharapani liegt und die Heimat von rund 30 Familien ist. Kurz nach dem Ortsende von Dharapani weist ein Schild auf den Weg nach Odar hin. Die Höhenangabe auf dem Schild mit über 2400 m kann nach unseren Messungen nicht stimmen. Korrekt ist aber, dass der Name Odar von Höhle kommt und dass wir von Odar einen wunderschönen Blick auf Annapurna II und Manaslu haben. Ein ähnlicher Blick bietet sich auch von Timang, aber einzigartig ist die Unberührtheit dieses Dorfes. Die Bevölkerung dort bekommt von dem Trubel unten auf dem Hauptweg nur sehr wenig mit. Es gibt dort keine »richtigen« Lodges oder Restaurants. Falls Sie tatsächlich einen Besuch von Odar einplanen, dann berücksichtigen Sie das bitte und besuchen Sie die Ortschaft auch mit dem nötigen Respekt. Falls Sie in Odar nächtigen möchten, dann ist das auch möglich, und zwar in der Form des sogenannten *homestay*, wo Sie meist direkt bei einer Familie in deren privaten Räumen nächtigen (Details siehe unter »Unterkunft«).

Vom Abzweig nach Dharapani führen steile Steinstufen den Hang hinauf. 200 Hm sind es bis Odar (blau-weiße Markierungen vorhanden). In **Odar**, 2170 m, gelangen wir an eine Wasserstelle, die im Jahr 2000 vom ACAP errichtet wurde. Im Gebäude direkt bei der Wasserstelle ist in der Regel ein einfacher Homestay möglich. Zum Weiterweg gehen wir an der Wasserstelle links, kurz bergab und dann etwa 30 m später rechts bergauf. Vorbei an der Schule verlassen wir Odar. Nach einer Anhöhe, 2230 m, steigen wir wieder ab und gelangen so in die kleine Ortschaft **Ghelanchok**, 2205 m. Von hier sind es etwa 15 Min. hinunter nach Bagarchhap auf den Hauptweg der Annapurna-Umrundung (Gesamtgehzeit der Route über Odar: 2 Std.).

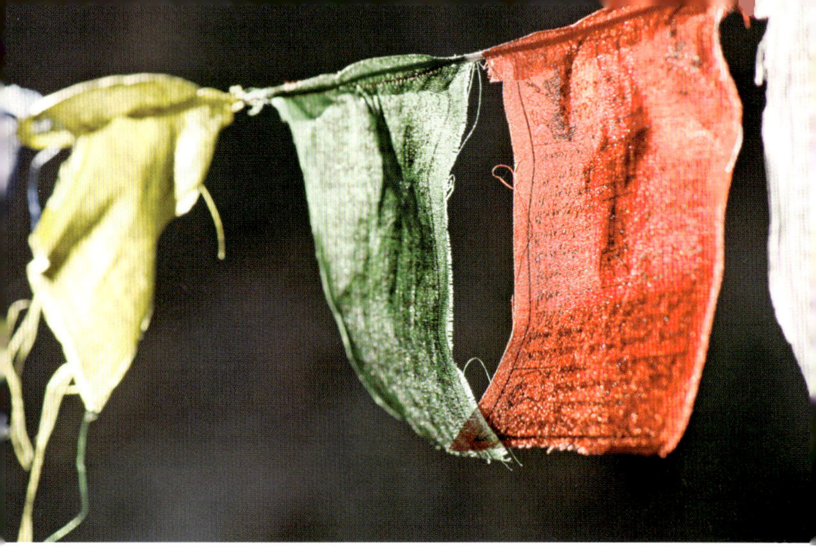

Blau, gelb, grün, rot und weiß, das sind die Farben der Gebetsfahnen.

i ***Gebetsfahnen:*** *Überall im tibetisch-buddhistischen Kulturraum kennt man die im Wind wehenden, bunten Gebetsfahnen. Sie flattern an Tempeln, Brücken, Pässen, Berggipfeln und auf den Dächern der Häuser. Auf Tibetisch heißen sie »longta«, Windpferd. Und so ist auf vielen Fahnen auch das Symbol des Windpferdes zu finden. Aber sie sind auch mit anderen buddhistischen Motiven, Texten und Mantras bedruckt, die durch den Wind in die Welt hinausgetragen werden und dem gesamten Universum und allem Leben Schutz und Segen bringen sollen. Meist ist das bekannteste und wichtigste Mantra des tibetischen Buddhismus, »Om mani padme hum«, zigfach auf die rechteckigen Stofffahnen gedruckt. Auch Unglück abwehrende Tiere wie Drache, Löwe oder Tiger tragen entweder in Bild- oder in Schriftform zum heilsamen Einfluss auf die Menschen und ihre Umwelt bei.*
Die bunten Fahnen sind immer in den fünf Farben der Elemente: Blau – das Element Wasser / Weiß – das Element Raum / Rot – das Element Feuer / Grün – das Element Luft / Gelb – das Element Erde.
Die Zahl fünf hat im buddhistischen Kulturraum ebenfalls symbolische Bedeutung: Sie steht für die vier Himmelsrichtungen sowie das Zentrum in der Mitte.
Dadurch, dass die Gebetsfahnen stets im Freien aufgehängt werden, rütteln Wind und Wetter an ihnen und tragen zu ihrem Auflösen und ihrer Verwitterung bei. So können die Gebete in den Himmel gelangen und der Segen in alle fünf Elemente einfließen.

4.45 Std.

↑830 ↓280

Dharapani/Bagarchhap – Chame

4

Die ersten Gebetsmühlen, Manisteine und Chörten

Heute ist der erste Tag unserer Annapurna-Umrundung, an dem wir nicht am Fluss entlang nach Norden wandern. Heute und auch die nächsten Tage halten wir uns Richtung Westen, Richtung Manang. Am Vormittag führt unser Weg noch durch Rhododendronwälder, in deren Wipfeln eine Vielzahl von Affen zu Hause ist. Schleichend ist der Kulturraum immer stärker tibetisch beeinflusst: Erste Gebetsmühlen und Manisteine (siehe auch Infokasten auf Seite 124) säumen den Wegesrand. Immer wieder können wir die mächtigen Eiswände der Annapurna bewundern. Insgesamt betrachtet ist die heutige Etappe eher gemütlich. Der anstrengendste Teil ist der Anstieg hinauf in das nette Örtchen Timang. Und schon aus diesem Grund, aber auch wegen des herrlichen Ausblicks auf das mächtige Manaslu-Massiv, empfehlen wir, hier die Mittagspause einzuplanen. Nach Timang erwarten uns dann keine großen Anstiege mehr. Wir können die Landschaft genießen, kommen immer wieder an kleinen Siedlungen vorbei, sehen Frauen und Männer auf den Feldern arbeiten. Die ganze Szenerie wird schließlich am Horizont durch die weißen Gipfel des Lamjung Himal vervollständigt.

An den Gebetsmühlen immer im Uhrzeigersinn vorbei!

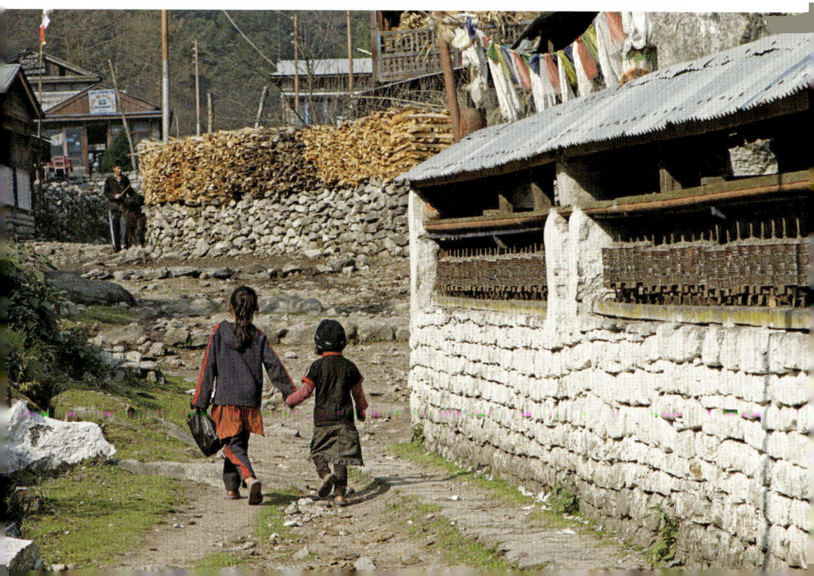

Ausgangspunkt: Bagarchhap, 2115 m.
Entfernung: 12,7 km.
Anforderungen: Meist einfache Wanderwege, kurze ausgesetzte und anstrengende Passage hinauf nach Timang. Orientierung problemlos.
Einkehr: Lodges und einfache Einkehrmöglichkeiten in allen Orten am Weg; Tipp: Zum Mittagessen in Timang das Shanta Restaurant. – SDWS in Danakyu (1 l 40 NPR) und Chame (1 l 45 NPR).
Unterkunft: **Danakyu:** Zahlreiche Lodges; wir empfehlen am Ortseingang (5 Min. vor Ortskern) das gepflegte Snowland Hotel oder direkt bei der SDWS das Hotel Tibetan. – **Timang:** Zahlreiche Lodges; viele neue große Lodges, oft mit aussichtsreicher Dachterrasse; wir können das Oasis Guest House auf der linken Seite empfehlen, schöne Zimmer, saubere Duschen; außerdem Hotel Royal Garden oder am Ortsausgang das kleinere und einfachere New Tibetan Guest House; Shanta Restaurant. – **Thanchok:** Zwei neue (Stand 2019) Lodges; zusätzlich am Ortsende 2 Lodges, die jedoch oft geschlossen sind.– **Koto:** Mehrere Lodges; wir empfehlen das Hotel Super View am Ortseingang, das New Mountain View Hotel und Hotel Petunia am Ortsende beim Checkpoint. – **Chame:** Zahlreiche Lodges, davon zwei mit kleinen Bungalows zum Übernachten: Tilicho Guest House, eher am Ortsbeginn links, und Hotel Marshyangdi Mandala (komfortable Bungalows, gutes Essen), eher am Ortsende rechts. Auch zu empfehlen ist z. B. das Moon Light eher am Ortseingang links und gegenüber das sehr zu empfehlende Hotel Shangri-La (schöne Zimmer, sehr gutes Essen); etwas ruhiger gelegene Lodges am Ortsende über die Hängebrücke und dann rechts direkt am Bach, z. B. New Tibet Hotel.
Einkauf: Chame: Bank, kein Geldautomat. Zahlreiche und große Shops für Kleidung, Schuhe, Wanderstöcke, Batterien, Toilettenpapier usw.
Tipp: Hot Springs in Chame, einladende warme Bademöglichkeit direkt am Fluss, dazu zum Ortsende, über die Hängebrücke und nach dieser rechts zu den Becken.

Ist der Himmel klar und blicken wir am Morgen von **Bagarchhap (1)**, 2115 m, Richtung Westen, so dominieren zwei Gipfel das Panorama: Lamjung Himal, 6983 m, und Annapurna II, 7937 m. Wir verlassen die Ortschaft auf der angenehm zu laufenden Piste und folgen dieser konsequent. Alternativ können Sie etwa 50 m nach dem Eco Holiday Home (linke Seite) bei einer Steinchautara rechts auf den alten, schmalen Weg abzweigen, der später wieder

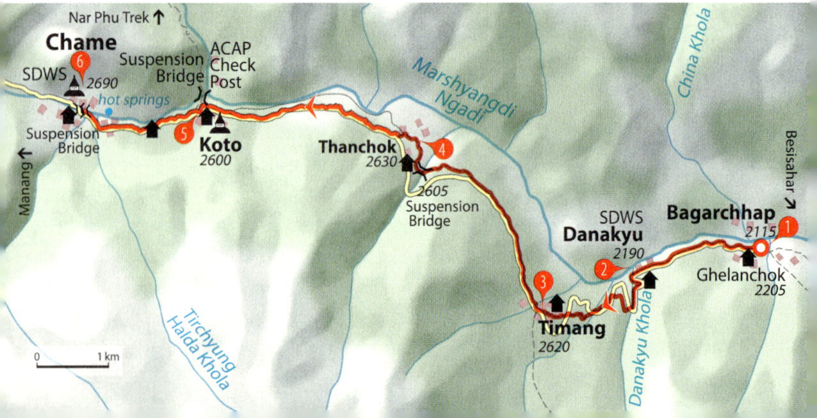

auf die Hauptpiste führt. 45 Min. später erreichen wir **Danakyu (2)**, 2190 m, ein kleines Dörflein mit netten Lodges und einer Safe Drinking Water Station. Lassen Sie sich die erste große Gebetsmühle in einem Häuschen auf der linken Straßenseite nicht entgehen.

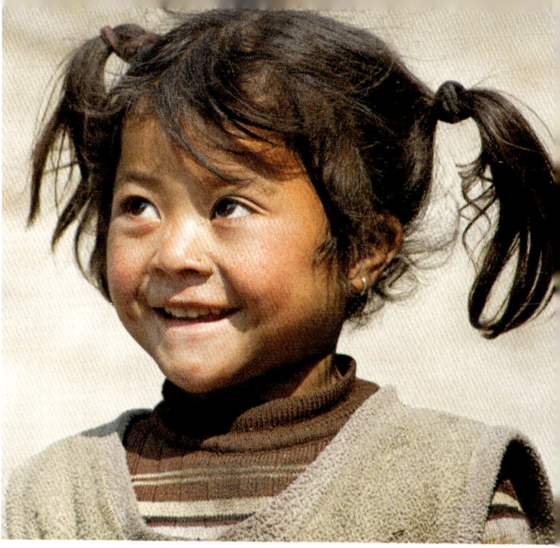

Ein Lächeln bei Bagarchhap.

Nach Danakyu erwartet uns der Anstieg von etwa 400 Höhenmeter hinauf nach Timang. Die Jeep-Piste windet sich durch zahlreiche Serpentinen durch den Bergwald den Hang hinauf. Wir können auf dem Fußweg den Verlauf der Straße immer wieder abkürzen. Zunächst verlassen wir Danakyu auf der Piste. Vorbei an einer Fischzucht gewinnen wir etwas an Höhe und folgen der Piste über den kleinen Bach. Bald danach verlassen wir die Jeep-Piste und nehmen einen schmalen schönen Wanderweg nach links. Im moosigen »Urwald« geht es über Serpentinen, stellenweise ausgesetzt, steil bergauf. Mit etwas Glück lassen sich im Wald frei laufende Affen blicken und immer wieder spitzen schneebedeckte Gipfel hervor. Unser Weg kreuzt ab und zu die Straße. Der Steilanstieg ist überwunden und es wird flacher. Wir passieren ein kleines Wasserkraftwerk (Brücke) und erreichen durch den wunderschönen Rhododendronwald die Häuser von **Timang (3)**, 2620 m. Das kleine, aussichtsreiche Örtchen mit Blick auf den Manaslu, 8163 m, im Nordosten lädt zum Mittagessen ein. Den anstrengendsten Teil des heutigen Tages haben wir hier in Timang schon bewältigt.

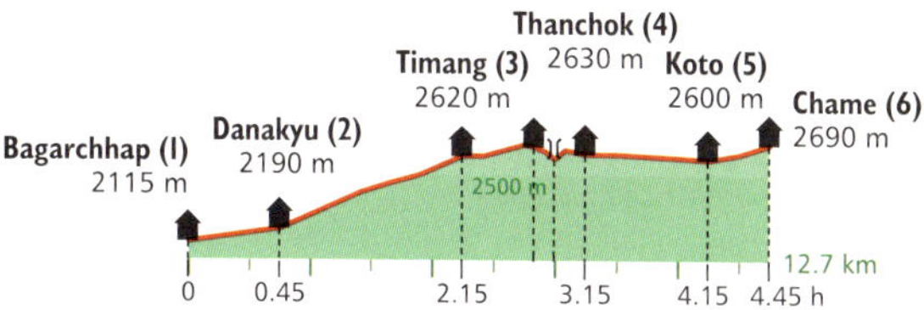

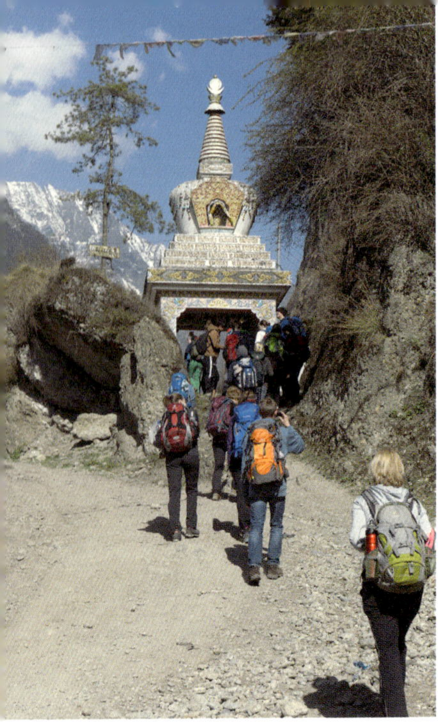

Die kunstvoll gestaltete Chörte am Ortsende von Chame.

Auf der Piste wandern wir am Hang entlang weiter. Nach rechts ginge es in das alte Dorf, wir gehen jedoch links weiter, bis wir wieder zu einer **Hängebrücke**, 2605 m, absteigen, die uns über einen Fluss bringt, der aus dem Seitental in das Haupttal fließt. Nach der Brücke bringt uns ein kurzer, sandiger Gegenanstieg zum Schnaufen. Oben halten wir uns rechts. (Alternativ können wir auch auf der Piste bleiben. Dabei queren wir den Hang und laufen einen größeren Bogen aus. Dadurch sparen wir uns aber den steilen Gegenanstieg von der Hängebrücke aus.) Von hier sind es nur wenige Minuten bis in das sehr ursprüngliche Gurung-Dorf **Thanchok (4)**, 2630 m. Hier hat der Tourismus das Alltagsleben der Menschen noch nicht drastisch beeinflusst. Im Ort selbst gibt es nur sehr einfache Einkehrmöglichkeiten. Am Ortsende finden wir zwei größere Lodges (oft geschlossen).

Von hier erfolgt ein kurzer Anstieg zur Piste, der wir nach rechts weiter folgen. Wir laufen durch Kiefernwälder und plötzlich wird vor uns ein herrlicher Blick auf die Annapurna II frei! Den Gipfel trennen nur 63 m von der magischen 8000er-Grenze. Uns trennen allerdings mehr als 5000 Hm von ihrem Gipfel. Dimensionen, die man sich kaum vorstellen kann.

i **Chörten:** *Chörten sind überall im buddhistischen Kulturkreis zu finden. Der tibetische Begriff »chörte« (Basis des Glaubens) wird im Sanskrit als »stupa« bezeichnet (siehe Infotext Seite 40). Die weiß getünchten Denkmäler bestehen in der Regel aus einem quadratischen, stufenförmigen Unterbau und einer Art Halbkugel mit einer Spitze. Meist enthalten sie buddhistische Reliquien oder die Asche eines verstorbenen Lamas. Chörten auf dem Weg sind im Uhrzeigersinn zu umlaufen.*

i *Das lebendige Dorf* ***Chame*** *mit seinen ca. 1000 Einwohnern ist nach Manang der zweitgrößte Ort der Region. Hier erledigen die Einheimischen des oberen Manang-Tals viele Einkäufe, ihre Bankgeschäfte usw. Aber auch auf die Touristen hat sich Chame eingestellt. Es gibt mehrere Internet Points, die jedenfalls theoretisch über eine funktionierende Internetverbindung verfügen. Auch das Aufrüsten mit warmer Kleidung, dicken Socken und Schlafsäcken ist hier möglich. Es gibt sogar eine Bar, einige Lodges mit einzelnen kleinen (rosafarbenen!) Bungalows, eine Safe Drinking Water Station und ein ACAP Office (noch vor der Hängebrücke, am Ortsende rechts, geöffnet ab 10.00 Uhr). Trotz des Tourismus hat der Ort aber noch viele Zeichen der lokalen Kultur aufzuweisen: Im Zentrum befindet sich eine lange Reihe von Gebetsmühlen sowie eine große, mit Wasser angetriebene Gebetsmühle. Am Ortsende, nach der Hängebrücke über den Marshyangdi, steht noch eine Reihe netter Lodges. Besonders im Abendlicht und frühmorgens hat man von hier einen atemberaubenden Blick auf das Annapurna-II-Massiv. Das Ortsende wird von zahlreichen Manisteinen und einem sehr kunstvoll gestalteten Tor (Chörte) bekundet.*

Nach diesem entspannten Teilstück auf der Jeep-Piste (alternativ können wir auch kurz vor Koto rechts ab von der Piste einen schönen Alternativweg nehmen, Markierungen vorhanden) erreichen wir auch schon **Koto (5)**, 2600 m. Am Ortsende wird an einem Checkpoint (rechts) erneut das Permit verlangt und kurz danach können wir auf der linken Seite eine kleine Gompa besichtigen (Schlüssel im Ort besorgen). Hier bei Koto fließt der Nar Khola aus einem größeren Seitental aus nördlicher Richtung in den Marshyangdi River. In das gleichnamige Tal führt der schöne und immer bekannter werdende, aber auch anstrengende Nar Phu Trek (ab Seite 236). Für uns sind es von hier nur noch 30 Min. bis zum heutigen Ziel: **Chame (6)**, 2690 m.

i ***Manaslu:*** *8163 Meter hoch ist er. Und damit darf sich der Manaslu als achthöchster Berg der Erde unter den vierzehn 8000ern einordnen! Er liegt gut 70 km östlich der Annapurna und wirkt auf unserer Annapurna-Umrundung besonders vom Dorf Timang aus bei guter Sicht zum Greifen nahe. Gönnen Sie sich dort auf jeden Fall eine Pause. Ursprünglich nannte man den Berg »Kutang«. »Tang« kommt aus dem Tibetischen und bedeutet »flacher Platz«. Später wurde dem Berg der Name Manaslu verliehen, der sich vom Wort »manasa« aus dem Sanskrit ableiten und mit »Berg der Seele« bzw. »Mountain of the spirit« übersetzen lässt.*
Erst Anfang der 1950er-Jahre fanden die ersten Erkundungstouren am Berg statt. Und am 9. Mai 1956 war es dann so weit! Eine japanische Expedition unter der Führung von Yuko Maki stand als erste auf dem Gipfel des Manaslu. Die zweite erfolgreiche Besteigung gelang erst im Jahr 1971, ebenfalls einer japanischen Expedition. Der Berg wird bis heute eher selten bestiegen und gilt nach Annapurna, Nanga Parbat und K2 als einer der gefährlichsten 8000er. Immer wieder fordert er Todesopfer: Fast jeder fünfte Aspirant kommt am Berg ums Leben.

5 Chame – Pisang

4.30 Std.

↑730 ↓220

Die Luft wird dünner

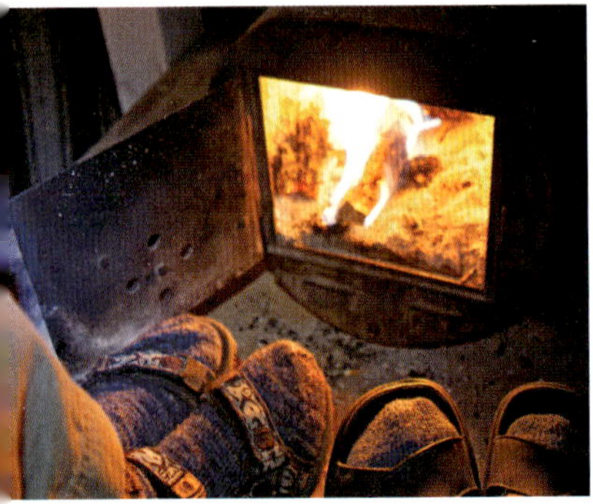

Besser als jede Wärmflasche.

Heute betreten wir eine völlig neue Landschaft. Bis nach Bhratang ist der breite Weg eher flach und bequem und die Szenerie erinnert uns an die gestrige Etappe. Aber kurz nach der kleinen Siedlung Bhratang dringen wir ein in eine »andere Welt«. Der Blick wird frei auf den heiligen Berg Swargadwari (siehe Foto auf Seite 87) mit seinen fast 5000 m. Diese gewaltige Rampe aus Fels erinnert an eine überdimensionale, ausgeschliffene Schale, um die sich viele Sagen ranken. Für Buddhisten diente dieser Fels als »Rampe« zum Übergang ins nächste Leben. Die Angehörigen legten ihre Verstorbenen an den Fuß des Berges, sodass der Wind ihre Seelen über diese Rampe in die Luft und damit zur Wiedergeburt ins nächste Leben trägt. Diesen heiligen Berg lassen wir in der zweiten Tageshälfte hinter uns liegen, spüren aber seine Präsenz allgegenwärtig in unserem Rücken. Ab und zu ein Blick zurück lohnt sich! Nach der Swargadwari Bridge und einem anstrengenden Aufstieg über einen kleinen Pfad erreichen wir neues Territorium. Die Luft wird dünner, die Nächte werden kälter. Einige Lodges werben sogar schon mit Heizungen im Gastraum. Am Nachmittag eröffnet sich für uns der erste Blick in das fantastische Manang-Tal. Eine sehr karge Landschaft, kaum mehr grüne Vegetation und um uns herum die schroffen Eisspitzen der ganz »Großen«. Die Häuser in den Siedlungen werden kleiner, einfacher und sind meist aus Naturstein gebaut. Manisteine, Gebetsmühlen und Chörten häufen sich, wir können diese zum Beispiel in Pisang, unserem Etappenziel, bei einem abendlichen Spaziergang auf uns wirken lassen. Die Ortschaft Pisang besteht aus dem unteren Ortsteil (Lower Pisang) direkt an der breiten Piste und dem oberen Ortsteil (Upper Pisang).

Ausgangspunkt: Chame, 2690 m.
Entfernung: 14,1 km.
Anforderungen: Überwiegend Piste, ein anstrengender Anstieg. Orientierung problemlos.

Einkehr: In allen Orten am Weg.
Unterkunft: **Talekhu:** 1 sehr einfache Lodge. – **Bhratang:** Sehr große Luxus-Lodge, Übernachtung ab etwa 50 Euro. – **Dhuker Pokhari:** Mehrere Lodges

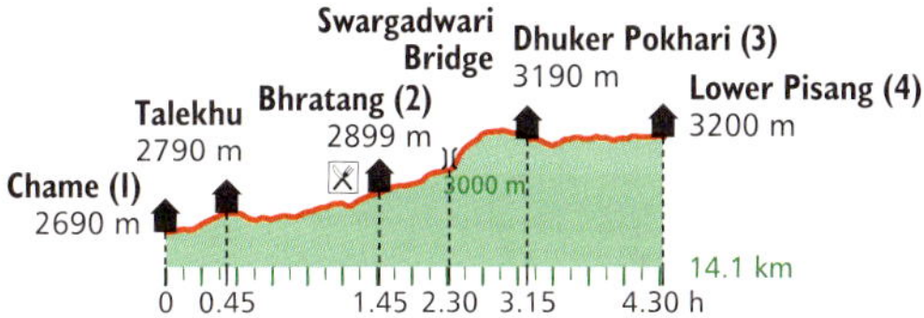

(aber kein wirklicher Ort) – **Lower Pisang:** Zahlreiche Lodges; wir empfehlen z. B. die Hill Top Superview Lodge, Eco Cottage Lodge (im Ortskern, kleine Hütten im Hinterhof, gutes Essen, warme Dusche) oder Hotel Utse (im Ortskern,tolles Essen, warme Dusche, schöne Zimmer). – **Upper Pisang:** Mehrere, auch sehr neue, Lodges im Ort verteilt. Zu empfehlen z. B. die Lodge Royal Nyeshang mit schönen Bungalows mit Südfenster und Blick auf Annapurna II.

Tipps: 1. Sehr schön ist der Alternativweg am Ortsende von Dhuker Pokhari direkt hinauf nach Upper Pisang (rot-weiße Markierungen).

2. Seit einigen Jahren verlagert sich der Tourismus von Lower Pisang nach Upper Pisang. Dort ist es ruhiger und es entstehen immer wieder neue einladende Lodges. Aus diesem Grund empfehlen wir aktuell eine Übernachtung in Upper Pisang.

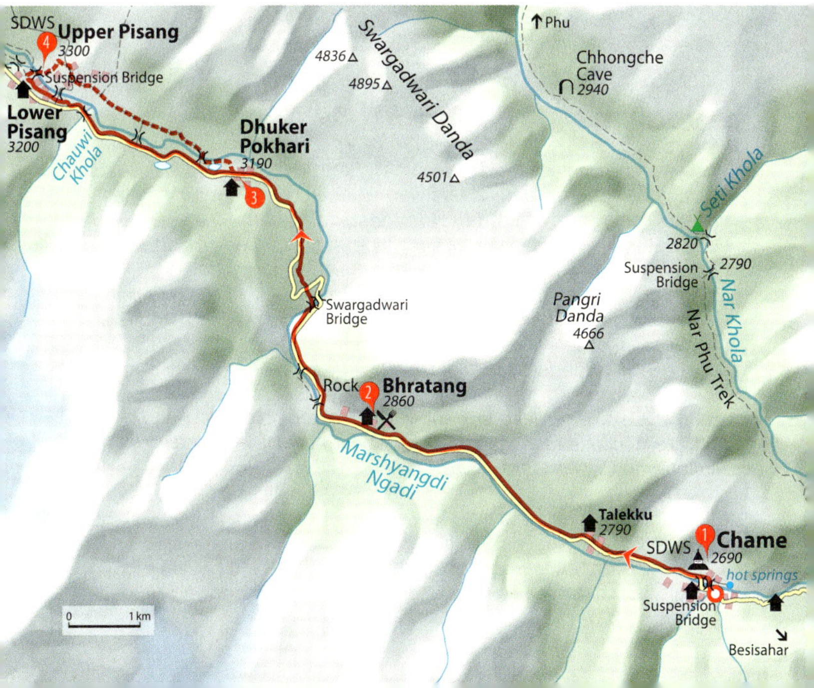

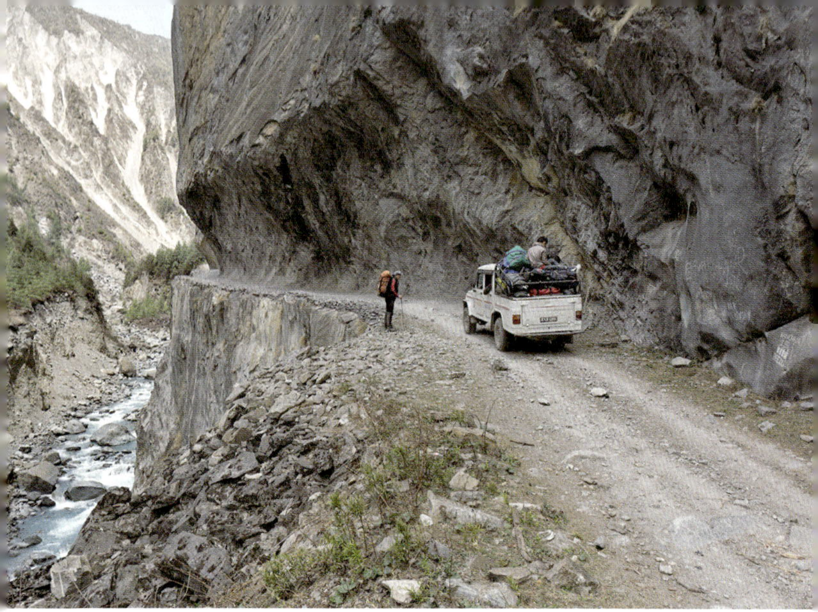

Vor etlichen Jahren wurde dieser Weg kurz nach Bhratang ohne große Maschinen in den Fels getrieben. Dann wurde er verbreitert, damit auch Jeeps die Stelle passieren können.

Wir verlassen das geschäftige **Chame (1)**, 2690 m, indem wir am Ortsende über die Hängebrücke den Marshyangdi überqueren und uns danach links halten (rechts geht es zu den Hot Springs direkt am Fluss). Große, bunte Gebetssteine zieren den Weg. Durch eine wunderschön verzierte Changchu Chörte verlassen wir den Ort. Auf der hier schon lange fertiggestellten Piste erreichen wir nach 45 Min. den kleinen Ort **Talekhu**, 2790 m. Hier gibt es eine Lodge und ein paar kleine Shops. Wir nehmen von hier die Piste, die uns zum Teil entlang des Flusses und zum Teil durch den Wald führt. Nach etwa 1 Std. gelangen wir so in die sehr kleine Ortschaft **Bhratang (2)**, 2860 m. Restaurants locken zu einem zweiten Frühstück. Im Ort gibt es eine im Jahr 2018 fertigstellte Luxus-Lodge. Zudem gibt es eine Firma, die die Äpfel der umliegenden Plantagen verarbeitet.
Nach Bhratang verläuft unser Weg weiter auf der bequemen Piste. Wir erreichen bald eine Stelle, bei der der ursprüngliche Weg und jetzt auch die Jeep-Piste direkt entlang einer Felswand angelegt wurden (siehe Foto oben). Wir bleiben auf der Piste und 30 Min. nach Bhratang ist es dann endlich so weit! Der erste Blick auf den heiligen Berg Swargadwari wird frei. Die höchsten Erhebungen dieser riesigen Felsrampe reichen fast 5000 m in die

Höhe und der Wandfuß befindet sich knapp 2000 Hm weiter unten. Für die Einheimischen ist es ein heiliger Ort und für uns zumindest ein mystischer. Nach dem Überqueren einer Hängebrücke **(Swargadwari Bridge)** erfolgt ein anstrengender Anstieg im Nadelwald. Wer sich auf diesem Anstieg belohnen oder ablenken möchte, findet hier immer wieder kleine Tea-Shops und Souvenirstände mit Schmuck, Gebetsmühlen und -schalen. Auf einem Pfad (rot-weiße Markierungen), der immer wieder die Straße kreuzt, gelangen wir auf weichem Waldboden auf eine Kuppe. Von hier folgen wir der Piste für etwa 15 Min. leicht bergab bis zum Dorf **Dhuker Pokhari (3)**, 3190 m, was übersetzt »Taubenteich« heißt. Die Unterkünfte wurden alle vor ein paar Jahren aus dem Boden gestampft, der Ort wirkt schon deshalb eher touristisch und etwas leblos. Der Blick von hier zurück auf den Berg Swargadwari könnte aber kaum besser sein.
Nach dem Ort Dhuker Pokhari tut sich eine Ebene auf, in der wir auf der Piste flott vorankommen. Nach einer Weile spitzt rechts der bekannte Pisang Peak, 6091 m, hervor; ein relativ häufig bestiegener 6000er im Manang-Tal. 1 Std. nach Dhuker Pokhari erreichen wir den Ortsanfang von **Lower Pisang (4)**, 3200 m. Die meisten großen Lodges befinden sich gleich hier am Ortseingang, aber auch in der Ortsmitte; bei einer langen Reihe von Gebetsmühlen gibt es einige kleinere Lodges. Kurz nach den Gebetsmühlen führt ein Weg nach rechts zur Stahlhängebrücke und über die Brücke weiter zum Ortsteil **Upper Pisang**, das sichtbar am Hügel oberhalb liegt.

i ***Upper Pisang, 3300 m:*** *Pisang besteht eigentlich aus zwei Dörfern: Upper und Lower Pisang. Das Letztere ist eine neuere Siedlung, die vor 30 Jahren noch Tonga genannt wurde. Früher war das im Tal liegende Lower Pisang stark vom Tourismus geprägt. Derzeit verlagert sich dieser eher in das 30 Minuten weiter oben am Hang gelegene Upper Pisang. Neben den sehr ursprünglichen Steinhäusern entstehen von Jahr zu Jahr mehrere neue Lodges. Seine Bewohner, vorwiegend Gurungs und tibetische Einwanderer, leben von Ackerbau, Viehzucht und saisonalem Handel. Ein Ausflug oder eine Übernachtung im mittelalterlich wirkenden Upper Pisang mit seinen kleinen Gassen lohnt sich auf jeden Fall. Nach der Reihe von Gebetsmühlen im Zentrum von Lower Pisang gehen wir über die Hängebrücke und folgen dem Weg bergan zu der sichtbaren Siedlung Upper Pisang. Die Gompa am oberen Ende des Dorfes ist durchaus sehenswert. Das Kloster wurde 2005 von den Dorfbewohnern in Eigeninitiative errichtet. Von hier haben Sie einen grandiosen Blick auf Lower Pisang und Annapurna II.*
Tipp: *Wer sowieso in Upper Pisang übernachten möchte, kann am Ortsende von Dhuker Pokhari die Jeep-Piste nach rechts verlassen und den direkten Weg, zunächst flach und dann stetig ansteigend, nach Upper Pisang nehmen (rot-weiße Markierungen; sehr zu empfehlen, der Blick zurück auf den heiligen Berg Swargadwari ist sehr beeindruckend).*

i ***Manisteine:*** *Sicher sind Ihnen schon die wunderschön verzierten Steine am Wegesrand aufgefallen: die sogenannten Manisteine (tibetisch »rdo ma ni«). Es handelt sich um Steine bzw. Steinplatten, in die buddhistische Gebetsformeln eingemeißelt oder die damit beschriftet wurden. Sie befinden sich in der Regel in der Nähe von Klöstern oder Stupas, oft aber auch an Pässen, Wegkreuzungen oder einfach nur am Wegesrand. Meist wurde das für den Buddhismus wichtigste tibetische Mantra, das Om mani padme hum, in aufwendiger Feinstarbeit in die Steine gemeißelt. Bisweilen sind aber auch buddhistische Symbole, wie z. B. Lotusblüte, Rad oder Muschel, auf den Steinen zu bewundern. Solch ein Stein ist normalerweise nicht alleine zu finden – im Lauf der Zeit haben sich rund um Chörten »haufenweise« Manisteine angesammelt. Am Wegesrand, aber auch in der Mitte des Weges, werden sie zu ganzen Manisteinmauern gesammelt. Diese Mauern werden ebenso wie die Gebetsmühlen im Uhrzeigersinn passiert. Wenn Sie also an einer solchen Mauer vorbeikommen, lassen Sie diese rechts von sich liegen.*

Om mani padme hum – das buddhistische Urmantra: *Es ist ein Ding der Unmöglichkeit, das buddhistische Urmantra in einem Wanderführer in wenigen Zeilen zu beschreiben. Denn hinter diesem Gebetsspruch verbirgt sich eine ganze Philosophie. Wörtlich übersetzt heißt es »Oh Du Juwel im Lotos«. Es wird als das Mantra des Mitgefühls bezeichnet. Durch das ständige Rezitieren wird der Wunsch nach der Befreiung aus dem Kreislauf der Wiedergeburten ausgedrückt. Jede der sechs Silben auf diesem Weg der Befreiung hat eine eigene Bedeutung:*

Om*, ausgesprochen »a u m«, symbolisiert die Unreinheit des Körpers und des Geistes des Menschen. Andererseits steht es aber auch für die Reinheit Buddhas. Es wird also ein Weg aufgezeigt, den der Mensch begehen kann, um das Reine zu erreichen. Dieser Weg wird durch die nächsten vier Silben beschrieben:*

Mani *(Juwel) stellt sowohl das Streben nach Erleuchtung sowie ein Symbol für Mitgefühl und Liebe dar.*

Padme *(Lotus) symbolisiert die Weisheit. Es besteht eine gewisse Parallelität zwischen der Lotusblüte, die im schlammigen Gewässer wächst, durch ihre Oberflächenbeschaffenheit aber unbeschmutzt bleibt, und dem Streben nach Weisheit. Der Kern dieser Weisheit ist es, die Leere des menschlichen Seins zu erkennen. Die Kombination dieser beiden Symbole also, die Methode und die Weisheit, führt den Menschen zur Reinheit.*

Und diese Unteilbarkeit wird durch die letzte Silbe ***Hum*** *symbolisiert: die vollendete Form von Methode und Weisheit als unteilbare Einheit.*

Der 14. Dalai Lama fasste die Bedeutung dieses Mantras in seiner Rede folgendermaßen zusammen: »Deswegen bedeuten die sechs Silben ***Om mani padme hum****, dass du durch das Beschreiten des buddhistischen Pfades […] den unreinen Zustand deines Körpers, deiner Sprache und deines Geistes in die reine Erhabenheit des Körpers, der Sprache und des Geistes eines Buddhas wandeln kannst. Es wird gesagt, dass du Buddhaschaft nicht außerhalb deiner selbst suchen sollst, die Voraussetzungen zum Erreichen der Buddhaschaft liegen in dir selbst.«*

i ***Gebetsmühlen*** *(tibetisch »ma ni 'khor lo«): Eine Gebetsmühle ist ein Zylinder, in dessen Oberfläche das Mantra »Om mani padme hum« geprägt ist. Was wir jedoch von außen nicht sehen, sind die im Inneren der Mühle fein aufgerollten Seiten, auf denen mannigfach das buddhistische Urmantra gedruckt ist.*

Gebetsmühlen können 100 verschiedene Formen annehmen. Man kann eine Gebetsmühle als einzelnes, großes Rad finden. Besonders prächtige Exemplare sind übermannshoch. Meistens jedoch sind sie in einer langen Reihe in der Mitte des Ortes oder am Ortseingang zu sehen. Sie können von Menschenhand in Bewegung gesetzt werden, es gibt aber auch solche, die von Wind- und sogar Wasserkraft angetrieben werden. Eine Gebetsmühle kann aus einem äußerst kostbaren und künstlerischen Blechzylinder gefertigt sein, aber auch einfache Aluminium-Milchpulver-Dosen werden als Gebetsmühlen umfunktioniert. In alten Gompas oder sehr abgelegenen Tälern gibt es sie sogar noch aus Leder.

Manimühlen werden entsprechend der scheinbaren Umlaufrichtung der Sonne um die Erde im Uhrzeigersinn umrundet und auch angetrieben. Nur die Anhänger der alten Bönreligion oder unwissende Touristen drehen sie in entgegengesetzter Richtung. Mehrmals täglich umkreist der Gläubige die Gebetsmühlen, und bei jeder Umdrehung des Rades werden die Gebete freigesetzt. Die Mühle dient jedoch nicht nur als »Multiplikator« des Mantras. Vielmehr wird mit jedem Anschubsen der Gebetsrolle das geistige Rezitieren des Gläubigen in Schwung gebracht. Sie dient somit vielmehr als Antrieb und Verstärker eines geistigen Vorgangs als nur das mechanische In-Bewegung-Setzen der niedergeschriebenen Gebete.

Manisteine …

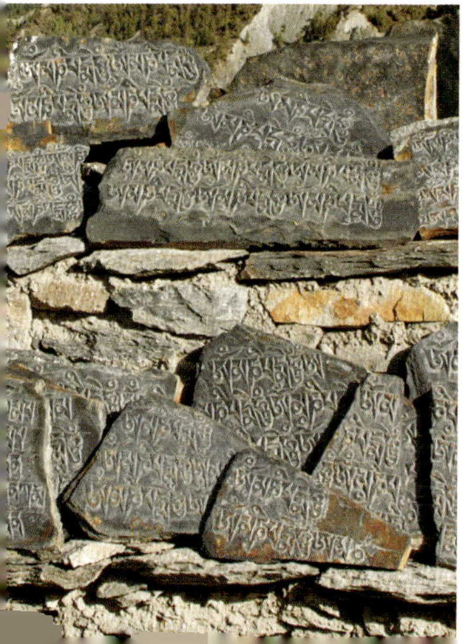

… und Gebetsmühlen.

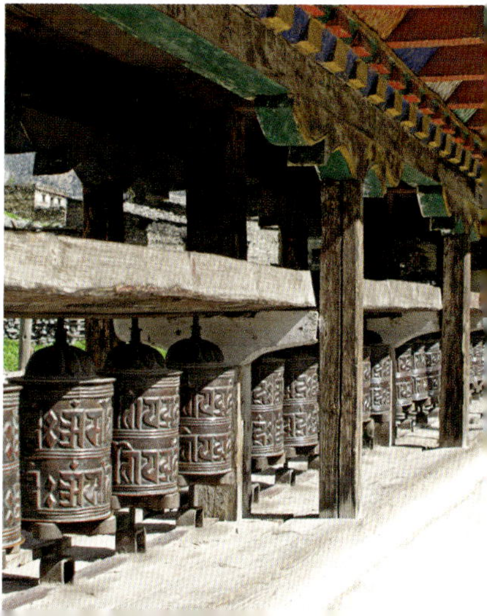

6 Pisang – Ngawal

4.00 Std.
↑640 ↓160

Grandiose Ausblicke vom Panoramaweg

Der Hauptweg von Pisang nach Manang verläuft auf der breiten Piste im Tal am südlichen Ufer des Marshyangdi-Flusses entlang (siehe Etappe V 6). Alle Einheimischen, deren Ziel Manang ist, nehmen diesen Weg. Falls wir unter Zeitdruck stehen, können wir uns auch dafür entscheiden. Wir empfehlen jedoch den wunderschönen, einen Tag längeren Weg über die Ortschaften Ghyaru und Ngawal. Bei diesem Weg handelt es sich um einen Panoramaweg, der seinesgleichen sucht. Grandios sind die Ausblicke auf die Gipfel des Chulu-Massivs, auf den Pisang Peak und Annapurna II, mit ihren 7937 Metern der höchste 7000er in Nepal. Die beiden kleinen Ortschaften Ghyaru und Ngawal sind noch sehr ursprünglich und von beiden können wir das fantastische Panorama genießen. Dieser Ausblick kostet aber auch ein paar Schweißtropfen. Am Vormittag will der steile und sehr anstrengende Aufstieg nach Ghyaru bewältigt werden. Oben angekommen empfehlen wir, in Ghyaru die Mittagsrast einzulegen. Der weitere Wegverlauf auf dem Panoramaweg ist dann deutlich weniger anstrengend. Die Nacht in Ngawal wird schon wegen der erheblichen Höhe von fast 3700 m meistens kalt ausfallen. Wir schlafen hier höher als in Manang am nächsten Tag, was für unsere notwendige Akklimatisierung optimal ist.

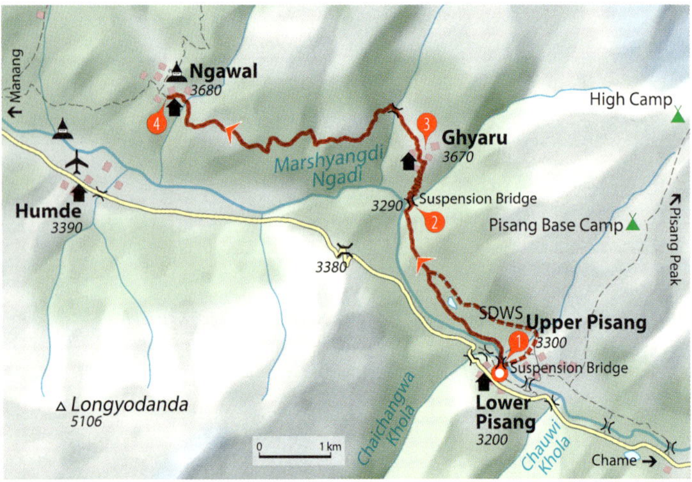

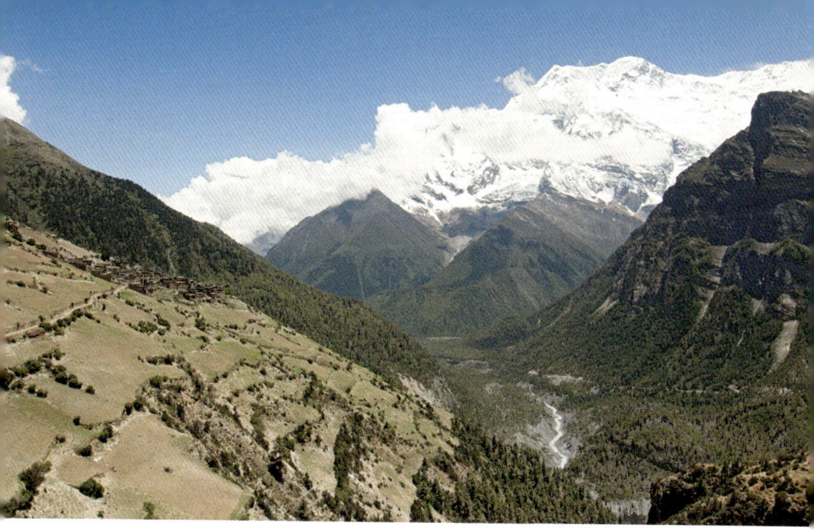

Die Blicke vom Panoramaweg zwischen Ghyaru und Ngawal sind unbeschreiblich.

Ausgangspunkt: Lower Pisang, 3200 m.
Entfernung: 10 km.
Anforderungen: Einfache Wanderwege, kräfteraubender Anstieg nach Ghyaru, dünne Luft macht sich bemerkbar, Orientierung problemlos.
Einkehr: In den Lodges unterwegs; kleines Restaurant kurz vor Ngawal.
Unterkunft: Ghyaru: Mehrere Lodges; alle eher einfach; die große Lodge Hotel Yak Ru befindet sich nach dem Aufstieg direkt am Ortseingang, im Ort steht das Gorkhali Hotel und bei der Gompa die eher einfache Annapurna Lodge. – **Ngawal:** Mehrere Lodges, z. B. die kleine, gemütliche Mountain View Lodge noch vor dem eigentlichen Ort; Hotel Peaceful, am Ortseingang rechts, neue Lodge mit schönen Zimmern; Hotel Kailash, große Lodge in der Ortsmitte, links; Hotel Shanti, nette, kleine einfache Lodge; Tibet Guest House in der Ortsmitte mit sehr sauberen Zimmern. Die Lodges in Ngawal sind besser als die in Ghyaru.
Tipps: 1. Zu empfehlen ist der Alternativweg (rot-weiße Markierungen) von Upper Pisang Richtung Hängebrücke (3290 m), kurz vor dem Anstieg nach Ghyaru.
2. Nehmen Sie sich Zeit für den Aufstieg nach Ghyaru und gönnen Sie sich viele Pausen. Es wird sich auf Ihre Akklimatisierung positiv auswirken!

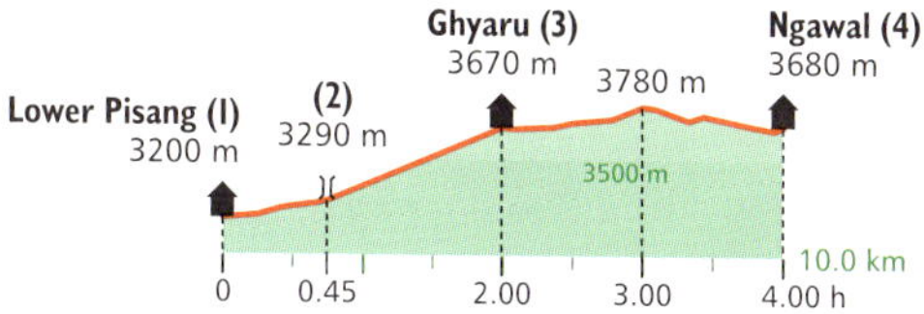

In **Lower Pisang (1)**, 3200 m, bei den Gebetsmühlen nach dem Hotel Utse, verlassen wir den Hauptweg nach rechts, also in Richtung zum Fluss. Auch ein ACAP-Schild mit der Aufschrift »Upper Route« zeigt in diese Richtung. Mit einer großen Stahlhängebrücke überqueren wir den Marshyangdi-Fluss. Nach der Brücke halten wir uns links (geradeaus zieht der Weg nach Upper Pisang hinauf) und gleich nach einer alten Steinchörte gehen wir wieder links. Der Weg verläuft entlang des Flusses und im Nacken haben wir immer die gewaltige Annapurna II. Vor uns sehen wir interessante Sandformationen (Erdpyramiden), auf die wir zuhalten, um schließlich links daran vorbeizulaufen.
Nach diesen Sandformationen wird der Blick frei auf das Chulu-Massiv und wir erreichen bald einen kleinen See. Diesen lassen wir rechts liegen und folgen dem Pfad weiter durch den Latschenwald (von rechts kommt schon bald der alternative Weg von Upper Pisang dazu, siehe Tipp). Bei Gebetsmühlen mit vielen sehr schönen Manisteinen ist oberhalb eines Hanges schon Ghyaru zu erkennen. Zum Greifen nahe scheint das Dorf, aber der folgende Aufstieg hat es in sich. Nach einer **Hängebrücke (2)**, 3290 m, nehmen wir den Aufstieg in Angriff. Dieser steile Anstieg im Zickzack von 350 Hm ist der anstrengendste Teil des Tages. Wichtig ist es hier, dass wir besonders langsam und im eigenen Rhythmus gehen, damit sich der Körper an die inzwischen beträchtliche Höhe gewöhnen kann (siehe »Höhenkrankheit« ab Seite 61). Wir bleiben immer wieder stehen, schnaufen durch und genießen

Blick zurück auf Ghyaru.

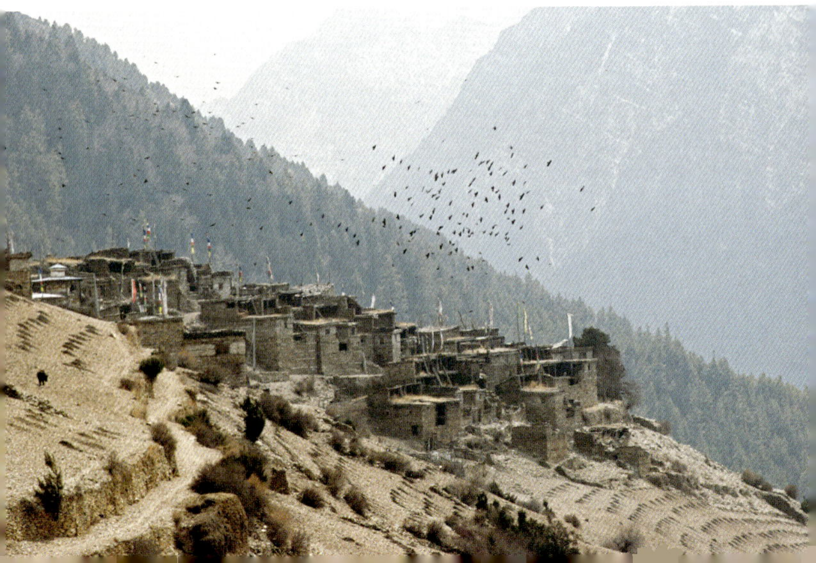

die Aussicht. Lassen Sie sich Zeit bei diesem Aufstieg und unterschätzen sie nicht die Höhe! In Richtung NW sehen wir die Eiskuppe des 6091 m hohen Pisang Peak über uns. Der Blick weitet sich immer mehr. Die Ausmaße des Manang-Tals werden uns immer mehr bewusst. Gut erkennen wir den in das sandige Gestein hineingefrästen Marshyangdi-Fluss. Ganz hinten im Tal glänzt der weiße Tilicho Peak mit seinen über 7000 m. Rechts davon befindet sich der Tilicho-See, angeblich der höchste See der Erde, den wir aber von hier nicht sehen können.

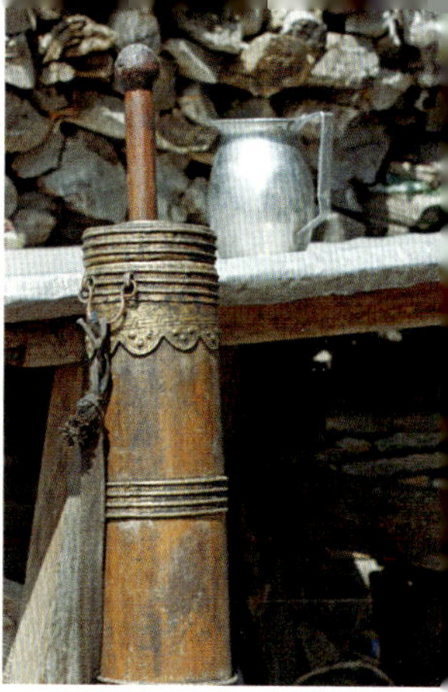

Dhongmo: Gerät für die Zubereitung von Buttertee (Details dazu siehe S. 34).

Mit all diesen Ausblicken ist der Aufstieg doch kurzweilig. Bei einem kleinen Tea-shop etwa 30 Min. vor Ngawal können wir uns nochmal stärken und schließlich heißen uns drei steinerne Chörten auf einem sorgfältig aufgestapelten Steinpodest im Gurung-Dorf **Ghyaru (3)**, 3670 m, willkommen. Gleich am Ortseingang steht die einladende tibetisches Lodge Hotel Yak Ru. Wir folgen dem Hauptweg weiter durch die kleine, sehenswerte Ortschaft, vorbei an Gebetsmühlen, und verlassen sie links durch eine Chörte. Vor uns liegt der schon sichtbare Panoramaweg. In einem Bogen wandern wir am Hang entlang und gewinnen bzw. verlieren kaum an Höhe. Immer wieder kommen wir an prachtvollen, uralten Manisteinmauern vorbei. Auf der anderen Talseite schießen die gewaltigen Eiswände des Annapurna-Massivs in die Höhe. Blicken wir zurück, so fesselt uns der Anblick des Swargadwari. Gestern sind wir noch am Wandfuß dieser Felsrampe entlanggelaufen. Gut 1 Std. nach Ghyaru tut sich der Blick auf Humde und die Start- und Landebahn des Flughafens auf.

In 2 Std. ab Ghyaru erreichen wir unser heutiges Etappenziel **Ngawal (4)**, 3680 m. Der Besuch des neuen Monastery oberhalb des Ortes lohnt sich schon wegen des Ausblicks.

i **Ghyaru:** *Folgende Legende existiert über die Ortschaft Ghyaru, in der vorwiegend Gurungs leben: Es kam einst ein tibetischer Mönch mit dem Yak nach Ghyaru. Kurz nach seiner Ankunft starb das Yak allerdings und bald waren von seinem Körper nur noch die Hörner übrig. In der Sprache der Manangi heißt Yakhorn »Yak Ru«. Im Laufe der Zeit wurde im Sprachgebrauch aus diesen beiden Wörtern Ghyaru. Dieser tibetische Mönch erbaute während seines Aufenthaltes in Ghyaru ein Kloster »Ghyaru Gompa«. Diese Gompa wurde später erneut aufgebaut (Urgen Thekchho Lingi Gompa) und ist heute am nördlichen Ende von Ghyaru zu sehen.*

7 Ngawal – Manang

3.00 Std.

↑190 ↓310

Ein Katzensprung nach Manang

Bei klarer Morgenluft leuchten die Gipfel und die steilen, zerklüfteten Wände der Eisriesen am stahlblauen Himmel. Frühes Aufstehen lohnt sich also! Diese Blicke werden uns den gesamten Tag begleiten und die Gangapurna (7454 m), die Annapurna III (7555 m) und der Tilicho Peak (7134 m) kommen uns immer näher. Rechts unterhalb des Letzteren befindet sich der Tilicho-See, der höchstgelegene See der Welt (siehe Tilicho Lake Trek ab Seite 260). Unser heutiges Ziel ist das Dorf Manang. Auf dieser Seite des Passes ist es es mit Chame die größte Siedlung auf unserem Trek. Die meisten Wanderer legen hier einen Ruhetag ein, bevor es in die Höhe Richtung Thorung La geht. Zahlreiche sehr lohnende Ausflüge (siehe Infokasten »Ruhetag in Braga/Manang«) bieten sich zur Akklimatisierung an und die Infrastruktur dieses Dorfes hält für die Besucher viel Abwechslung und Komfort bereit. Wir empfehlen allen, die es sich zeitlich einrichten können, einen oder auch zwei Ruhetage. Alternativ können Sie auch einen Ruhetag in Braga einbauen, das sich kurz vor Manang befindet. In Braga gibt es zum Beispiel das absolut sehenswerte Kloster (siehe Infokasten Seite 140). Zwei lohnende und sehr häufig besuchte Ausflugsziele sind die Milarepa Cave und der Ice Lake.

Abendstimmung bei Braga.

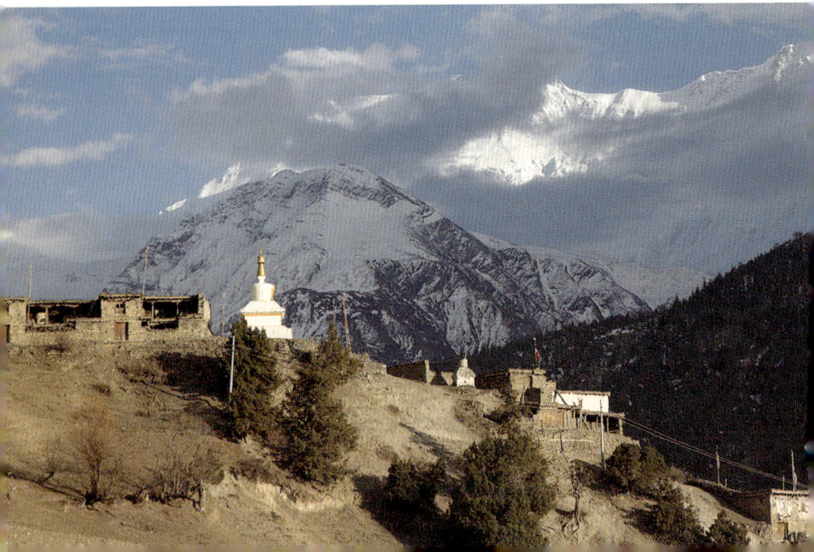

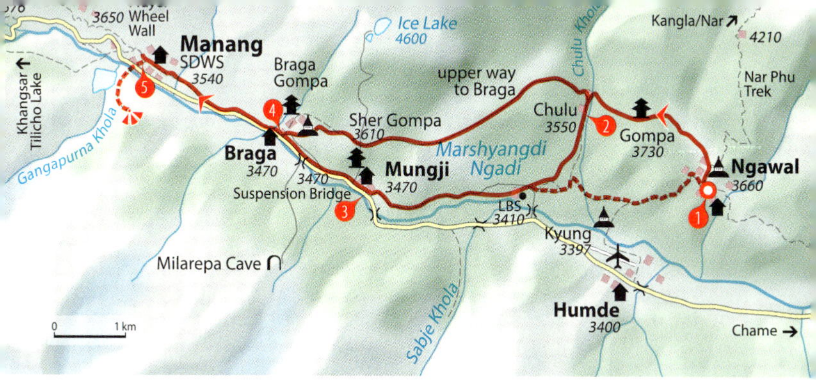

Ausgangspunkt: Ngawal, 3680 m.
Entfernung: 10,5 km.
Anforderungen: Einfache Wanderwege. Orientierung problemlos.
Einkehr: Lodges und einfache Restaurants unterwegs. Tipp: Die Braga Bakery Lodge trumpft mit Kachelofen und sehr guter Lasagne auf. – SDWS in Manang.
Unterkunft: **Mungji:** Wenige Lodges und einfache Restaurants. – **Braga:** 4 Lodges; wir empfehlen die Himalayan Lodge (Dorfende links, saubere warme Zimmer, sehr gutes Essen, super Bakery (z. B. Apple Pie), der freundliche Besitzer Karma ist leidenschaftlicher Koch, Filterkaffee wird in vorgewärmten Tassen serviert, gute Lasagne) und das große New Yak Hotel (Dorfbeginn links). Braga Bakery Lodge siehe oben. – **Manang:** Sehr viele Lodges; Hotel Nilgiri, kleine gemütliche Lodge am Ortseingang rechts; Yeti Hotel und Tilicho Hotel, zwei große Unterkünfte mit Shops links, sowie das etwas zurückversetzte Himalayan Singi Hotel.
Einkauf: Manang: Restaurants und Shops, Apotheken, Post, ACAP-Büro, Health Centre mit relativ guter medizinischer Versorgung; Internet Points: Telefon nach Deutschland. Es gibt sogar kleine, improvisierte Kinos in Manang.

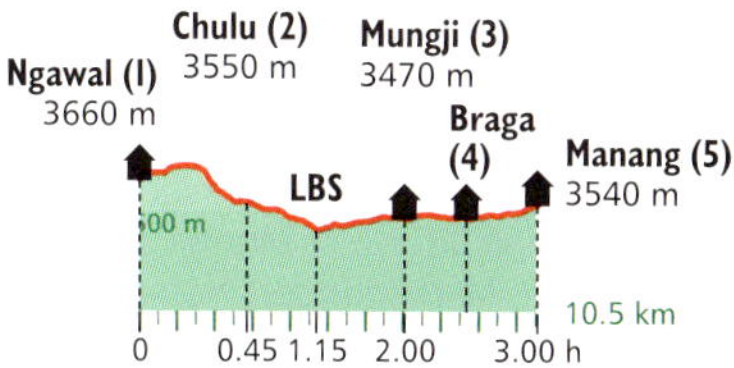

Variante: 1. Direkt nach Mungji: Etwa eine halbe Stunde schneller sind Sie auf dem direkten Weg (Variante) von Ngawal nach Mungji.
2. Upper way to Braga: Wenige Meter vor der kleinen Ortschaft Chulu zweigt der sogenannte obere Weg nach Braga ab. Tolle Ausblicke, jedoch Gegenanstieg von etwa 200 Hm, etwa 1 Std. zusätzlich.
Tipps: 1. Gehen Sie in Manang doch mal in eine einfache Einheimischenkneipe, z. B. Buddha Kitchen mit sehr schönem Blick auf Gangapurna-Gletscher und -See. Sehr gute Samosas! Die Einheimischen essen hier oft statt Reis denro (gesprochen »diro«), einen Teig aus Buchweizen bzw. Gerste.
2. Falls Sie mehr Zeit haben, dann empfiehlt sich auch der dreitägige Ausflug zum Tilicho Lake (siehe Beschreibung ab Seite 260).

In **Ngawal (1)**, 3660 m, folgen wir von Gharu kommend dem mit Steinen gepflasterten Hauptweg in das Dorfzentrum. Am Hotel Kailash gehen wir rechts

i **Bakery:** *»Der Bäcker hat gerufen …« Früh morgens, lange bevor sich die Trekker aus ihren Schlafsäcken schälen, lange bevor die Bergspitzen von den ersten Sonnenstrahlen beleuchtet werden, werden ein paar fleißige Männer in Manang aktiv.*

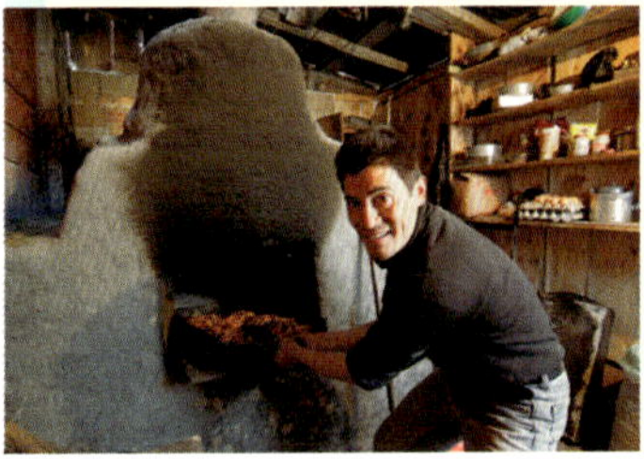

Punkt 4.00 Uhr morgens stehen mehrere Bäcker in ihren Backstuben, um köstliche Croissants, Brötchen, Zimtschnecken, Apfelkuchen und Schokoladenhörnchen vorzubereiten. Nebenbei schüren sie die großen Holzbacköfen an, um die Leckereien pünktlich um 7.00 Uhr ofenfrisch für die ersten Trekker auf den Tisch und in die Ladenauslage zu bringen.

und gleich danach gelangen wir durch eine Chörte zu den Gebetsmühlen, an deren Ende ein großer alter Baum (Dorfzentrum) steht. Direkt an diesem Baum (Wasserstelle) zweigt nach links (kurz vor dem Hotel Shanti) der Weg direkt ins Tal nach Mungji ab (siehe Variante). Diese Variante ist mit blauweißen Markierungen versehen. Für den hier beschriebenen Hauptweg zweigen wir nicht links ab, sondern gehen geradeaus, leicht ansteigend, weiter durch die Ortschaft Ngawal in Richtung Gompa. Am Ortsende, kurz vor der Gompa, gelangen wir an einen Abzweig. Der Weg geradeaus zieht hinauf zum Kangla und weiter nach Nar (siehe Seite 256), nach rechts sind es nur wenige Meter zur Gompa. Wir halten uns hier links und verlassen die Ortschaft. Über eine Hochebene und schließlich leicht bergauf, gelangen wir vorbei an einer Chörte zu einer größeren **Gompa**, 3730 m, die wir links liegen lassen. Nach der Gompa zieht unser Weg steil einen Hang hinab. Unten überqueren wir den kleinen Bach Chulu Khola (bei einer wasserbetriebenen Mühle) und halten uns links Richtung Süden. Kurz nach der Bachüberquerung zweigt nach rechts (bergauf) die Variante »Upper way to Braga« ab (siehe Varianten). Wir erreichen wenige Meter nach dem Bach die kleine und sehr ursprüngliche Ortschaft **Chulu (2)**, 3550 m. Durch den Ort geht es weiter in Richtung Süden. Unser Weg macht eine Rechtsbogen, von links mündet die Direktvariante von Ngawal ein und auf einer schmalen Piste erreichen wir ein Teahouse und einen Checkpost. Beim Checkpost biegen wir links ab und steigen auf einem Pfad leicht bergab (rot-weiße Markierungen). Bald lassen wir links eine tibetische Schule, die **Lophelling-Boarding-School (LBS)**, 3410 m, liegen. Wir laufen fast eben weiter in Richtung Westen und lassen Sandformationen rechts liegen. Nach etwa 2.00 Std. ab Ngawal erreichen wir die kleine Ortschaft **Mungji (3)**, 3470 m, die direkt an der breiten Piste von Pisang nach Manang (siehe Etappe V6) liegt. Bei der Mungji Lodge zweigt nach rechts (beschildert) ein Weg ab zur Sher Gompa

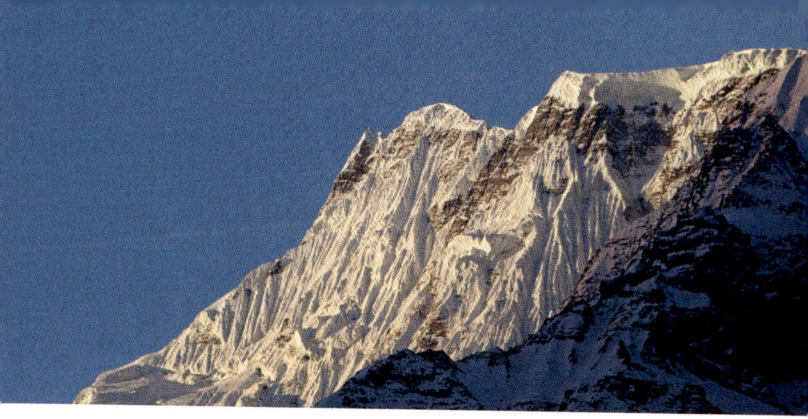

Ostwand der Annapurna III, 7755 m; in direkter Nachbarschaft die Gangapurna: Der Name des Berges kommt aus dem Sanskrit. Er setzt sich zusammen aus »ganga« (eine Göttin in der hinduistischen Mythologie, die heiliges Wasser auf die Erde brachte) und »purna« (erfüllt von). Gangapurna kann also mit »wasserspendende Göttin« übersetzt werden.

oben am Hang (von hier geht es auch weiter zum Ice Lake). Wir folgen der breiten Piste nach rechts (Westen). Knapp 30 Min. nach Mungji lassen wir links eine **Hängebrücke**, 3470 m, liegen, über die der Weg zur **Milarepa Cave** führt (siehe Info-Kasten). Von dem Abzweig zur Hängebrücke sind es gerade mal 5 Min. bis zur Ortschaft **Braga (4)**, 3470 m. Die Lodges befinden sich alle an der Piste, der eigentliche Ort mit den ursprünglichen Häusern und der sehenswerten Gompa wurde in den Hang gebaut. Ein Besuch dieses Ortsteils lohnt auf jeden Fall. Von Braga aus führt auch der Weg hinauf zum **Ice Lake**, wofür man aber fast einen ganzen Tag einplanen sollte (siehe Info-Kasten). Die breite Piste bringt uns, vorbei an großen Manisteinmauern und einer Chörte (Titelbild), nach weiteren 30 Min. ab Braga an die Tore des schon lange sichtbaren Manang. Nach einem kurzen Anstieg betreten wir **Manang (5)**, 3540 m, den Hauptort des Tales.

i **Ruhetag in Braga/Manang:** *Mit den Orten Braga und Manang haben wir ungefähr ein Drittel der kompletten Annapurna-Umrundung gemeistert und stehen vor dem Aufbruch zum Thorung La. Schon allein wegen der Höhenanpassung macht es sehr viel Sinn, hier einen Tag Pause einzulegen. Gönnen Sie sich und Ihrem Körper diese Ruhephase. Sie können all die Annehmlichkeiten in Manang genießen oder sich für die eine oder andere Ausflugsmöglichkeit entscheiden. Die meisten Ausflugsziele haben auch den Vorteil, dass Sie etwas aufsteigen und anschließend zum Schlafen wieder absteigen. Also eine optimale Akklimatisierung! Es gibt mehrere Ausflüge in der Umgebung von Manang. Informationen erhalten Sie auch in*

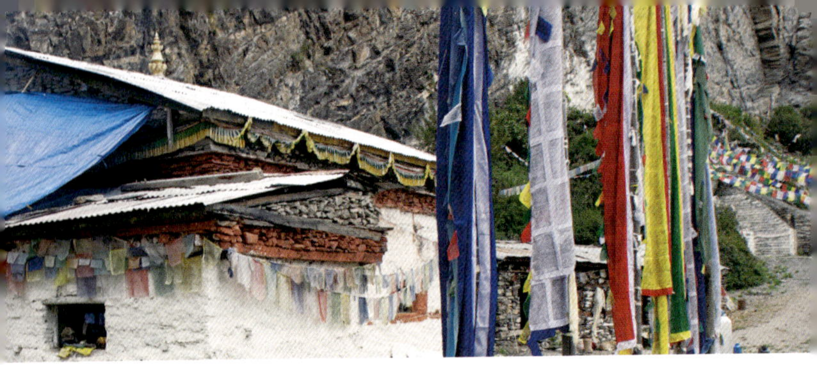

Gompa bei der Milarepa Cave (oben) und Ice Lake (unten rechts).

den Lodges. Mit der **Milarepa Cave** und dem **Ice Lake** beschreiben wir hier zwei lohnende und etwas längere (tagesfüllende) Wanderungen. Wer nur einen kleinen Abstecher in die Umgebung machen möchte, dem können wir eine Wanderung von Manang aus auf der anderen Flussseite (Süden) zu einem Aussichtspunkt (Chongkar View Point) auf der östlichen Seitenmoräne des Gangapurna-Gletschers empfehlen. Unterhalb befindet sich der türkis-blaue Gletschersee.

Milarepa Cave: Milarepa ist ein Philosoph des tibetischen Buddhismus. Er lebte im 11. Jh. Die Bücher mit seiner Lebensgeschichte wurden in die verschiedensten Sprachen übersetzt und so ist sein Name auf der ganzen Welt bekannt. Milarepa lebte für mehrere Jahre zur Meditation in völliger Abgeschiedenheit und Askese. Einer seiner Aufenthaltsorte ist die hier beschriebene Höhle im Manang-Tal. In der Nähe der Höhle wurden eine Gompa, eine Statue von Milarepa und eine schöne Stupa mit goldener Spitze errichtet. Die eigentliche Höhle liegt etwa 15 Min. Fußmarsch entfernt in einer Felswand oberhalb der Gompa. Wegen der hohen Steinschlaggefahr ist das Betreten der Höhle untersagt. Aber sie ist von der Gompa aus gut einsehbar und besonders der Platz um die Gompa ist schon einen Ausflug wert. Für den Ausflug zur Milarepa Cave (knapp 4000 m) übernachten Sie besser in Braga, 3470 m. Von dort laufen wir in 5 Minuten auf dem Hauptweg Richtung Humde zurück bis zu einer Hängebrücke (Schilder zur Milarepa Cave). Wir überqueren den Fluss auf der Brücke und halten uns dann leicht links auf schmalem Wanderweg durch Felder hinüber zu einem sandigen Rücken, auf dem direkt der Zickzack-Weg steil nach oben führt. Bald erreichen wir ein paar verlassen aussehende Steinhäuser. Hier halten wir uns leicht rechts und gelangen so auf einen breiteren Weg auf den Rücken. Diesem Weg folgen wir nach links bergan und sehen schon bald die weiße Stupa und die zahlreichen Gebetsfahnen an der Milarepa-Gompa. Ein letzter Anstieg im Zickzack bringt uns zum Ziel. Wir haben von hier einen gewaltigen Blick auf das Chulu-Massiv und den Kangla (siehe Nar Phu Trek). Nehmen wir den guten Weg von der Gompa weiter bergan, so kommen wir nach 300 Hm direkt an einen mächtigen Gletscher. Wer den Stimmen des Gletschers, dem Krachen, Knacken, Ächzen, lauschen möchte, dem empfehlen wir unbedingt diesen Aufstieg. – Der Abstieg erfolgt auf demselben Weg (blau-weiße Markierungen, Anstieg ca. 530 Hm; knapp 2.00 Std. von der Hängebrücke bis zur Höhle, Abstieg ca. 1.30 Std.).

Ice Lake: Dieser kleine See, meist Ice Lake, manchmal (in vielen Karten) auch Kicho Lake genannt, mit seinem atemberaubenden Ausblick liegt auf weit über 4600 m oberhalb von Braga (blau-weiße Markierungen). Vom Nordufer des Sees spiegeln sich Annapurna II, Annapurna IV, Gangapurna, Glacier Dome, Grande Barrière und der Tilicho Peak im Wasser. Der See kann entweder von Manang Mungji (vorbei an der Sher Gompa) oder von Braga aus erreicht werden, wobei der Weg von Braga aus einfacher zu finden ist. Für den Ausflug ist ein ganzer Tag (Aufstieg etwa 4 Std.) einzuplanen. Brotzeit und Trinken nicht vergessen! Bei Nässe oder sogar Neuschnee können wir diesen Ausflug nicht empfehlen.

Weg ab Braga (gut mit Schildern und weiß-blauen Markierungen gekennzeichnet): Wir steigen durch den hinteren Ortsteil auf und erreichen einen größeren Querweg. Diesem folgen wir nach rechts (O) und gewinnen so langsam an Höhe, bis wir auf einen weiteren Weg nach links steil den Berg hinauf abzweigen. So kommen wir auf eine kleine, ebene Alm. Wir überqueren diese und steigen am sichtbaren Grat weiter steil bergan. Auf etwa 4000 m befinden sich am Grat Holzstangen mit Fahnen. Sie sind auch schon von Braga mit bloßem Auge zu erkennen. Der gut gekennzeichnete Weg führt immer wieder über Almen. Weiter oben bringt uns eine fast ebene Querung Richtung Westen. Nach dieser stehen wir an einem kleinen See. Zum eigentlichen Ice Lake sind es von hier noch etwa knapp 30 Min. Er befindet sich direkt hinter der Stupa, die vom kleinen See schon sichtbar ist.

Tipp: Gehen Sie auf jeden Fall zum Nordufer des Sees. Von hier ist der Blick am besten und die Wasserspiegelungen sind am schönsten.

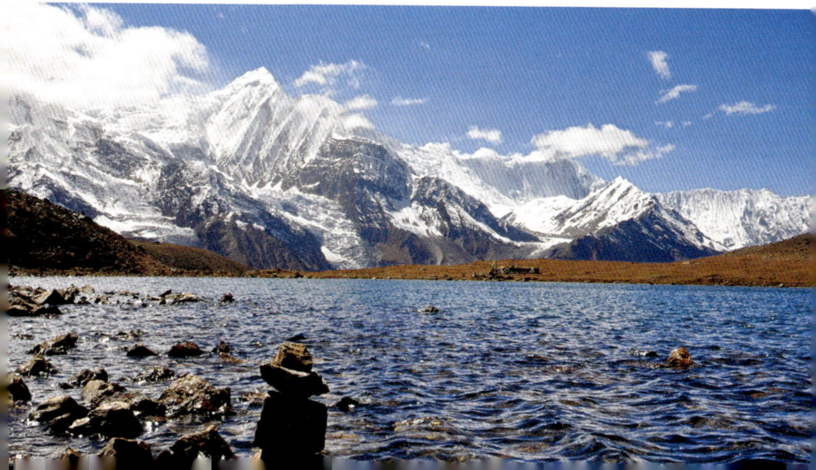

V6 Pisang – Manang

3.45 Std.

↑430 ↓90

Auf direktem Weg zur Hauptstadt des Tals

Für die Strecke von Pisang nach Manang empfehlen wir ausdrücklich den Höhenweg über Ghyaru und Ngawal (Etappe 6 und 7). Die Ausblicke von diesem Höhenweg auf das Annapurna-Massiv sind an Schönheit kaum zu übertreffen. Aber dafür müssen wir auch einen Tag länger einplanen. Für alle, die dafür nicht genügend Zeit haben oder Kräfte sparen möchten, beschreiben wir diese Direktvariante von Pisang nach Manang. Dabei handelt es sich um den Hauptweg im Talgrund, der natürlich ebenfalls landschaftlich einiges zu bieten hat und nur einen kurzen Tag in Anspruch nimmt. Bei dieser Variante steigen wir auch nicht erst in die Höhe, um dann wieder nach Braga abzusteigen. Entscheiden Sie selber, welche Variante für Sie sinnvoller ist. Auf jeden Fall empfehlen wir einen Ruhetag bzw. Akklimatisierungstag in Braga oder Manang (siehe Etappe 7, inklusive Infokasten »Ruhetag in Braga/Manang«).

Ausgangspunkt: Lower Pisang, 3200 m.
Entfernung: 15,1 km.
Anforderungen: Einfacher Weg auf Piste, kaum Anstiege. Orientierung problemlos.
Einkehr: In den Lodges unterwegs.
Unterkunft: **Humde:** Zahlreiche Lodges; zum Beispiel die Maya Lodge auf der rechten Seite. – **Mungji, Braga, Manang:** Siehe Etappe 7.
Tipp: Wer sowieso einen Ruhetag einlegen möchte, dem können wir auch eine Nächtigung in Braga empfehlen, mit Ausflug zur Milarepa Cave oder Ice Lake und Besichtigung der Ortschaft Braga mit dem Kloster (siehe Infokästen).

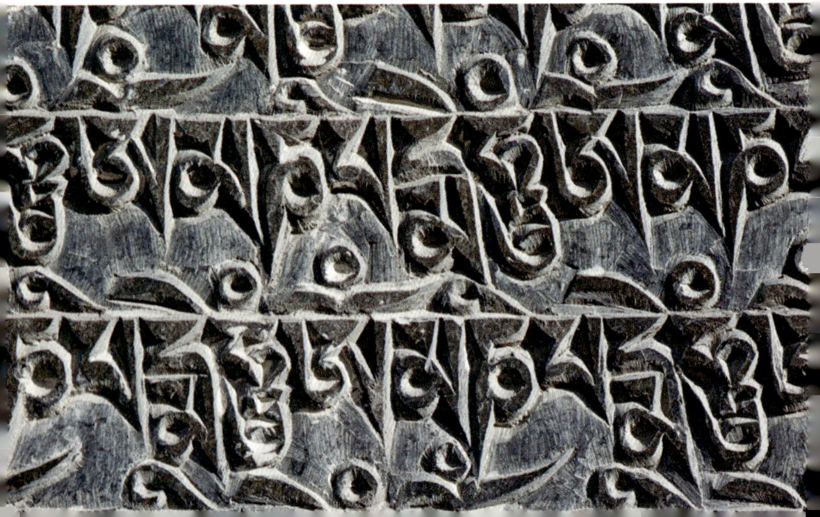

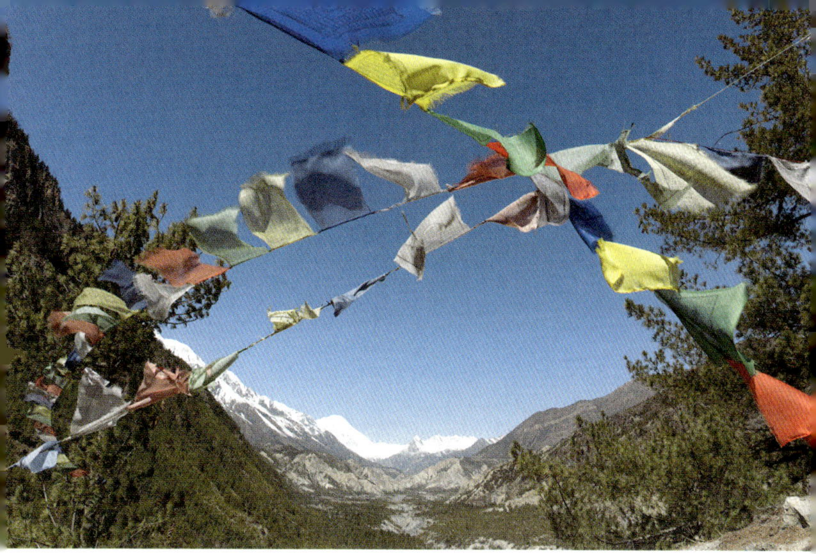

Blick von der Scharte, 3380 m, ins Manang-Tal. Im Hintergrund links der Gipfel des Tilicho Peak.

Wir starten bei den Gebetsmühlen bzw. der Save Drinking Water Station in **Lower Pisang (1)**, 3200 m, nehmen den Hauptweg weiter Richtung Westen und gelangen gleich an eine kleine **Holzbrücke**, 3200 m, die uns über den Chaichangwa Khola bringt. Dieser mündet dann sofort in den Marshyangdi-Fluss. Vorbei an schönen alten Manisteinen folgen wir dem breiten Weg. Zuerst eben und dann stetig bergan hinauf zu einer **Scharte**, 3380 m. Von hier blicken wir zurück nach Pisang und auf den heiligen Berg Swargadwari. Man spürt förmlich die heilige Wirkung des Berges! Weiter Richtung Westen eröffnet sich ein fantastischer Blick hinein ins Manang-Tal. Ein toller Platz zum Rasten! Wir sehen auch die Start- und Landebahn des Flughafens bei Humde, die im Jahr 2009 für ungefähr 500.000 US$ verlängert wurde. Warum auch immer, wurde der Flugverkehr doch so gut wie eingestellt.
Wir steigen auf dem breiten Weg ein wenig ab und dann geht es eben im Tal entlang. Ein großer weißer Torbogen heißt uns am Ortsbeginn von Humde willkommen. Über eine kleine Holzbrücke erreichen wir schon die ersten beiden großen Lodges von Humde – rechts das Airport Hotel und links das Himalayan Hotel, in dem sich auch das Nepal Airlines Office befindet. Die zahlreichen Gebetsmühlen bei der netten Maya Lodge stellen den Ortskern von

Manistein.

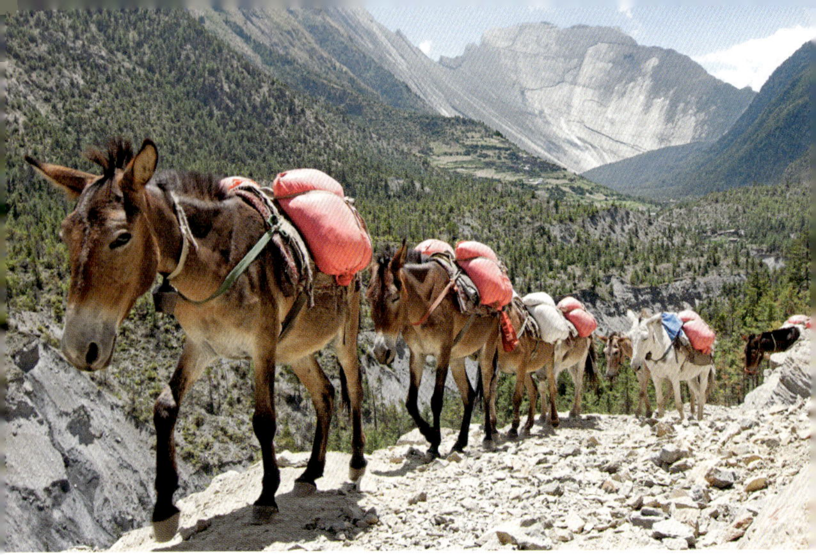

Nach Lower Pisang bietet sich ein fantastischer Blick auf den Swargadwari.

Humde (2), 3390 m, dar. Auch das folgende Gandaki Hotel (rechts), das Jullu Peak Guest House (rechts) und das große Snowland Guest House wirken sehr einladend. Rechts sehen wir das gelbe Flughafengebäude und am Ortsende wird in der Regel am Police Checkpost unser Permit kontrolliert. Dann geht es immer weiter Richtung Westen. Beeindruckend sind die Sandformationen rechts und links unseres Weges.
Etwa 20 Min. nach Humde sehen wir rechts, also auf der anderen Flussseite, die Gebäude einer Schule. Sie trägt den Namen Lophelling-Boarding-School. Beim Blick zurück dominiert der Gipfel des Pisang Peak mit seinen 6091 m. Dieser Gipfel ist ein sogenannter Trekking Peak. Der Normalweg verläuft direkt über die

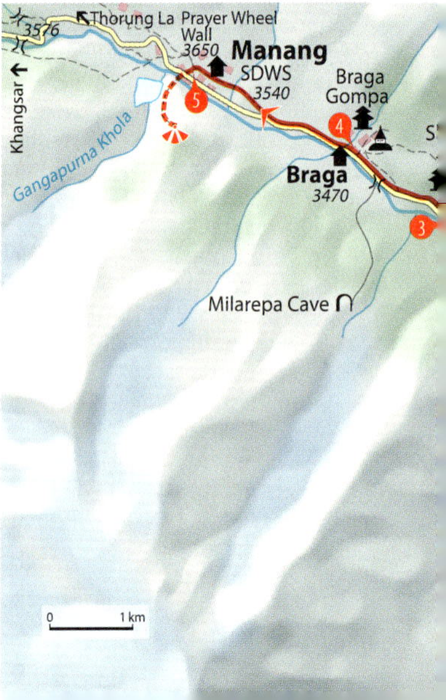

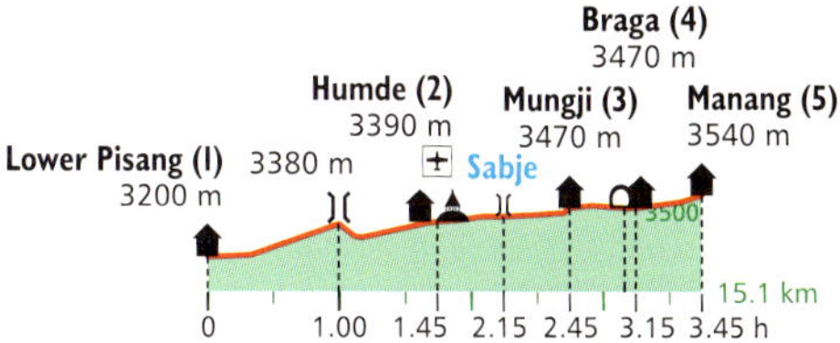

von hier gut einsehbare Flanke. Direkt im Norden (rechts) können wir bei guter Sicht die Serpentinen hinauf zum Kangla (siehe Nar Phu Trek ab Seite 236) erkennen. Und links davon den Chulu Far East, dessen Flanke ein wenig an den Bianco-Grat auf dem Piz Bernina in der Schweiz erinnert, und davon links der deutlich höhere Chulu East. Sobald wir das Sabje-Seitental erreichen, blicken wir direkt auf die Eisflanke der Annapurna III, mit 7555 m. In diesem Seitental befindet sich das Wasserkraftwerk, das zusammen mit dem neuen Kraftwerk in Manang das Manang-Tal mit Elektrizität versorgt.
Eine Brücke, 3420 m, bringt uns über den Sabje Khola und danach kommen wir an dem verlassenen Gebäude einer Bergschule vorbei. Diese ist in vielen Karten noch eingezeichnet, befindet sich aber inzwischen in der Nähe von Kathmandu. Eine Stahlbrücke, 3440 m, bringt uns auf die andere Flussseite und in den Ort **Mungji (3)**, 3470 m. Bei der Mungji Lodge geht der Weg (be-

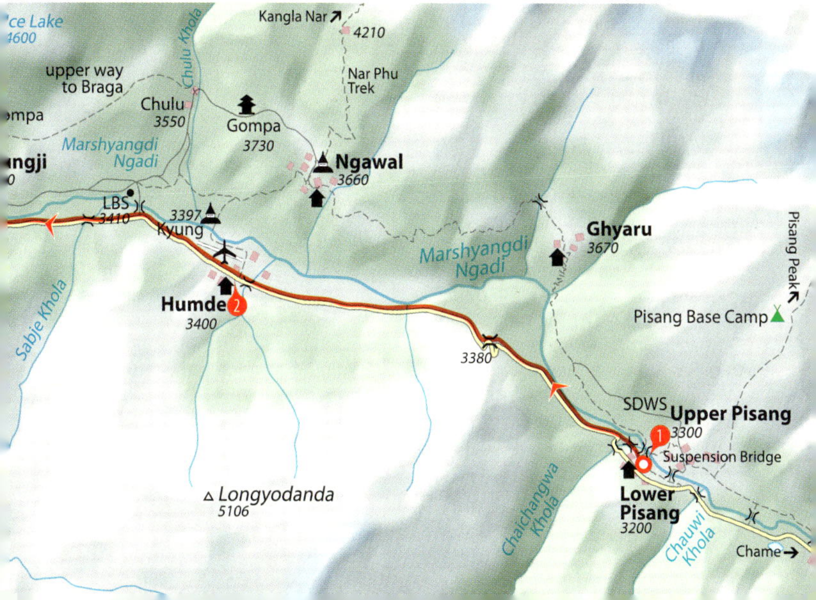

i ***Braga** und **Braga Monastery:** Die mittelalterlich wirkende Ortschaft Braga wurde direkt an den Berg gebaut. Ihre alten Steinhäuser mit den flachen Dächern kleben nahezu am Hang, direkt unterhalb der Felsen. Es ist ein Abenteuer für sich, durch die schmalen, steilen Gassen des Dorfes zu laufen. Oberhalb der etwa 200 Wohnhäuser befindet sich das Kloster von Braga. Die 1501 erbaute Gompa gehört zu den ältesten und schönsten im Manang-Distrikt und ein Besuch ist unbedingt lohnenswert. Das Kloster gehört zur Kagyupa-Schule des tibetischen Buddhismus. Nachdem man seine Schuhe ausgezogen und den überdimensionalen, bunt bemalten und schon etwas angsteinflößenden Wächter im Eingangsbereich passiert hat, gelangt man in den dunklen dreistöckigen Haupttempel (Taschenlampe ist empfehlenswert). Besonders auf dem stufenförmigen Altar sind allerlei buddhistische Attribute zu finden: mit Wasser gefüllte Messingschalen, Butterlampen, Fotos des Dalai Lama und Kathas (weiße oder gelbliche Schals, häufig zum Zeichen der Achtung bei Ankunft eines Gastes verwendet). Die Wände sind mit Thankas (Rollbilder), Wandmalereien und Masken geschmückt. Und auch im restlichen Raum befinden sich Gegenstände, die zum Praktizieren einer Puja (Gebet oder Andacht) oder zur Meditation benötigt werden, wie beispielsweise Trommeln, Muscheln, Zimbeln (kleine Schellen), Ghanta und Dorje (Glocke und Donnerkeil) etc. Besonders auffällig sind die 39 Terrakottafiguren von Gelehrten der Kagyupa-Schule (u. a. Milarepa). Eine Spende (donation) ist erbeten. Falls die Gompa geschlossen ist, im Dorf nach dem Schlüssel fragen.*

Gut zu erkennen ist am Fuße Bragas auch eine neue Statue zu Ehren Buddhas. Die Statue wirkt in dieser Gegend etwas übertrieben bunt und modern, aber über Geschmack lässt sich ja streiten. Früher stand direkt an diesem Platz eine Statue des Königs, die jedoch von den Maoisten zerstört und nach der Abschaffung der Monarchie vollends beseitigt wurde. Das Gleiche geschah übrigens auch mit der Statue am Ortsausgang von Humde.

schildert) ab zur Sher Gompa (von hier geht es auch weiter zum Ice Lake). Hier in Mungji trifft auch der Höhenweg (siehe Etappe 6 und 7) über Ghyaru und Ngawal wieder auf diesen Hauptweg. Wir folgen weiter der breiten Piste nach Westen. Knapp 30 Min. nach Mungji lassen wir links eine **Hängebrücke**, 3470 m, liegen, über die der Weg zur **Milarepa Cave** führt (siehe Info-Kasten). Von dem Abzweig zur Hängebrücke sind es gerade mal 5 Min. bis zur Ortschaft **Braga (4)**, 3470 m. Die Lodges befinden sich alle an der Piste, der eigentliche Ort mit den ursprünglichen Häusern und der sehenswerten Gompa wurde in den Hang gebaut. Ein Besuch dieses Ortsteils lohnt auf jeden Fall. Von Braga aus führt auch der Weg hinauf zum **Ice Lake**, wofür man aber fast einen ganzen Tag einplanen sollte (siehe Info-Kasten). Die breite Piste bringt uns, vorbei an großen Manisteinmauern und einer Chörte (Titelbild), nach weiteren 30 Min. ab Braga, an die Tore des schon lange sichtbaren Manang. Nach einem kurzen Anstieg betreten wir **Manang (5)**, 3540 m, den Hauptort des Tales (siehe Info-Kasten »Ruhetag in Brage/Manang«).

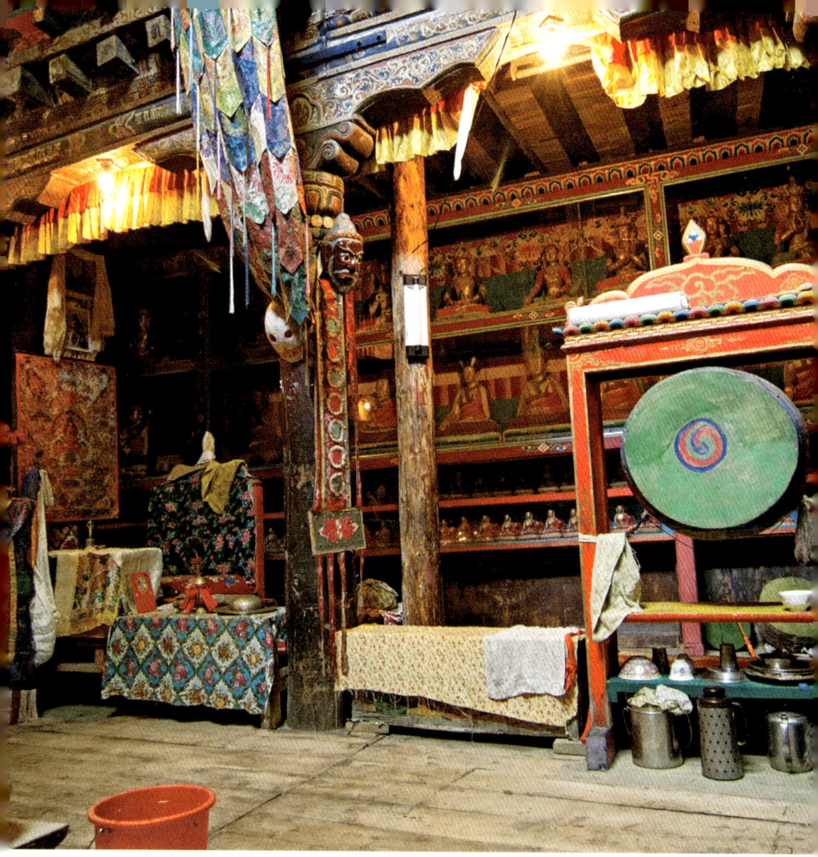

Zentraler Innenraum des Braga Monastery.

Flughafen Humde: *Laufen wir auf der Piste direkt von Pisang Richtung Manang, sehen wir von einer Anhöhe die Rollbahn des Flughafens bei Humde. Nehmen wir den Höhenweg über Ngawal, dann können wir die Rollbahn sehr gut von oben erkennen. Nicht wirklich groß ist das gelbe Flughafengebäude und seit etwa 2012 ist der Flugverkehr nach Pokhara und Kathmandu so gut wie eingestellt. Die Einheimischen bevorzugen wegen des deutlich günstigeren Preises den Transport per Jeep und so ist fraglich, wann und ob der Flugverkehr von Humde wieder aufgenommen wird.*

8 Manang – Yak Kharka

3.45 Std.

↑520 ↓40

Hinauf zur Yak-Alm

Heute lassen wir die natürlich besiedelte Gegend hinter uns und machen uns auf den Weg zum Pass. Auf dem Pfad nach Gunsang weitet sich der Blick auf die beeindruckende Eiswand des Tilicho Peak. Auch erkennen wir vom Weg die Häuser von Khangsar (am Beginn des Tilicho Lake Trek, siehe ab Seite 260). Von Gunsang ist der Blick atemberaubend: Annapurna II, Annapurna IV, Annapurna III und Gangapurna. Ab und zu hört man von fern das Krachen und Poltern des Gangapurna-Gletschers und manchmal sieht man auch Séracs abgehen. Dann zieht unser Weg immer weiter hinein in das Thorung-Tal. Und so erreichen wir die Hochalm Yak Kharka. In einer kleinen Nachmittagstour können wir die Yaks auf den großen Weideflächen beim Grasen beobachten, bis sie dann abends vor dem kleinen Ort zusammengetrieben werden. Um uns Schritt für Schritt an die ansteigende Höhe gewöhnen zu können, haben wir heute eine an sich sehr kurze Etappe vor uns. Laufen Sie also langsam und machen Sie genug Pausen!

Das linke Tal führt zum Tilicho Lake, das rechte zum Thorung La. Im Hintergrund sind die mächtigen Eisflanken von Grande Barrière (links) und Tilicho Peak (rechts) zu erkennen.

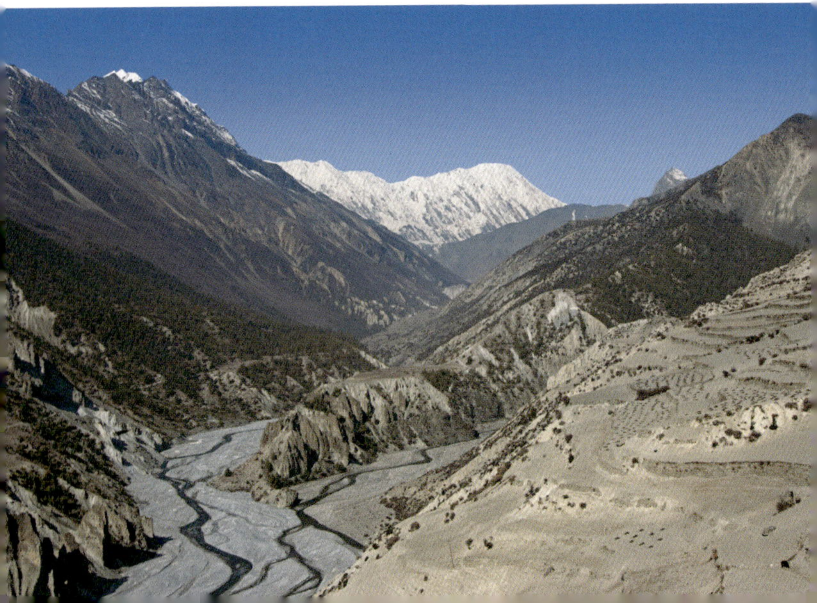

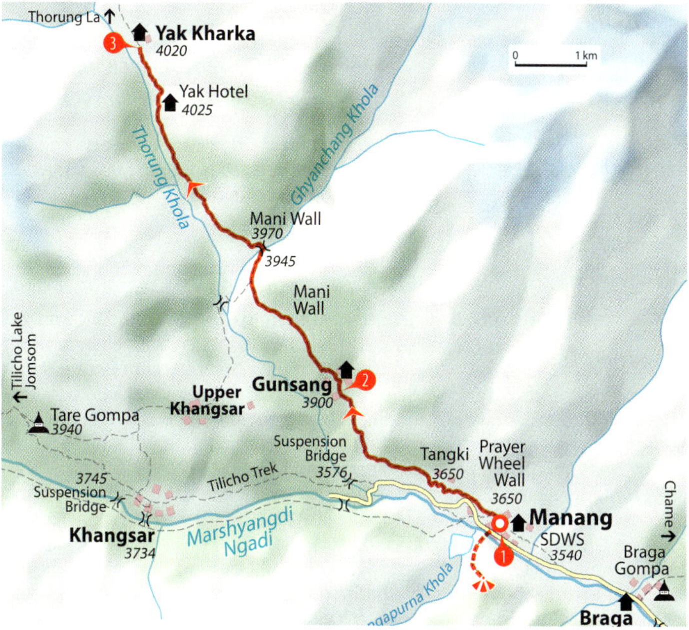

Ausgangspunkt: Manang, 3540 m.
Entfernung: 9,8 km.
Anforderungen: Einfacher Wanderweg. Orientierung problemlos. Die Höhe macht sich bemerkbar.
Einkehr: In den Lodges entlang des Wegs.
Unterkunft: Gunsang: 1 Lodge, perfekter Ausblick. – **Yak Hotel:** Kurz vor Yak Kharka. – **Yak Kharka:** 3 größere und mehrere kleine Lodges.
Tipp: Wir können die Tour etwas ausweiten, von Manang zur sehenswerten Ortschaft Khangsar wandern und am nächsten Tag den Weg von Khangsar nach Yak Kharka nehmen. Dadurch auch bessere Akklimatisierung. Wegbeschreibung siehe Tilicho Lake Trek ab Seite 260.

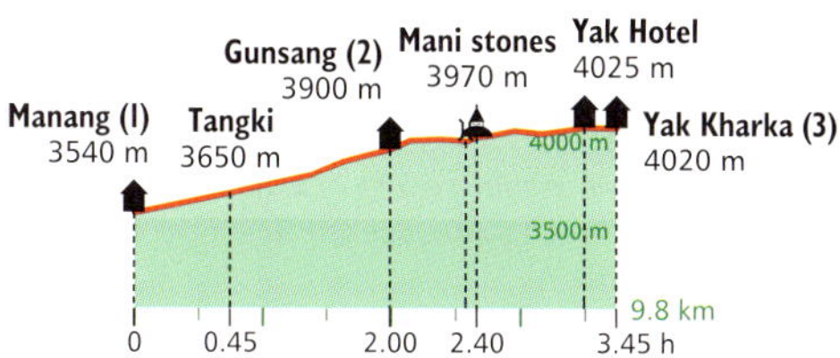

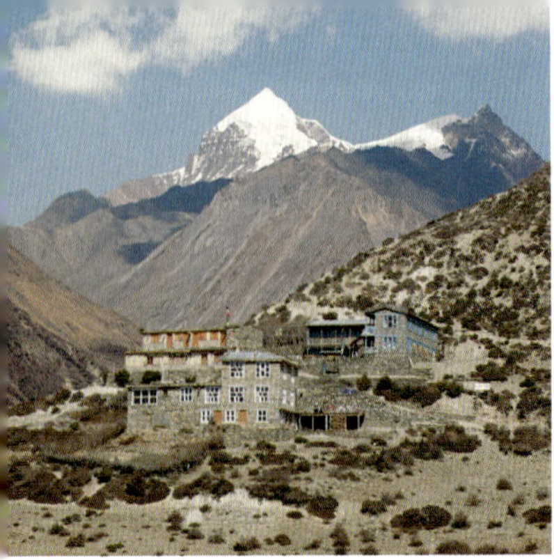

Lodges von Gunsang.

In **Manang (1)**, 3540 m, weisen uns mehrere Schilder durch den alten Ort Richtung Thorung La. Nach dem Ortsausgang steigt der Weg stetig an und führt durch sauber angelegte Felder, die von Steinmauern eingesäumt sind. Nach 45 Min. erreichen wir **Tangki**, 3650 m. Von der weißen Chörte am Ortseingang bietet sich ein fantastischer Blick zurück auf Manang. Nach weiteren 1.15 Std. (stetig bergauf) gelangen wir nach **Gunsang (2)**, 3900 m. Wir können eine frühe Mittagsrast einlegen und den atemberaubenden Blick auf das Annapurna-Massiv genießen.
Ab hier führt der Weg nahezu eben am Hang entlang. Eine **Brücke**, 3945 m, führt uns über den Ghyanchang Khola. Von hier schauen wir auf die Nordwände des Chulu West (links) und den Chulu Central (Mitte). Nach einer Reihe von **Manisteinen**, 3970 m, befindet sich eine kleinere Lodge. Und schon bald darauf sehen wir unser Etappenziel: **Yak Kharka (3)**, 4020 m. 15 Min. vor dem Ortsanfang steht die Lodge **Yak Hotel**, 4025 m. Der Ort **Yak Kharka** ist eine Ansammlung von Lodges. Zur Akklimatisierung empfehlen wir am Nachmittag noch einen Spaziergang auf einen der umliegenden Hügel. 200–300 Hm sind ein guter Richtwert für diesen Ausflug.

i ***Yak:*** *Das Yak trägt den charmanten Beinamen »Grunzochse«. Es ist für die Bergbevölkerung im gesamten Himalayaraum ein enorm wichtiges Nutztier. Sein Nutzen ist dabei vielfältig: Der Yakdung (Kot) dient als Brennstoff für den Ofen sowie als Dünger für den Feldbau. Das Yak spendet außerdem Wolle, Leder, Milch und Fleisch, welches getrocknet eine besonders kräftigende Nahrung für den Winter darstellt. Außerdem fungiert das Yak natürlich als Last- und Reittier.*
Das Yak ist von sehr kräftiger Statur. Ein ausgewachsener Ochse kann bis zu 3,25 m Länge und eine Schulterhöhe von 2 m erreichen. Es ist sehr resistent und passt sich den extremen Bedingungen der Höhe an. Sein robuster Körper und sein dickes, dunkelbraunes bis schwarzes Fell dienen ihm dabei gleichsam als Wärmeisolierung. Aber auch sein gesamter Organismus hat sich an die oft extrem frostigen Temperaturen angepasst. Bei Kälte sinkt die Atemfrequenz auf 7 bis 15 Atemzüge pro Minute, sodass der Wärmeverlust minimiert ist. Falls es Ihnen also in Richtung Thorung La kalt werden sollte, denken Sie an die Yaks …

Yaks bei Yak Kharka.

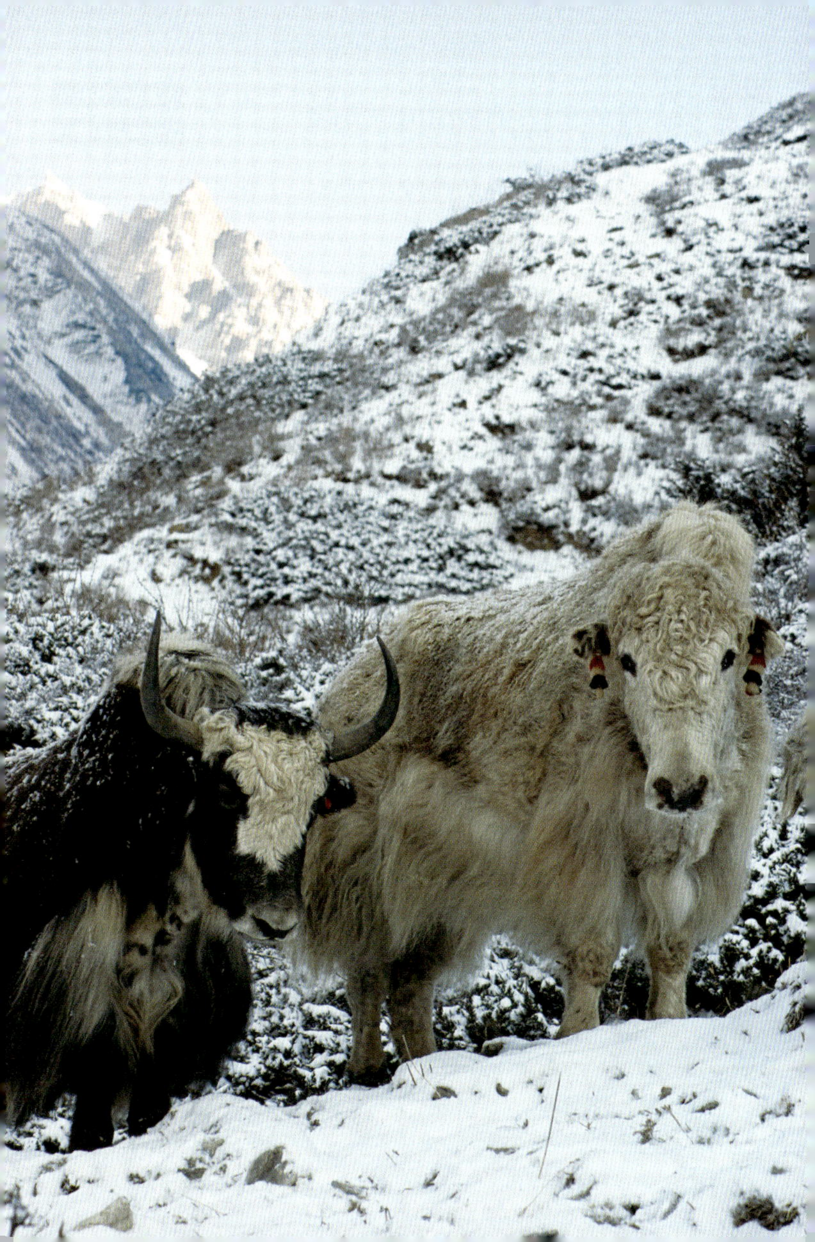

9 Yak Kharka – Thorung Phedi

3.15 Std.
↑540 ↓40

Im Schneckentempo nach Thorung Phedi

Auch die heutige Etappe ist sehr kurz und deshalb sollten wir uns wieder wirklich Zeit lassen! Der Weg führt über Almgelände und wir können immer wieder Yak-Herden beobachten. Bei Ledar erblicken wir das Chulu-Massiv. Aufgrund der ansteigenden Höhe müssen wir darauf achten, dass unser Puls nicht steigt und wir niemals außer Puste geraten. So erreichen wir nach gut 3 Stunden Gehzeit und vielen Pausen die höchste Unterkunft unserer Tour. Die Lodge-Ansammlung Thorung Phedi befindet sich direkt unterhalb des Thorung La. Von hier sehen wir einen Teil des morgigen Anstiegs und bekommen so schon eine Ahnung, was uns erwarten wird. Nach dieser kurzen Etappe sollte am Nachmittag noch ein Akklimatisierungsausflug auf dem Programm stehen, z. B. zum High Camp. – Lassen Sie sich abends im Gastraum nicht von den Panikattacken und dem packungsweisen Diamox-Verzehr der anderen Trekker verrückt machen! Wenn schon Doping, dann probieren Sie doch das Hausmittel der Einheimischen: extrastarke Knoblauchsuppe. Schaden kann das zumindest nicht! Und denken Sie daran, viel trinken – auch wenn das Trinkwasser hier ab und zu erst geschmolzen werden muss.

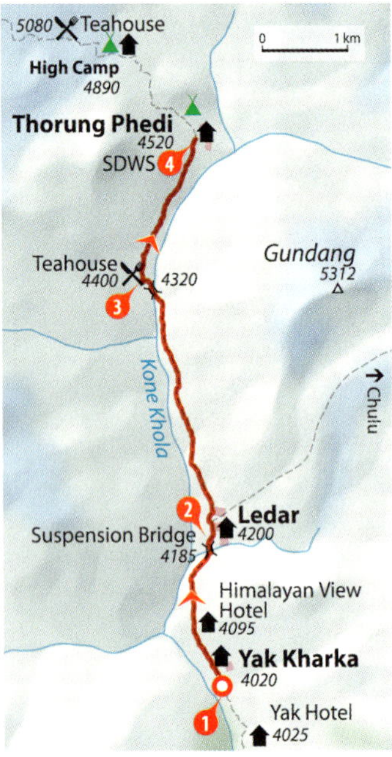

Ausgangspunkt: Yak Kharka, 4020 m.
Entfernung: 7,1 km.
Anforderungen: Meist einfacher Wanderweg, teils ausgesetzte, abschüssige Passagen; nach der Brücke steinschlaggefährdet. Orientierung problemlos.
Einkehr: In den Lodges; Teehaus am Ende des Aufstiegs.
Unterkunft: **Himalayan View Hotel:** Kurz nach Yak Kharka. – **Ledar:** 3 größere Lodges und kleine, gemütliche Hiunchuli Lodge. – **Thorung Phedi:** 3 sehr große Lodges, eine etwas oberhalb.
Tipps: 1. Die untere, größere der beiden Lodges in Thorung Phedi ist sehr gut organisiert, mit gemütlichem Essensraum und gutem Essen zu angemessenen Preisen. 2. Beachten Sie die Informationen zur Höhenkrankheit auf Seite 61!

Wir verlassen die Ansammlung von Lodges in **Yak Kharka (1)**, 4020 m, und steigen auf dem offensichtlichen Weg weiter hinauf. Dieser führt uns durch Felsblöcke über die aride Bergsteppe, die als Weideland für Ziegen und Yaks genutzt wird. An den trockenen Hängen können wir vor allem weibliche Yaks beobachten, die sich von den spärlichen Gräsern und Büschen ernähren. Vorbei an der Lodge **Himalayan View Hotel**, 4095 m, gewinnen wir stetig an Höhe. Wir achten immer darauf, unser eigenes Tempo und unseren eigenen Rhythmus zu finden. Immerhin befinden wir uns auf über 4000 m – eine Höhe, die wir in den Alpen nur an den höchsten Bergen antreffen. Bald überqueren wir eine **Hängebrücke**, 4185 m, und kommen nach knapp 1 Std. nach **Ledar (2)**, 4200 m, wo es einfache Lodges gibt. Hinter dem Ort schauen wir auf den erhabenen Chulu West, 6419 m. Nach 1.15 Std. ab Ledar überqueren wir den Fluss entweder auf einer Hängebrücke oder alternativ auf einer **Holzbrücke**, 4320 m. Nach der Holzbrücke erfolgt der anstrengendste Teil des heutigen Tages: Es geht ca. 100 Hm im Zickzack steil hinauf, was einen in dieser Höhe durchaus außer Puste bringen kann, wenn man nicht langsam genug unterwegs ist. Kurz vor der Holzbrücke gibt es eine neue Hängebrücke. Benutzen wir diese, so können wir uns einen großen Teil des steilen Zickzack-Weges ersparen. Zur Belohnung warten auf jeden Fall oben ein **Teehaus (3)**, 4400 m, auf uns.

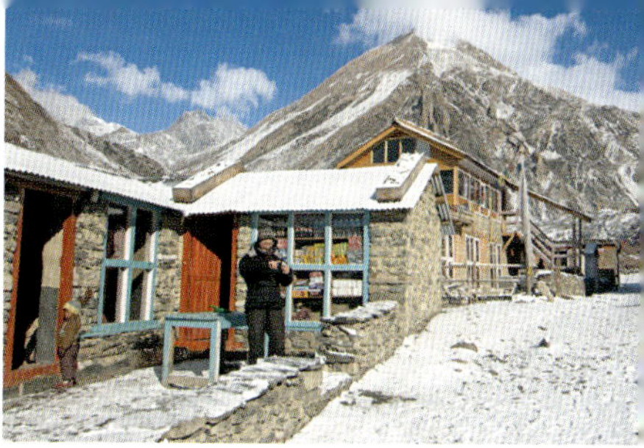

Yak Kharka.

Auf dem letzten Stück bis Thorung Phedi geht es relativ eben dahin und wir queren dabei den Hang aus recht splittrigem Gestein. Hier ist der Weg aufgrund von häufigen Erdrutschen bisweilen nicht mehr befestigt. Vorsicht. Steinschlaggefahr!

Nach etwa 45 Min. erreichen wir **Thorung Phedi (4)**, einen Komplex von drei großen Lodges. Stellen Sie sich darauf ein, dass es wegen der Kälte meist kein fließendes Wasser gibt.

Zur Akklimatisierung empfehlen wir am Nachmittag einen Ausflug zum High Camp am Weiterweg zum Thorung La (Höhenunterschied 300 Hm, gut 1 Std. Aufstieg) und so lernen wir diesen Streckenabschnitt schon bei Tageslicht kennen. Oben können wir kurz einkehren.

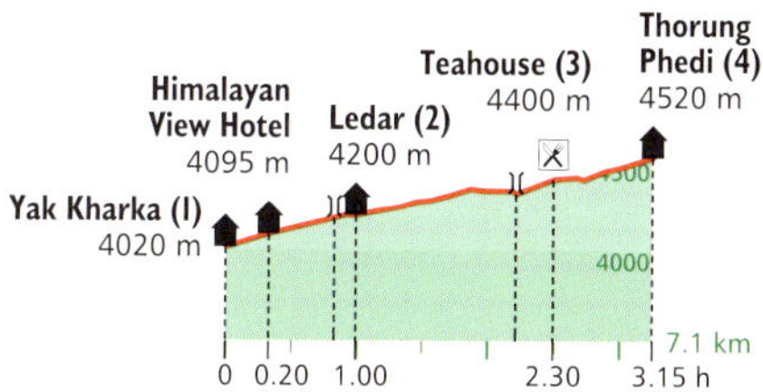

10 Thorung Phedi – Muktinath

7.45 Std.

↑910 ↓1670

Königsetappe

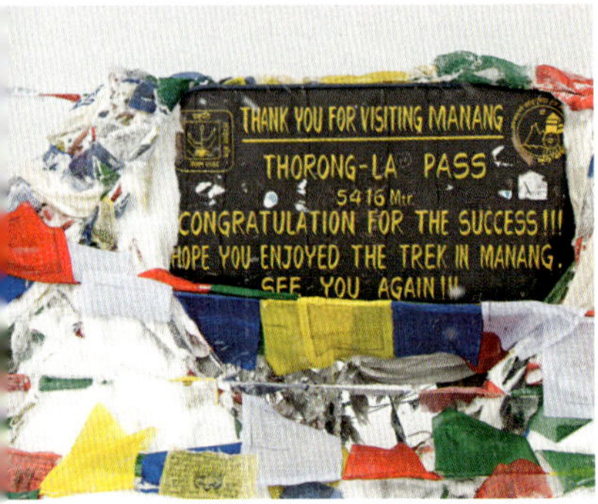

Höchster Punkt der Annapurna-Runde.

Heute ist es so weit! Noch im Dunkeln marschieren wir den steilen Hang zum High Camp hinauf. Nach dem Hochlager wird der Weg zwar flacher, aber bis zum Pass ist noch eine weite Strecke zurückzulegen. Aufgrund der Höhe kommen wir nur langsam voran. Immer wieder hoffen wir, dass der ersehnte Pass hinter der nächsten Kuppe auftaucht. Schnaufend, einen Schritt nach dem anderen, legen wir mühsam unsere Höhenmeter zurück. Irgendwann sehen wir dann endlich die ersten Gebetsfahnen am Thorung La, dem höchsten Punkt unseres Treks! Wir haben es geschafft: Eine Tafel inmitten vieler bunter Gebetsfahnen heißt uns am Pass willkommen. Ein Moment, der uns nun schon seit Tagen beschäftigt! Und den wir sicher so schnell nicht vergessen werden! Nun geht es für die nächsten Tage nur noch bergab in die ganz andersartige, noch kargere Landschaft des oberen Kali-Gandaki-Tals. Nach dem langen Abstieg freuen wir uns auf das freundliche Muktinath – das Pilgerziel vieler Hindus und Buddhisten aus ganz Nepal und Indien.

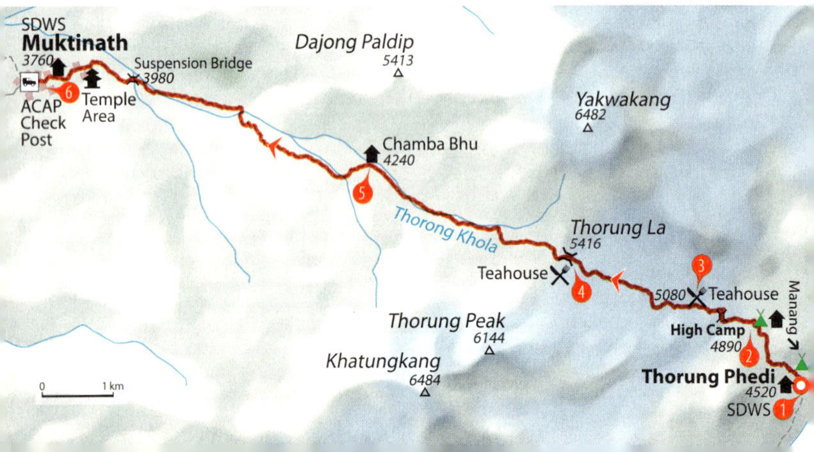

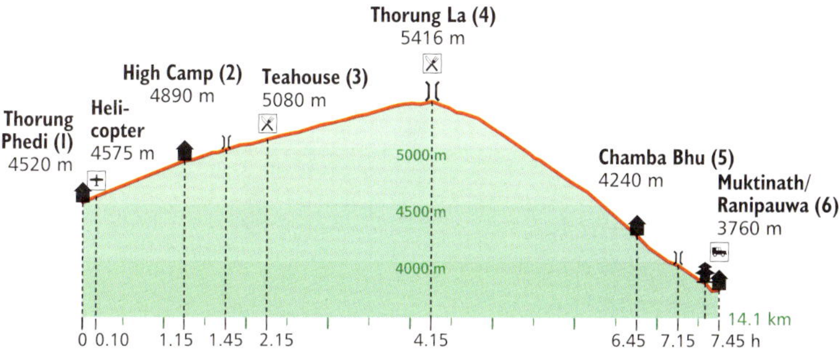

Ausgangspunkt: Thorung Phedi, 4520 m.
Entfernung: 14,1 km.
Anforderungen: Lange, und schon wegen der Höhe sehr anstrengende Etappe. An keiner Stelle technisch anspruchsvoll, aber bei Schneefall, Nebel etc. kann es zu erheblichen Orientierungsschwierigkeiten kommen; zur Wegfindung sind große weiß-schwarze Markierungsstangen angebracht. Bei Schlechtwetter am besten in Thorung Phedi auf Besserung warten.
Einkehr: In den Lodges; Teehäuser auf ca. halbem Weg zum Pass und am Thorung La. – SDWS in Muktinath.
Unterkunft: **High Camp:** Einfache Lodge. – **Chamba Bhu:** 4 Lodges. – **Muktinath:** Zahlreiche Lodges; am Ortseingang Hotel Marley für »Partytrekker« das eher einfache, gemütliche Kailash Hotel und etwas schicker am Ortsausgang nach dem Checkpost das Hotel North Pole oder Royal Mustang. Die meisten Unterkünfte in Muktinath verfügen über eine heiße Dusche mit gasbetriebenem Durchlauferhitzer.
Hinweis: Eigentlich heißt nur der Tempelkomplex Muktinath. Für die Pilger und Touristen ist 15 Min. unterhalb des Komplexes ein Ort mit Übernachtungsmöglichkeiten entstanden, der zwar eigentlich Ranipauwa heißt, aber oft ebenfalls Muktinath genannt wird.
Tipps: 1. Aufgrund des starken Windaufkommens (kalter Wind!) ab dem frühen Vormittag empfehlen wir einen zeitigen Aufbruch von Thorung Phedi, je nach Kälte zwischen 4 und 6 Uhr. Falls wir am Nachmittag davor zur Akklimatisation schon zum High Camp aufgestiegen sind, sollte der Wegverlauf dorthin auch bei Dunkelheit kein Problem darstellen. Ansonsten lässt sich der Weg auch relativ gut finden, da er mit mehreren Steinmännchen markiert ist und man sich in der Regel auch bei Dunkelheit in die Schlange der Trekker einreihen kann.
2. Stirnlampe!
3. Auf den Speisekarten einiger Lodges in Muktinath/Ranipauwa finden Sie »Yak Steaks«. Ziemlich sicher wird das Büffelfleisch aus Pokhara sein, weil es viel zu wenig Yaks gibt, um die Nachfrage decken zu können. Schmecken tut es trotzdem!

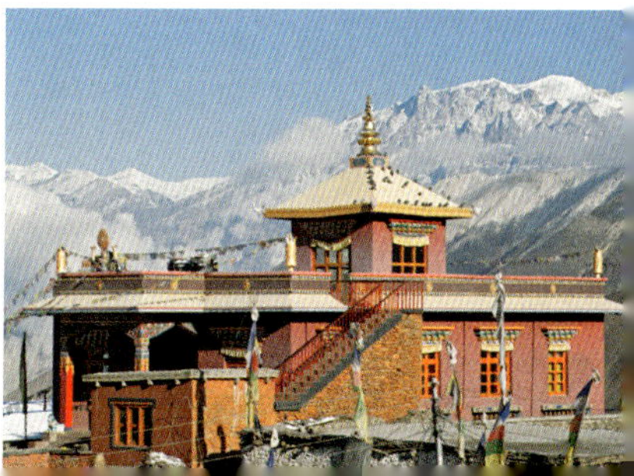

Tschen Kunga Choeling Gompa.

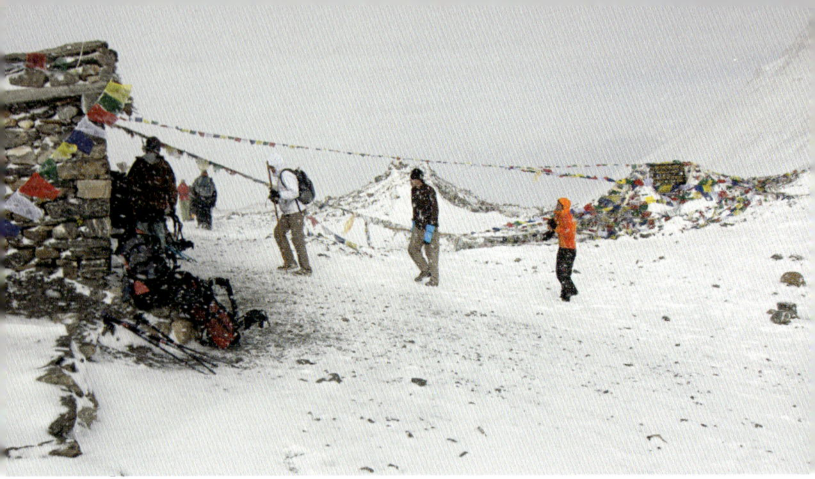

Im Steinhäuschen links gibt es warmen Tee und Schokolade auf 5416 Metern!

Von **Thorung Phedi (1)**, 4520 m, steigen wir von Anfang an stetig auf einem schottrigen Pfad bergan. Nach wenigen Minuten lassen wir rechts einen kleinen **Helikopterlandeplatz**, 4575 m, liegen; die zahlreichen Serpentinen erleichtern uns den ohnehin anstrengenden Anstieg. Später führt der Weg eher durch Blockgelände und kurz vor dem High Camp muss eine kleine Felsstufe überwunden werden, was aber unproblematisch ist. In gut 1.15 Std. erreichen wir im Schneckentempo das **High Camp (2)**, 4890 m. Die Lodge bietet für 150 Personen Übernachtungsmöglichkeiten (eventuell Teepause einlegen). Den steilsten Anstieg haben wir mit dem Erreichen des High Camps gemeistert, aber der Weg bis zum Pass wird sich noch ziehen und unsere Geduld und Willenskraft in Anspruch nehmen.

Ab hier finden wir zur Markierung des Wegverlaufs in größeren Abständen weiß-schwarze Metallstangen. Gut 30 Min. nach dem High Camp hilft uns eine Metallbrücke über einen kleinen Bach und nach weiteren 30 Min. kommen wir an einem **Teehaus (3)**, 5080 m, vorbei. Hier wird oft auch ein Pony Service über den Pass angeboten (200 US$ – handeln!). Der Weg führt weiter immer wieder über Schotterkuppen und bei jeder Kuppe wird die Hoffnung größer, dass nach dieser der Pass erscheint. Aber der Weg zieht sich und nach einer Kuppe folgt die nächste Kuppe. Erst nach etwa 2.30 Std. vom High Camp ist der Pass endlich zu sehen. Jetzt ist es wirklich nicht mehr weit und wir erkennen auch schon die zahlreichen Gebetsfahnen am Pass, die im Wind flattern und den magischen Ort schmücken.

Mit dem **Thorung La (4)**, 5416 m, haben wir den höchsten Punkt unserer Annapurna-Umrundung gemeistert und er gehört sicherlich auch vom Erleb-

niswert zu den Höhepunkten unserer Tour. Ein Foto von den Gebetsfahnen und dem Schild am Pass ist ein Muss! Direkt am Pass befindet sich auch ein kleines Teehaus, das zur Hauptsaison im Frühling und Herbst in der Regel geöffnet ist.
Nach dem Aufstieg zum Pass erwartet uns jetzt ein langer (gut 3.30 Std.) und anstrengender Abstieg. Auch auf dieser Seite des Passes (W) helfen uns weiß-schwarze Stangen bei der Wegfindung, was besonders bei Schneefall eine große Erleichterung ist. Von einer Art Aussichtsplattform blicken wir hinunter ins Kali-Gandaki-Tal und rechts schauen wir hinein nach Mustang (siehe Seite 165). Schon bald kommen wir an ein paar Ruinen vorbei, steigen einen steileren Absatz hinunter und gelangen zu ein paar sehr einfachen Restaurants, die auch Übernachtungsmöglichkeiten (aber wirklich sehr einfach) bieten, und zur Ortschaft **Chamba Bhu (5)**, 4240 m, gehören. Die Lodges sind z. T. nur zur Saison geöffnet.. Von hier können wir den weiteren Wegverlauf einsehen. Wir steigen weiter bergab und überqueren bald nach rechts eine Kiesreiße. Nach einer Weile geht es zurück von rechts nach links und es ist nicht mehr weit bis zu einer **Hängebrücke**, 3980 m. Von hier führt der Weg in etwa 20 Min. zum ummauerten **Tempelkomplex**, 3825 m, von Muktinath, etwas oberhalb des Ortes. An diesem vorbei erreichen wir unser Etappenziel **Muktinath/Ranipauwa (6)**, 3760 m.
Offiziell trägt nur der Tempelkomplex den Namen Muktinath. Für die vielen Pilger und später auch Touristen ist etwas unterhalb der Tempel eine Ortschaft mit Übernachtungsmöglichkeiten entstanden. Diese trägt den Namen Ranipauwa, wird aber sehr häufig auch Muktinath genannt. Daher verwenden wir die Bezeichnung »Muktinath/Ranipauwa«. Ranipauwa erhielt seinen Namen aufgrund des großen Pilgerhauses, das eine Königin Ende des 19. Jh. bauen ließ. *Rani* steht für Königin und *Pauwa* für Pilgerhaus. Heute befindet sich im Pilgerhaus der Polizei-Checkpost.
In der Dorfmitte gibt es einen ACAP Checkpost, eine Safe Drinking Water Station und eine Health Care Station. Direkt im Ortskern befindet sich eine rote Gompa, die Tschen Kunga Choeling Gompa (fünf Jahre Bauzeit, 2007 fertiggestellt; zeitweise geschlossen).

i ***Sprechende Namen:*** *Die Namen der Orte rings um uns verraten meist schon sehr viel über ihre Beschaffenheit. So heißt z. B. »la« »großer Pass«, wohingegen »deorali« eher einen »kleinen Pass« bezeichnet. Mit dem Thorung La überwinden wir also sogar aus Sicht der Einheimischen einen hohen Pass. Denn Höhe ist in diesem Land ja relativ! »Phedi« steht für »Fuß eines Hügels« und findet sich häufig in Ortsbezeichnungen, wie z. B. in Thorung Phedi. »Danda«, wie in Bahundanda, bezeichnet einen Hügel oder eine Hügelkette. »Tal«, wie das gleichnamige Dorf auf Etappe 3, bedeutet so viel wie See und »Ngadi« (siehe Etappe 1), heißt aus dem Nepalesischen übersetzt »Fluss«.*

i **Tempelanlage Muktinath:** *Die Tempelanlage von Muktinath ist ein Pilgerziel für Buddhisten ebenso wie für Hinduisten. Für Letztere ist es nach Pashupatinath das wichtigste Pilgerziel in Nepal. Und so begegnen wir hier Gläubigen aus ganz Nepal und Indien. Es gibt sogar einen Helikopter-Landeplatz, damit die Betuchteren unter ihnen eingeflogen werden können.*
Die Besonderheit dieser Tempelanlage befindet sich unterirdisch: Unter dem Jwala-Mai-Tempel treten ganz nah beieinander Wasser und Erdgas aus dem Boden. Um dieses Naturwunder zu besuchen, müssen wir unsere Schuhe ausziehen und dürfen dann in den dunklen Hauptraum des Tempels, um unterhalb des Altars die kleine blaue Flamme neben dem aus dem Erdboden tropfenden Wasser hinter einem Gitter zu bestaunen. Kein Wunder, dass solch eine Einzigartigkeit der Natur beide Religionen gleichermaßen anlockt. Bewundernswert ist das friedliche Nebeneinander der Gläubigen beider Religionen. Sie teilen nicht nur das Tempelgelände, viele religiöse Stätten sind gleichsam miteinander verschmolzen. So manch andere Weltreligion könnte hier noch einiges lernen …

Vorne rechts der Tempelkomplex von Muktinath. Das Tal dahinter führt rechts hinauf zum Thorung La.

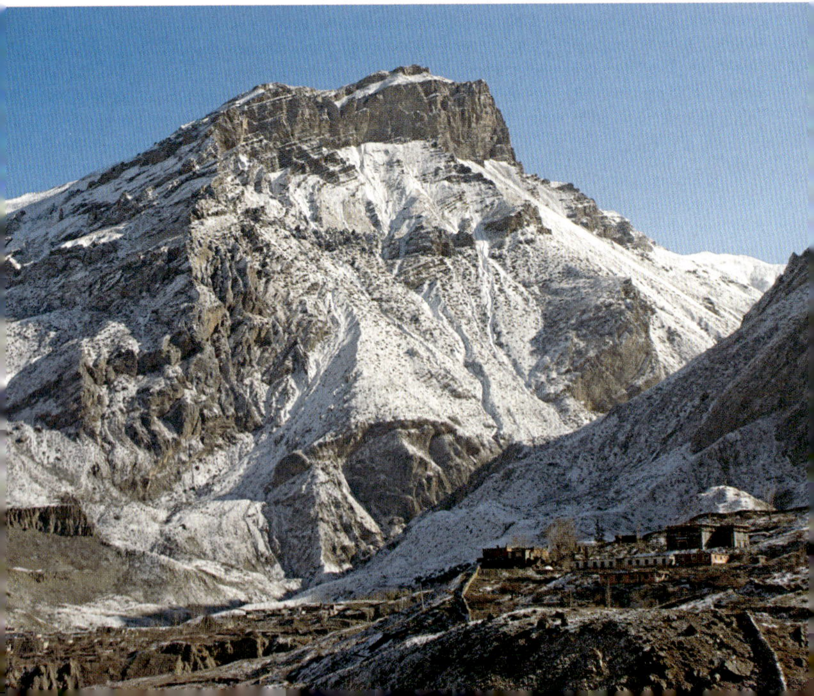

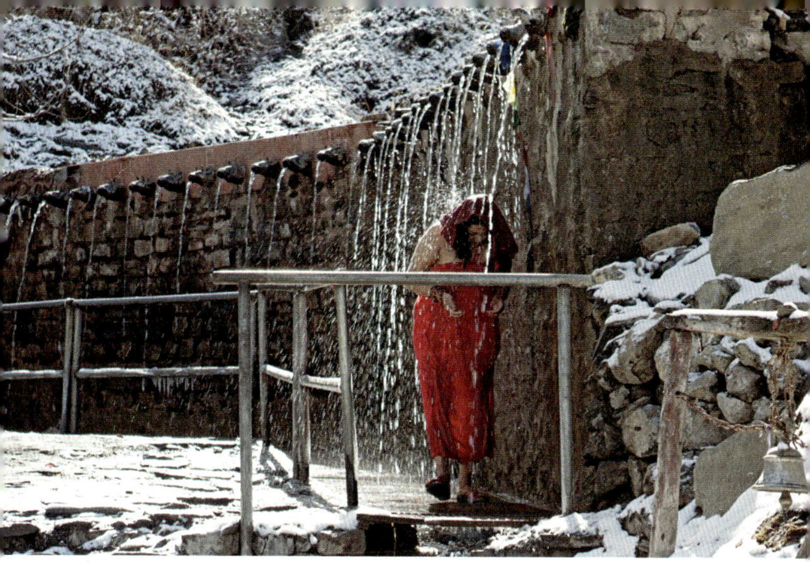

108 Kuhköpfe spucken eiskaltes Wasser …

Ein weiterer wichtiger Tempel dieses Komplexes ist der Vishnu-Tempel. In seinem Hof befinden sich zwei Wasserbecken, in denen die Gläubigen ihr reinigendes Bad nehmen. Nebenan sind im Halbkreis 108 Wasserspeier (Kuhköpfe) angeordnet, unter denen die Pilger selbst bei eisigen Temperaturen hindurchlaufen. Die Zahl 108 ist eine heilige Zahl: Die buddhistischen Schriften, Kanjur, und die dazugehörigen Kommentare, Tanjur, bestehen aus 108 Bänden. Ein Gebetskranz besitzt 108 Perlen, große, bedeutende Klöster bestehen aus 108 Gebäuden und Frauen flechten ihr Haar zu besonderen Anlässen zu 108 Zöpfen.
Auf dem gesamten weitläufigen Areal finden Sie eine Menge religiöser Artefakte. Eine Vielzahl weiterer Tempel ist über das mit Steinmauern gesäumte Gelände verstreut. Aufeinander geschichtete Steine zieren den Garten. Gebetsfahnen wehen über unseren Köpfen. Kleine Glocken sind am Eingang, aber auch neben vielen Tempeln zu sehen. Im unteren Bereich könnten Sie im Darshan Memorial Garden sogar einen Baum zu Ehren einer Person anpflanzen und sich Fotos von seinem Wachsen zuschicken lassen. Vom gesamten Gelände kann man das geniale Panorama auf Dhaulagiri, Nilgiri und weitere bekannte und weniger bekannte Bergriesen bewundern, was die feierliche Atmosphäre dieses heiligen Ortes unterstreicht.
Der Eintritt in die Tempelanlage ist frei, eine Spende in den Tempeln ist jedoch erbeten.

Dhaulagiri: *Dhaulagiri bedeutet übersetzt »Weißer Berg«. Zwischen den beiden Achttausendern Dhaulagiri und Annapurna I liegt die tiefste Schlucht der Erde, das Kali-Gandaki-Tal. Die beiden Gipfel sind gerade mal gut 30 km voneinander entfernt. Der Dhaulagiri mit seinen 8167 m ist der siebthöchste Berg der Erde und war 1950 einer der ersten Achttausender, dessen Besteigung versucht wurde. Doch das damalige französische Team mit Maurice Herzog (siehe Infokasten Annapurna auf Seite 222) wendete sich nach gescheiterten Versuchen und längeren*

Die Häuser von Muktinath/Ranipauwa und hinten links Dhaulagiri mit 8167 m.

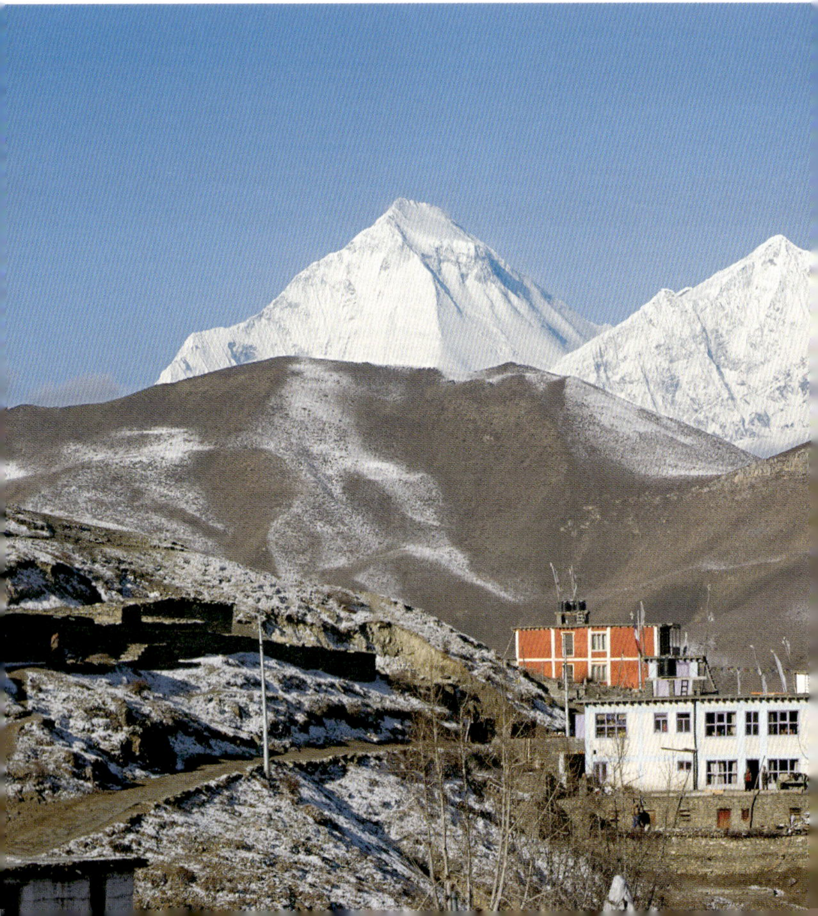

Überlegungen der Annapurna zu. Erst zehn Jahre später, also 1960, konnte der Gipfel des Dhaulagiri bezwungen werden. Das Besondere an der erfolgreichen internationalen Expedition unter der Leitung des Schweizers Max Eiselin war, dass sie mithilfe eines Kleinflugzeuges durchgeführt wurde. Ein Prototyp der Maschine Pilatus Porter PC-6 wurde auf den Namen »Yeti« getauft und kam dann im Frühling 1960 am Dhaulagiri zum Einsatz. Die beiden erfahrenen Gletscherpiloten Ernst Saxer und Emil Wick flogen mit der Maschine, beladen mit Ausrüstung und Expeditionsteilnehmer, ins Basislager 2 auf eine Höhe von etwa 5700 m. Für diese höchstgelegene Landung mit einem Starrflügel-Flugzeug gab es sogar einen Eintrag ins Guinness-Buch der Rekorde. Bei einem der vielen durchgeführten Startmanöver in dieser extremen Höhe kam es am 5. Mai zu einem Absturz, bei dem aber niemand verletzt wurde. Am 13. Mai standen dann sechs Teilnehmer der Expedition – Kurt Diemberger, Peter Diener, Ernst Forrer, Albin Schelbert sowie die beiden Sherpas Nawang Dorje und Nyima Dorje als erste auf dem Gipfel. Am 23. Mai gelang dies mit Michel Vaucher und Hugo Weber noch zwei weiteren Expeditionsteilnehmern. Als Aufstiegsroute wurde der Nordostgrat gewählt, der heute immer noch als Normalweg auf den Gipfel gilt. Das Basislager befindet sich in der Nähe des Chhonbarban-Gletschers, den man z. B. vom Kali-Gandaki-Tal über den French Pass mit 5334 m erreichen kann. Dieser Weg vom Tal hinauf zum Pass ist auch ein Teil der anspruchsvollen Dhaulagiri-Umrundung.

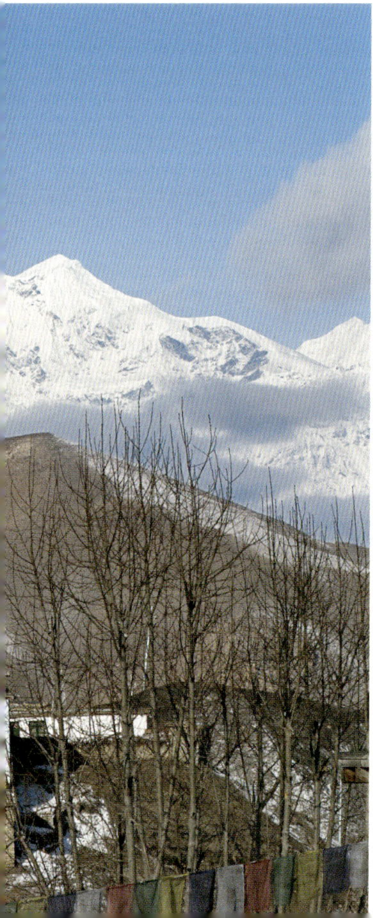

Lange Zeit galt der Dhaulagiri als höchster Berg der Erde, was sich aus Messungen in den Jahren nach 1800 ergab. Nach der Vermessung des Kangchendzönga (im Osten Nepals) im Jahre 1838 wurde dieser als höchster Berg der Erde gehandelt, bevor schließlich mit dem Mount Everest (8848 m) die tatsächlich höchste Erhebung festgelegt wurde.

11 Muktinath – Kagbeni

2.45 Std.

↑0 ↓910

Hinunter in die grüne Oase

Heute steigen wir weiter hinab ins obere Kali-Gandaki-Tal. Unsere Beine können sich auf einfachen Wegen, meist Piste mit kleinen Abkürzungen, vom langen Vortag erholen. Durch den kleinen, auf einem Felsriegel erbauten Ort Jharkot gelangen wir schließlich zur grünen Oase Kagbeni, unserem heutigen Etappenziel. Kagbeni heißt so viel wie »Riegel« oder »Bug« bei den zwei Flüssen: »kag/ghag« ist das Zentrum und »beni« der Zusammenfluss zweier Flüsse, nämlich dem Kali Gandaki und dem Jhong River. Der Kali Gandaki ist einer der wenigen Flüsse, die den Himalaya-Hauptkamm durchbrechen. Er entspringt in Tibet und mündet dann in der Nähe des Chitwan-Nationalparks in den Trisuli. Kagbeni liegt aber nicht nur an der Schnittstelle zweier Flusstäler, es stellt auch das Tor zum Königreich Mustang dar (siehe Infokasten Seite 165). Aufgrund seiner Lage ist Kagbeni historisch betrachtet ein wichtiger strategischer Punkt, da hier die zwei Täler, das von Muktinath und das von Upper Mustang, zusammentreffen. Dies war zur Zeit des Salzhandels von besonderer Bedeutung. Und auch der Grundriss des Dorfes mit seinen zu einer Stadtmauer zusammengebauten Häusern und den drei Eingangstoren ins Zentrum zeugt von seiner exponierten Position. Heute ist Kagbeni ein lebendiger Ort, in dessen mittelalterlichem Straßengewirr man sich leicht verlaufen kann. Tiere werden durch die Gassen getrieben, gefüttert und bepackt, die Ernte wird eingeholt und weiterverarbeitet. Wir sehen das Dorf schon von weit oben, mit seinen grünen Gerstenfeldern und Obstbäumen, die rings um die aus Stein und Lehm erbauten Häuser leuchten.
Von Muktinath beschreiben wir auch zwei Alternativwege. Der eine verläuft etwas nördlich zum Hauptweg, er ist etwas weiter, länger und einsamer, führt durch die sehenswerte Ortschaft Dzong und hat ebenfalls Kagbeni zum Ziel. Der zweite führt südlich des Hauptweges durch das Lupra-Tal, kürzt etwas ab und verläuft dann direkt weiter nach Jomson. Bei dieser Variante gelangen wir also nicht nach Kagbeni.

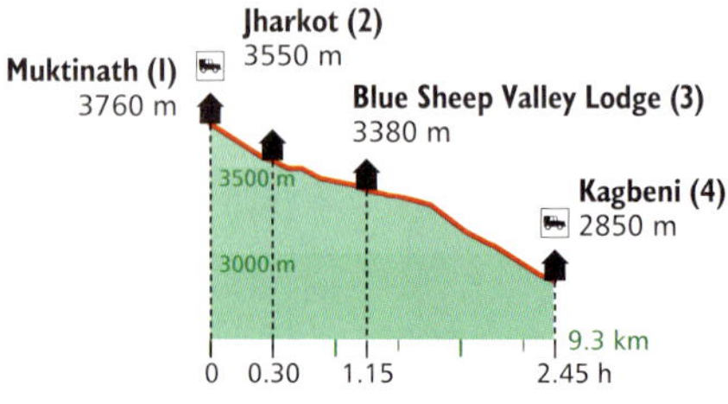

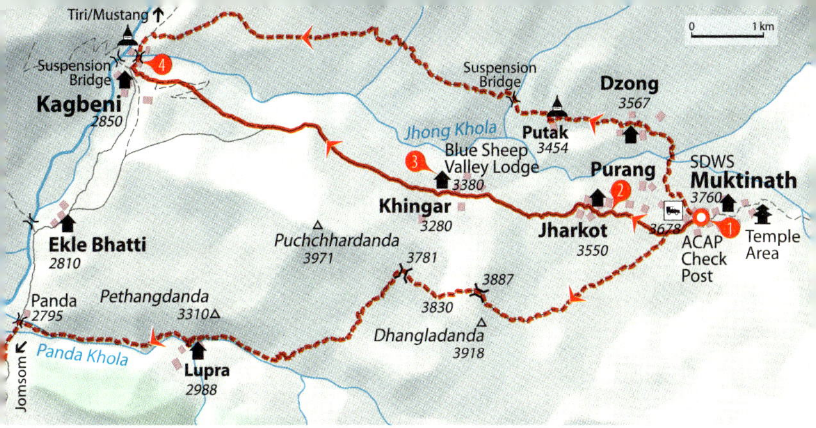

Ausgangspunkt: Muktinath, 3760 m.
Entfernung: 9,3 km.
Anforderungen: Meist Piste mit zahlreichen Abkürzungen auf kleinen Wanderpfaden. Achtung, die Abkürzungen können leicht übersehen werden!
Einkehr: In allen Lodges am Weg. – SDWS in Kagbeni.
Unterkunft: **Jharkot:** Mehrere einfachere Lodges. – **Kagbeni:** Zahlreiche Lodges; die traditionelle Red House Lodge eher in der Mitte des Dorfes ist eine besondere Unterkunft, weil das Gebäude sehr alt ist und sogar über einen eigenen Altarraum mit Buddhastatue verfügt; weitere sehr luxuriöse Unterkunft ebenfalls mit dem Namen Red House; mehr Komfort bieten die beiden großen Lodges (Asia Lodge und Annapurna Lodge) am Dorfende in Richtung Jomson, von beiden hat man einen tollen Blick auf das Tal und die Nilgiri-Berge. Zu empfehlen ist auch die Yak Donald Lodge, sehr gutes Essen. – **Dzong** (Variante): 3 Lodges, alle sehr einfach, nur wenige Zimmer; gleich am Ortsbeginn links das Mustang Lion Hill Guest House; gegenüber des Dorfbrunnens das Tashi Deling Guest House mit einem kleinen Laden; das Milano Guest House am Pfad Richtung Kloster (mit tollem Ausblick auf den Thorung La) Übernachtung in Gompa wegen Renovierungsarbeiten (Stand 2018) nicht möglich. – **Lupra** (Variante): Dakar Lodge.
Verkehrsmittel: Jeeps von Muktinath/Ranipauwa nach Kagbeni bzw. Jomson (ca. 500 NPR; Abfahrt 9.00 und 12.00 Uhr).
Tipp: Ca. 30 Min. nördlich von Kagebni liegt der sehenswerte kleine Ort Tiri. Bis vor Kurzem war er, weil er in Mustang (siehe Seite 165) liegt, für Touristen nicht zugänglich. Jetzt darf Tiri ohne spezielle Genehmigung besucht werden. Es befindet sich auf der westlichen Seite des Kali Gandaki. Meistens kann der Fluss auf kleinen, provisorischen Holzbrücken überquert werden. Der Besuch von Tiri lohnt sich!
Varianten: Der beschriebene Hauptweg verläuft auf der Jeep-Piste. Falls Sie etwas Zeit haben, empfehlen wir auf jeden Fall einen der zwei Alternativwege (beide Wege sind mit Markierungen versehen): Alternativweg nach Kagbeni (Variante-Dzong) oder direkter Weg nach Jomson (Variante-Lupra), Beschreibung siehe Seite 160 und 163.

Wir verlassen **Muktinath (1)**, 3760 m, auf dem breiten Hauptweg Richtung Westen. Am Ortsausgang befindet sich der Platz, an dem die Jeeps für die Fahrt nach Kagbeni bzw. Jomson bereitstehen. Dem Verlauf dieser sandigen

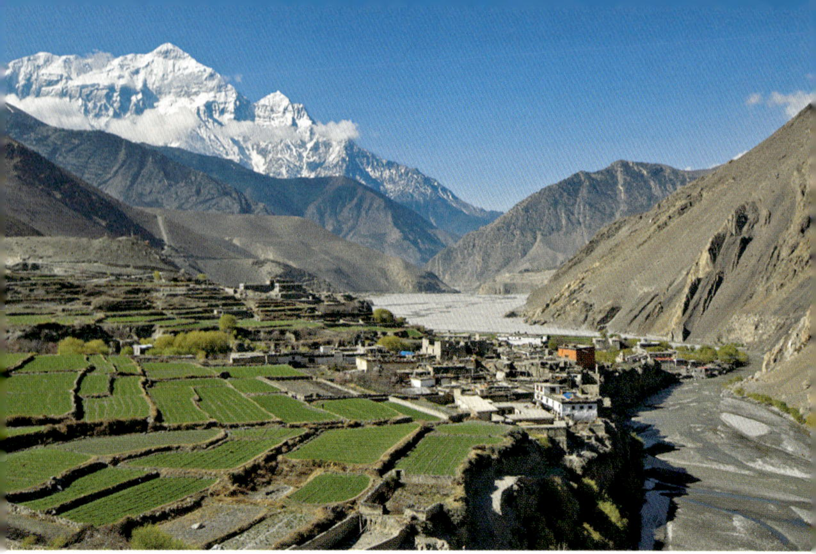

Die grüne Oase Kagbeni, Kali Gandaki und Nilgiri North (7061 m).

Piste werden wir heute folgen, aber auch mehrmals auf schmalen Pfaden abkürzen. Vor uns am Horizont dominiert unverkennbar der gewaltige Dhaulagiri mit seinen mehr als 8000 m. Schon bald hinter Muktinath blicken wir auf die Ortschaft Jharkot hinab, die auf einem Felsblock errichtet wurde. Die Straße führt am Ortskern vorbei. Wir wollen uns jedoch den sehenswerten Ort nicht entgehen lassen und nutzen am Ortseingang einen Pfad, der uns rechts ab von der Piste direkt in den Ort **Jharkot (2)**, 3550 m, bringt. Die rustikal wirkende Ortschaft bietet mehrere Einkehrmöglichkeiten und ebenfalls ein paar eher ältere und einfachere Übernachtungsmöglichkeiten. Für die Besichtigung der Gompa werden 100 NPR kassiert. Dafür kann man sich dort über 550 Jahre alte Bilder anschauen und ein Mönch bietet eine Art Führung durch das Gebäude an.
Wir verlassen den Ort wieder auf der Piste. Doch schon etwa 5 Min. nach den letzten Häusern, nach einem kurzen Gegenanstieg, biegen wir von der Piste rechts ab auf einen schmalen gepflasterten Weg (Vorsicht: Abzweig ist nicht gut sichtbar und auch nicht markiert!). Dieser schmale Weg bringt uns hinunter zu schon sichtbaren Häusern und weiter, bis wir wieder den Fahrweg erreichen. Ein Dorf lassen wir dabei rechts unten liegen. Am Pistenrand befinden sich hier drei Einkehrmöglichkeiten und ebenfalls einfache Übernachtungsmöglichkeiten. Dazu zählt unter anderem die **Blue Sheep Valley Lodge (3)**, 3380 m, die wir 45 Min. nach Jharkot erreichen (zudem: Hotel

Nirvana und Romeo & Juliet Lodge). Hier können wir die wirklich guten Momos zum Mittagessen empfehlen.
Im Vergleich zum Manang-Tal wirkt die Landschaft hier noch karger und trockener. In der Umgebung können wir immer wieder Höhlen erkennen, die in den Sandstein gehauen wurden. Unsere Umgebung wird wieder lebendiger: Yaks grasen auf den Weiden, Buchweizen, Gerste und Weizen wachsen auf Anbauterrassen, nach dem hier spärlichen Monsun bisweilen sogar Reis. Im Frühling sehen wir schon von Weitem die weißen Kirschblüten auf den Bäumen leuchten. Die restlichen 1.30 Gehstunden zu unserem Etappenziel Kagbeni verlaufen ab diesen drei Einkehrmöglichkeiten auf der Piste, wobei wir immer wieder kleine Abkürzungen finden. Starker Wind lässt den Weg so auf uns wirken, als ob wir bergan steigen würden.
Auf einer Art Plateau bleiben wir rechts von den Stromleitungen (die linke Piste führt direkt hinunter nach Ekle Bhatti und von dort weiter nach Jomson). Von einem weiteren Plateau haben wir einen beeindruckenden Ausblick auf das schöne Dorf Kagbeni, das direkt am Kali Gandaki liegt. Richtung Norden, direkt am Ortsende, liegt die Grenze zum geheimnisvollen Mustang (siehe Infokasten). Über der Ortschaft sehen wir einen Zickzack-Weg an einem steilen Hang verlaufen, der zu einem Aussichtspunkt mit dem Namen Sher Dhak führt (2.30 Std. von Kagbeni). Immer wieder kann sich unser Auge an dem so lange entbehrten Grün erfreuen, das rings um Kagbeni dank eines weit verzweigten Bewässerungssystems von den Feldern herleuchtet.
Nach dem letzten steilen Abstieg gehen wir rechts von der Piste ab, über ein kleines Rinnsal, auf einem mit Steinen eingemauerten Fußweg weiter. Der Weg führt uns schließlich zwischen Feldern hindurch. Nach links blicken wir auf den gewaltigen Nilgiri und das schöne Flussbett des Kali Gandaki. Nach rechts sehen wir Mustang und die Ortschaft **Kagbeni (4)**, 2850 m, deren Ortskern wir in wenigen Minuten erreichen.
Falls wir nach dieser kurzen Etappe noch nicht genug haben, können wir auf der gegenüberliegenden Talseite (westlich von Kagbeni) im Zickzack den Hang hinaufsteigen (2–3 Std. Aufstieg; je höher Sie steigen, desto besser wird der Weitblick). Von oben bietet sich ein sehr schöner Blick hinein nach Mustang und bis zur tibetischen Grenze. Oder Sie besuchen noch die Ortschaft Tiri (siehe »Tipp«).

i ***Kagbeni Monastery:*** *Im Häusergewirr von Kagbeni versteckt befindet sich das Kag Chode Thupten Samphel Ling Monastery. Das rote, an eine Festung erinnernde, aus Lehm und Stein erbaute Kloster wurde 1429 vom tibetischen Gelehrten Tenpai Gyaltsen erbaut. Es gehört der buddhistischen Sakya-Schule an. In der Mitte des Innenraumes steht eine bronzefarbene Statue des Sakyamuni Buddha mit seinen beiden Schülern Sariputra und Moggallana. Zu beiden Seiten des Buddhas stehen zwei weitere Statuen von Gelehrten der Sakya-Linie: zur Rechten der Sakya*

Pandita (1182–1251) und zur Linken Kunga Nyingpo (1092–1158). Viele der Bronzeikonen wurden nachweislich aus Tibet nach Kagbeni in das Kloster gebracht. Besonders stolz sind die Mönche auf ein 700 Jahre altes Buch, das in goldenen Buchstaben angefertigt wurde. Vom Dach des Klosters bietet sich ein überwältigender Ausblick in alle Himmelsrichtungen: ins Königreich Mustang im Norden, auf unseren Weiterweg entlang des Flussbettes des Kali Gandaki im Süden, auf das atemberaubende Bergpanorama, dominiert vom 7061 Meter hohen Nilgiri, sowie auf die Dächer des alten Ortes Kagbeni.
Bis ins 18. Jahrhundert lebten rund 100 Mönche aus Kagbeni und den umliegenden Dörfern im Kloster. Heute gehören nur noch 35 Mönche zur Gompa, von denen nur noch etwa fünf dauerhaft im Kloster leben. Die anderen reisen nach Indien und Kathmandu, um dort eine Ausbildung zu erhalten oder sich buddhistischen Studien widmen zu können. Das Kloster selbst besitzt Schlafgelegenheiten für Mönche. Der Bau einer Klosterschule wurde 2012 in Angriff genommen. Die jungen Mönche werden in der Klosterschule unterrichtet. Öffnungszeiten: 6.00 bis 18.00 Uhr.

Variante-Dzong: Von Muktinath/Ranipauwa über Dzong nach Kagbeni
3–3.30 Std., 11,3 km, Aufstieg 280 Hm, Abstieg 1060 Hm
Der oben beschriebene Hauptweg verläuft zum Teil auf der Jeep-Piste zwischen Muktinath und Kagbeni. Der Jeep-Verkehr hat auf diesem Teilstück noch nicht überhandgenommen; wer jedoch lieber abseits der Piste wandern will, findet im Folgenden die attraktive Wegalternative über die Ortschaft Dzong nach Kagbeni. Von Muktinath führen zwei Wege nach Dzong: Entweder wir nehmen die breite Piste nach Dzong (a), auf der jedoch kein wirklicher Jeepverkehr herrscht, oder wir wählen die weitaus kürzere und reizvollere Direktvariante (b), die in der Regel auch von den Einheimischen verwendet wird. Dabei handelt es sich aber um einen Weg, der kurzzeitig sehr steil ist und Orientierungsvermögen voraussetzt (GPS-Track steht zur Verfügung!). Bei Regen oder Nässe raten wir von diesem Weg ab.
a) In **Muktinath/Ranipauwa** (bei den Lodges) gehen wir zunächst wieder zurück in Richtung Tempelkomplex. Wir wandern aber dann nicht durch den großen Torbogen zur Tempelanlage hinauf, sondern halten uns vor diesem Torbogen links und folgen dem flachen Weg. Vorbei an einem kleinen Wasserkraftwerk kommen wir zur Jeep-Piste nach Purang, die wir überqueren. Wir steigen ab in das Flussbett, gelangen so zur schon sichtbaren Ortschaft **Chongur** und folgen der Dorfstraße bis zum Ende des Ortes. An einer Manimauer gehen wir rechts an einem Gebäude bergauf und halten uns oben links. Auf der Piste, vorbei an einem Schulgebäude, erreichen wir den größeren Ort **Dzong** (auch **Jhong** genannt), 3567 m.
b) Vom Tempelkomplex kommend laufen wir durch **Muktinath/Ranipauwa** auf der Piste am Hotel Mount Kailash vorbei und gehen direkt hinter Hotel und Bar California (rot-grünes Gebäude) rechts hinunter an einem Schild

»Purang/Dzhong« vorbei. Von hier aus folgen wir konsequent dem Verlauf der Stromleitung: Zunächst am kleinen Hospital vorbei, durchschreiten wir ein Tor, gehen bald rechts hinunter und halten uns dann links, überqueren die Jeep-Piste und betreten an einer Chörte rechts auf einem von Mauern eingefassten Weg den Ort **Purang**. Wir laufen bis zu einer Manimauer, gehen dort rechts, bleiben wiederum rechts von den Gebetsmühlen und gehen geradeaus weiter, bald an einem Bewässerungskanal für die Reisfelder entlang.
An einem Bächlein angekommen, können wir nach dessen Überquerung entweder gleich links hinuntergehen, oder wir wandern ein Stück geradeaus weiter und in einem Linksbogen über das Feld zum Bächlein zurück. Bald können wir schon den Weiterweg und Dzong sehen; ein guter Platz, um sich den nicht einfach zu findenden Wegverlauf gut einzuprägen: Durch die Reisfelder geht der Weg ins Bachbett rechts von uns hinunter und überquert den ersten Bach auf Steinen. Dann geht es weiter im Bachbett hinunter bis zu einem weiteren Bach, der von rechts einmündet. Auch diesen überqueren wir auf Steinen und halten uns dahinter links hinunter und gleich wieder rechts, wo wir in dem kleinen, steilen Tal fast weglos im Zickzack aufsteigen, uns zunächst links und dann rechts hinauf auf die Kuppe halten. Oberhalb der Terrassenfelder und unterhalb der Fahrpiste und des grauen Schulge-

»Adlerhorst« Jharkot.

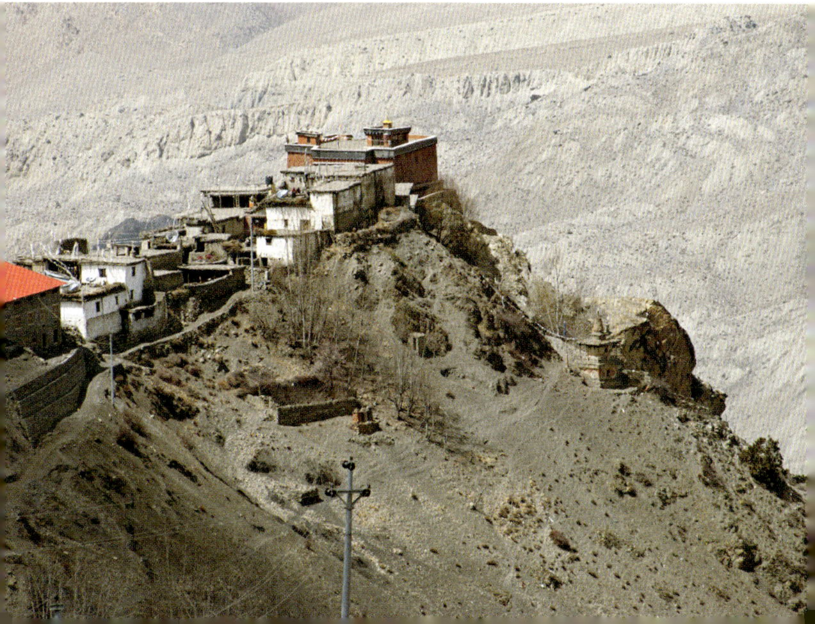

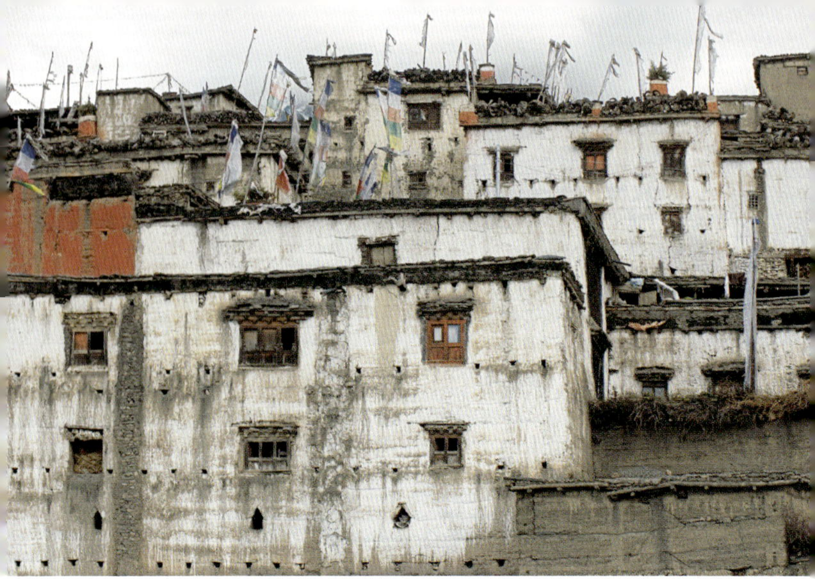

Die eng zusammengebauten Häuser von Jharkot.

bäudes verläuft der Weg nach links und bringt uns nach **Dzong** (oder **Jhong**), 3567 m.

Von der Kreuzung im Ort links an den Gebetsmühlen vorbei führt ein Pfad zur Klosteranlage (und der Ruine des früheren Klosters) auf den Bergrücken hinauf. Die **Gompa** von **Dzong** ist immer von Mönchen bewohnt und schon deshalb lohnt sich der Besuch der Anlage. Hier befindet sich auch eine Lodge. Vom Bergrücken erkennen wir auch schon die nächste Ortschaft Putak.

Dzong – Kagbeni: Für den Weiterweg nach Kagbeni folgen wir der Fahrpiste von Dzong bergab (an einer Stromleitung entlang). Nach etwa 15 Min. stehen in einer Rechtskurve links des Weges drei bunte Chörten (schwarz, weiß, rot; 3489 m) und ein Strommast. Etwa 100 bis 150 Meter nach den Chörten verlassen wir die Piste und folgen dem rot-weiß markierten Pfad hinunter an den Gebetsmühlen vorbei zum schon sichtbaren **Putak**, 3454 m. Dort gehen wir wiederum links hinunter zu Gebetsmühlen und einem Schild, welches den Weg nach Dzong zeigt. Dahinter laufen wir rechts bis an eine weitere Kreuzung, von der aus man links einen Brunnen sieht. Hier gehen wir rechts und verlassen den kleinen Ort an einem weiteren Brunnen. Wir folgen dem Weg weiter und überqueren bald ein kleines Tal auf einer **Hängebrücke**, 3373 m, etwa 1 km nach Putak. Ein deutlicher Pfad bringt uns bald auf die wenig befahrene und begangene Schotter-Fahrpiste. Ihr werden wir von nun an bis kurz vor Kagbeni folgen. Nach rund 1.20 Std. führt der Fahrweg in Kehren bergab, die wir einige Male abkürzen können. Nach links eröffnen sich immer wieder wunderschöne Blicke nach Kagbeni hinunter und auf das Kali-Gandaki-Tal, durch das wir morgen laufen werden. Bald trifft die Piste auf den vom Oberen Mustang herunterkommenden Fahrweg, 2910 m, dem wir halb links hinunter folgen. Nach einer Linkskurve taucht Kagbeni vor uns auf, zu dem wir bei der ersten Möglichkeit rechts auf kleinen Pfaden hinuntersteigen. An der Touristeninformation von **Kagbeni**, 2850 m, kommen wir in den Ort, laufen an den Gebetsmühlen links vorbei, gehen dann links und kommen so zu einer Chörte, an der wir nach rechts wenden. An der Red House Lodge vorbei überqueren wir den Bach (gleich links ist die Safe Drinking Water Station) und gehen geradeaus weiter zu weiteren Unterkünften in Kagbeni.

Variante-Lupra: Von Muktinath durch das Lupra-Tal nach Jomson
6–8 Std., 16,6 km, Aufstieg 500 Hm, Abstieg 1420 Hm
Ab Muktinath existiert eine für Jeeps und zum Teil auch für Busse befahrene Piste entlang des Kali-Gandaki-Tals. Falls Sie heute nicht den entspannten, halbtägigen Abstieg nach Kagbeni genießen wollen, sondern durch ein

Das ursprüngliche Dzong.

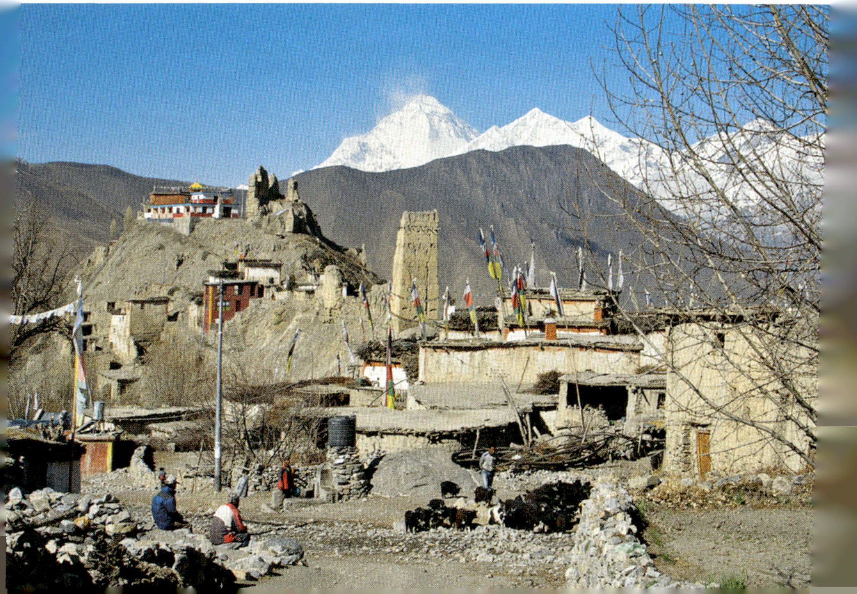

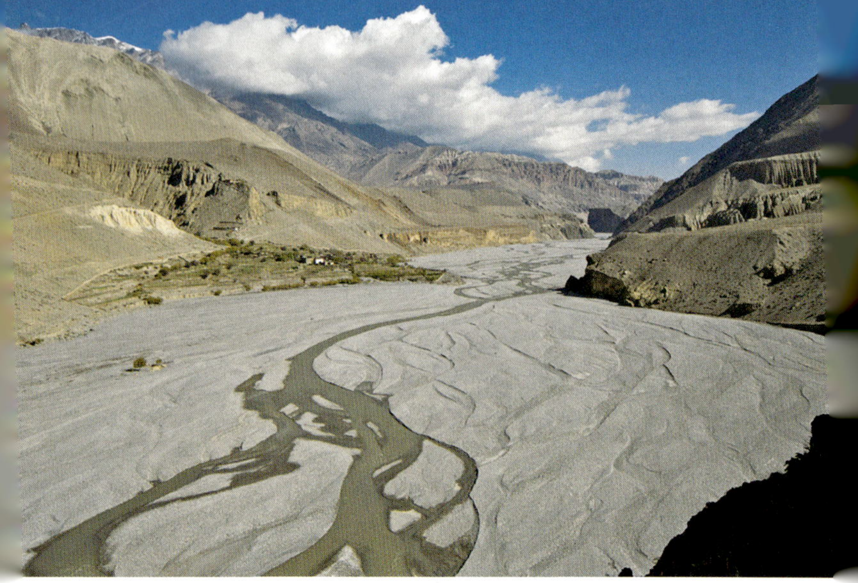

Blick hinein in das geheimnisvolle Mustang. Links ist die kleine Ortschaft Tiri zu sehen.

kaum besuchtes und auch kaum erschlossenes Tal direkt in einem Tag nach Jomson laufen möchten, dann empfehlen wir diese Wegalternative; Gehzeit insgesamt 6 bis 8 Std.

Von **Muktinath/Ranipauwa**, 3760 m, aus folgen wir der Fahrpiste bergab bis zum Jeep-Stand, 3678 m. Kurz dahinter gabelt sich der Weg: Rechts hinunter würde es direkt nach Jharkot gehen (das ist die vorne beschriebene Hauptroute). Wir dagegen folgen der Jeep-Piste nach links, verlassen sie aber schon bald wieder beschildert nach links auf einen Pfad Richtung Lupra. Von hier sehen wir schon deutlich, wie unsere Pfadspur zum sanften Sattel hinaufführt. Wir folgen dem schmalen, unmarkierten Pfad, lassen einen kleinen See rechts liegen und kommen zu einer Weggabelung: Hier wählen wir den flacheren Weg, beschildert nach Lupra. Bald steigt der Weg steiler an, wird wieder flacher, wir ignorieren einen Abzweig nach links und erreichen den Sattel auf 3807 m. Sehr stürmisch kann es hier oben werden – ein Vorgeschmack auf den starken Wind im Kali-Gandaki-Tal.

Von hier aus folgen wir dem Weg immer rechts der Kante, bis nach gut 10 Min. am höchsten Punkt des Tages, 3830 m, ein von Jharkot heraufkommender Weg einmündet. Noch einmal 10 Min. sind es bis zu einem zweiten Sattel, 3781 m, an dem ein weiterer Weg von Jharkhot aus heraufkommt.

Von diesem Sattel folgen wir einer Pfadspur links hinunter Richtung Lupra-Tal. Über Kehren steigen wir auf schmalem Pfad teils sehr steil und ausgesetzt immer weiter ins karge Tal ab. Gut 1 Std. nach dem Sattel kommen wir an eine Weggabelung, 3157 m, an der es geradeaus noch eine Weile relativ eben weiterginge, bevor der Pfad ins während der Trockenzeit meist ausgetrocknete Bachbett absteigt. Links hinunter geht es dagegen gleich ins Bachbett hinab.

So oder so folgen wir dem Bachbett bergab, überqueren einen eventuell übrig gebliebenen Bach an geeigneter Stelle und kommen nach **Lupra/Lubrak**, 2988 m. Dessen Bewohner mussten große Schutzdämme gegen die Unterspülung ihrer terrassierten Felder errichten – unvorstellbar, wieviel Arbeit das per Hand war. Der wunderschöne kleine Ort Lupra hat eine sehenswerte Gompa und die gemütliche Dakar Lodge. Von Lupra aus sind es noch 1.30–2 Std. bis Jomsom. Von Lupra aus folgen wir dem Bachbett bergab, bis wir nach etwa 45 Min. auf die durch das Kali-Gandaki-Tal führende Piste treffen. Von hier ist es noch gut 1 Std. Richtung Süden (links) bis nach Jomson (siehe Etappe 12).

i ***Mustang – das geheimnisvolle Königreich:*** *Jede Region, die nicht für jedermann frei zugänglich ist, wirkt geheimnisvoll und ist von Legenden und Mythen umwoben. So ist es auch mit dem Königreich Mustang. Als ehemals unabhängiges Königreich ist Mustang (in der Landessprache Lo genannt) heute ein Teil von Nepal. Es liegt im nördlichsten Eck des Landes, zwischen den nepalesischen Provinzen Dolpo und Manang und grenzt im Norden an die autonome Region Tibet. Das ehemals unabhängige Königreich ist gerade mal 80 km lang und etwa 45 km breit. Oft wird diese Region auch Upper Mustang genannt; sie ist ein Teil der Provinz (district) Mustang, dessen Provinzhauptstadt Jomson (siehe Seite 168) ist.*

Aufgrund seiner Höhe von stets über 2500 Metern und seiner geografischen Lage im Regenschatten der umliegenden Berge herrscht dort sehr trockenes Klima und die Landschaft zeigt sich als karge Bergwüste. Die festungsartige Hauptstadt Lo Mantang mit seinem mittelalterlichen Königspalast liegt auf 3790 m, nur einen Tagesmarsch von Tibet entfernt. Die etwa 6000 in Mustang lebenden Menschen (Lopa) sind dem tibetischen Kulturkreis sehr nahe: Sie sprechen Lowa oder Lopa, einen tibetischen Dialekt, und gehören den tibetischen Schulen des Buddhismus an. Sie leben vorwiegend von Ackerbau und Viehzucht. Bis zur Besetzung Tibets durch China war das Königreich Mustang ein wichtiges Bindeglied auf der Handelsroute von Tibet nach Indien. Langsam gewinnt der Tourismus als Einnahmequelle der Region an Bedeutung. Bis 1991 war diese Region für den Tourismus gesperrt, da China dies von Nepal aus Sicherheitsgründen forderte. Aber auch seither kommen nur sehr wenige Touristen in diese an Tibet grenzende Region. Grund dafür mögen die hohen Trekkinggebühren von 500 US$ für die ersten 10 Tage pro Person sein. Zudem darf man nur als Reisegruppe mit einem offiziellen Begleiter in dieses Sperrgebiet einreisen.

12 Kagbeni – Marpha

4.00 Std.

↑60 ↓240

Gegen den Wind

Wir verlassen die grüne Oase von Kagbeni, um uns im steinigen Flussbett des Kali-Gandaki-Flusses in weiterhin sehr schroffer Landschaft in Richtung Süden vorzuarbeiten. Unsere Wanderung verläuft für die nächsten Tage (bis nach Tatopani) im Kali-Gandaki-Tal – dem tiefsten Tal der Welt zwischen den beiden Achttausendern Annapurna I auf der einen Seite (links, Osten) und Daulaghiri auf der anderen (siehe Infokasten auf Seite 154). In Kagbeni beginnen wir somit den westlichen Teil der Annapurna-Umrundung. Ab 11 Uhr vormittags weht uns hier im Tal ein strenger Wind entgegen. Zu Füßen des Nilgiri wandern wir durch steiniges Gelände, häufig im trockenen Seitenbett des Flusses Kali Gandaki, der hier im Oberlauf oft noch Thak Khola genannt wird. Mittags erreichen wir das geschäftige Jomson, den Hauptort des Distrikts Mustang. Spätestens hier wird uns bewusst, dass uns die Zivilisation wieder hat: breite Straßen, Jeeps, eine Vielzahl von Geschäften, Internet-Cafés und nicht zu vergessen der betriebsame Flughafen. Richtung Marpha wird auch die Landschaft wieder lieblicher. Wir sehen grüne Terrassen mit Buchweizen und blühenden Apfel- und Aprikosenbäumen. Marpha ist berühmt für seine Obstprodukte, vor allem für Äpfel in jeglicher Form.

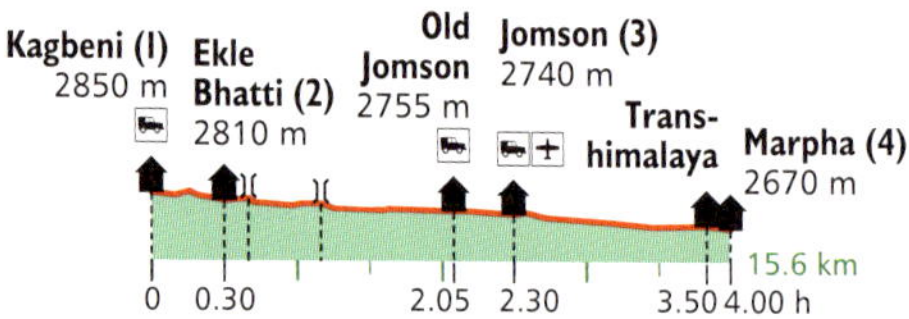

Ausgangspunkt: Kagbeni, 2850 m.
Entfernung: 15,6 km.
Anforderungen: Flache Wege; für die Abkürzungen etwas Orientierungssinn nötig. Durchhaltevermögen bei starkem Gegenwind ab dem späten Vormittag nötig.
Einkehr: In den Lodges am Weg. Tipp: Das Dhaulagiri Guest House in Marpha bietet leckeren Apfelkuchen und Nepali Lasagne. Im Neeru-Guesthouse schmecken Kaffee und Apfelkuchen ausgezeichnet. – Save Drinking Water Station in Jomson.
Unterkunft: Ekle Bhatti: 4 Lodges. – **Jomson:** Zahlreiche Lodges. – **Marpha:** Zahlreiche Lodges; wir können das Dhaulagiri Guest House (rechte Seite, Ortseingang) und das Hotel Neeru empfehlen. Verkehrsmittel: In Jomson können Sie bequem auf Fahrzeug oder Flugzeug »umsteigen«: **Jeeps** in Richtung Norden nach Muktinath (700 NPR) und Kagbeni (300 NPR); Jeeps oder Micro Bus Richtung Süden nach Ghasa (1500 NPR), Tatopani (1800 NPR) und Beni (2400 NPR, Fahrzeit 5–7 Std.), von Beni mit dem Bus nach Pokhara; manchmal umsteigen in Ghasa, mind. 2x täglich: 9 und 14 Uhr). Es gibt auch Busverbindungen von Jomson direkt nach Pokhara (Ticketschalter gegenüber dem Flughafengebäude, etwa

2000 NPR, ca. 10–12 Std. Fahrzeit, Abfahrt 8 Uhr). – **Flugzeug:** Mehrere Ticket Counter an der Hauptstraße bei den Lodges; Airlines: Agni Air, Shangri-La, Yeti, Sita täglich ca. 7.00 Uhr; Nepal Airlines Mo, Mi, Fr 6.30 Uhr. Alle etwa 120 US$; buchbar in jedem Reisebüro in Kathmandu oder Pokhara, aber auch sehr kurzfristig (oft sogar am Vortag möglich!) in den Agenturen der einzelnen Fluggesellschaften in Jomson. Aber Vorsicht: Häufig werden die Flüge aufgrund schlechter Wetterbedingungen kurzfristig abgesagt – Puffer einplanen! Wird der Flug gecancelt, wird das Geld erstattet (beim Kauf bestätigen lassen).

Einkauf: In Jomson Health Post, Internet-Café, Post, ACAP-Informationscenter, Bank, Wechselstube, zwei Geldautomaten (nicht zuverlässig!).

Tipp: Für diesen und auch die folgenden Tage ist zu beachten, dass im Kali-Gandaki-Tal ab etwa 11 Uhr sehr starker Südwind einsetzt, der das Laufen zum Teil unangenehm machen kann. Wir empfehlen daher ein frühes Aufbrechen!
Wegen des aktuellen Straßenbaus kommt es auf diesem Abschnitt immer wieder zu Änderungen des Streckenverlaufs.

Variante: Von Jomson über Thini, Dhumba und Chhairo nach Marpha.

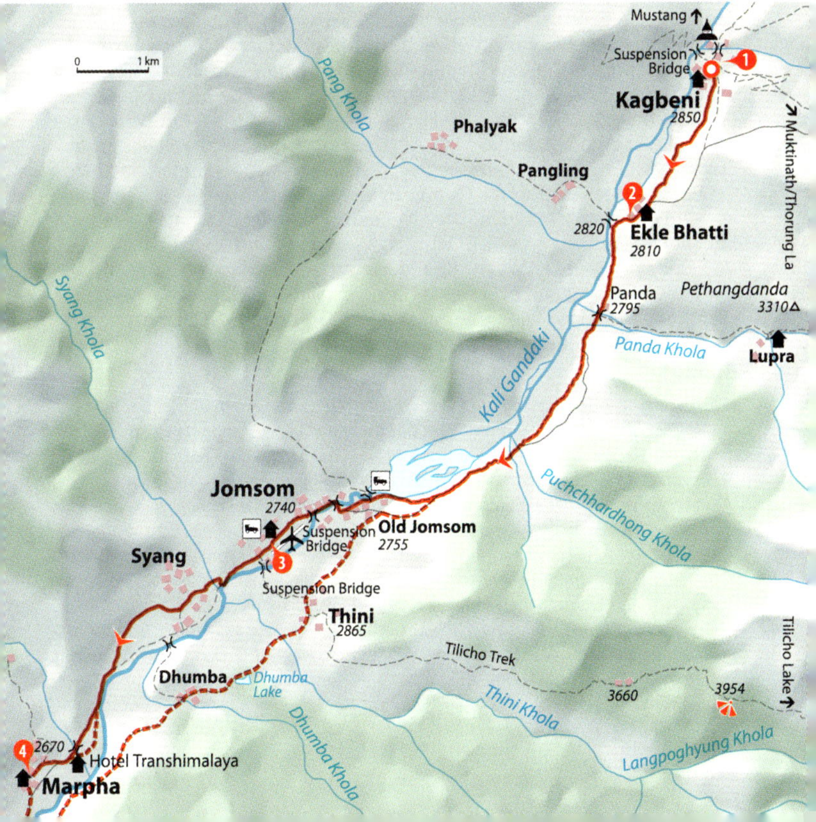

Wir verlassen den Ort **Kagbeni (1)**, 2850 m, auf dem gepflasterten Weg vorbei an der Nilgiri Lodge (linke Seite) und wenig später an der Annapurna Lodge (rechte Seite). Unser Weg verläuft parallel zum Flussbett des Kali Gandaki, unterhalb der Jeep-Piste und zu Beginn entlang der Strommasten. Bald befindet sich unser Weg direkt im steinigen Flussbett und wir erreichen nach 30 Min. das kleine Dorf **Ekle Bhatti (2)**, 2810 m. Hier befinden sich vier Lodges mit kleinen Shops. In Ekle Bhatti stößt auch die Jeep-Piste auf unseren Weg, die von Muktinath direkt hierherführt (ohne Schlenker nach Kagbeni). Anschließend geht es weiter auf der staubigen Piste, vorbei an der **Hängebrücke**, 2820 m, nach Pangling (Variante nach Jomson, 6 bis 8 Std., blauweiße Markierungen). Gleich danach steigen wir ein paar Meter ab und kürzen jetzt den Verlauf der Jeep-Strecke ab, indem wir kerzengerade auf einem sichtbaren Pfad durch das windige Kiesbett des Kali-Gandaki-Flusses laufen (falls es der Wasserstand zulässt). Augen auf, wenn man Glück hat, findet man hier die schwarzen Versteinerungen von Ammoniten.
Nach einem weiteren kurzen Stück auf der Piste öffnet sich links ein Tal mit dem kleinen Fluss Panda Khola und dem Ort Lupra (ein Schild weist hier nach Lupra), siehe Etappe 11, Variante ab Muktinath. Ganz hinten sehen wir die hohen Gipfel des Muktinath Himal. Im weiteren Verlauf können wir die Jeep-Straße erneut zweimal abkürzen, indem wir uns auf die Spur ins Kiesbett begeben. So erreichen wir den weitläufigen, schon länger sichtbaren Ort Jomson, der über einen Flughafen verfügt. Wir gehen am Ortseingang von **Old Jomson**, 2755 m, rechts an einem Quadrat aus Gebetsmühlen vorbei, wo sich auch die Jeep-Station nach Kagbeni und Muktinath befindet. Von hier sind es noch 20 Min. zum touristischen Zentrum von Jomson.
Wir gehen weiter durch eine kleine Gasse mit ein paar Shops und gleich darauf bringt uns eine Holzbrücke über den Kali Gandaki. Nach dieser gehen wir links weiter, vorbei an ein paar einfachen Läden, einem Militärcamp direkt

i ***Jomson:*** *Jomson liegt aufgrund des Regenschattens in einer wüstenähnlichen Landschaft. Sein Name stammt vom tibetischen »Dzong Sampa«, was so viel heißt wie »New Fort« (neue Schutzburg). Der König von Thini (Thang Mig Chen) ließ ein Fort an der Stelle Jomsons erbauen, um die Nord-Süd-Bewegungen durch das Kali-Gandaki-Tal, vor allem durch den Salzhandel, besser überwachen zu können. So entwickelte sich eine florierende Siedlung rings um das Fort an der Salzstraße. Seit 1970 ist Jomson Provinzhauptstadt (District Headquarter) von Mustang. Hier befinden sich alle entsprechenden Behörden. Auch die Anbindung an die Straße sowie der Flughafen machen Jomson zum wirtschaftlichen Knotenpunkt des Tales. Die meisten Einwohner sind Thakali tibetischen Ursprungs. Am südlichen Ortsausgang gibt es ein Mustang Eco Museum (1992). Es ist in einem sehr modernen Gebäude untergebracht und zeigt Mustangs Kultur und Natur: Kunstwerke, typische Kleidung, Tier- und Pflanzenarten etc.*

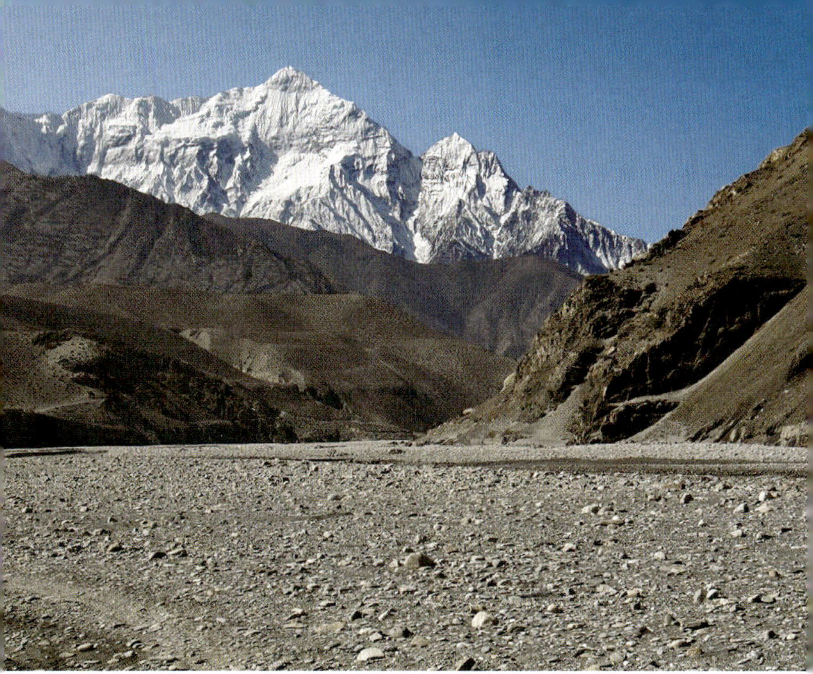

Schon vor der Mittagszeit wird es sehr windig im Kali Gandaki.

zum ACAP Checkpost von **Jomson (3)**, 2740 m. In der Hauptstraße befinden sich viele Lodges, Restaurants, die Safe Drinking Water Station, Geldautomaten (nicht zuverlässig!), Internet-Café, Telefonmöglichkeiten, Büros der Fluggesellschaften und die Jeepstation nach Beni bzw. Tatopani.
Hier in Jomson können wir unseren Trek beenden, indem wir einen Flieger nach Pokhara nehmen bzw. mit dem Jeep das gesamte Kali-Gandaki-Tal bis nach Beni hinausfahren. Zudem besteht in Jomson die Möglichkeit, die Tour abzukürzen, indem wir mit dem Jeep z. B. nach Ghasa oder Tatopani fahren und dort wieder weiterlaufen (siehe »Verkehrsmittel«).
Wer die Annapurna-Umrundung konsequent zu Fuß absolvieren will, geht von Jomson weiter nach Marpha. Dazu verlassen wir Jomson Richtung Süden auf der Piste. Die Piste bringt uns vorbei an der Ortschaft Syang an den Ortseingang von Marpha. Nach den ersten Gebetsmühlen und dem **Hotel Transhimalaya**, 2685 m, auf der linken Seite folgen wir nicht mehr der Piste, sondern halten uns rechts und gelangen auf einem gepflasterten Weg direkt in den Ort **Marpha (4)**, 2670 m.

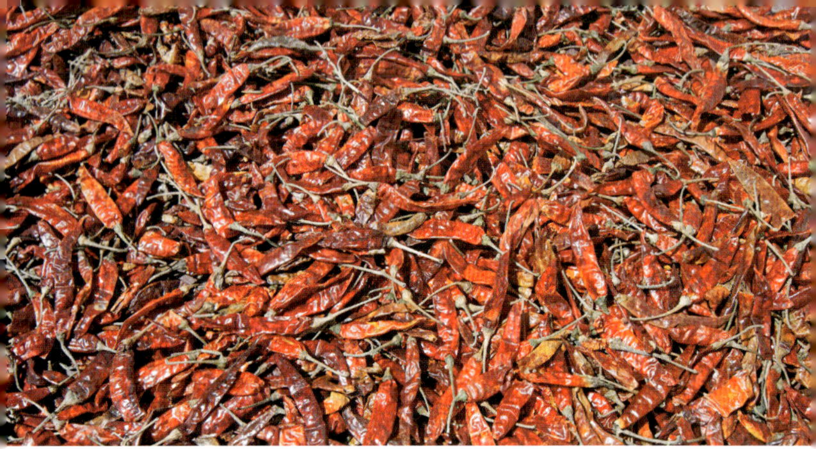

Feurig ganz ohne Flamme.

i ***Marpha** liegt windgeschützt in einer Felsnische, außerhalb des Windkanals des Kali Gandaki. Der Ortskern, in dem vorwiegend Thakali wohnen, besteht aus den für die Region typischen Häusern mit holzgeschnitzten Fenstern und flachen Lehmdächern, auf denen fein säuberlich das Feuerholz aufgestapelt wird. In der Umgebung des Ortes liegen zahlreiche landwirtschaftliche Anbauflächen (vorwiegend Gerste, Kartoffeln und Kohl), sowie weitläufige Obstgärten mit Apfel- und Aprikosenbäumen. Besonders berühmt ist Marpha für seine Apfelprodukte. In der Horticulture Farm am Ortsausgang Richtung Tatopani (1966 von der Regierung errichtet, um den Obstanbau in Mustang zu entwickeln) werden bis zu 45 verschiedene Apfelsorten gezüchtet und angebaut. Lassen Sie sich also nicht den hiesigen Apfelbrandy, Apfelkuchen oder Apfelmost entgehen. Der sehr gepflegte Ort mit seinen zahlreichen einladenden Lodges und vielen tibetischen Souvenirgeschäften lädt durchaus zu einem Ruhetag ein. Aber auch wenn Sie nur für eine Nacht hierbleiben, lohnt sich die Besichtigung des direkt im Ort gelegenen, 400 Jahre alten Samteling-Klosters der Karma-Pa-Schule, das eine sehr schöne Atmosphäre hat. Hier wohnen zehn Mönche, die Ihnen die Räumlichkeiten zeigen. Besonders bemerkenswert sind die vielen bunt eingeschlagenen Gebetsbücher im Hauptraum.*

Ein Kontrastprogramm stellt die Besichtigung einer Apfelbrandy-Destillerie (zwei befinden sich am Ortsausgang Richtung Kalopani) mit anschließender Verköstigung dar.

*Für alle, die noch nicht ausgelastet sind, lohnt sich der nette Ausflug von Marpha hinauf am felsigen Hang in den kleinen und sehr ursprünglichen Ort **Jhong** (hat nichts mit Dzong zu tun!). Dieser besteht aus ein paar Häusern und liegt inmitten einer Apfelplantage auf über 3000 m (Gehzeit gut 1 Std., schöne Blicke ins Tal).*

Variante: Von Jomson nach Marpha auf der Ostseite des Kali Gandaki
Entweder wir nehmen den beschriebenen Hauptweg auf und zum Teil neben der Piste auf der Westseite des Flusses von Jomson nach Marpha oder wir planen 1–1.30 Std. mehr Zeit ein und wandern auf dem Alternativweg auf der Ostseite.
Dazu gehen wir in **Jomson** nicht über die Holzbrücke in den neuen Ortsteil, sondern bleiben auf der linken Flussseite und wandern hinauf in Richtung Thini (Wegweiser vorhanden, zum Teil markiert). Von der alten Ortschaft Thini gehen wir weiter Richtung Süden, steigen steil ab in ein Seitental, gehen auf einer Brücke über den Thini Khola und erreichen so, vorbei an der Häusergruppe Samle den Dhumba Lake. Nach dem See (Eintritt, kleines Restaurant am See) nehmen wir den linken Weg hinauf zur Anhöhe. Nach einer Gebetsmühlenmauer halten wir uns Richtung Kali Gandaki und kommen so zur Ortschaft **Dhumba**. Von hier steigen wir ab in das Bachbett des Dhumba Khola. Auf dem breiten Weg auf der gegenüberliegenden Seite steigen wir bergan und gewinnen immer mehr an Höhe und und genießen tolle Ausblicke.
Schließlich verliert der Weg wieder an Höhe und wir erreichen ein **tibetisches Flüchtlingscamp** (siehe Etappe 13) mit Lodge. Vom Flüchtlingscamp gehen wir auf direktem Weg zur großen Hängebrücke über den Kali Gandaki und damit auch wieder auf die Hauptpiste. Auf dieser erreichen wir nach etwa 2 km in Richtung Norden (rechts, zurück) die Ortschaft **Marpha**.

Ausblick vom Kloster in Marpha über den Ort.

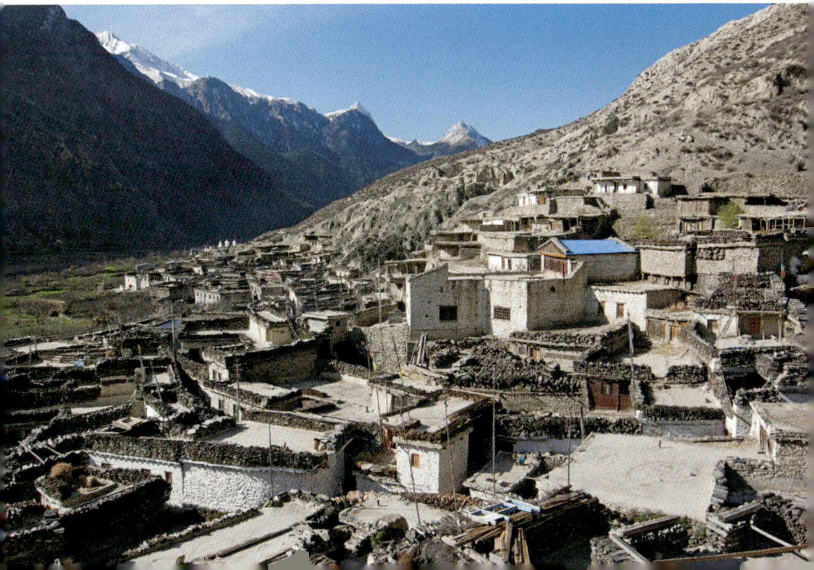

13 Marpha – Kalopani

6.00 Std.

↑120 ↓250

Abenteuer auf der Ostseite des Kali Gandaki

Prinzipiell könnte man die heutige Etappe von Marpha bis nach Kalopani auf der Westseite des Kali Gandaki auf einer sandigen Piste mit dem Jeep bzw. Bus zurücklegen. Natürlich kann man die Strecke auch zu Fuß auf dieser Piste laufen. Sie können aber, was wir empfehlen, abseits der Piste auf der Ostseite des Flusses auf kleinen, schmalen Wegen wandern. Auf diesem Weg (rot-weiße Markierungen) kommen Sie durch zahlreiche kleine und ursprüngliche Siedlungen und erhalten eine Idee, wie es vielleicht vor 30 Jahren auf der Annapurna-Runde war. Wir halten uns stets an den Kali Gandaki als unseren Wegweiser. Nach kurzer Zeit kommen wir in den großen Ort Tukuche. Der Name Tukuche stammt vom tibetischen »Dhuche«, was so viel bedeutet wie »Land mit reichlich Korn«. Der Ort trägt seinen Namen zu Recht, denn er war in der Vergangenheit ein wichtiges Zentrum an der legendären Trans-Himalayan Salt Route. Tukuche war ein Zollposten und Tauschpunkt, wo Salz aus Tibet gegen das reichlich vorhandene Korn getauscht wurde (siehe »Salzhandel« auf Seite 178). Die Einwohner von Tukuche sind vorwiegend Thakali, die für ihre Gastfreundschaft und ihre Kochkünste bekannt sind. In der zweiten Tageshälfte gelangen wir ebenfalls über einsame Alternativpfade wieder auf die Hauptroute, die uns schließlich zu unserem Etappenziel Kalopani bringt.

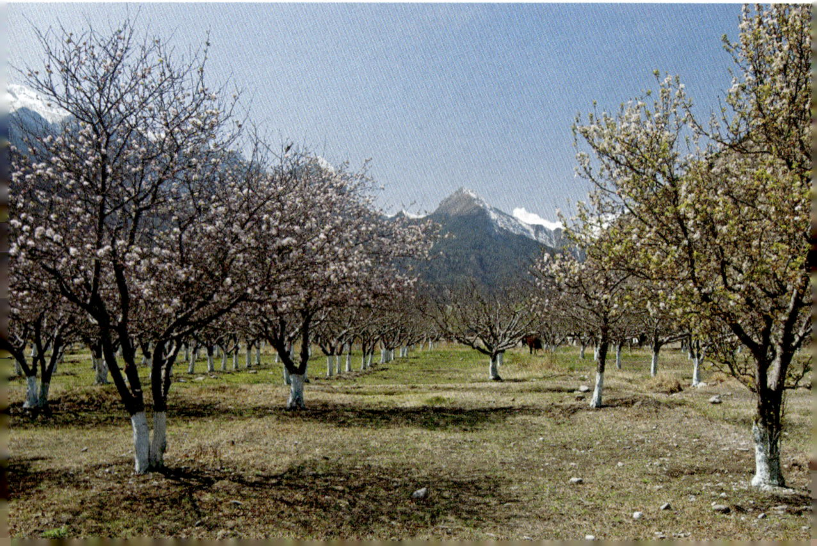

Ausgangspunkt: Marpha, 2670 m.
Entfernung: 20,7 km.
Anforderungen: Relativ eben, meist einfache Wanderwege. Wo sie abseits der Piste verlaufen, ist die Orientierung nicht immer einfach. Zum Teil ist der beschriebene Weg rot/weiß markiert. Flussüberquerungen nur bei niedrigem Wasserstand möglich, in Marpha vorab erkundigen! Zum Teil nur provisorische Brücken der Einheimischen vorhanden, alternativ über Hängebrücke.
Einkehr: In den Lodges am Weg. Tipp: Leckere Dutch Bakery in Tukutche, sogar dunkles Brot! – SDWS in Kokhethani.
Unterkunft: **Tukuche:** Zahlreiche Lodges; High Plains Inn, sehr gepflegte, westlich angehauchte Lodge mit Bäckerei (Dutch Bakery), vom nepalesisch-holländischen Ehepaar Purna und Patrick geleitet, www.highplainsinn.com, truhmaas@hotmail.com. – **Kokhethani:** Einfache Übernachtungsmöglichkeiten. – **Kalopani:** Viele Lodges; Kalopani Guest House, relativ am Anfang des lang gestreckten Ortes, saubere und gepflegte, ansprechende Lodge, kalopanimustang@hotmail.com; See You Lodge, sehr saubere und freundliche Zimmer. – **Lete:** Ebenfalls zahlreiche gepflegte Lodges.

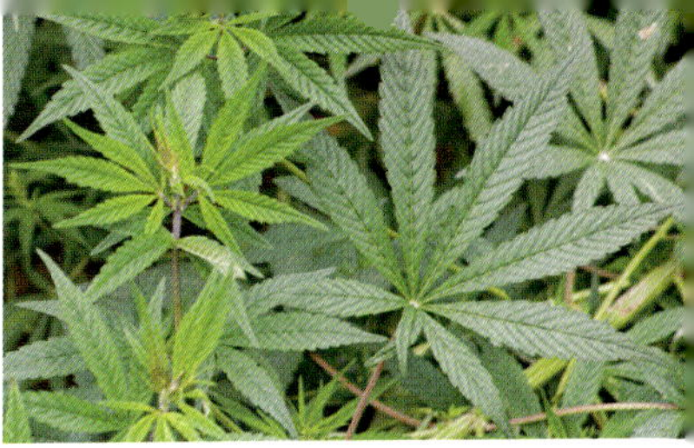

Im Vorgarten …

Auf dem gepflasterten Hauptweg verlassen wir den den Ort **Marpha (1)**, 2670 m, in südliche Richtung. Die Lodges und Souvenir Shops werden spärlicher, und wir gelangen auf die sandige Jeep-Piste, die wie eine Umgehungstraße östlich des Ortes vorbeiläuft. Ihr folgen wir etwa 15 Min., bis wir auf der linken Seite eine Hängebrücke erblicken (Schild nach Chhairo/Chimang). Hier verlassen wir die staubige Jeep-Piste und wechseln mithilfe der **Hängebrücke**, 2630 m, die Flussseite. Nach der Brücke gehen wir links einen kleinen Pfad entlang. Links fließt der Kali Gandaki, rechts befinden sich große Obstgärten. Nach ca. 200 m auf diesem Pfad sehen wir vor uns das tibetische Flüchtlingscamp (blaue Dächer) und rechts von uns ein kleines Nadelwaldgebiet. Gleich am Anfang dieses Waldgebietes biegen wir auf einem kleinen, unscheinbaren Pfad rechts ab und durchqueren dieses. Rechts vorbei an einer Gompa (Chhairo Gompa, 2640 m) und anschließend an Manisteinen gelangen wir wieder auf einen breiteren, von Steinmauern gesäumten Weg, der uns durch weitere Anbaugebiete nach **Chhairo (2)**, 2630 m, Teashop, führt. Kurz nach der Stupa in dem kleinen Ort kommen wir an eine T-Kreuzung mit Wasserstelle. Wir gehen dort rechts weiter auf dem gepflasterten Weg. Am Ortsende (wieder Wasserstelle) gehen wir links auf einem schmalen Pfad weiter. Nach rechts würde es über die Hängebrücke zurück zur Jeep-Piste gehen.
Im Folgenden lassen wir uns nicht von dem komplexen Wegenetz verwirren, sondern nehmen konsequent den Hauptpfad am Kali Gandaki entlang (die

Die Region Marpha ist bekannt für den Apfelanbau.

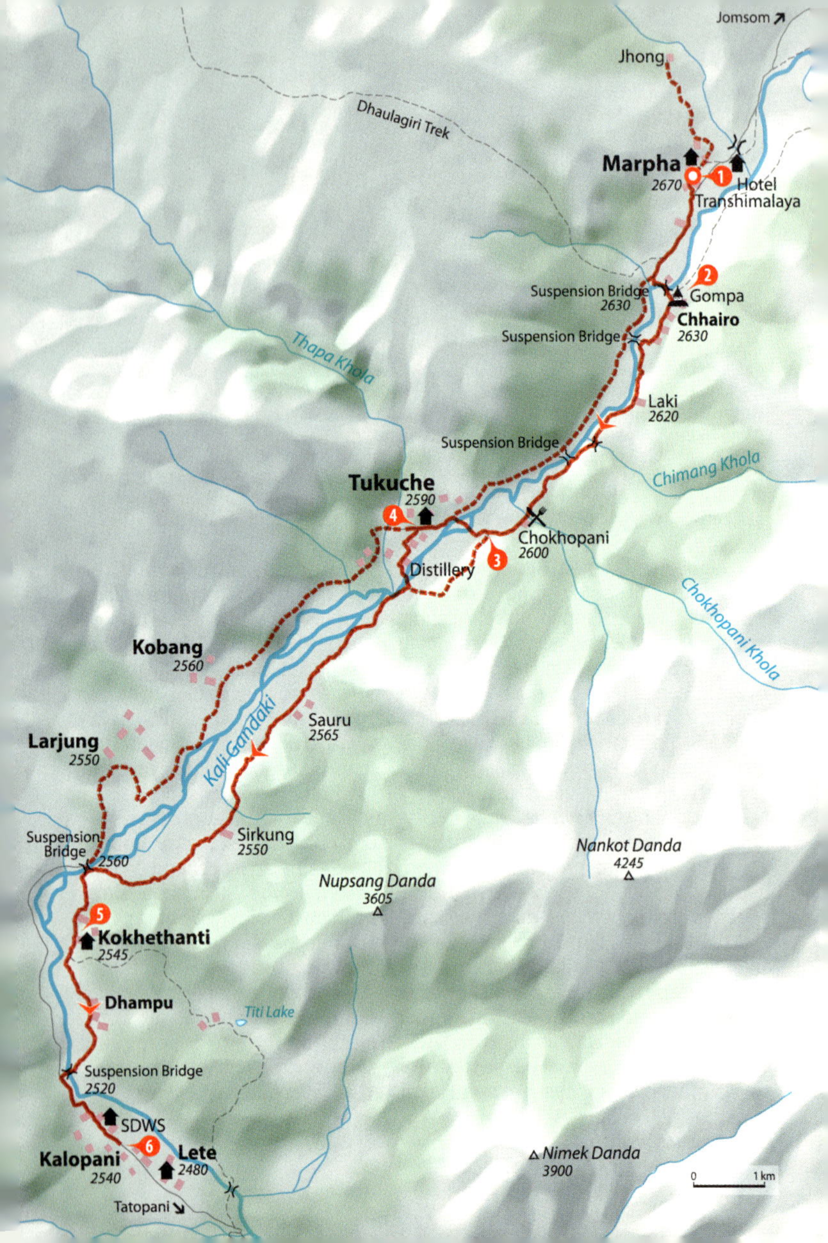
Jomsom
Jhong
Dhaulagiri Trek
Marpha
2670
1
Hotel Transhimalaya
Suspension Bridge
2630
2
Gompa
Chhairo
2630
Suspension Bridge
Thapa Khola
Laki
2620
Suspension Bridge
Chimang Khola
Tukuche
2590
4
Chokhopani
2600
3
Distillery
Chokhopani Khola
Kobang
2560
Sauru
2565
Larjung
2550
Kali Gandaki
Suspension Bridge
2560
Sirkung
2550
Nankot Danda
4245
Nupsang Danda
3605
5
Kokhethanti
2545
Dhampu
Titi Lake
Suspension Bridge
2520
SDWS
6
Kalopani
2540
Lete
2480
Nimek Danda
3900
Tatopani
0
1 km

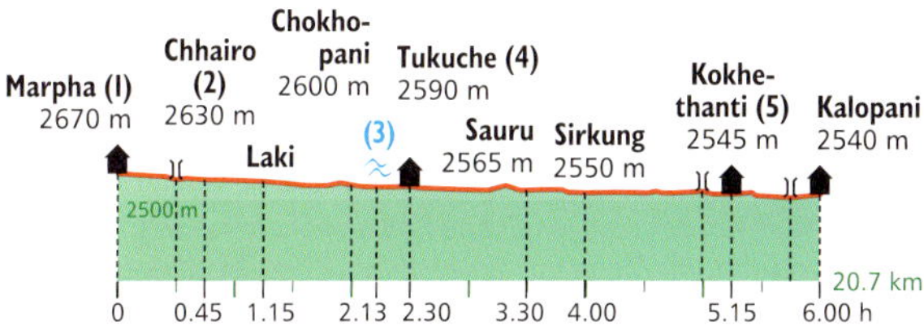

Stromleitungen sind stets links von uns). So gelangen wir etwa 30 Min. nach Chhairo zu der kleinen Siedlung **Laki**, 2620 m. Die wenigen und sehr einfachen Häuser sind fast alle von Obstgärten umgeben und z. T. schlecht sichtbar. 10 Min. nach der Siedlung überqueren wir den kleinen Bach Chimang Khola, 2610 m. Nach weiteren 15 Min. lassen wir rechts eine Hängebrücke liegen (falls der Wasserstand sehr hoch ist, können wir mithilfe dieser Brücke, Schild nach Tukuche, problemlos auf die andere Flussseite gelangen) und folgen geradeaus der Beschilderung nach Chokhopani. Bei der Abzweigung kurz nach der Hängebrücke folgen wir nicht den breiten Fahrweg nach rechts, sondern dem Fußpfad geradeaus entlang der Mauer. Wir passieren ein paar ummauerte Häuser rechts und schon bald überqueren wir den kleinen Chokhopani Khola. Beim anschließenden Durchqueren des ausgetrockneten, kiesigen Flussbettes eröffnet sich nach rechts der Blick auf den großen Ort Tukuche. Und schon kommen wir in die kleine und freundliche Ortschaft **Chokhopani**, 2600 m, was »klares Wasser« bedeutet. Im Ort gibt es ein kleines Restaurant, das aber nicht immer geöffnet ist.

Nach dem Ort treffen wir direkt auf das breite, kiesige Bachbett des Kali Gandaki. Jetzt heißt es Augen auf: Auf einer Pfadspur und mithilfe mehrerer wackeliger kleiner **Holzbrücken (3)** gelangen wir auf die andere Uferseite und über die Jeep-Piste in die Ortschaft Tukuche. Die kleinen Holzbrücken existieren nur, wenn der Kali Gandaki wenig Wasser führt!

Tipp: Falls das Queren des Flussbettes an dieser Stelle nicht möglich sein sollte, können Sie auch das kurze Stück zurück zur Hängebrücke gehen und dort unproblematisch den Fluss überqueren. Falls Sie nicht nach Tukuche wollen, dann können Sie auch gleich auf der Ostseite des Flusses bleiben und am Ende von Chokhopani links den Hang hochgehen und den Weg oberhalb der Flussklippen nehmen. Dafür müssen wir zwar 150 Hm auf- und danach wieder absteigen, erreichen aber so den Weiterweg auf der linken Flussseite, ohne den Kali Gandaki mithilfe der Holzbrückchen zweimal zu überqueren. Manchmal kann der Gegenanstieg auch umgangen werden, indem man im Flussbett in Richtung Süden weitergeht.

Am Ortseingang von Tukuche befindet sich die gepflegte Lodge High Plains Inn mit der Dutch Bakery, wo es zum zweiten Frühstück wirklich gute Croissants und europäisches Brot gibt. Vor der Secondary School halten wir uns

i **Tukuche Distillery – Schnapsbrennerei am Wegesrand:** *Die Tukuche-Destillerie ist eine nette Abwechslung zum alltäglichen Laufen. Betreten wir den Innenhof der alten Schnapsbrennerei, fühlen wir uns für unsere westlichen Verhältnisse vielmehr so, als ob wir uns in einem Museum befinden würden und nicht in einem gut funktionierenden Betrieb.*

Die Destillerie wird von der rüstigen Dame Kalpana Sherchan mit ihren beachtlichen 71 Jahren geführt. Ihr Mann hat das Handwerk des Destillierens auf zahlreichen Reisen gelernt. Er ließ sämtliche Ausrüstung und Maschinen mithilfe von Trägern und Pferden nach Tukuche transportieren. Kurz darauf verstarb er allerdings und ließ seine Frau mit dem gerade angelaufenen Unternehmen zurück. Kalpana entschied sich, das Handwerk ihres Mannes ebenfalls zu erlernen, und reiste dafür nach Japan. Seit ihrer Rückkehr nach Tukuche führt sie das Familienunternehmen fort. Die kleine, freundliche Lady zeigt dem Besucher gerne die einzelnen Schritte der Produktion. Es wird Apfel-, Aprikosen-, Pfirsich- und Kirschschnaps gebrannt. Wobei der Kirschschnaps ganz besonders wertvoll ist, da die Früchte von nur einem einzigen Baum stammen. Welcher Schnaps gerade durch die Destillieranlage fließt, hängt von der Jahreszeit und damit von der Obsternte ab. Die Saison beginnt im Juni mit Kirschen, im Juli werden Aprikosen und Pfirsiche verarbeitet und im August und September ist Apfelzeit. Im Jahr werden rund 10.000 Liter »Brandy« produziert, etwa ein Drittel davon ist Apfelbrandy. Der Schnaps wird zum Großteil in der Region Mustang verkauft. Nur ein kleiner Teil findet seinen Weg in den Rest Nepals oder gar ins Ausland. Sieht man von den kleinen Flaschen ab, die die Wanderer in ihren Rucksacktaschen verstauen können … Natürlich kann das Endprodukt am Schluss auch gekostet werden.

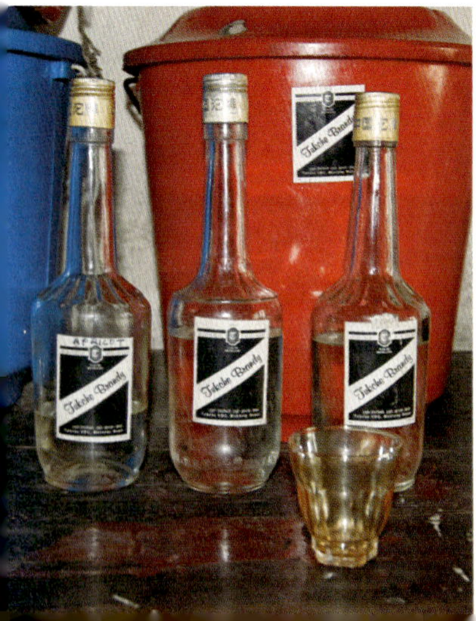

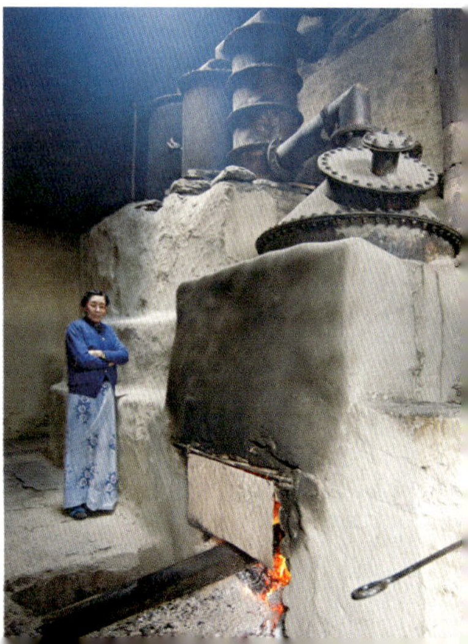

links und der gepflasterte Weg bringt uns direkt zur Safe Drinking Water Station im Ortskern von **Tukuche (4)**, 2590 m. Gleich danach folgen wir dem schwarzen Schild **»Tukuche Distillery«**, 2580 m, nach links. Vorbei an zahlreichen Gebetsmühlen kommen wir zum Gebäude der Schnapsbrennerei. Eine Besichtigung und anschließende Schnapsprobe lohnt sich.
Für den Weiterweg gehen wir an der Schnapsbrennerei vorbei und links hinunter zum Flussbett des Kali Gandaki. Erneut bringen uns mehrere Holzbrückchen zum Pfad auf der anderen Uferseite (falls das nicht möglich sein sollte, dann nehmen Sie die Jeep-Piste auf der Westseite des Flusses). Wir folgen dort dem sandigen, bequem zu begehenden Weg flussabwärts (S). Der Weg verläuft nur wenige Meter links vom Flussbett, aber nicht in diesem. Ein kurzer Gegenanstieg, bei dem wir zurück nach Tukuche sehen können, bringt uns hinauf zu drei alten Chörten. 10 Min. sind es von hier noch nach **Sauru**, 2565 m. Sauru wurde 2018 während des Monsuns z. T. von Schlammlawinen zerstört.
Nach Sauru heißt es die ebene Sandzunge vor uns zu überqueren, um direkt zum weiterführenden Pfad (schon sichtbar) unten an der Felswand zu gelangen. Der Weg dort bringt uns im Auf und Ab weiter flussabwärts. Das Kiesbett des Kali Gandaki wird jetzt immer breiter und breiter. Wir folgen konsequent dem Weg, der sich nach einer Weile vom Kiesbett entfernt und durch einen Nadelwald an den wenigen Häusern der Siedlung **Sirkung**, 2550 m, vorbeiführt. Bei den Häusern gehen wir geradeaus weglos über eine Ebene hinüber zum sichtbaren Pfad (Vorsicht: Sumpf!), der uns am Fuße des bewaldeten Hügels entlang weiterführt. So erreichen wir eine Engstelle des Kali Gandaki, an der eine große Hängebücke, 2560 m, hinüber zur Jeep-Piste leitet. Wir bleiben auf derselben Uferseite (O) und es ist nicht mehr weit in die Ortschaft **Kokhethani (5)**, 2545 m. Der Ort wirkt ausgestorben und hat sicher schon bessere Zeiten erlebt. Die Lodges bieten einfache Einkehrmöglichkeiten.
Bald mündet der Fahrweg in einen sauber gepflasterten Weg, der uns durch die Ortschaft **Dhampu** führt. Bei den letzten Häusern bringt uns eine **Hängebrücke**, 2520 m, hinüber zur Piste und wir gelangen nach links (S) in die relativ große, lang gezogene Ortschaft **Kalopani (6)**, 2540 m. Kalopani geht fast nahtlos in den nächsten Ort Lete über, wo es auch zahlreiche Lodges gibt.

i ***Rundumblick:*** *Von Kalopani aus bietet sich ein 360-Grad-Rundumblick, unter anderen auf den Dhaulagiri, 8167 m, mit Dhaulagiri Icefall und Tukuche Peak, 6839 m, im Nordwesten; Nilgiri Central, 6940 m, Nilgiri Süd, 6839 m, Annapurna I, 8091 m, Barah Shikhar, 7647 m, Hiunchuli, 6441 m, und Annapurna Süd, 7219 m, im Osten.*

Was darf es sein? Apfel-, Aprikosen-, Pfirsich- oder Kirschschnaps?

i **Kali Gandaki – tiefste Schlucht der Welt:** *Links von uns ragt der 8000er Annapurna, rechts der 8000er Dhaulagiri in die Höhe. Die Gipfel dieser beiden Bergriesen sind nur 30 Kilometer Luftlinie voneinander entfernt. Und genau dazwischen befindet sich die Kali-Gandaki-Schlucht, die damit konkurrenzlos tiefste Schlucht unserer Erde. Den Namen erhält die Schlucht von dem gleichnamigen Fluss, der sich als einer der vier großen Flüsse Nepals seinen Weg durch den Himalaya bahnt. Er entspringt im nördlich gelegenen Distrikt Mustang, an der Grenze zu Tibet, und fließt, nachdem er uns einige Zeit auf unserer Wanderung begleitet und sich mit dem Fluss Trisuli zum Narayani vereint hat, schließlich in den Ganges.*

Der Kali Gandaki, in seinem Oberlauf noch Thak Khola genannt, fließt auf einer Höhe von gerade mal etwa 1500 Metern vorbei an den beiden Giganten aus Fels und Eis, sodass der maximale Höhenunterschied zwischen Berg und Tal knapp 7000 Meter beträgt! Der Blick nach oben raubt einem bisweilen die Luft – oder verursacht zumindest Nackenschmerzen. Dieses natürlich entstandene Tal diente schon in weiter Vergangenheit als eine der Hauptverkehrs- und Haupthandelsrouten nach Tibet (siehe unten »Salzhandel«). Das Leben im Kali-Gandaki-Tal hat sich jedoch grundlegend verändert, seit sich eine Straße durch die tiefe Schlucht windet. Es ist bereits möglich, mit dem Bus von Pokhara nach Beni zu fahren. Mit dem Jeep geht es über eine Piste sogar bis in den Norden nach Muktinath. Die Hauptstadt des Tals, Jomson, ist zudem durch den Flughafen bestens an die Außenwelt angebunden.

Wie Sie auf Ihrer Wanderung merken werden, funktioniert diese tiefe Schlucht außerdem wie ein Windkanal. Täglich um etwa 11.00 Uhr – und darauf ist Verlass – fegt ein heftiger Wind von Süd nach Nord durch das Kali-Gandaki-Tal und macht uns das Vorankommen schwer. Die Bäume entlang des Flussufers zeugen von diesen täglichen Winden.

i **Salzhandel:** *Das Kali-Gandaki-Tal war in der Vergangenheit eine der wichtigsten Routen für den Salzhandel von Tibet nach Nepal und Indien. Da Nepal selbst über keine eigenen Salzvorkommen verfügt, wurde das von Salzseen in Tibet stammende Salz mit Karawanen von Yaks, Maultieren und Pferden über Mustang nach Nepal und Indien transportiert.*

Die Orte im Kali-Gandaki-Tal, allen voran Tukuche, zeugen von diesem jahrhundertelangen Salzhandel. Die mächtigen Häuser sind alte Karawansereien, deren große, vor dem Wind geschützte Innenhöfe zum Umladen des Salzes von den Yaks aus Tibet zum Weitertransport auf Maultiere genutzt wurden. Die oberen Stockwerke dienten als Lagerräume. Auch die kunstvollen Holzverzierungen an den Fassaden der Häuser zeugen vom einstigen Reichtum der ehemals wirtschaftlich florierenden Ortschaften. Die Güter aus Tibet (neben Salz auch Wolle) wurden oft im Tausch gegen Getreide (vor allem Gerste) und Gewürze gehandelt.

Diese Handelsroute verlor an Bedeutung, als das Straßennetz immer stärker ausgebaut wurde und sich der Transport folglich auf LKWs und Jeeps verlagerte. Zudem begann Indien, seinen Salzbedarf zunehmend durch das billigere, in Indien vorhandene Meersalz zu decken. Als schließlich Tibet von China besetzt wurde, kam der Salzhandel völlig zum Stillstand. Wirtschaftlich war dies für die Bevölkerung im Kali-Gandaki-Tal eine Katastrophe. Heute stellt der Tourismus eine wichtige Einnahmequelle dar.

Abseits der Jeep-Piste auf der Ostseite des Flusses.

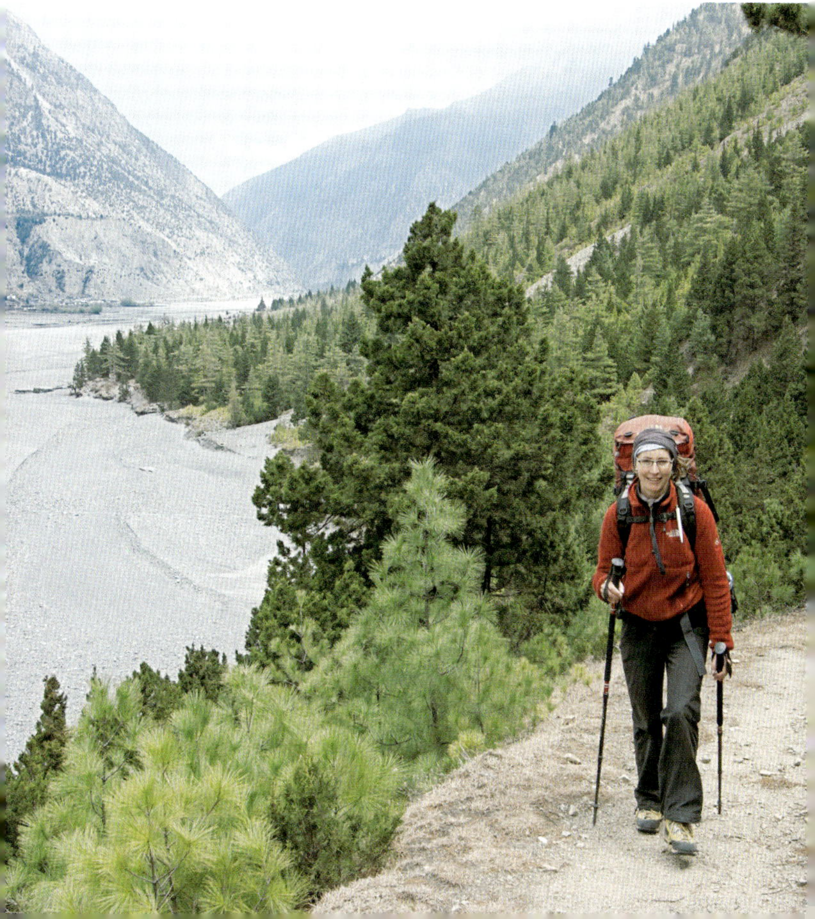

14 Kalopani – Tatopani

6.15 Std.

↑200 ↓1510

Auf zu den heißen Quellen

Langsam verlassen wir das Hochgebirge. Hier im unteren Abschnitt des Kali Gandaki wird es wieder grüner und im Sommer kann es ganz schön heiß werden! Es scheint fast, als hätten wir die Klimazone gewechselt. Auf unserem Weg begegnen wir Wasserbüffeln, Schilfpflanzen und Bananenstauden. Wir verlassen die ineinander übergehenden Orte Kalopani und Lete. Heute werden wir leider viel Kontakt mit der Jeep-Piste haben. Aber immer wieder können wir diese auf kleinen Wanderwegen abkürzen. Ab Kopchepani empfehlen wir den Weg auf der Ostseite des Flusses abseits der Piste durch kleine Ortschaften, der uns allerdings im Vergleich zur Piste ein paar zusätzliche Höhenmeter beschert. In der zweiten Tageshälfte gelangen wir in das schmucke Dorf Dana. Einige stattliche Häuser mit kunstvollen Holzschnitzereien an den Fenstern zeugen von Danas wichtiger Position in der Geschichte. Bis 1970 war Dana nämlich Distrikthauptstadt von Mustang. Heute hat Jomson diese Rolle übernommen. Ab hier wechseln sich Fußwege und Abschnitte auf der Piste ab, bis wir von letzterer in den großen, lebendigen Ort Tatopani mit seinen berühmten heißen Quellen abbiegen.

Erinnern Sie sich noch an die erste Hängebrücke?

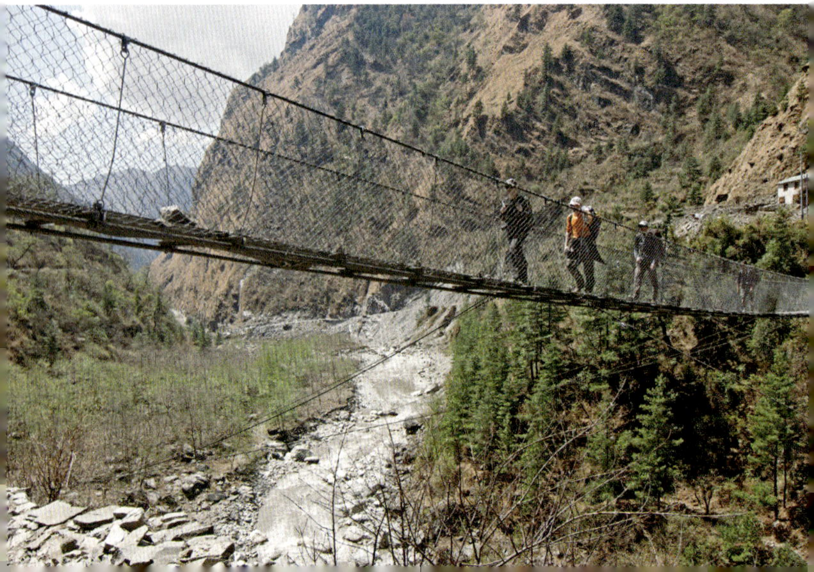

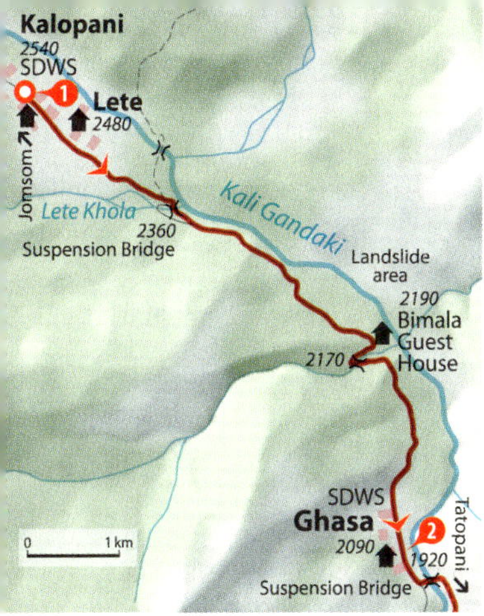

Ausgangspunkt: Kalopani, 2540 m.
Entfernung: 23,5 km.
Anforderungen: Einfache Fußwege, teils Piste. Orientierung problemlos.
Einkehr: Zahlreiche Möglichkeiten entlang des Weges. – SDWS in Ghasa.
Unterkunft: **Lete:** Zahlreiche Lodges. – **Ghasa:** Zahlreiche Lodges. – **Dana:** 2 Lodges (Riverside Lodge, New Annapurna). – **Pairathaplo:** 1 einfache Lodge. **Kopchepani:** Wenige Lodges.– **Tatopani:** Viele einladende Lodges.
Verkehrsmittel: In Tatopani kann man die Tour unkompliziert beenden, indem man den Jeep oder Bus nach Beni (etwa 400 NPR, 2–3 Std.) und weiter nach Pokhara nimmt. Mit dem ersten Bus in der Früh (etwa 7.30 Uhr) erreicht man Pokhara bei normalen Straßenverhältnissen am Nachmittag. Dazu wird in Beni umgestiegen. Hier fahren stündlich Busse nach Pokhara (etwa 500 NPR, 5–6 Std.). Nach Erdrutschen, was immer wieder passiert, dauert die Fahrt deutlich länger!
Tipps: 1. Am Abend ein heißes Bad mit kühlem Bier in den Quellen von Tatopani. 2. Gehen Sie in Kalopani früh los, um dem regen Jeep-Verkehr zu entgehen (die meisten Jeeps starten am Morgen in Jomson).
Variante: Tharesware – Tatopani abseits der Jeep-Piste, markiert, s. Beschreibung.

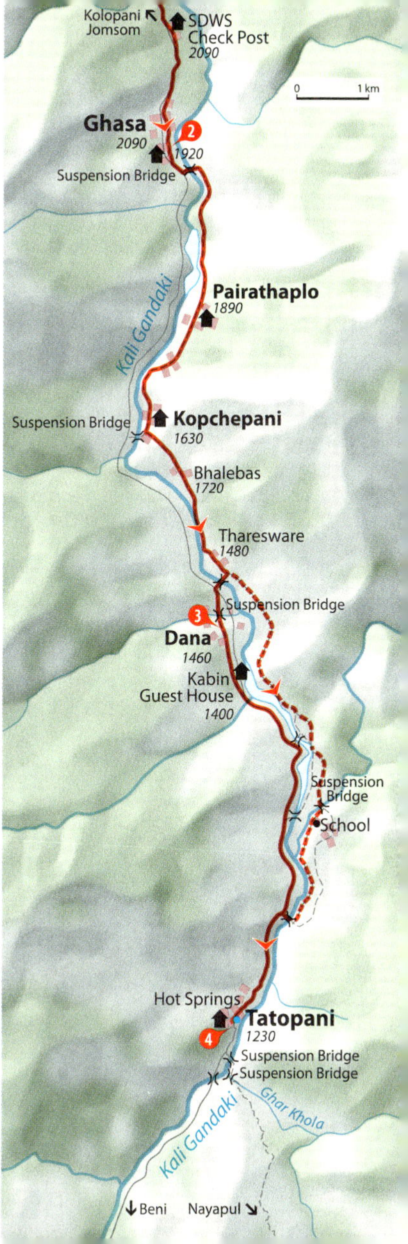

Wir verlassen **Kalopani (1)**, 2540 m, auf dem Hauptweg Richtung Süden. Kalopani geht fast nahtlos in den nächsten Ort **Lete**, 2480 m, über. Auch hier gibt es zahlreiche Lodges und Restaurants. Nach den letzten Häusern von Lete halten wir uns geradeaus, gehen also nicht nach links auf der Fahrstraße weiter. Es folgt ein steiler Abstieg (Abkürzung zur Fahrstraße) hinunter zu einer **Hängebrücke**, 2360 m (Einkehrmöglichkeit). Mithilfe der Brücke (die Jeep-Piste macht eine größere Schleife und überwindet den Lete Khola ein paar Hundert Meter flussaufwärts) überqueren wir den Lete Khola und gelangen so wieder auf die Fahrstraße, der wir talauswärts folgen. 2018 war dieser Wegabschnitt (Abkürzung Hängebrücke) wegen Erdrutschen nicht begehbar. In diesem Fall bleiben wir auf der breiten Piste. Wir laufen schließlich auf der Piste vorbei am **Green Forest Guest House**, 2230 m, und dem **Bimala Guest House**, 2190 m, und über eine Betonbrücke gelangen wir in den Ort **Ghasa (2)**, 2090 m. Die Jeep-Piste verläuft rechts am eigentlichen Ort vorbei. In Ghasa befinden sich ein Checkpost und eine SDWS.
Wir verlassen den Ort auf dem Hauptweg, gehen ein kurzes Stück auf der Jeep-Piste und verlassen diese bald wieder nach links auf einem gepflasterten Pfad durch den zweiten Ortsteil von Ghasa. Hier gibt es deutlich weniger Einkehrmöglichkeiten. Nach einem neuerlichen kurzen Stück auf der Piste treffen wir auf eine **Hängebrücke**, 1920 m. Dem Schild »Trekking Trail« folgend wechseln wir die Flussseite. Mit einem kleinen Gegenanstieg erreichen wir die Old Bimala Lodge in **Pairathaplo**, 1890 m. Ein etwas unangenehmer, steiniger Abstieg bringt uns hinunter nach **Kopchepani**, 1630 m, das aus zwei Ortsteilen besteht. In beiden gibt es kleine Shops, Einkehrmöglichkeiten und Unterkünfte. Falls wir ab hier die bequeme, aber landschaftlich weniger schöne Jeep-Piste nehmen wollen, müssen wir bei Kopchepani über die Hängebrücke hinüber zur anderen Flussseite.
Wir empfehlen aber den Weiterweg auf der Ostseite. Dazu steigen wir von Kopchepani knapp 100 Hm hinauf zur Siedlung **Bhalebas**, 1720 m. Von hier oben haben wir einen fantastischen Blick hinein in das Kali-

Blick von Tatopani.

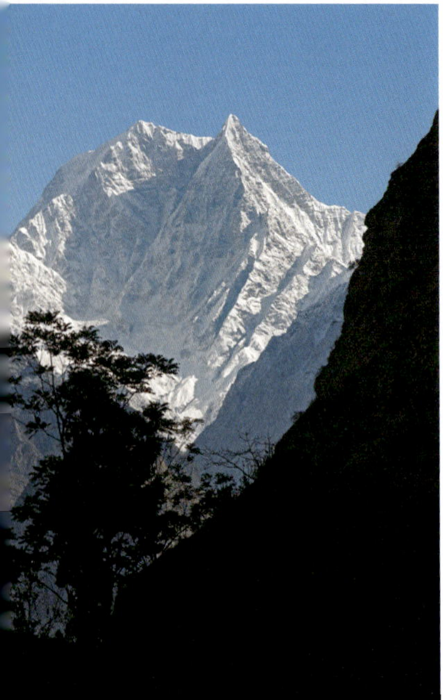

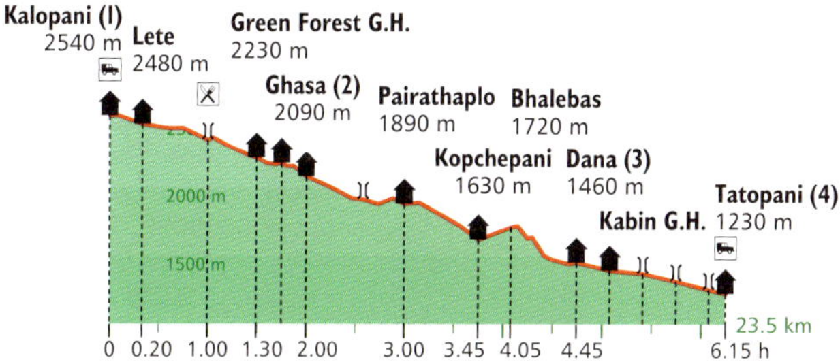

Gandaki-Tal und rechts sehen wir einen gewaltigen Wasserfall in die Tiefe stürzen. Die Häuser von Bhalebas sind sehr einfach und die Felder von Felsmauern umzäunt.

Wir steigen hinunter nach **Tharesware**, 1480 m, und direkt danach bringt uns eine Hängebrücke (wir empfehlen den als Variante beschriebenen Weg auf der Ostseite des Flusses weiter, siehe Variante) hinüber nach **Dana (3)**, 1460 m, wo wir den Weg direkt durch die reizvolle kleine Ortschaft (abseits der Jeep-Piste) nehmen. Der Ortskern ist sehr ursprünglich, wir finden Häuser mit schönen Holzschnitzereien.

Am Ortsausgang von Dana gelangen wir über eine Hängebrücke für wenige Meter wieder auf die Piste. Von dieser zweigt jedoch gleich ein von einem Lodgebesitzer beschilderter Weg (»Trekking Trail, Kabin Guest House Dana & Way to Tatopani«) nach links durch weitere Häuser ab. Wir gehen entlang einer Steinmauer mit Blick auf Felder und Gemüsegärten, Kakteen und Bananenstauden. Am **Kabin Guest House**, 1400 m, vorbei erreichen wir nach 25 Min. ab Dana über eine Brücke wieder die Piste.

Dieser folgen wir nun für etwa 1 Std., stets entlang des Flusses Kali Gandaki. Dabei lassen wir drei Hängebrücken, die auf die andere Seite des Flusses führen, unbeachtet. Im Flussbett liegen vom Wasser ausgeschliffene Steine, Kinder fangen mit selbst gebauten Harpunen Fische. Unser Weg verläuft eben bzw. leicht bergab. Besonders gegen Abend herrscht hier leider reger Bus- und Jeep-Verkehr. 1.30 Std. nach Dana biegen wir rechts, den Werbeschildern für diverse Lodges folgend, von der Piste in den Ort **Tatopani (4)**, 1230 m, ab. Ein gepflasterter Pfad führt uns durch die Ortschaft, vorbei an unzähligen Lodges, Restaurants und Souvenirgeschäften.

Variante: Tharesware/Dana – Tatopani

Es gibt einen schönen Weg (markiert) von Tharesware am östlichen Ufer des Kali Gandaki (abseits der Piste) bis fast nach Tatopani, der nicht viel mehr Zeit in Anspruch nimmt als der Weg entlang bzw. auf der Piste. Dazu nehmen wir nach Tharesware nicht die Hängebrücke nach Dana, sondern blei-

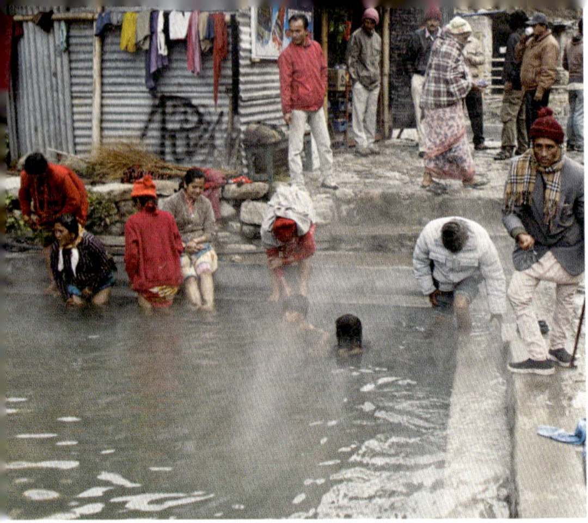

Tatopani: »tato« steht für heiß und »pani« für Wasser.

ben auf dem Weg am Ostufer. Nach einer etwas ausgesetzten Passage oberhalb des Flusses wählen wir an der Abzweigung den linken Weg. Es geht leicht bergauf über eine Anhöhe und dann hinunter zu einer größeren Hängebrücke, die uns über den Miristi Khola bringt. Nach der Brücke haben wir zwei Möglichkeiten:

1. Wir halten uns nach der Brücke rechts und nehmen den unteren Weg. Vorbei an einem Schulgebäude und einem kleinen Tempel erreichen wir erneut eine Jeep-Piste auf der Ostseite des Kali Gabdaki. Auf dieser gelangen wir in einen kleinen Ort, wo wir über eine Hängebrücke zur eigentlichen Jeep-Piste (Westseite) gelangen und dieser in Richtung Süden etwa 0,5 km bis nach Tatopani folgen.
2. Der Weg (in der Karte rot gestrichelt) ist landschaftlich reizvoller und nimmt nicht sehr viel Zeit mehr in Anspruch. Wir steigen dazu nach der Hängebrücke etwa 15 Min. bergan und erreichen ein größeres Plateau. Wir gelangen in den Ort Narcheng. Markierungen führen uns durch die Häuseransammlung. Eine kleine Brücke bringt uns auf die Jeep-Piste auf der Ostseite des Kali Gandaki. Von hier wie bei Möglichkeit 1 nach Tatopani.

i **Heiße Quellen in Tatopani:** *Die wohltuenden heißen Quellen, die dem Ort auch seinen Namen verleihen (»tato«: heiß; »pani«: Wasser), befinden sich unterhalb des Hauptortes, gleich neben dem Kali Gandaki, dort, wo die Jeep-Straße vorbeiführt. Der Zugang ist von der Mitte des Ortes (Beschilderung »Hot Springs«) oder direkt von zwei Hotels möglich. Die Wassertemperatur der Quelle beträgt 60 °C. Für die verschiedenen Becken wird das Quellwasser mit Flusswasser zu einer angenehmen Badetemperatur gemischt. Öffnungszeiten: 5 bis 21 Uhr. Es gibt ein kleines Restaurant direkt bei den Quellen. Die Becken werden in der Saison regelmäßig gereinigt. Wer seinen Badeanzug bzw. seine Badehose nicht über den Thorung La getragen hat, kann auch in Unterwäsche und T-Shirt in das heiße Becken steigen. Eintritt Hot Springs: 150 NPR (Stand 2018).*

3.45 Std.

↑760 ↓50

Tatopani – Sikha 15

Steiler Aufstieg über Piste und steinige Stufen

Heute nehmen wir den letzten Anstieg unserer Runde in Angriff – für die nächsten zwei Tage geht es bergauf! Wir verabschieden uns vom Kali-Gandaki-Tal. Auf der Piste und über unzählige Steinstufen, unter Vogelgezwitscher, vorbei an Kakteen, Bananenstauden, Mandarinenbäumen, Bambusgehölz und ersten Rhododendronbäumen meistern wir heute die ersten 800 Höhenmeter dieses Anstiegs. Eine zeitlich eher kurze, aber dennoch anstrengende Etappe. Am Morgen wacht in unserem Rücken immer noch die eisige Südseite des Nilgiri. Beim schweißtreibenden Aufstieg werden wir Zeugen des dörflichen Lebens: Ziegen grasen an den Hängen, Männer pflügen mithilfe von Ochsen mühsam die schmalen Anbauterrassen, Frauen trocknen geerntete Gerste und Buchweizen vor den Häusern oder waschen ihre bunte Wäsche an der Wasserstelle.

Ausgangspunkt: Tatopani, 1230 m.
Entfernung: 7,9 km.
Anforderungen: Einfache Wanderwege, allerdings schweißtreibender, anstrengender Aufstieg. Orientierung problemlos.
Einkehr: Mehrere Shops und Einkehrmöglichkeiten am Wegesrand; insbesondere am Ortsanfang von Ghara.
Unterkunft: Travels Lodge: 10 Min. vor Sikha. **Ghara:** Wenige Lodges. – **Sikha:** Zahlreiche Lodges.
Verkehrsmittel: Tatopani siehe Etappe 14.

Eventuell nach einem letzten entspannenden Bad in den heißen Quellen verlassen wir den Ort **Tatopani (1)**, 1230 m, über den gepflasterten Hauptweg Richtung Süden. Dieser führt uns nach den letzten Häusern auf die Jeep-Piste. Unter uns rauscht der Kali Gandaki, und wenn wir uns zurückwenden, strahlt uns der eisige Nilgiri entgegen. Wir folgen der Piste für etwa 30 Min. in Richtung Süden und gelangen über zwei **Hängebrücken**, 1210 m, zu-

Tipp: Die heutige Etappe nach Sikha sowie die morgige nach Ghorepani lassen sich bei guter Kondition sehr gut zu einer Tagesetappe verbinden. (Achtung: Es sind dann knapp 1800 Hm im Aufstieg zu bewältigen!)

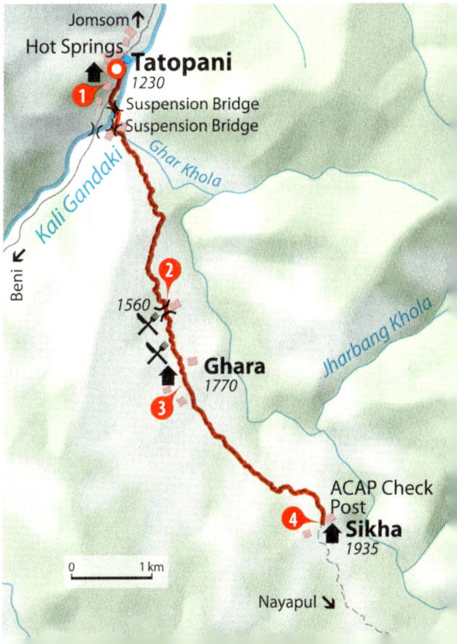

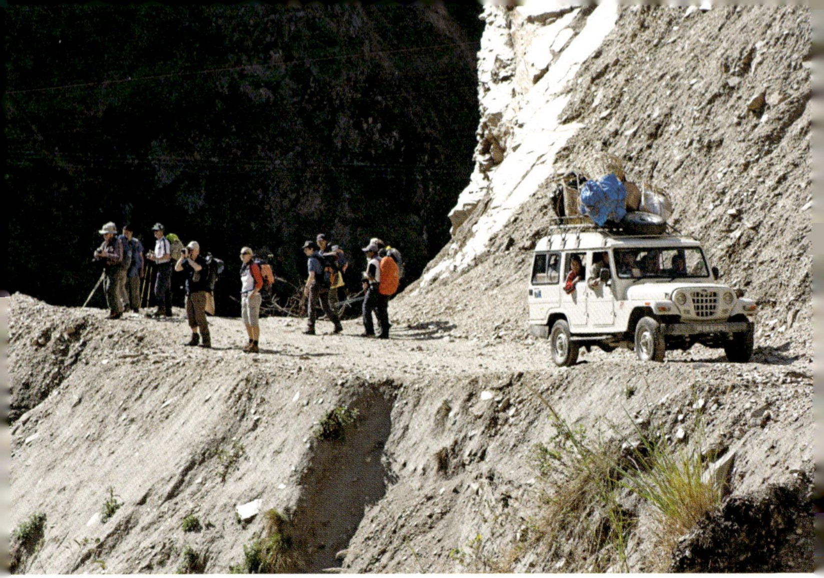

Seit einiger Zeit wackeln die Jeeps von Beni, vorbei an Tatopani, durch das Kali-Gandaki-Tal bis hinauf nach Muktinath.

erst über den Kali Gandaki und dann über den Ghar Khola, in den gleichnamigen Ort **Gharkhola**.

Hier folgen wir den Schildern nach links in Richtung Ghorepani und beginnen unseren Aufstieg, der markiert im Wechsel auf einem Wanderweg und auf der neu angelegten Piste verläuft. Beladene Maultierkarawanen überholen uns bei unserem anstrengenden Aufstieg. Allerdings ist stets Ablenkung geboten, da uns unser Weg immer wieder durch lebendige Siedlungen und vorbei an Ackerflächen führt. Unsere Augen saugen das saftige Grün der Farne, Gemüsegärten und Bambusbüsche geradezu auf nach den vielen Tagen in der trockenen, steinigen Landschaft.

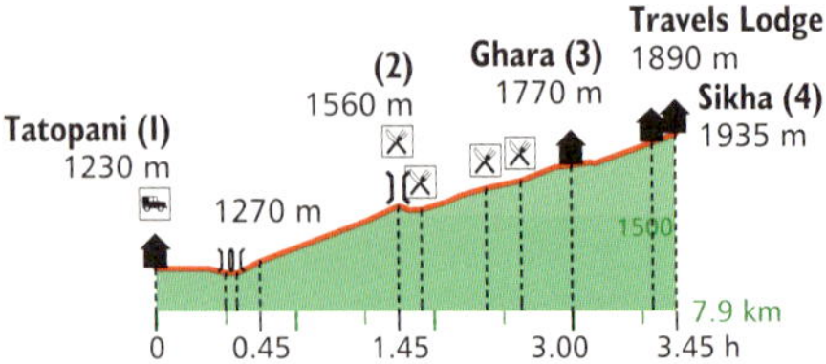

Die erste Hälfte unserer heutigen Etappe ist geschafft, wenn wir durch ein kleines Felstor auf eine **Scharte (2)**, 1560 m, gelangen. Hier befindet sich eine Einkehrmöglichkeit und unser Blick öffnet sich auf einen weiten Hang, übersät mit Gersten- und Buchweizenfeldern und verstreuten Häusern des Dorfes Ghara. Kurz geht es sogar eben am Hang entlang. Aber schon bald steigt der Weg wieder an und wir erklimmen über steinige Stufen den weitgestreuten Ort Ghara, an dessen Eingang sich drei Einkehrmöglichkeiten befinden. Wir wandern durch den Ort **Ghara (3)**, 1770 m, und gewinnen immer mehr an Höhe.
Nach Ghara sind es nur noch 45 Min. und gut 150 Hm zu unserem heutigen Etappenziel Sikha. Etwa 10 Min. vor Shikha steht die **Travels Lodge**, 1890 m. **Sikha (4)**, 1935 m, ist ein kleines, aber sehr einladendes Dorf.

Aufstieg von Tatopani nach Sikha.

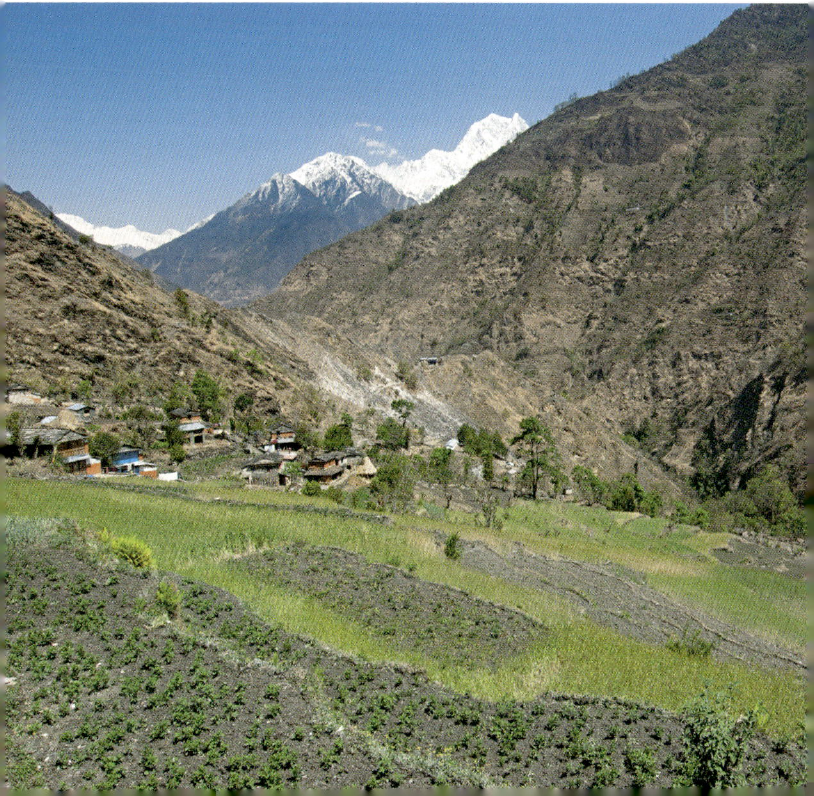

16 Sikha – Ghorepani

3.30 Std.

↑940 ↓40

Auf ins blaue Blechdorf

Heute setzen wir unseren Aufstieg fort. Vereinzelte Rhododendronbäume verdichten sich im Laufe unseres Anstieges zu einem subtropischen Rhododendronwald. Die roten und pinkfarbenen Blüten leuchten im Frühling aus dem dichten Dunkelgrün. Auf dem Weg liegen die sehr ursprünglichen Dörfer Phalante und Chitre, in denen kleinere Einkehrmöglichkeiten auf uns warten. Nach gut 900 Hm haben wir das »blaue Blechdorf« Ghorepani oben am Pass Ghorepani Deurali erreicht. Der Ort trägt seinen Namen »ghore« (Pferd) und »pani« (Wasser) aufgrund der Tatsache, dass es früher eine Durchgangsstrecke vieler Maultierkarawanen war, die hier oben am Pass ihre Pferde an die Wasserstelle führten. Heute spiegelt der sehr touristische Ort nur noch wenig von der damaligen Atmosphäre wider. Das Ortsbild ist von großen, aus blauem Blech gefertigten Lodges und Souvenirläden geprägt. Bergblicke entschädigen jedoch für den etwas lieblosen, pragmatischen Baustil. Die Hauptattraktion Ghorepanis ist sicherlich ein Ausflug auf den Poon Hill. Und so ist Ghorepani Knotenpunkt vieler, auch kürzerer Trekkingtouren im Einzugsgebiet von drei bis vier Tagesetappen von Pokhara. Uns Weitwanderern fällt auf, dass sich das Bild der Trekker ab hier ändert.

Beim Abstieg vom Poon Hill dominiert im Norden der 8000er Dhaulagiri (siehe Seite 154).

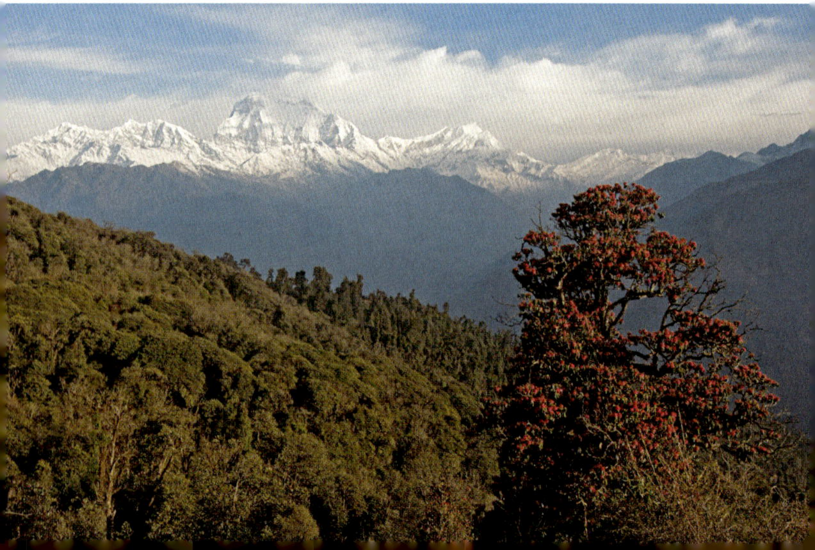

Ausgangspunkt: Sikha, 1935 m.
Entfernung: 7,6 km.
Anforderungen: Einfache Wanderwege. Orientierung problemlos.
Einkehr: Zahlreiche Möglichkeiten.
Unterkunft: Auf der gesamten Strecke einzelne Lodges am Wegesrand. – **Ghorepani:** Zahlreiche Lodges.
Einkauf: Geschäfte in Ghorepani, u. a. Bakery, Buchläden, Telefonmöglichkeit, Internet (je nach Stromversorgung), zahlreiche Souvenirstände am Straßenrand.
Tipp: Wer seine Tour um zwei bzw. drei Tage verlängern möchte, kann das schöne Dorf Ghandruk besichtigen. Es gibt einen direkten Weg von Ghorepani nach Ghandruk. Dabei nächtigt man in Ghandruk und steigt nach Nayapul ab (siehe Poon Hill Trek, Etappe 3). Oder Sie wandern von Ghorepani über Tadapani nach Chhomrong und weiter zum ABC (ab Seite 196).

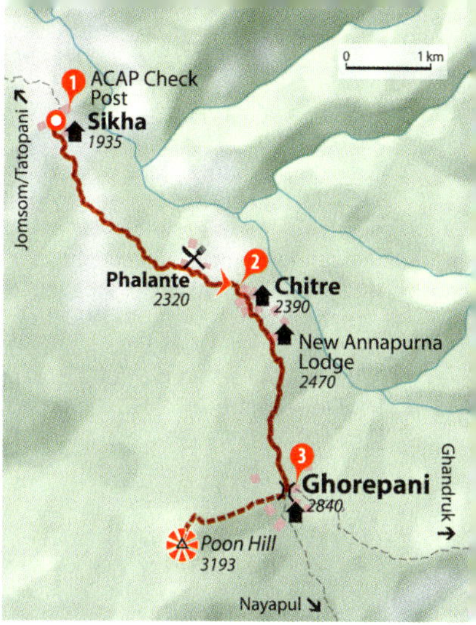

Heute erwartet uns eine nicht allzu lange Etappe, und so wir haben am Morgen Zeit, das alltägliche Leben der Einheimischen in Sikha zu beobachten. Auf dem Hauptweg verlassen wir dann ansteigend **Sikha (1)**, 1935 m. Am Ortsende befindet sich eine weitere Lodge, mehrere Einkehrmöglichkeiten, zahlreiche Shops und ein **ACAP Checkpost**, 2010 m.
Nach diesem setzen wir unseren Aufstieg über Steinstufen fort. Kurz nach dem Schulgebäude führt unser Weg an der einladenden Lodge Hotel Serendipity vorbei. Das erste Waldstück mit alten, knöchrigen und bemoosten Rhododendronbäumen stimmt uns schon auf den bevorstehenden dichten Wald ein. Aber zunächst es geht weiter hinauf und die vielen Stufen scheinen nicht enden zu wollen. Immer wieder kommen wir an Einkehrmöglichkeiten vorbei. Bei gutem Wetter belohnen uns Blicke auf den Dhaulagiri.
Und mit diesem 8000er im Rücken gelangen wir in die nächste Siedlung: **Phalante**, 2320 m. Hier finden wir ebenfalls mehrere Einkehrmöglichkeiten.

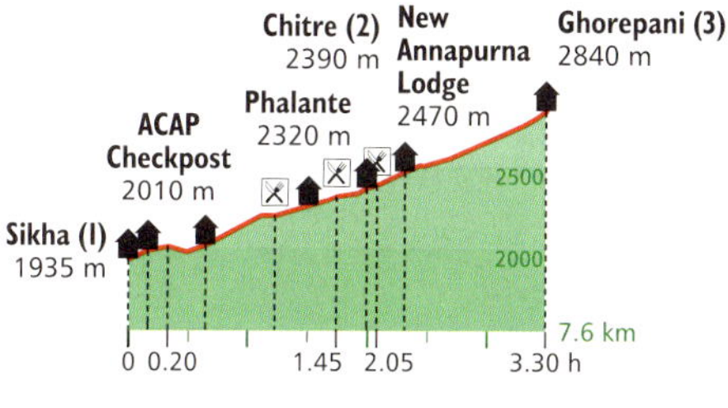

15 Min. nach Phalante kommen wir zur großen **New Dhaulagiri Lodge**, 2370 m.
Kurz darauf, am Anfang von **Chitre (2)**, 2390 m, zweigt ein beschilderter Weg links nach Khopra ab, sowie 2 Min. später ein ebenfalls beschilderter Weg nach Ghandruk, die wir jedoch beide ignorieren. Wir folgen stets den Steinstufen und Schildern bergauf nach Ghorepani. Vorbei an der netten **New Annapurna Lodge**, 2470 m, erreichen wir eine kleine Lichtung, von wo wir schon die blauen Blechdächer von Ghorepani sehen. Rechts davon befindet sich der Aussichtspunkt Poon Hill. Aber es sind schon noch ein paar Höhenmeter bis zum blauen Dorf ganz oben am Hügel zu bewältigen.
Mit **Ghorepani (3)**, 2840 m, haben wir unser heutiges Etappenziel erreicht. Im Ort gibt es zahlreiche große Lodges und eine gute Infrastruktur.

Das blaue Dorf Ghorepani.

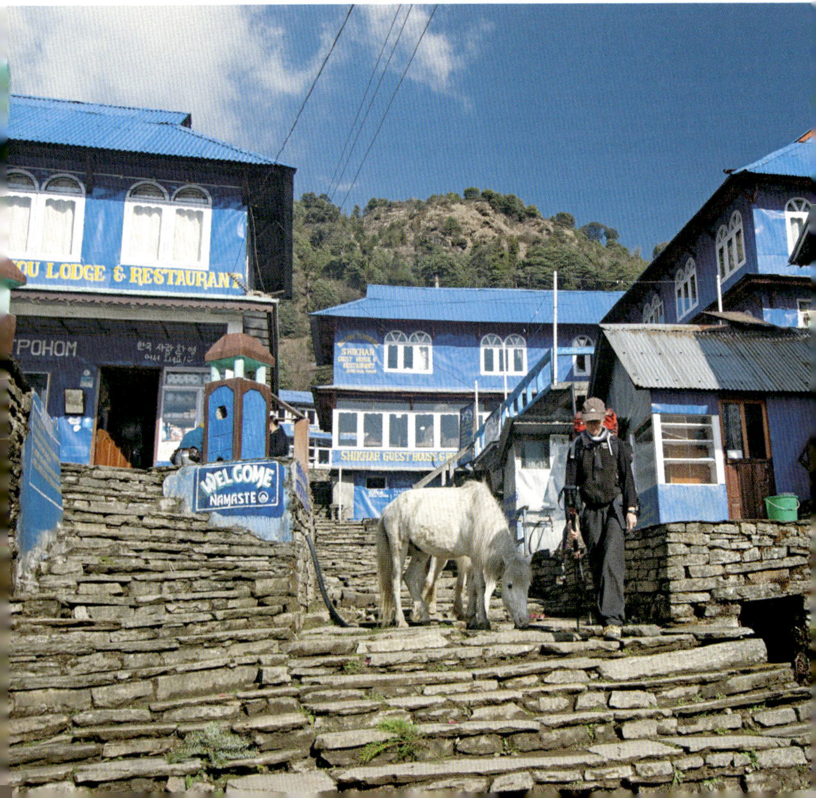

6.15 Std.

↑140 ↓1930

Ghorepani – Nayapul (Pokhara) 17

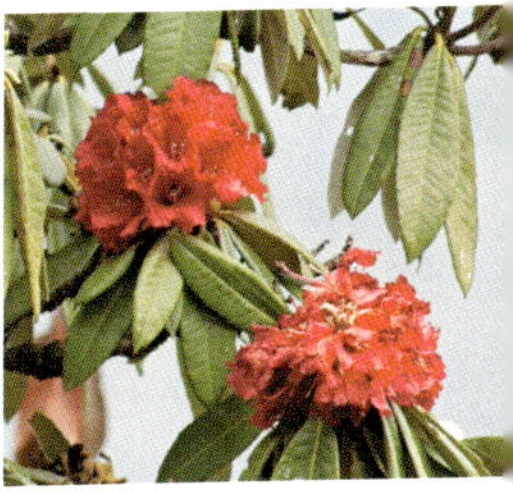

Finale aus Steinstufen

Diese Etappe ist der letzte Tag unserer Annapurna-Umrundung. Schon heute Abend werden wir vielleicht in einem Hotelbett in Pokhara liegen und uns zurückerinnern an all die Nächte in den Lodges rund um das Annapurna-Massiv. Aber bevor wir uns auf den langen Abstieg ins Tal und damit auf den Weg in Richtung Zivilisation machen, starten wir den heutigen Tag mit einem Ausflug auf den Aussichtsgipfel Poon Hill (Details ab Seite 290). Es heißt also früh aufstehen! Atemberaubend sind die Blicke vom Poon Hill auf Annapurna, Dhaulagiri und Machhapuchhre. Dann steigen wir wieder nach Ghorepani ab und genießen dort unser Frühstück vor dem finalen Abstieg nach Nayapul. Die Anzahl der Steinstufen der letzten Tage wird heute garantiert übertroffen: Angeblich sind es 3280 Stück von Ulleri hinab! Vom dichten, Schatten spendenden Bergwald gelangen wir in eine tiefere, wärmere Zone. Unterwegs liegen zahlreiche kleine Ortschaften. Der »Teahouse Trek« macht hier seinem Namen alle Ehre! Wenn wir jede dieser Einkehrmöglichkeiten wahrnehmen würden, bräuchten wir für diesen Teil des Treks noch einmal so lang wie für die gesamte Runde. Am Nachmittag erreichen wir schließlich das Örtchen Nayapul, was so viel wie »neue Brücke« heißt, an der Verbindungsstraße Baglung – Pokhara. Mit dem Bus sind es etwa 2 Stunden bis Pokhara, wo schöne Hotels, schicke Restaurants mit vielfältigem Speiseangebot und dank des Phewa Lake sogar ein bisschen Strandurlaubsfeeling auf uns warten. Ein Tag mit vielen unterschiedlichen Eindrücken!

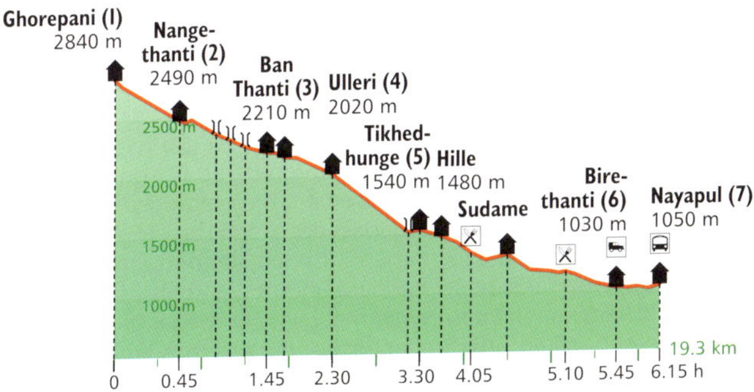

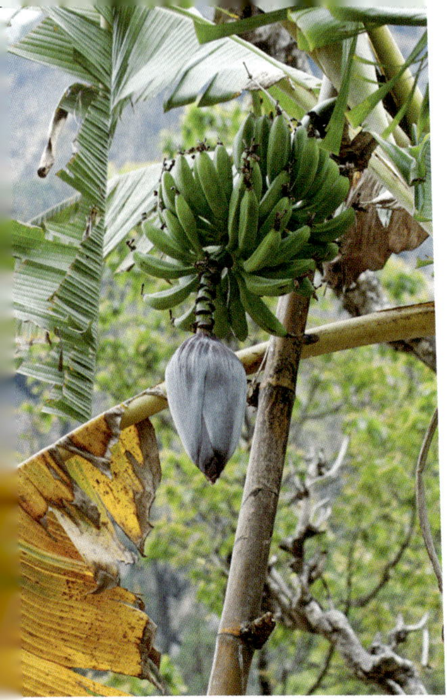

Optisch und geschmacklich sehr süß sind die kleinen Bananen am Wegesrand.

Ausgangspunkt: Ghorepani, 2840 m.
Entfernung: 19,3 km.
Anforderungen: Einfache Wanderwege, sehr lange Etappe (eventuell Zusatznacht z. B. in Ullerie, Tikhedhunge oder Hille), Steinstufen und Hitze sind nicht zu unterschätzen. Orientierung problemlos.
Einkehr: Zahlreiche Möglichkeiten.
Unterkunft: Nangethanti: 3 Lodges. – **Ban Thanti:** 4 Lodges. – **Ulleri:** Viele einladende Lodges. – **Tikhedhunge:** Viele einladende Lodges. – **Hille:** Mehrere einladende Lodges. – **Nayapul:** Zahlreiche Unterkünfte, aber nicht als Übernachtungsmöglichkeit zu empfehlen.
Verkehrsmittel: Rückfahrt von Nayapul nach Pokhara siehe Seite 91.
Tipp: Versuchen Sie Nayapul nicht zu spät am Nachmittag zu erreichen, sodass Sie noch bequem einen Bus nach Pokhara erwischen und dort nicht zu spät eintreffen. Falls Sie spät dran sind, empfiehlt es sich, eine Nacht in Tikhedhunge einzulegen oder ein Taxi von Birethanti bzw. Nayapul bis Pokhara zu nehmen. Eine Nacht in Nayapul ist nicht empfehlenswert, denn der Ort wirkt, wie viele Verkehrsknotenpunkte, schmuddelig und chaotisch.
Hinweis: Näheres zum Ausflug auf den Poon Hill siehe Poon Hill Trek ab S. 282.

Nach dem frühen und hoffentlich aussichtsreichen Ausflug auf den Poon Hill (Wegbeschreibung siehe ab Seite 290) sollten wir spätestens um 8.30 Uhr in **Ghorepani (1)**, 2840 m, aufbrechen. Auf uns wartet heute die letzte, aber auch noch mal eine lange Etappe.
Wir verlassen die Ortschaft oben am Pass auf dem Hauptweg Richtung Süden und erreichen nach ein paar Minuten den unteren Ortsteil, 2780 m, wo sich ebenfalls ein paar schöne Lodges befinden. Ab hier tauchen wir ein in einen wunderschönen Rhododendronwald. Kaum zu glauben, dass dieses Gewächs in Deutschland maximal zu einem größeren Busch heranwächst. Hier hingegen finden wir alte Bäume mit einem Stammdurchmesser von fast einem Meter. Schon aus diesem Grund ist der Weg kurzweilig.
In etwa 45 Min. ab Ghorepani kommen wir nach **Nangethanti (2)**, 2490 m. Neben unserem Weg fließt der kristallklare Bhurungdi Khola und der dschungelartige Wald vereinnahmt uns immer mehr. Immer wieder bringen uns kleine, solide Betonbrücken über Seitenbäche, die anschließend in den Bhurungdi Khola münden. 1 Std. nach Nangethanti lichtet sich der Wald und wir

erreichen die Häuser von **Ban Thanti (3)**, 2210 m. Im ersten Ortsteil befinden sich das Trekker's Guest House, das Hotel Fishtail View und mehrere Einkehrmöglichkeiten. Von hier haben wir ebenfalls einen fantastischen Blick auf den Machhapuchare mit seinen 6997 m. Wenige Minuten später erreichen wir die beiden großen Lodges Green Hill View und Machhapuchhre Lodge, 2170 m.

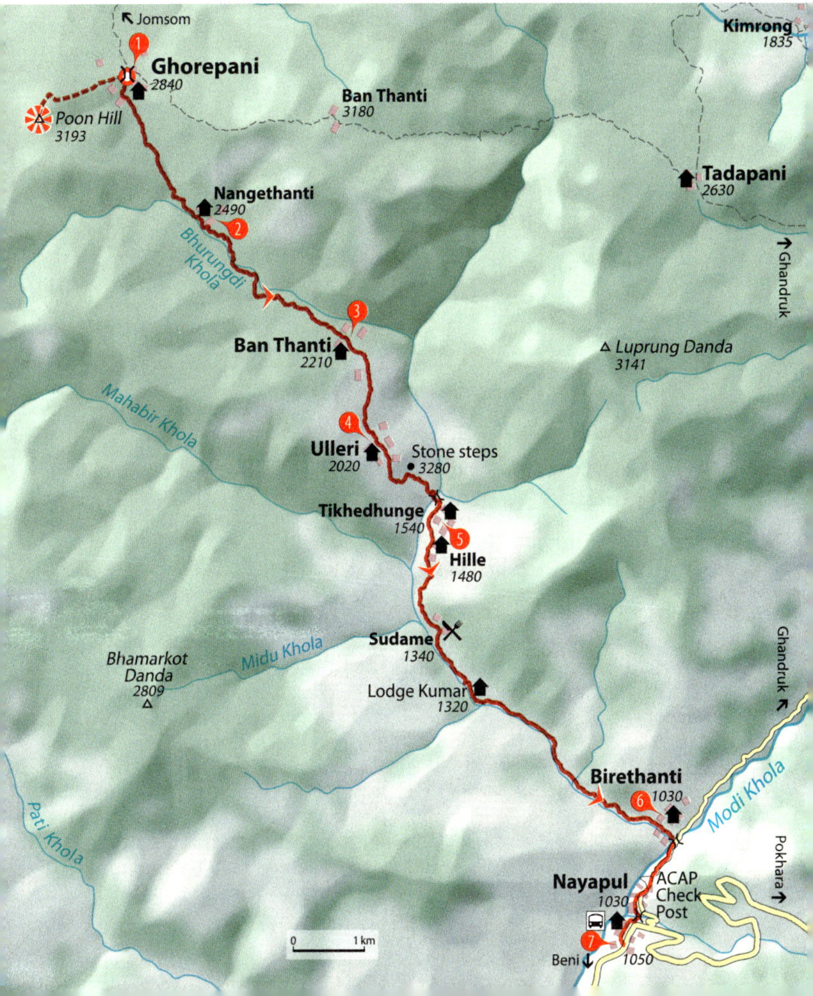

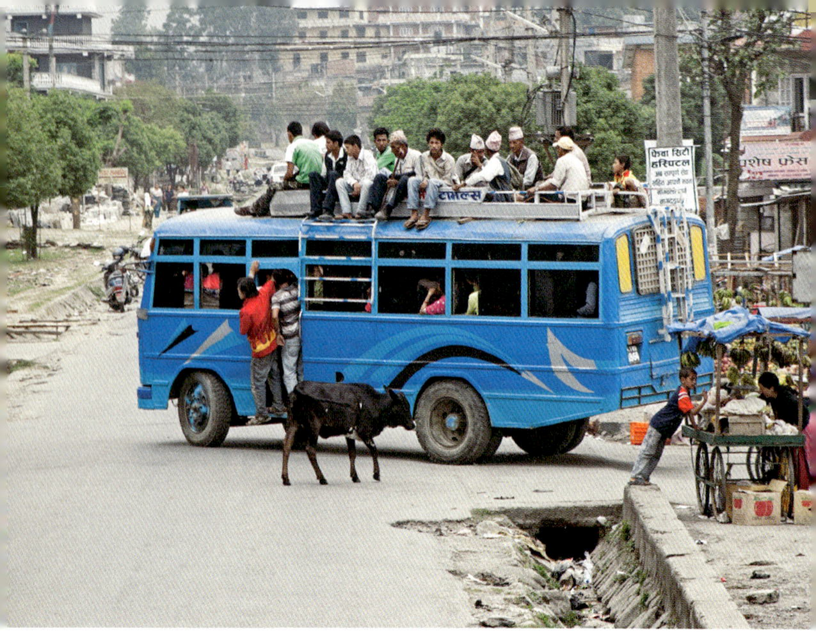

Pokhara: Männer auf das Dach, Frauen und Kinder in den Bus.

Nach Ban Thanti verlassen wir endgültig den dichten Wald und schon bald blicken wir auf das Dorf Ulleri unter uns. Der weitere Wegcharakter macht dem Namen »Teahouse Trek« alle Ehre. An jeder Ecke finden wir ein Restaurant oder einen kleinen Shop mit Erfrischungsgetränken. Zudem macht sich an den Trekkern auch bemerkbar, dass wir uns im Einzugsgebiet der Drei-bis-vier-Tages-Touristen von Pokhara befinden. Das Publikum ist also äußerst gemischt.
45 Min. nach Ban Thanti erreichen wir **Ulleri (4)**, 2020 m, wo ebenfalls sehr viele einladende Lodges und Einkehrmöglichkeiten auf uns warten. Spätestens hier sollten wir uns auch mit einer Kleinigkeit stärken, denn danach warten unzählige Steinstufen auf uns. Der Abstieg auf diesen Stufen wird uns und vor allem unseren Beinen sicher in Erinnerung bleiben.
1 Std. lang führen uns die Stufen hinunter zu den beiden **Hängebrücken**, 1520 m und 1530 m, die uns in den Ort **Tikhedhunge (5)**, 1540 m, bringen. Zitternde Oberschenkel und leicht schmerzende Knie gehören also heute sicher neben all den Leckereien am Wegesrand auch zum Tagesprogramm. Im gepflegten Ort Tikhedhunge gibt es viele sehr angenehme Lodges und wer noch eine Nacht hier in der Gegend bleiben will, oder einfach zu spät

dran ist, der sollte hier oder in **Hille** nächtigen, das wir in Kürze erreichen werden. Danach bringt uns der Weg, vorbei an **Sudame**, 1340 m, mit vereinzelten Steinstufen immer näher an den Bhurungdi Khola. Bei einer größeren Hängebrücke über diesen Bach steht die **Lodge Kumar**, 1320 m. Wir bleiben aber auf der linken Bachseite und laufen leicht bergab, zum Teil ganz nahe am Bach, das Tal hinaus, vorbei an Maisfeldern und Viehweiden. An einer Stelle müssen wir kurz einen felsigen Gegenanstieg in Kauf nehmen, falls der Wasserstand des Baches das Abkürzen direkt im Bachbett nicht zulässt. Am besten beobachten wir die Einheimischen und treffen danach unsere Entscheidung. Der Bach ist immer wieder unterbrochen durch kleine Wasserfälle mit Gumpen und wir erreichen ohne große Anstrengung in gut 2 Std. ab Tikhedhunge die Ortschaft **Birethanti (6)**, 1030 m, ACAP Checkpost am Dorfplatz.

Falls uns noch Zeit bleibt, können wir hier in einer der Lodges oder Restaurants einkehren, bevor wir die Brücke auf die andere Flussseite nehmen. Wir laufen nach der Brücke auf der Piste, am TIMS Checkpost vorbei, weiter talauswärts in Richtung Süden. Hier finden wir viele Shops, ein paar Lodges und auch meist Taxifahrer, die einen direkt von hier nach Pokhara fahren wollen. Auf die eigentliche Teerstraße nach Pokhara stoßen wir gleich bei Nayapul. Schließlich verlassen wir die Piste nach rechts, laufen an zahlreichen Shops vorbei und steigen dann rechts hinunter zu einer Hängebrücke, 1020 m, die uns in den Ort **Nayapul (7)**, 1030 m, bringt. Entweder wir steigen nach der Brücke direkt den steilen Hang hinauf zur Straße oder wir nehmen den bequemen Weg durch den Ort zur **Teerstraße** bei Nayapul, 1050 m, den wir empfehlen. Die Zivilisation hat uns endgültig wieder. Oben an der Straße befinden wir uns direkt an der »Bushaltestelle«. Einfach warten ist angesagt, es gibt keinen festen Fahrplan. Alternativ können wir eines der Taxis nach Pokhara nehmen.

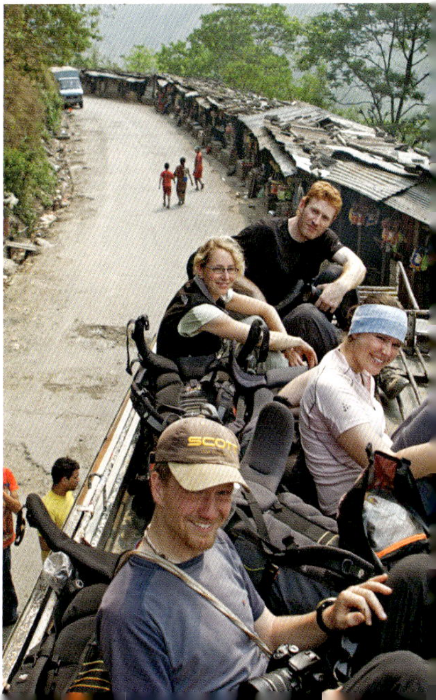

Die »Bushaltestelle« von Nayapul befindet sich direkt an der Straße. Auf dem Busdach ist kühler Fahrtwind garantiert. Bei tief hängenden Stromkabeln den Kopf schnell einziehen!

Annapurna Base Camp Trek

ABC steht für Annapurna Base Camp. Von diesem Base Camp als Ausgangspunkt können mehrere sehr hohe Gipfel, unter anderem die Annapurna I mit 8091 m (siehe Infokasten auf Seite 222), bestiegen werden. Für uns stellt das Base Camp mit den Lodges den höchstgelegenen Punkt dieser Trekkingtour dar.
Landschaftlich muss man bei der Lage des Annapurna Base Camp von Superlativen sprechen. Das Camp steht auf 4130 m Höhe in einem natürlichen Amphitheater, umgeben von gewaltigen Gipfeln. Aber auch der einwöchige Weg von der Zivilisation in das abgelegene Lager hat einige Highlights zu bieten, und so gehört diese Tour zu den bekanntesten Treks in Nepal. Die Wege sind alle gut ausgebaut und für Trekking-Touristen bestens erschlossen. An den entscheidenden Stellen ist die Trekkingtour – für Nepaliverhältnisse – vorbildlich beschildert. Es gibt zahlreiche komfortable Unterkünfte.
Kulturell hat dieser Trek nicht ganz so viel zu bieten wie z. B. die klassische Annapurna-Umrundung. Dennoch führt der Weg durch zahlreiche sehr ursprüngliche Dörfer und Siedlungsgebiete, und so bekommen wir einen guten Einblick in die Lebensweise der ländlichen Bevölkerung und mit Ghandruk besuchen wir eine Ortschaft, die als schönste ganz Nepals gilt. Große Teile des Aufstiegsweges entsprechen dem Abstiegsweg, es handelt sich also um keine Rundwanderung. Für die Tour sind insgesamt 10 Trekkingtage zu veranschlagen. Mit etwas Organisationsgeschick und vielleicht einem Inlandsflug von Kathmandu nach Pokhara lässt sich diese Tour daher im Rahmen eines zweiwöchigen Aufenthalts in Nepal realisieren.
Ein großer Vorteil des ABC Treks ist, dass dieser nicht sehr stark vom Straßenbau betroffen ist.

Permit
ACAP- und TIMS-Permit erforderlich (siehe ab Seite 73).

Ausrüstung
Es wird ausschließlich in Lodges übernachtet, kein Zelt und sonstige Campingausrüstung erforderlich.

Beste Reisezeit
März bis Mai und Oktober bis November; im Frühling kann im oberen Bereich noch Schnee liegen; Rhododendronblütezeit März und April; beste Sicht im Herbst.

Abendsonne am Annapurna Base Camp. Im Hintergrund zeigt sich unverkennbar der Gipfel des Machhapuchhre (siehe Seite 218).
Nächste Seite: Amphitheater rund ums Annapurna Base Camp.

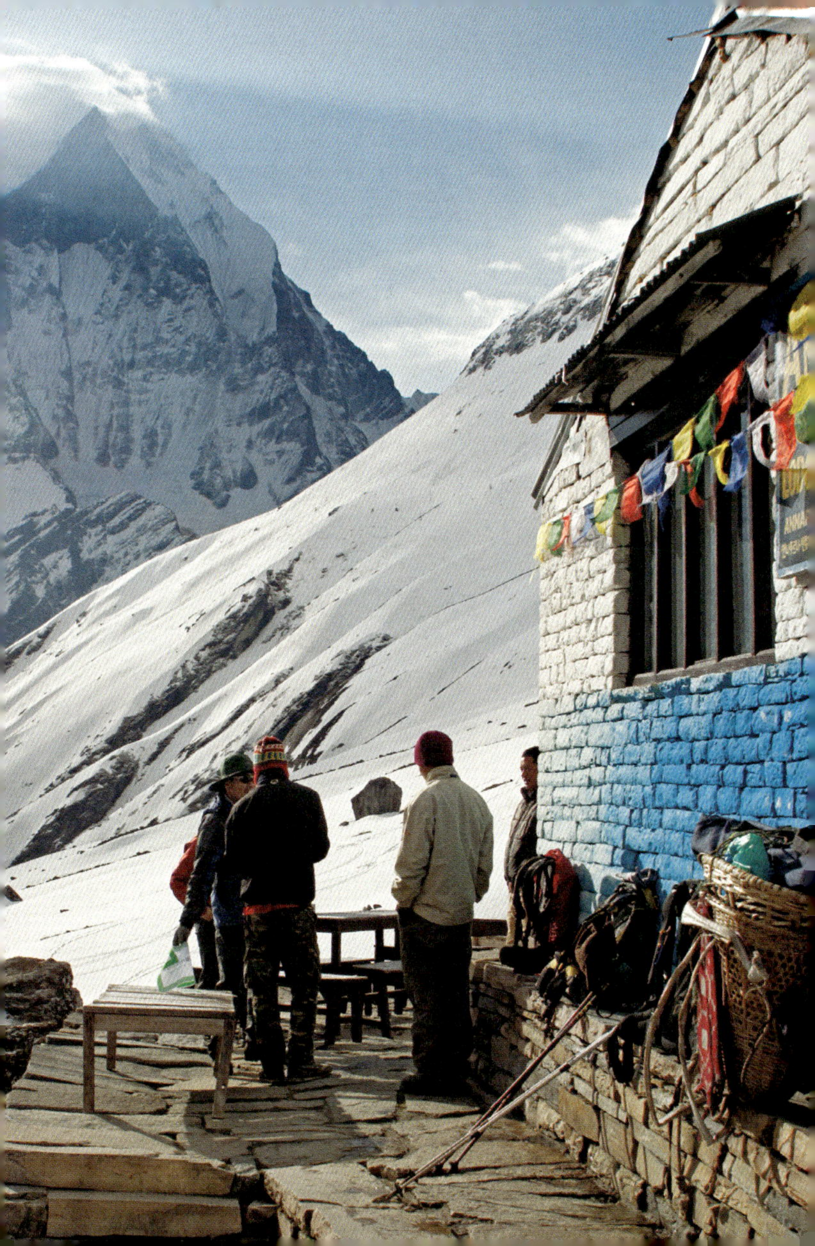

Anreise – Ausgangspunkt

Normalerweise wird der Annapurna Base Camp Trek von Pokhara angegangen und endet dort auch wieder. In diesem Fall kommt man mit dem öffentlichen Bus oder mit dem Taxi von Pokhara zum Ausgangspunkt.

- Von Pokhara zum Ausgangspunkt Phedi: Ein Taxi kostet etwa 1000–2000 NPR; Bus etwa 100 NPR vom Baglung Buspark im Norden von Pokhara. Zum Buspark fahren Busse und natürlich auch Taxis (Preis etwa 250 NPR von Lakeside).
- Alle, die sich den ersten Wandertag sparen möchten, können sich auch nach einem Taxi umschauen, das einen Transport direkt nach Dhampus anbietet.
- Oft wird aber auch der ABC Trek mit der klassischen Annapurna-Umrundung verbunden. In diesem Fall empfehlen wir, von Ghorepani nicht nach Nayapul abzusteigen (siehe Etappe 17), sondern von Ghorepani über Tadapani nach Chomrong zu wandern und hier in die ABC-Tour einzusteigen (Ghorepani – Tadapani: 4–5 Stunden; Tadapani – Chomrong: ebenfalls 4–5 Stunden).

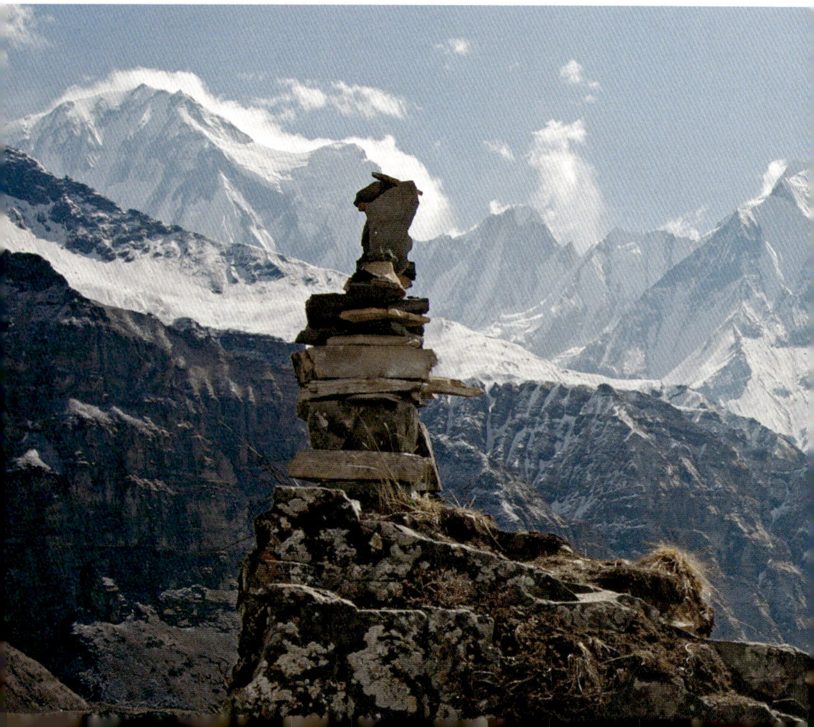

Etappenübersicht

Etappe		Schwierigkeit	Auf-/Abstieg	Strecke	Gehzeit
1	Phedi – Dhampus	L	590/20 Hm	3,5 km	2.00 Std.
2	Dhampus – Landruk	L	470/580 Hm	12,2 km	5.00 Std.
3	Landruk – Chomrong	M	900/390 Hm	7,9 km	5.00 Std.
4	Chomrong – Dovan	L	870/520 Hm	10,7 km	4.45 Std.
5	Dovan – MBC	M	1240/60 Hm	9,8 km	5.15 Std.
6	MBC – ABC	M	450/0 Hm	3,5 km	1.45 Std.
7	ABC – Bamboo	M	90/1910 Hm	15,8 km	6.15 Std.
8	Bamboo – Chomrong	M	480/640 Hm	7,5 km	3.30 Std.
9	Chomrong – Ghandruk	M	690/840 Hm	19,6 km	4.45 Std.
10	Ghandruk – Nayapul (Pokhara)	L	80/1020 Hm	12,1 km	3.45 Std.
Insgesamt			5860/5980 Hm	102,6 km	10 Tage

Rückfahrt

Der Endpunkt der ABC-Tour ist wie bei der Annapurna-Umrundung der Ort Nayapul. Siehe daher bei der Annapurna-Umrundung auf Seite 91.

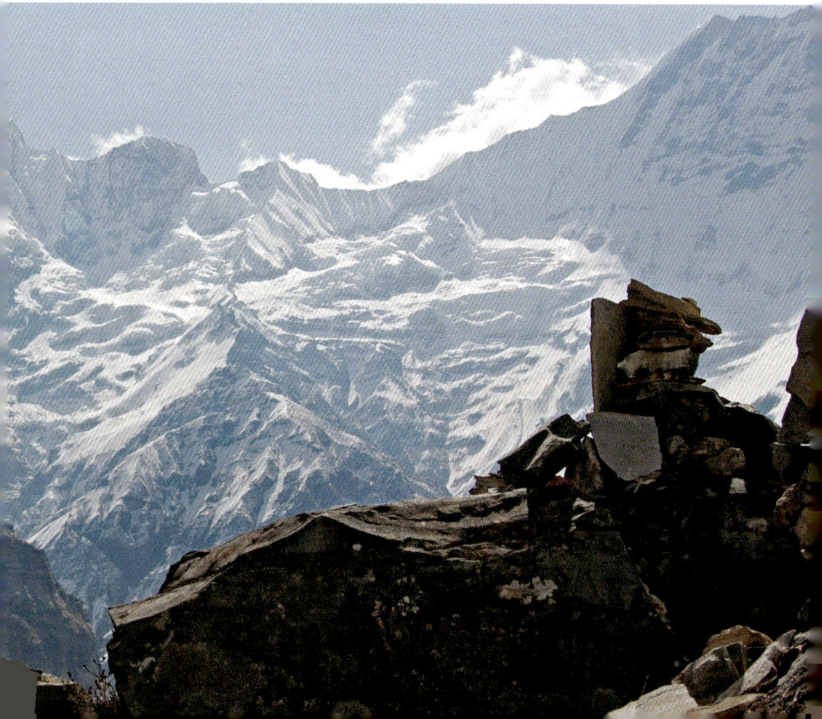

1 Phedi – Dhampus

2.00 Std.
↑590 ↓20

Happy Business

Unsere erste Etappe ist zum Einlaufen angenehm kurz. Zumal ja auch die Fahrt von Pokhara zum Ausgangspunkt Phedi mit Taxi oder Bus einige Zeit in Anspruch nimmt. In Phedi gibt es nichts außer ein paar einfachen Restaurants (keine Unterkünfte!) und Souvenirständen. Tibetische Frauen bieten selbst hergestellten Schmuck an, der Glück für die Tour bringen soll. Denken Sie aber bei all den Verhandlungsgesprächen und dem Happy Business, dass Sie gleich eine mehrtägige Trekkingtour starten und froh sein werden um jedes Gramm, das Sie nicht schleppen müssen! Nach dem Schultern des Rucksacks geht es gleich steil und anstrengend los. Wir tauchen ein in eine andere Welt. Vorbei an kleinen Siedlungen, Feldern, die mit Buchweizen und Mais bepflanzt sind, und sauber aufgestapelten Strohhaufen schraubt sich der Weg nach Dhampus empor. Bei gutem Wetter ist der Blick zurück in das Tal wunderschön und noch beeindruckender ist der Blick von Dhampus auf das Annapurna-Massiv, den Machhapuchhre und den Dhaulagiri. Im Gurung-Dorf Dhampus verbringen Sie Ihre erste Nacht in einer Lodge.

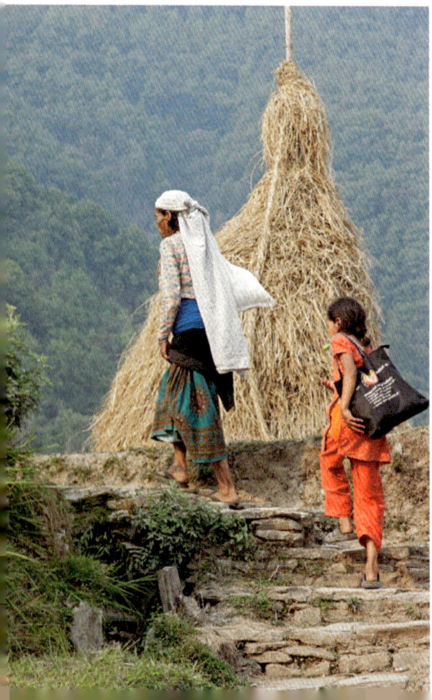

Ausgangspunkt: Phedi, 1180 m.
Entfernung: 3,5 km.
Anforderungen: Steiler Anstieg nach Dhampus, normale Wanderwege. Orientierung problemlos.
Einkehr: Mehrere Restaurants und Lodges am Weg.
Unterkunft: Keine Möglichkeit in Phedi! – Ein paar Lodges am Wegrand. – **Dhampus:** Zahlreiche Lodges.
Verkehrsmittel: Bis Dhampus kann man auch mit einem Jeep-Taxi fahren.
Tipp: Wer früh in Pokhara aufbricht, kann am ersten Tag auch in 7 Std. bis Landruk (siehe Etappe 2) laufen.

Der Bus- oder Taxifahrer setzt uns im Straßenort **Phedi (1)**, 1180 m, an der Lodge New Raju und dem Dhampus Mailee Hotel ab. Phedi liegt auf der Straße von Phokara

Mutter und Tochter auf dem Nachhauseweg.

nach Nayapul. In Phedi kann man sich vor dem Trekkingbeginn noch bei den zahlreichen Restaurants direkt an der Straße stärken.
Unser erstes Wegstück ist von hier auch schon gut einsehbar. Steile Steinstufen ziehen links vom Dhampush Mailee Hotel den Hang hinauf. Heiß wird es hier in der Regel um die Mittagszeit, aber wir gewinnen auf dem guten Weg schnell an Höhe. Ab und zu werden Cold drinks und Souvenirs angeboten; auf 1400 m Höhe besteht eine **Einkehrmöglichkeit**. Rings um uns herum sehen wir Terrassenbau, meist mit Getreide und Mais. Zwischen den Feldern stehen schöne Bauernhäuser und wir können die Bewohner bei ihrer harten Arbeit auf den Feldern beobachten. An zwei kleinen weißen Chörten (siehe Infokasten auf Seite 118) rechts vom Weg müssen wir kurz aufpassen: Ein gemaltes Schild weist uns auf den richtigen Weg rechts hoch über Steinstufen weiter (nicht geradeaus).

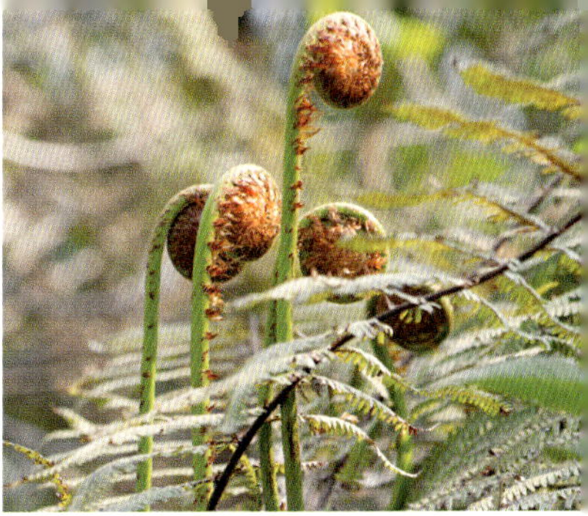

Farne am Wegesrand.

Nach 1 Std. kommen wir zum **Ever Green Restaurant**, 1500 m, und kurz darauf erreichen wir das Restaurant Valley View, wo wir den Weg links bergauf nehmen und nicht geradeaus weiterlaufen. Wenig später überqueren wir eine Sandpiste für den Jeep-Verkehr und tauchen anschließend gleich wieder in die Idylle des Waldes ein. Wir gelangen an eine Abzweigung bei einer Chautara (siehe Infokasten auf Seite 101). Hier gehen wir rechts bergauf und erreichen so den Ortsbeginn von Dhampus. Nach Überqueren der Sandpiste nehmen wir den gepflasterten Weg (gemaltes Schild Richtung Pothana) zwischen den beiden Gebäuden der **Muna Lodge**, 1680 m. Der Pfad bringt uns durch den lang gezogenen Ort Dhampus. Vorbei an zwei netten Lodges gelangen wir zur sehr schicken Basanta Lodge, von wo wir auf der Sandpiste weiter in den Hauptort von **Dhampus (2)**, 1745 m, laufen. Hier finden wir mehrere einladende Lodges.

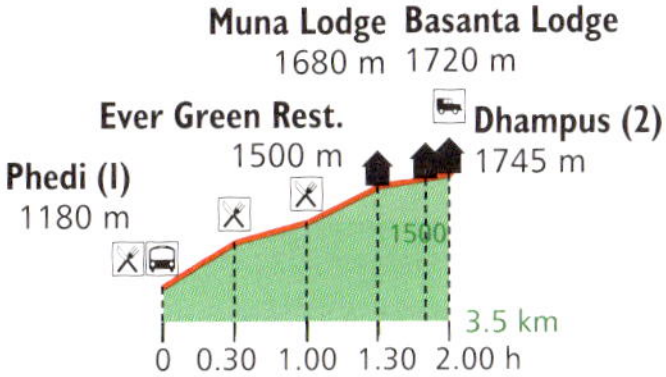

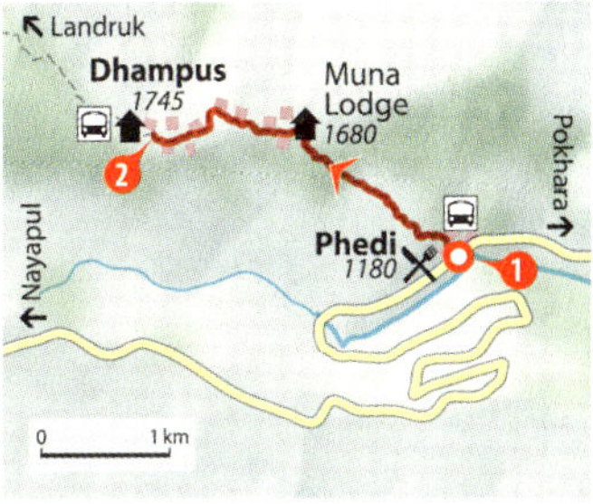

2 Dhampus – Landruk

5.00 Std.

↑470 ↓580

Idylle pur

Der erste Teil unseres Weges verläuft auf einem angenehmen, leicht ansteigenden Pfad durch wunderschönen Mischwald, mit vereinzelten Rhododendronbäumen. Im Frühling stechen die roten und pinkfarbenen Blüten aus dem Grün hervor. Grillen zirpen. Immer wieder kommen wir an lichten Wiesen vorbei. Auf dem Weg liegen die zwei schönen Dörfer Pothana und Pitam Deurali. Von Pothana haben Sie einen grandiosen Bergblick, vor allem auf den Machhapuchhre, der uns in den nächsten Tagen immer näher kommen wird. Nach Pothana geht es weiterhin durch den Wald auf gepflasterten Stufen hinauf nach Pitam Deurali. Hier wird unser Blick vor allem von Annapurna South, Hiunchuli und Dhaulagiri angezogen. In der zweiten Tageshälfte geht es im Auf und Ab inmitten von Anbauterrassen stets den Hang entlang. Der Weg verläuft immer wieder durch kleinere Siedlungen. Die Dächer der Häuser sind häufig mit Stroh gedeckt. Wir stoßen auf das Quertal des Modi Khola (dieser Fluss fließt zur Ortschaft Nayapul, wo unser Trek enden wird), wo sich Landruk befindet. Diesem Tal werden wir in den kommenden Tagen folgen. Am gegenüberliegenden Hang können wir einen ersten Blick auf die Ortschaft Ghandruk erhaschen. In Landruk, dem am Hang liegenden und recht lang gestreckten Dorf, befinden sich sehr schöne Lodges. Der unterhalb des touristischen Kerns gelegene ursprüngliche Ort mit seinen vielen Steinhäusern ist sehr sehenswert und erlaubt einen guten Einblick in das typische Dorfleben.

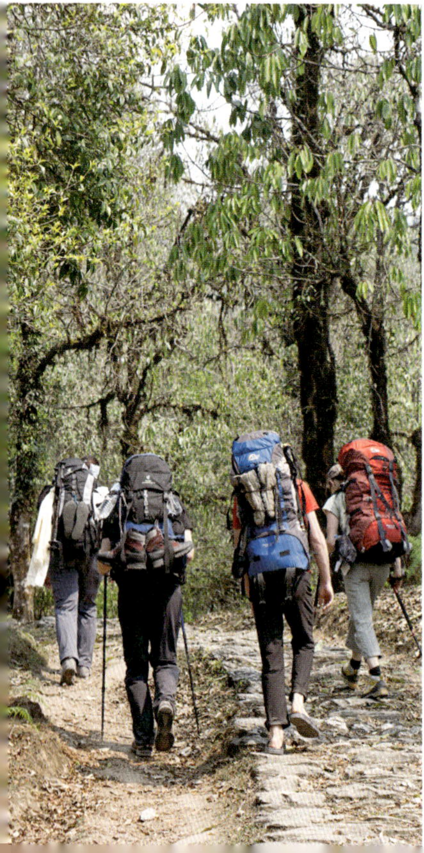

Ausgangspunkt: Dhampus, 1745 m.
Entfernung: 12,2 km.
Anforderungen: Wenig anstrengende Etappe, nomale Wanderwege. Orientierung problemlos.
Einkehr: Zahlreiche Möglichkeiten. Tipp: Extrem gutes Dal Bhat im Tibetan Guest House in Landruk.
Lodges: Einige Lodges am Wegesrand. – **Pothana:** Mehrere Lodges, oft mit nettem Garten; z. B. Heavens Gate Guest House (links), Gurung Guest House (rechts). – **Pitam Deurali:** 2 Lodges; Trekkers Inn, Nice View Lodge. – **Bherikharka:** 3 Lodges; z. B. Green View, Hita Guest House. – **Tolka:** 6 Lodges; z. B. am Ortsende Hira Lodge, Sunny Guest House, International Guest House. – **Landruk:** Zahlreiche Lodges; z. B. am Ortsanfang Laligurans Guest House, im Ort Hotel Sherpa, etwas oberhalb Tibetan Guest House, im Zentrum Hungry Eye Guest House, bergab im alten Ort das Maya Guest House.

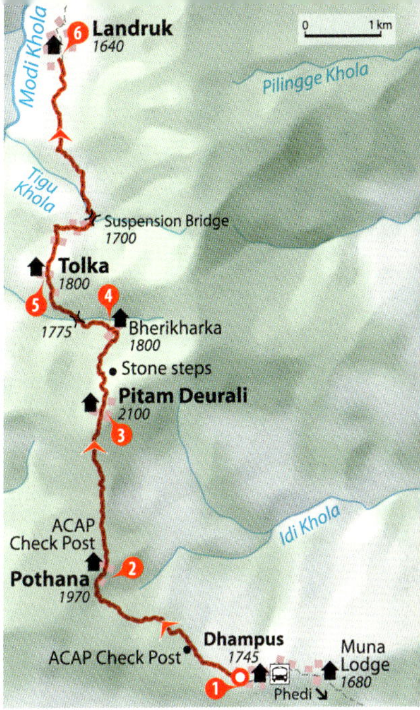

Am Ende des weit gestreuten Ortes **Dhampus (1)**, 1745 m, befindet sich auf der rechten Seite das TIMS-Büro, in dem alle Trekker ihre TIMS-Karte vorzeigen und sich registrieren lassen (siehe dazu auch Seite 74). Kurz nach dem Büro endet die Sandpiste und wir gehen weiter auf einem angenehmen, leicht ansteigenden Pfad durch lichten Mischwald. Der Weg wird steiler und so erreichen wir, vorbei an der **Green View Lodge**, 1930 m, eine Scharte, in der sich die Ortschaft **Pothana**, 1970 m, befindet, deren Häuser von unten bereits sichtbar sind. Pothana ist ein kleiner, sehr freundlicher und gepflegter Ort. Am Ortseingang lassen wir am **ACAP Checkpoint (2)** unser Permit abstempeln. In Pothana gibt es mehrere, sehr einladende Lodges mit Gartenterrassen sowie zahlreiche tibetische Souvenirstände.

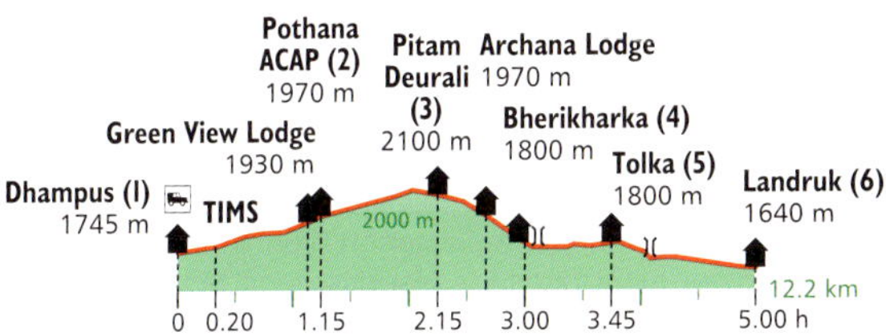

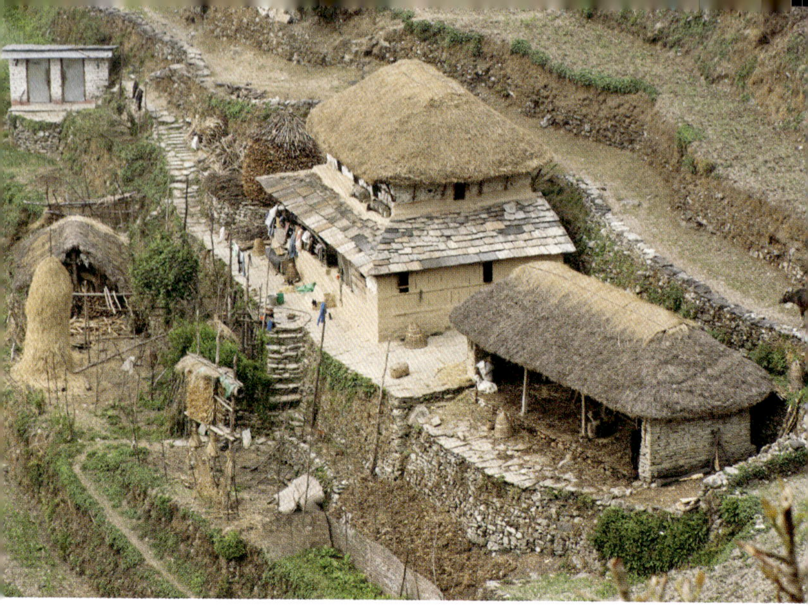

Typisches Leben auf dem Land: Wohnhaus, Garten und Stall für die Büffel.

Nach dem Ort folgen wir dem Schild in Richtung Pitam Deurali. Der Weg verläuft jetzt stets entlang eines Bergrückens. An einer Weggabelung halten wir uns geradeaus und lassen den Steinweg links liegen. Bald wird der Wald dichter, die Baumstämme sind mit Moos bewachsen und mit etwas Glück sehen wir vereinzelt die roten Blüten von Rhododendronbäumen. Etwa 1 Std. nach Pothana gelangen wir nach **Pitam Deurali (3)**, 2100 m. Neben den beiden Lodges gibt es hier zahlreiche Einkehrmöglichkeiten. Direkt in der Mitte der Ortschaft steht eine große Chautara.
Am Ortsausgang bleiben wir auf dem Hauptweg und steigen über zahlreiche Stufen im subtropischen Mischwald hinunter Richtung Modi Khola. Um uns herum hören wir die Rufe des Kuckucks und das laute Zirpen der Grillen. Bei unserem Abstieg passieren wir die einfache **Lodge Archana**, 1970 m, und gelangen dann zu den wenigen Häusern von **Bherikharka (4)**, 1800 m. Hier finden wir drei Lodges und es gibt ausreichend Einkehrmöglichkeiten für eine stärkende Mittagsrast.
Wir überqueren einen kleinen Bach und im Auf und Ab, ohne großen Höhenverlust, kommen wir auf einem gepflasterten Weg flott voran. Wir gelangen so in das sich immer mehr öffnende Haupttal, das sich in Nord-Süd-Richtung erstreckt. Ganz unten fließt der Modi Khola und talauswärts (links) lie-

gen die Orte Birethanti und Nayapul. 45 Min. nach Bherikharka erreichen wir **Tolka (5)**, 1800 m (sechs Lodges). Unterhalb des Weges, inmitten von Anbauterrassen, liegen die typischen, mit Stroh gedeckten Häuser der Einheimischen. So weit das Auge reicht, sehen wir die mit viel Mühe angelegten Terrassen: Männer pflügen mithilfe ihrer Büffel die Felder, Frauen tragen die Ernte in ihren Körben nach Hause, Getreide liegt zum Trocknen aus … Durch Tolka führt ein sehr sauber gepflasterter Weg. Drei nette Lodges liegen eher am Ortsende.

Wir steigen auf Steinstufen weiter bergab, überqueren mithilfe einer **Hängebrücke**, 1700 m, den Tigu Khola. Auf dem Wegabschnitt zwischen Tolka und Landruk befinden sich einige »selbstgebastelte« Schilder, die nicht zu beachten sind. Sie sollen Wanderer zu etwas vom Weg abgelegenen Lodges führen. Wir laufen nach der Hängebrücke relativ eben den Hang entlang bis zu unserem heutigen Etappenziel **Landruk (6)**, 1640 m.

Landruk ist ein relativ großer Ort. Ins Auge sticht leider das renovierungsbedürftige, hohe Gebäude der großen Peaceful Lodge. Es gibt aber auch sehr schöne, einladende Unterkünfte im Ort. Auf der gegenüberliegenden Talseite sehen wir die große Ortschaft Ghandruk (siehe Etappe 9) und Richtung NO haben wir einen herrlichen Blick auf Annapurna Süd, 7219 m, und Hiunchuli, 6441 m.

Für die meisten Einheimischen zweimal täglich und das ein Leben lang: Dal Bhat.

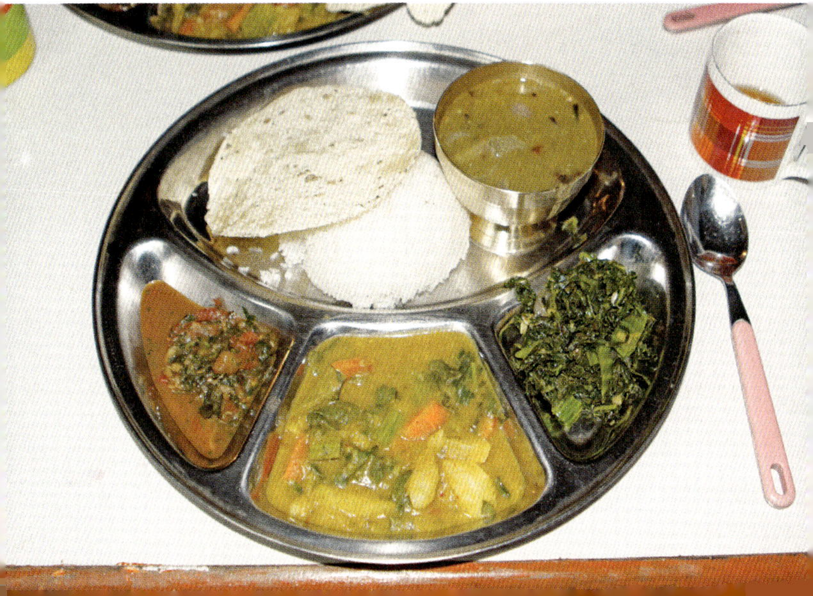

3 Landruk – Chomrong

5.00 Std.

↑900 ↓390

Heavenly Path

Am Vormittag geht es bergab durch Anbauterrassen, vorbei an Büffelweiden, bis hinunter zum Modi Khola. Durch das Absteigen verlieren wir einen Teil unserer bisher erarbeiteten Höhenmeter. Wir wechseln die Uferseite über eine lange, wackelige Hängebrücke und gelangen so nach New Bridge. Von nun an geht es steil bergauf. Der erste Teil des Anstiegs bringt uns bis in die Ortschaft Jhinudanda. Von hier lockt ein Abstecher zu den nahe gelegenen heißen Quellen, welche auch bei großer Hitze ein Bad wert sind. Danach ist man sicher für den zweiten steilen Anstieg des Tages gewappnet. Denn es geht über unzählige steile Steinstufen weiterhin bergauf. Bei jedem Schritt denkt man, ob dieser »Heavenly Path« tatsächlich nach Chomrong führt oder vielleicht doch eine Etage höher in den Himmel (»Stairway to Heaven«). Aber schließlich bringen uns die Stufen doch ins schöne Gurung-Dorf Chomrong. Der obere Teil (Upper Chomrong) hat sich wegen der Bergblicke hauptsächlich auf Touristen eingestellt. In Lower Chomrong hingegen wohnen die meisten Einheimischen. Auch die Schule, ein Health Post und landwirtschaftliche Nutzflächen befinden sich hier.

Hinab nach New Bridge.

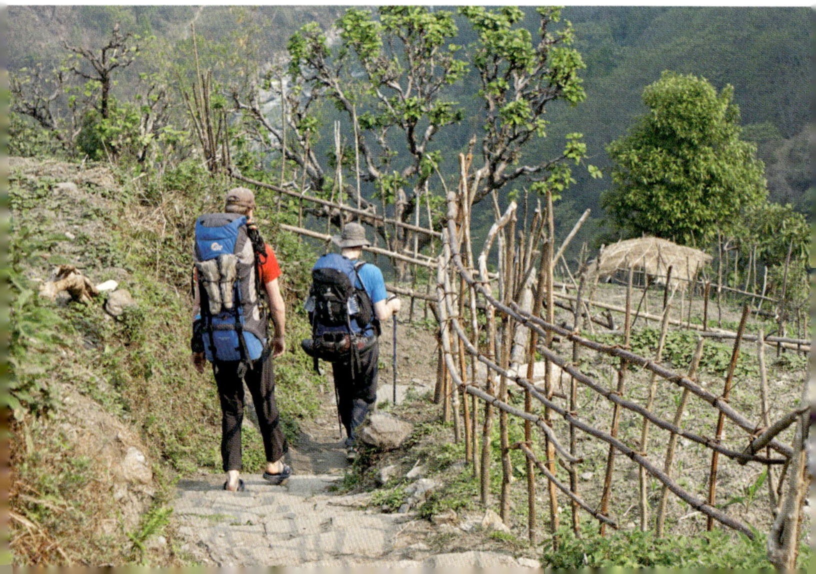

Ausgangspunkt: Landruk, 1640 m.
Entfernung: 7,9 km.
Anforderungen: Normale Wanderwege; sehr steiler Anstieg nach Chomrong, besonders bei Hitze anstrengend und kräftezehrend. Orientierung problemlos.
Einkehr: In den Lodges am Weg. – SDWS am Ortseingang von Chomrong vor dem Abstieg zum Hauptort, häufig geschlossen. Oft werden Wasserflaschen nur bis New Bridge verkauft. Lodges bieten oft gefiltertes bzw. abgekochtes Wasser für 100 bis 200 NPR (Stand 2018) an (Flasche zum Abfüllen mitnehmen).
Unterkunft: Ein paar Lodges am Wegesrand. – **New Bridge:** 3 Lodges. – **Jhinudanda:** 5 Lodges. – **Chomrong:** Zahlreiche Lodges; z. B. Panorama Point Lodge am Ortseingang bei der SDWS, schöne Zimmer und super Blick auf Annapurna Süd, Hiunchuli und Machhapuchhre; Chomrong Cottage, im Hauptort von Chomrong, sehr schöne, komfortable Lodge, schöne Terrasse und schöner Speiseraum, gute Pizza und guter Schokokuchen.
Tipp: Wir empfehlen ein Bad in den heißen Quellen oder zur Erfrischung auch im eiskalten Modi Khola bei Jhinudanda!

Wir verlassen **Landruk (1)**, 1640 m, auf dem gepflasterten Weg bergab und kommen kurz nach dem Ortsende an eine Weggabelung, wo wir den Weg nach rechts Richtung Chomrong wählen (links würde es nach Ghandruk gehen). Steinstufen, die uns den ganzen Tag begleiten, bringen uns zu einer kleinen **Hängebrücke**, 1505 m. Wir nähern uns stetig dem Modi Khola. Bei dem Druckrohr eines Wasserkraftwerks gehen wir nicht hinunter zum Generatorhäuschen, sondern bleiben auf dem Hauptweg, der am Hang entlang weiterführt. Nach einer zweiten **Hängebrücke**, 1420 m, verläuft der Weg weiter bergab zum Modi Khola, dem wir flussaufwärts folgen.
Vorbei an einem Wasserfall gelangen wir zum **Himal Pani Guest House**, 1430 m. Gut 5 Min. danach überqueren wir mithilfe der großen und wackeligen Hängebrücke, 1430 m, den Fluss Modi Khola, steigen anschließend kurz, aber steil bergan und erreichen den Ort **New Bridge (2)**, 1460 m, mit seinen drei netten Lodges. Der Weg bringt uns, weiter leicht ansteigend, am Hang entlang und schon bald wird Jhinudanda auf einem kleinen Hügelvorsprung sichtbar. Aber bis dorthin sind noch ein paar Höhenmeter zu bewältigen.
Nach einer Häusergruppe steigen wir rechts bergab in Richtung Kimrong Khola (Schild »Komrong«). Der linke Weg bringt uns zu einer Holzbrücke, der rechte zu einer Hängebrücke. Beide Wege sind möglich, bei der Benut-

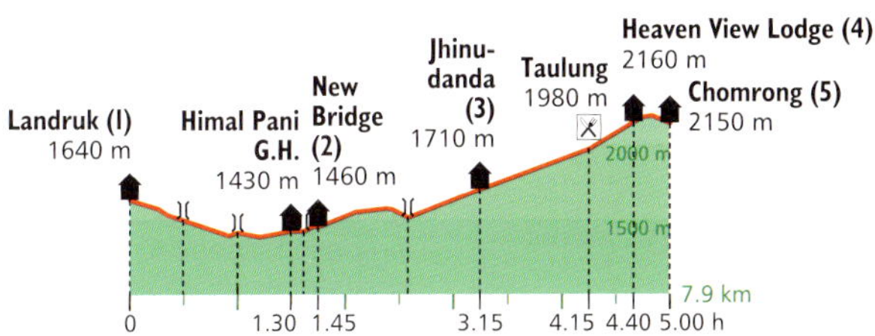

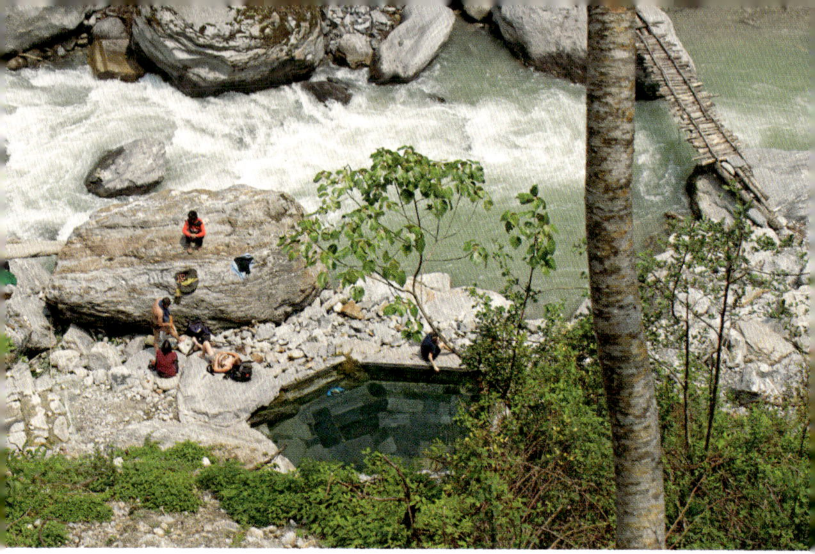

Ein sehr lohnender Ausflug: die heißen Quellen am Modi Khola.

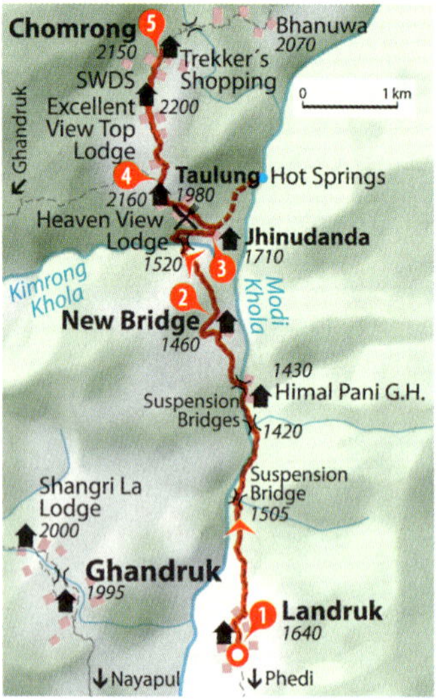

zung der im Jahr 2018 erbauten Hängebrücke sparen wir jedoch einige Höhenmeter und damit einiges an Zeit. Nach der Bachüberquerung geht es steil bergauf. Heiß wird es hier, wenn um die Mittagszeit die Sonne heruntersticht. Etwa 1.30 Std. nach New Bridge erreichen wir so **Jhinudanda (3)**, 1710 m. Gleich am Ortseingang befindet sich das Hotel Namaste und weiter oben noch weitere sehr nette Lodges (insgesamt fünf Stück). Das absolute Highlight des Dorfes sind die heißen Quellen am **Modi Khola**. Von Jhinudanda aus sehen wir direkt über uns am Ende eines steilen Hanges ein paar Häuser. Diese stellen den Ortsbeginn von Chomrong, unserem heutigen Etappenziel, dar. Wirklich weit schaut es nicht aus

i **Heiße Quellen am Modi Khola:** *Nach dem ersten Teil des heutigen großen Anstieges lockt eine mittägliche Erfrischung in den heißen Quellen am Ufer des Modi Khola. Im Dorf Jhinudanda, direkt vom Hotel Namaste aus, führt ein Pfad hinunter zu den Quellen. Insgesamt sollte man für diesen Ausflug 1.30 bis 2 Std. einplanen. Der Fußmarsch bergab zu den 150 Meter tiefer gelegenen Quellen dauert ca. 20 Min., wieder hinauf ca. 30 Min. Die Rucksäcke kann man in der Lodge oben im Dorf lassen und auch schon das Mittagessen für eine bestimme Zeit vorbestellen, falls man es eilig hat. Unten warten zwei relativ gepflegte Becken mit warmem Wasser auf uns; im untersten ist das Wasser am heißesten. Wem das nicht Erfrischung genug ist: Von hier ist es nur noch ein Katzensprung in den erfrischend kalten Modi Khola. Es wird ein Eintritt von 100 NPR (Stand 2018) verlangt. Getränke gibt es nicht zu kaufen.*

dort hinauf, aber der Weg über unzählige Steinstufen ist sehr steil! Manche sprechen sogar von einer Himmelsleiter *(stairway to heaven)*. Schnell gewinnen wir an Höhe und der Blick zurück auf Jhinudanda ist grandios. Wenden wir unseren Blick in das Seitental des Kimrong Khola, erkennen wir auf beiden Talseiten gewaltige Erdrutsche. Der Rückweg vom Base Camp wird uns in wenigen Tagen durch dieses Tal und weiter nach Ghandruk führen. Beeindruckend sind die von Terrassenbauten übersäten Hänge.

Etwa 1 Std. nach Jhinudanda erreichen wir zwei Teehäuser des Ortes **Taulung**, 1980. Von hier sind es noch weitere 30 Min. auf dem anstrengenden Steinstufenweg hinauf zum Ortsanfang von Chomrong. Direkt am Ortseingang, bei der **Heaven View Lodge (4)**, 2160 m, zweigt nach links der Weg nach Ghandruk ab.

Wir gehen gut 5 Min. weiter und gelangen in einen **Vorort** von **Chomrong**, 2190 m. Hier gibt es eine Save Drinking Water Station und drei Lodges (z. B. Panorama Point Lodge). Atemberaubend ist der Blick auf Annapurna South, 7219 m, Hiunchuli, 6441 m, Annapurna III, 7555 m, und Machhapuchhre, 6997 m. Entweder nächtigen wir in einer der drei Lodges hier oder wir gehen noch etwa 15 Min. weiter (vorbei an der **Exellent View Top Lodge**, 2200 m, in den Hauptort von **Chomrong (5)**, 2150 m.

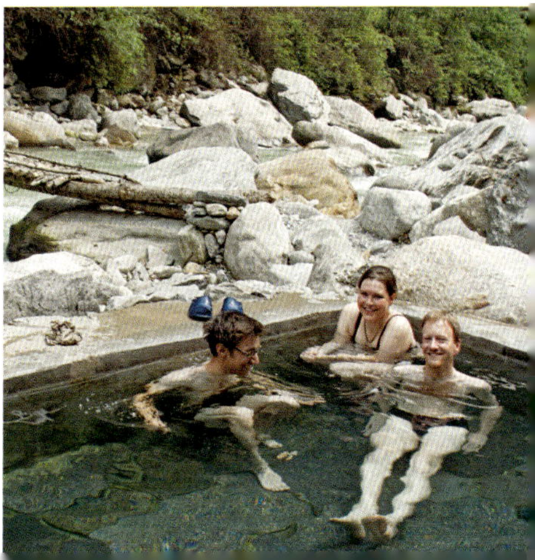

Klar, sauber und angenehm warm! Ein wahrer Genuss.

4 Chomrong – Dovan

4.45 Std.
↑870 ↓520

Durch grünen Bambuswald

Und weiter geht es mit den Stufen … Jedoch führen uns heute etliche Steinstufen zunächst bergab durch und schließlich aus dem Ort Chomrong hinaus. Mit Chomrong verlassen wir das natürlich besiedelte Gebiet und begeben uns in größere Höhen, wo die Siedlungen ausschließlich für Trekker oder für die Einheimischen auf den Hochalmen entstanden sind. Allerdings lässt der nächste – ebenfalls stufige – Anstieg nicht lange auf sich warten. Aber keine Angst, er ist viel kürzer als bei der vorigen Etappe und mit dem gestrigen Training und der morgendlichen Frische stellt er kein Problem dar. Oben erreichen wir den kleinen Ort Sinuwa. Ab hier halten wir unsere Höhe und es geht den restlichen Tag im Auf und Ab durch dichten, dschungelähnlichen Wald mit bemoosten Bäumen, Bambussträuchern, über Wurzeln, Stock und Stein. In der Hochsaison herrscht hier reger Gegenverkehr von sonnengebräunten Trekkern mit ihren Guides und voll bepackten Trägern, die auf dem Rückweg vom Annapurna Base Camp sind. Bald wird der Wald lichter und Grashänge und Bambussträucher überwiegen. Diese kündigen schon den kommenden Ort Bamboo an, von dem es ebenfalls durch Bambuswald bis zu unserem Etappenziel Dovan weitergeht.

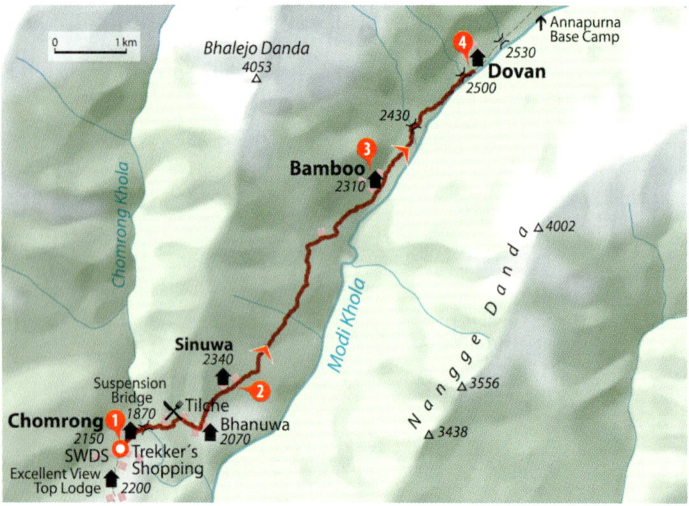

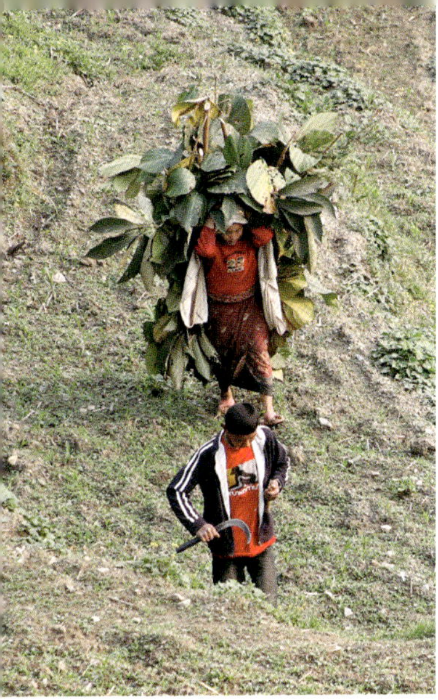

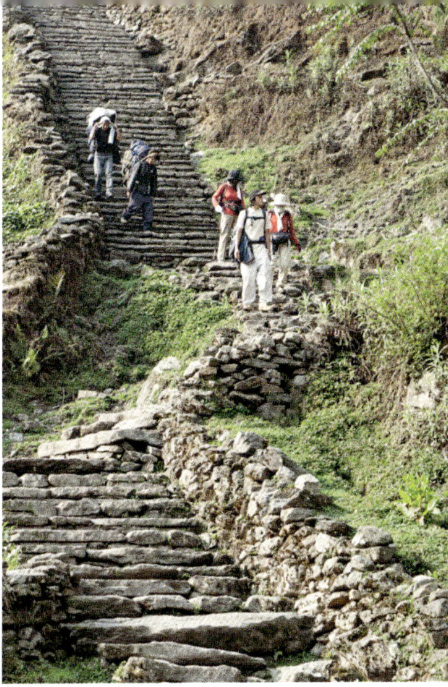

Links: Schwester und Bruder schneiden täglich saftige Blätter für die hungrigen Büffel. Rechts: Unzählige Steinstufen nach Chomrong.

Ausgangspunkt: Chomrong, 2150 m.
Entfernung: 10,7 km.
Anforderungen: Normale Wanderwege. Orientierung problemlos.
Einkehr: Mehrere Möglichkeiten entlang des Weges.
Unterkunft: **Bhanuwa:** Wenige Lodges. – **Sinuwa:** 3 Lodges. – **Bamboo:** 5 Lodges. – **Dovan:** 3 Lodges; Dovan Guest House, Annapurna Approch Lodge und Hotel Tip Top; alle drei Lodges machen einen sehr ordentlichen und sauberen Eindruck, heiße Dusche kostet 100–350 NPR (Stand 2018).
Tipp: Wer wenig Zeit hat oder bis jetzt unterfordert war, der kann heute ab Dovan 1–1.30 Std. weiter bis ins Himalaya Hotel (recht spartanisch und wenig gepflegt) trekken und von dort morgen direkt bis zum Annapurna Base Camp gehen. Dadurch spart man sich einen ganzen Tag Zeit.

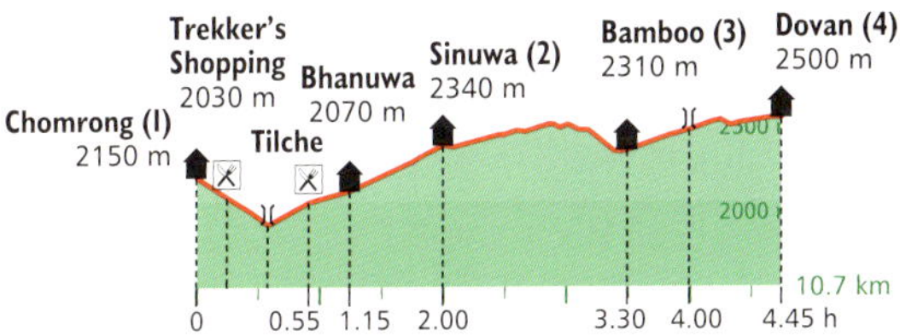

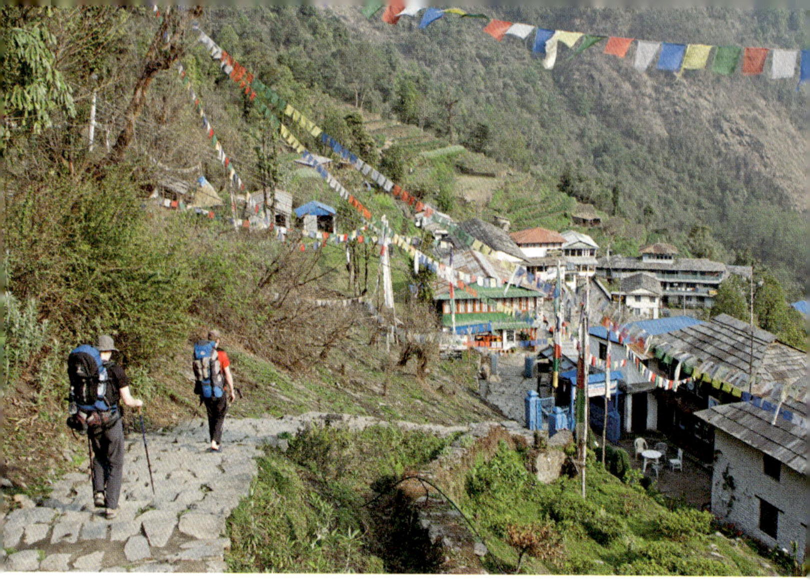

Die Gebetsfahnen heißen uns in Chomrong willkommen.

Der heutige Tag beginnt mit einem Abstieg. Über zahlreiche Steinstufen bergab, vorbei an Lodges, der Secondary School und kleinen Shops verlassen wir den Ort **Chomrong (1)**, 2150 m. Nach gut 100 Hm im Abstieg sind die Waden eventuell schon dick und wir sehnen uns nach der ersten Belohnung. Da kommt der gut bestückte Laden **Trekker's Shopping**, 2030 m, vielleicht gerade recht. Wir folgen den ABC-Schildern und gelangen so vorbei an den letzten Häusern von Chomrong tief hinunter zur **Hängebrücke**, 1870 m, über den Chomrong Khola. Die hier beim Abstieg »verlorenen« Höhenmeter müssen wir uns beim folgenden Aufstieg wieder hart erkämpfen. Aber vorher können die heiß gelaufenen Waden bei einem Bad im klaren Bach erfrischt werden.

Ab jetzt geht es wieder bergauf. Durch **Tilche**, 2000 m, mit kleinen Teashops, erreichen wir die große Lodge Sherpa Guest House in **Bhanuwa**, 2070 m. Grandios ist der Blick zurück auf das am Hang gelegene Chomrong. Nach Sinuwa sind es von hier nur noch 45, allerdings steile Minuten. Im Lodgedorf **Sinuwa (2)**, 2340 m, gibt es drei Unterkünfte, die zu einer Mittagspause einladen. Von den Restaurant-Terrassen hat man einen wunderschönen Blick hinein in das ansteigende Modi-Khola-Tal. Wir erblicken sogar unser Etappenziel Dovan und ganz hinten schon vereinzelte Dächer von Deurali. Die Gipfel von Machhapuchhre und Annapurna III kommen uns sichtbar näher.

i *Mit Sinuwa treten wir ein in das vom* ***ACAP – Annapurna Conservation Area Project*** *(siehe auch Seite 73) ernannte Schutzgebiet (Annapurna Sanctuary Special Management Zone). Ab hier sind offene Feuer verboten und die Lodges sind verpflichtet, mit Gas oder Kerosin zu kochen, anstatt wie meist üblich mit Feuerholz. Um den Tourismus in dieser Region nicht ausufern zu lassen, hat ACAP eine Reihe weiterer »Regeln« erlassen. Beispielsweise finden wir hier keine großen Lodges wie etwa in Chomrong und zudem dürfen neue Unterkünfte aus Sicherheitsgründen (Lawinen, Erdrutsch) nur an ausgewiesenen Orten errichtet werden. Das bedeutet für uns aber auch, dass wir Shops, Einkehr- und Übernachtungsmöglichkeiten am Wegesrand ab hier vergeblich suchen werden. Das muss bei der Tagesplanung berücksichtigt werden. In der Hauptsaison kann es bisweilen in den folgenden Lodgedörfern (besonders in Dovan, Himalaya und Deurali) zu Engpässen kommen.*

Ab Sinuwa treten wir in das ACAP-Schutzgebiet ein. Wir gewinnen nur langsam an Höhe, im Auf und Ab geht es über Steine und Wurzeln durch den Schatten spendenden Dschungel. Die Bäume sind stark bemoost und besonders im Frühling können wir hier die wunderschönen Blüten der Rhododendronbäume bewundern. Etwa 1 Std. nach Sinuwa lichtet sich der dunkle Wald. Wir passieren die ehemalige Siedlung Khuldigar, von der heute nur noch ein verlassenes ACAP-Häuschen sowie eine Grasfläche übrig ist, die heute ab und zu als Hubschrauberlandeplatz genutzt wird.
Von Khuldigar geht es bergab in die nette Lodgesiedlung **Bamboo (3)**, 2310 m (fünf schöne Lodges). Aufgrund der vielen Bambusstauden hier in dieser Gegend trägt sie ihren Namen zurecht. Ab Bamboo steigt der Pfad stetig. 30 Min. nach Bamboo überqueren wir mit einer **Holzbrücke**, 2430 m, einen Seitenbach. Durch erneut dichten und feucht-tropischen Bambuswald erreichen wir unser heutiges Ziel **Dovan (4)**, 2500 m.

Wohin damit?

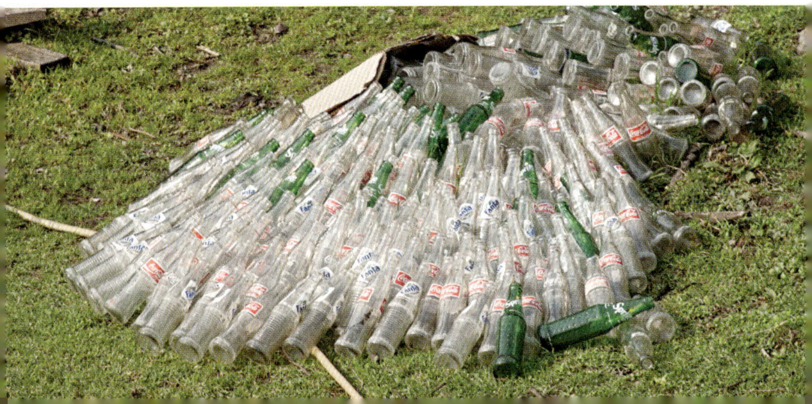

5 Dovan – Machhapuchhre Base Camp (MBC)

5.15 Std.

↑1240 ↓60

In alpines Gelände

Zunächst führt unser Weg heute weiter durch bewaldetes Gebiet. Augen auf, hier gibt es zahlreiche Languren, eine in den Baumwipfeln lebende Affenart mit langem Schwanz. Es geht stetig bergan und die Landschaft verändert sich sichtbar. Bald lassen wir die dichten Wälder der tieferen Lagen hinter uns, ab Deurali wird die Gegend deutlich alpiner. Wir befinden uns jetzt mitten im Hochgebirge. Das Tal wird immer enger. Mächtige Wasserfälle stürzen in die Tiefe. Es bieten sich beeindruckende Bergblicke, beispielsweise von Deurali auf die mächtigen Gangapurna. Wir halten uns stets entlang des Baches. Je nach Jahreszeit kann hier schon bzw. immer noch Schnee liegen. Ab Deurali ist besonders im Frühling Vorsicht geboten: Von den mächtigen, steilen Hängen oberhalb des Weges zum MBC gehen im Winter immer wieder Lawinen ab; diese Lawinengefahr bleibt insbesondere nach langen und schneereichen Wintern bis in den Frühling hinein bestehen. Bei Lawinengefahr oder wenn der Hauptweg von Lawinen verschüttet ist, existiert eine gute Umgehung auf der rechten (östlichen) Bachseite. – Nicht nur an der Landschaft ist die Höhe von inzwischen weit über 3000 Metern zu spüren, auch unser Körper hat damit zu kämpfen. Das Gehen wird anstrengender und wir schnaufen schwerer und schwerer. Das MBC ist eine nette Ansammlung von einladenden Lodges. Bei – hoffentlich – Sonnenschein können wir von einer der Terrassen bei einer Tasse Tee den Panoramablick genießen.

Um Deurali müssen im Frühling zum Teil größere Schneefelder überquert werden.

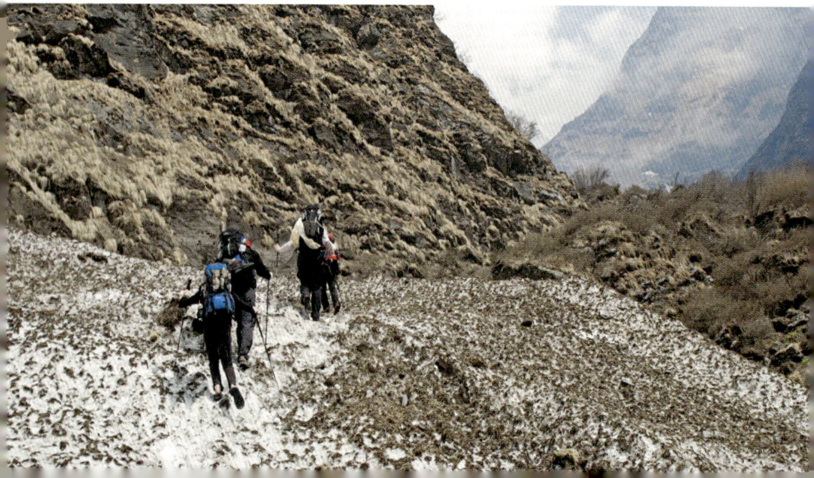

Ausgangspunkt: Dovan, 2500 m.
Entfernung: 9,8 km.
Anforderungen: Normale, zum Teil etwas ausgesetzte Wanderwege; ab Deurali etwas Orientierungssinn notwendig.
Einkehr: In den Lodges am Weg.
Unterkunft: Himalaya: 2 Lodges; die Unterkünfte sind eher düster und im Vergleich zu den letzten Ortschaften weniger gepflegt. Die Waschgelegenheiten sind spartanisch; es gibt keine Duschen (auf Anfrage evtl. Eimerdusche) und in der Hauptsaison kommt es immer wieder zu Kapazitätsengpässen. – **Deurali:** 4 Lodges. – **MBC:** 4 Lodges; alle haben Stromversorgung mittels Solarenergie, im Fishtail Guest House gibt es sogar Festnetztelefon.
Tipps: 1. Informieren Sie sich bei Lodgebesitzern über die Wegsituation (Lawinengefahr) von Deurali zum MBC. Während der Hauptsaison (Frühling und Herbst) ist der Weg in aller Regel gut machbar. Es muss aber eventuell auf den Alternativweg ausgewichen werden; Beschreibung siehe unten.
2. Wer sowieso schon gut akklimatisiert ist, sich im MBC sehr gut fühlt und zeitig dran ist, kann bereits an diesem Tag bis zum Annapurna Base Camp gehen.

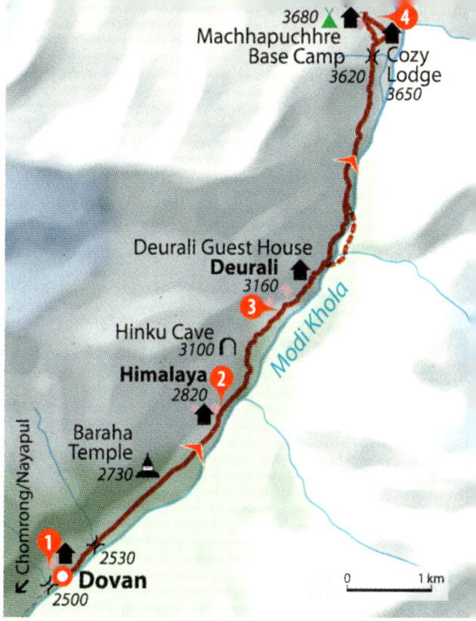

3. Wer hingegen schon beim Aufstieg erste Anzeichen von Höhenkrankheit verspürt, sollte bereits in Deurali nächtigen! (Zur Höhenkrankheit siehe auch ab Seite 61 im Einführungsteil.)
4. In Deurali besteht die Möglichkeit, Gamaschen und Grödel auszuleihen.

Von **Dovan (1)**, 2500 m, setzen wir unseren stetig ansteigenden Weg (immer wieder über kleinere Brücken und vorbei an der Lodge Destination Annapurna) durch dichten Rhododendronwald fort. Augen auf, auf den Bäumen turnen immer wieder Hanuman-Languren, eine graue Affenart, die nach Hanuman, einem indischen Gott in Affengestalt, benannt ist. 1 Std. nach Dovan führt unser Weg vorbei an einem Schrein zu Ehren der Gottheit Paunchhi

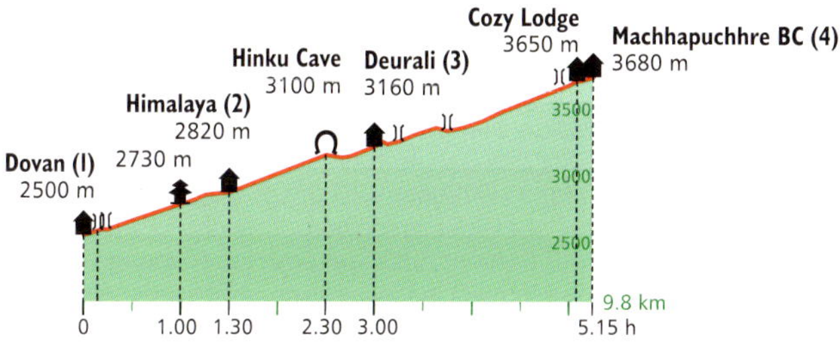

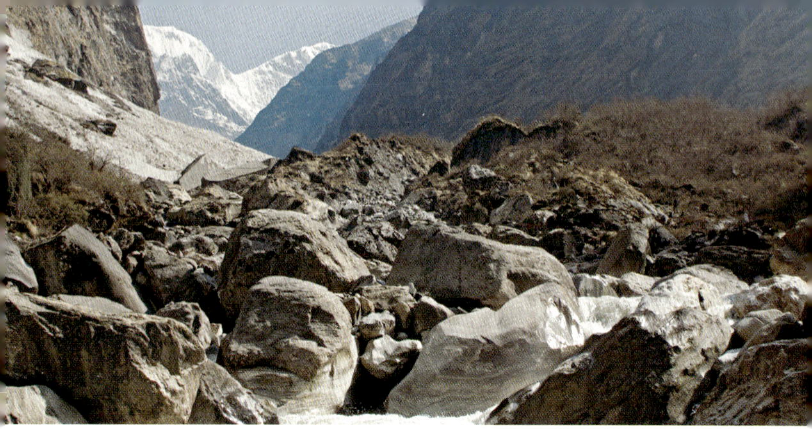

Der Modi Khola tost ins Tal (kurz hinter Deurali).

Baraha Tan. An diesem **Tempel**, 2730 m, werden Blumen, Stoffbänder und Farbpulver (früher Blut) geopfert. Der Segen der Gottheit soll die Menschen hier vor den Gefahren der Bergwelt (starker Schneefall, Lawinen, Sturm und Gewitter) beschützen. Vorsicht, erzürnen auch Sie die Götter nicht! Früher war es Brauch, ab hier keine Eier und kein Fleisch zu essen, sowie keine Frauen passieren zu lassen.
Gegenüber auf der anderen Talseite sehen wir einen großen Wasserfall. Zur Monsunzeit soll dieser Wasserfall aus 108 einzelnen Strömen bestehen. Die Zahl 108 ist für Buddhisten und Hinduisten eine heilige Zahl. Auf einmal lichtet sich der dichte Wald und wir haben einen freien Blick auf den rauschenden Modi Khola. Von hier ist es nicht mehr weit bis nach **Himalaya (2)**, 2820 m, wo wir zwei Lodges vorfinden. Nach Himalaya geht es weiter stetig bergan. Das Tal wird schmäler, die Landschaft alpiner. Der Weg wird rauer und verläuft immer wieder zwischen riesigen Steinblöcken. 1 Std. nach Himalaya gelangen wir zur **Hinku Cave**, 3100 m, einem markanten überhängenden Felsblock. Dieses natürliche riesige Dach diente Bergsteigern in früherer Zeit als Unterschlupf. Die Höhle beherbergte sogar einmal ein kleines Teerestaurant, von dem heute allerdings nichts mehr zu sehen ist.
Ab hier tauchen wir endgültig ein in die bizarre alpine Landschaft: Niedrige, bodennahe Büsche, grasige Hänge und Felsblöcke prägen das Landschaftsbild. Die längste Zeit des Jahres ruht die Vegetation unter einer geschlossenen Schneedecke. Im Frühjahr wird unser Weg an mehreren Stellen durch gewaltige Altschneefelder erschwert. Vorsicht ist besonders am Morgen geboten, wenn der Schnee noch gefroren ist: Rutschgefahr! Diese Altschneefelder befinden sich meist in Lawinenschneisen, deshalb diese bitte zügig überqueren und auf möglichen Steinschlag achten.

Schon von der Hinku Cave sehen wir die blauen Dächer von Deurali, welches wir nach 30 Min. ab der Höhle erreichen. In **Deurali (3)**, 3160 m, gibt es insgesamt vier Lodges, wobei das **Deurali Guest House**, 3200 m, etwas oberhalb liegt. Wer hier schon mit der Höhe zu kämpfen hat, sollte nicht weiter aufsteigen, sondern hier eine Nacht verweilen. Zudem werden ab hier oft die Nächte sehr kalt!

Vorsicht: Auf dem Wegstück Deurali – MBC herrscht im Frühling zum Teil erhebliche Lawinengefahr!
Leider kam es hier aus diesem Grund immer wieder zu Todesfällen. Wird die Gefahr jedoch vernünftig in die Tourenplanung mit einbezogen und werden gewisse Verhaltensregeln beachtet, ist das Risiko minimierbar. Bitte informieren Sie sich über die aktuelle Lawinenlage beim ACAP oder noch besser bei den Lodgebesitzern in Deurali.
In manchen Karten findet man zwischen Deurali und dem MBC noch das Lodgedorf Bagar. Allerdings wurden diese Lodges vom ACAP wegen zu häufiger Lawinengefahr geschlossen. Wer von Deurali weiterläuft, wird also erst wieder im MBC eine Einkehr- bzw. Übernachtungsmöglichkeit finden.
Für den **normalen Weiterweg ab Dorali** steigen wir vom Deurali Guest House kurz bergab. Der Wegverlauf schlängelt sich ab hier an steilen Felswänden entlang – deshalb besteht im Frühling hier die hohe Lawinengefahr. Bei **leichter Lawinengefahr** empfehlen wir das Passieren des betroffenen Wegstücks zum MBC vor 10.00 Uhr, denn durch die Tageserwärmung steigt die Gefahr von Lawinenabgängen. Ist dies der Plan, führt der Weg an einer Übernachtung in Deurali nicht vorbei.

Wegalternative bei hoher Lawinengefahr: Einige kritische Stellen können problemlos umgangen werden, indem man den Alternativweg nach Deurali auf der rechten Seite (Osten) des Modi Khola einschlägt. Der eigentliche Weg entlang des Westufers wird übrigens je nach Situation gesperrt. Ist dies der Fall, werden auch Hinweisschilder aufgestellt. Die Lodgebesitzer geben natürlich auch Auskunft über den Alternativweg. Für diesen nehmen wir nach dem kurzen Abstieg von der Deurali Lodge eine vom ACAP errichtete provisorische Stahlbrücke, 3200 m, über den Bach, der Weg zieht sich dann zwischen Felsblöcken hindurch Richtung Norden. Eine zweite provisorische Stahlbrücke, 3280 m, bringt uns wieder über den Bach zum eigentlichen **Normalweg**.

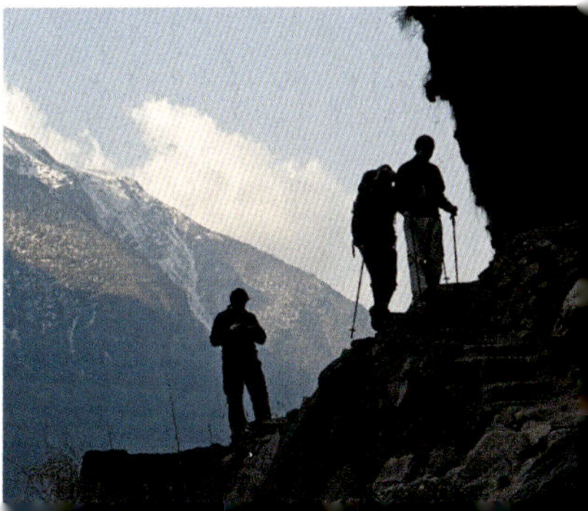

In der Nähe der Hinku Cave.

Sobald wir wieder auf den Normalweg treffen, bleiben wir konsequent auf diesem und damit auch links vom Bach. Auch auf dem nun folgenden Wegstück besteht oft Lawinengefahr; für diesen Abschnitt gibt es aber keine Ausweichmöglichkeit. Und so ist der Weg hier gerade im Frühling immer wieder von Geröll und Lawinen verschüttet. Diese Geröll- bzw. Lawinenkegel sind in der Regel aber einfach zu überqueren (oft schon Spuren vorhanden).
Über eine kleine **Holzbrücke**, 3620 m, gelangen wir zu den Lodges des MBC. Rechts über Steinstufen hinauf können wir die etwas vorgelagerte **Cozy Lodge**, 3650 m, erreichen (hier befinden sich auch eine Wetterstation und ein Helikopterlandeplatz). Von hier sehen wir auch schon die restlichen, etwas höher gelegenen drei Lodges des MBC. Folgen wir dem Pfad weiter (oder an der kleinen Holzbrücke direkt links weiter), kommen wir zu diesen drei einander sehr ähnlichen Lodges im **Machhapuchhre Base Camp (4)**, 3680 m.
Das MBC wurde 1957 von einer britischen Expedition erstmals an diesem Ort errichtet. Wer noch Lust auf eine kleine Erkundungstour hat, sollte unbedingt einen Blick über die Gletschermoräne hinter den Lodges wagen. Hier kann man in Richtung Annapurna III Base Camp blicken.
Wer im MBC Anzeichen von Höhenkrankheit verspürt, sollte auf keinen Fall weitergehen und sich überlegen, eventuell wieder abzusteigen!

i ***Machhapuchhre:*** *Der Machhapuchhre (auch Machapucharé oder Machhapucharé) wird auf Deutsch oft »Fischschwanz« genannt. Den Grund für diese Bezeichnung versteht man sofort, wenn man den Berg von Westen aus betrachtet (z. B. vom Poon Hill). Die beiden Gipfel haben eindeutig die Gestalt einer gewaltigen Fischflosse. Bei diesem wunderschönen Anblick ist es nicht verwunderlich, dass der Berg eine magische Wirkung auf Bergsteiger hat. Sicherlich gibt es viele, die davon träumen, einmal ganz oben auf dem 6993 Meter hohen Berg zu stehen. Eine Erstbesteigung gibt es offiziell aber nicht! Im Jahre 1957 versuchte sich eine englische Expedition unter der Leitung von James Roberts. Die Besteigung stellte sich jedoch als extrem schwierig heraus. Die beiden Expeditionsteilnehmer David Cox und Wilfrid Noyce kämpften sich zwar bis 50 Meter unterhalb des Gipfels vor, hier machten aber technische Schwierigkeiten das Weiterkommen unmöglich. Ihnen blieb nichts anderes übrig, als den beschwerlichen Abstieg anzutreten. Für die einheimische Bevölkerung gilt der Machhapuchhre als heiliger Berg und so wurde im Jahre 1964 der Gipfel von der Regierung mit einem Besteigungsverbot belegt. Angeblich soll es jedoch 1983 durch den Neuseeländer Bill Denz eine erfolgreiche, aber illegale Erstbesteigung gegeben haben. Beweise gibt es dafür keine, und das Geheimnis wird für immer ungeklärt bleiben, da Bill Denz noch im gleichen Jahr am 8000er Makalu tödlich verunglückte.*

7000 – 7 = 6993; knapp kein Siebentausender, aber dafür in Form einer Fischflosse: der beeindruckende Machhapuchhre.

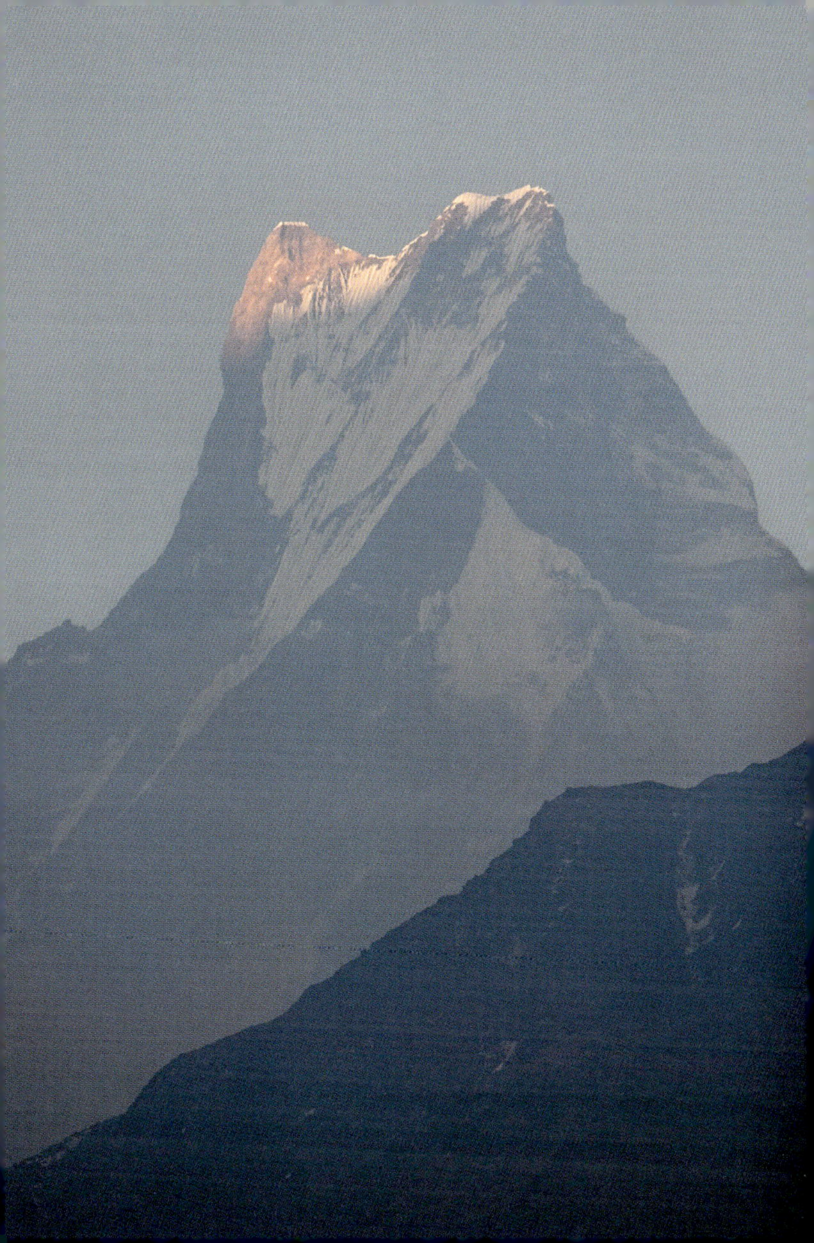

6 Machhapuchhre Base Camp – Annapurna Base Camp

1.45 Std.

↑450 ↓0

Eisiges Amphitheater

Sehr beeindruckend ist es, schon im Morgengrauen loszugehen, wenn die Gipfel der Bergriesen langsam von der Sonne beleuchtet werden. Zuerst wird Annapurna South, dann Hiunchuli und zu allerletzt auch der Machhapuchhre vom Sonnenlicht angestrahlt. Interessant ist der Übergang von Rot über Orange bis hin zu warmem, gelblichem Morgenlicht. Je nach Jahreszeit ist das Terrain zwischen MBC und ABC sehr unterschiedlich. Im Frühjahr kann es einem passieren, dass man den kompletten Weg auf einer geschlossenen Schneedecke zurücklegt. Wohingegen im Sommer und Herbst der Weg zwischen der Seitenmoräne und einem kleinen Bach über Wiesen und grasige Hänge führt. Hirten treiben hier ihre Schafe zum Grasen hin. Wahrhaft »göttlich« (siehe »Sanctuary« auf Seite 224) ist schließlich das Panorama, wenn man im Annapurna Base Camp angekommen ist. Wir stehen in einem gewaltigen Kessel und sind auf allen Seiten umgeben von weißen Eisriesen, dominiert von der Gestalt des Machhapuchhre und der Annapurna I. Belohnt werden wir mit diesem genialen Blick für die Strapazen der letzten Tage. Was gibt es Schöneres als diese »heilige« Stimmung auf sich wirken zu lassen und dabei die Finger an einer heißen Tasse Milchtee zu wärmen. Am Abend und natürlich noch mehr in der Nacht müssen wir hier oben im ABC mit ziemlich tiefen Temperaturen rechnen. Aber die Lodgesbetreiber heizen in der Regel den Speisesaal, indem sie glühende Kohlen in einem Metalleimer oder einen Gaskocher unter den Tisch stellen. Warme Füße sind somit garantiert.

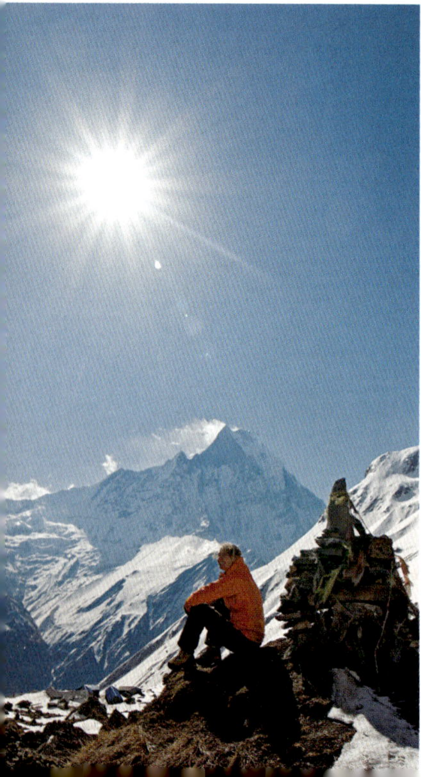

Panorama pur …

Ausgangspunkt: Machhapuchhre Base Camp, 3680 m.
Entfernung: 3,5 km.
Anforderungen: Anstrengend wegen der Höhe, kurze Etappe. Im Frühjahr Schneefelder, ansonsten technisch eher einfach. Orientierung unproblematisch.
Einkehr: Unterwegs keine.
Unterkunft: **Annapurna Base Camp:** 4 Lodges; z. B. Paradise Garden Hotel, oberste Lodge im ABC mit super Blick von der Terrasse.
Tipp: Wer Zeit einsparen und sich eine Übernachtung im Annapurna Base Camp sparen möchte, kann noch am selben Tag den Abstieg antreten und bis nach Deurali, Himalaya oder Bamboo gehen (siehe Etappe 7/8).

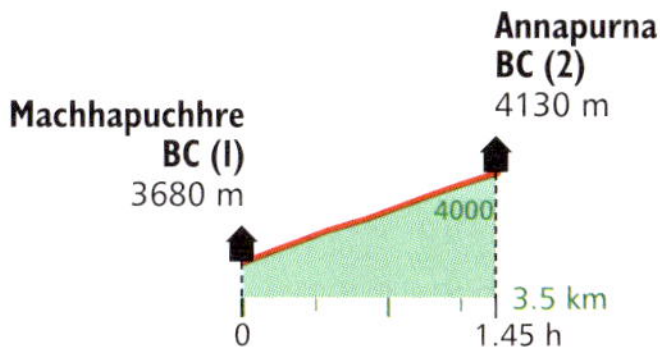

Heute treten wir ein in das natürliche Amphitheater. Ein Aufbruch vom MBC hinauf zum ABC vor Tagesanbruch gehört sicherlich zu den ganz besonderen Erlebnissen. Beim Aufstieg beobachten wir, wie die Sonne langsam hinter dem Machhapuchhre hervorkommt und wie die höchsten Gipfel des Annapurna Massivs durch die ersten, wärmenden Strahlen aufleuchten. Nach knapp 2 Std. Gehzeit erreichen wir das ABC rechtzeitig zum zweiten Frühstück und haben den ganzen Tag Zeit zum Schauen und Staunen.
Da es sich bei der Etappe um eine wirklich kurze handelt, können wir uns heute alternativ auch den Luxus gönnen, den Wecker nicht zu stellen. An ein Frühstück in aller Ruhe bei Sonnenschein vor einer der Lodges im MBC mit dem beeindruckenden Bergpanorama, dominiert vom Machhapuchhre, werden wir uns ebenfalls lange Zeit erinnern. Entscheiden Sie also selbst und genießen Sie den Tag!
Wir verlassen auf einem eindeutigen Weg Richtung Westen das **MBC (1)**, 3680 m. Am Anfang (erster Kilometer) steigt der Weg steil an, danach wird er immer flacher. Wir laufen direkt auf die Annapurna Süd, 7219 m, zu. Dieser Anblick ist so gewaltig, dass wir die momentane körperliche Anstrengung vergessen. Wir müssen aber trotzdem immer wieder anhalten, um die nötigen Verschnaufpausen einzulegen.
Der Weg führt stets entlang der Seitenmoräne des Annapurna-Süd-Gletschers. Je nach Schneelage sind mal mehr, mal weniger Pfadspuren erkennbar. Halten wir uns an den Verlauf der Seitenmoräne, stellt die Orientierung kein Problem dar. Hinter uns (O) dominiert der Gipfel des Machhapuchhre, 6993 m, das Panorama. Es scheint, als ob dieser

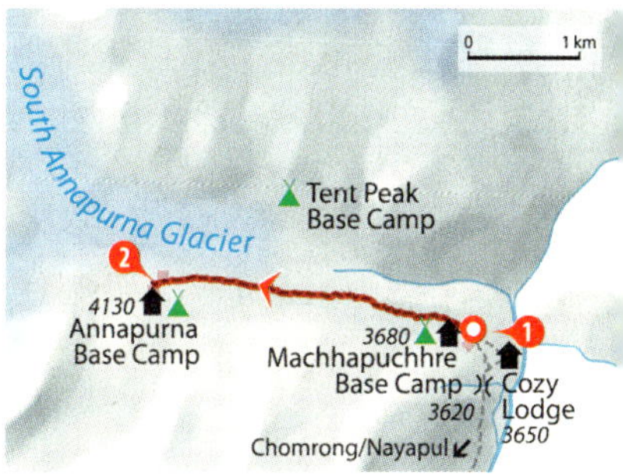

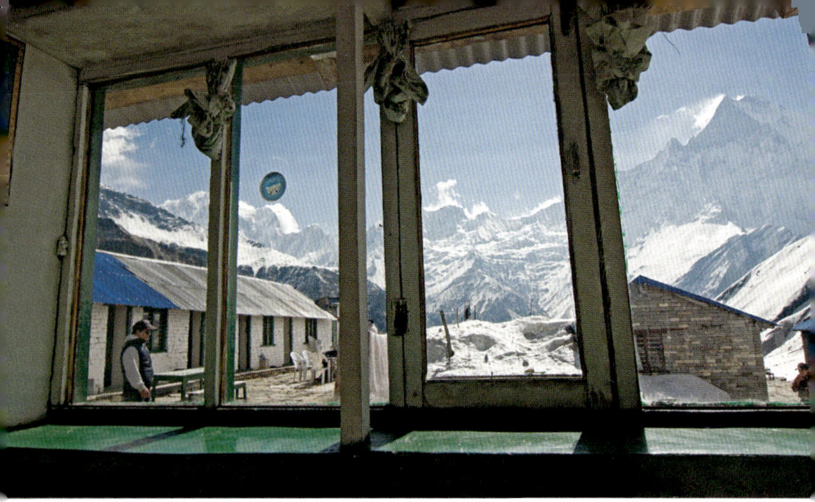

Nicht ganz schlecht, der Blick aus einer der Lodges im Annapurna Base Camp.

Berg aus einem tiefen Tal hervorwächst. Beim Anblick der steilen Flanken kann jedermann nachvollziehen, dass ein Erreichen des Gipfels eine sehr extreme Unternehmung darstellt (siehe Infokasten »Machhapuchhre« auf Seite 218). Schon etwa einen Kilometer vor der Ankunft im ABC erkennen wir die Lodges des Lagers. Aber wir werden merken, dass sich der Weg dorthin schon noch eine Weile zieht.

Nach etwa 1.45 Std. erreichen wir unser Etappen- und Trekkingziel: das **Annapurna Base Camp (2)**, 4130 m. Die Lodges stehen genau an dem Platz, wo sich im Jahre 1970 eine Expedition für die Besteigung der Annapurna-I-Südwand niedergelassen hat. Die Bergkulisse hier oben ist einzigartig!

Haben wir die Nacht im MBC gut überstanden und ohne Anzeichen von Höhenkrankheit verbracht, sollte uns die Höhe auch hier im ABC keine Probleme bereiten. Sollten trotzdem Symptome auftreten, dann steigen wir besser vor Einbruch der Dunkelheit wieder ins MBC ab (1.30 Std.) und verbringen die Nacht dort.

i **Annapurna I:** *Das Annapurna-Massiv wird im Westen durch das Kali-Gandaki-Tal (siehe Infokasten auf Seite 178) vom Massiv des Dhaulagiri getrennt. Im Osten und Norden stellt das Manang-Tal bzw. Marshyangdi-Tal die natürliche Grenze dar. Das Massiv besteht aus vielen Gipfeln, die die 7000-Meter-Marke deutlich überschreiten. Den höchsten Punkt des gesamten Massives stellt die Annapurna I mit 8091 Metern dar. Wir haben hier oben im ABC den Höhepunkt unserer Tour er-*

reicht. Näher kommen wir als Trekker nicht an den zehnthöchsten Berg der Welt, heran. Doch ist der Gipfel mit seinen 8091 Metern nur noch 9 km Luftlinie von uns entfernt. Für so manch anderen geht es hier jedoch erst so richtig los. Im Frühling und Herbst treffen immer wieder Expeditionen ein, die das Annapurna Base Camp als Ausgangspunkt für eine Gipfelbesteigung nutzen. Eine Expedition im Frühjahr wird beispielsweise das Basislager im März beziehen, um schließlich Anfang Mai nach der nötigen Akklimatisierung einen Gipfelversuch zu starten. Im Herbst trudeln die ersten Expeditionen Ende August ein und der Gipfelversuch erfolgt Ende September bis Mitte Oktober. Anstatt die Nächte in einem kleinen ungemütlichen Zelt im kalten und windigen Hochlager verbringen zu müssen, können wir von hier »unten« die Blicke auf die Eisriesen direkt vom warmen Speiseraum der Lodges genießen.

Der Name Annapurna stammt aus dem Sanskrit. Seine Bedeutung setzt sich aus den beiden Wörtern »anna« (Nahrung) und »purna« (erfüllt) zusammen. Außerdem ist Annapurna ein anderer Name der Göttin Parvati (»Bergestochter«). Und so bedeutet der Name des Berges »Göttin der Fülle« oder »Nahrung spendende Göttin«. Und wie es sich für eine Göttin gehört, ist auch das grammatikalische Geschlecht im Deutschen weiblich.

Die Annapurna ist zwar »nur« der zehnthöchste Berg der Erde, aber sie ist der erste Achttausender, der erstmals erfolgreich bestiegen wurde. Am 3. Juni 1950 schrieben Maurice Herzog und Louis Lachenal Geschichte, als sie im Rahmen einer französischen Expedition auf dem Gipfel standen. Ziel war ursprünglich der Dhaulagiri, doch wegen der besseren Erreichbarkeit des Bergfußes wandten sich die Franzosen schließlich doch der Annapurna zu. Die erste Durchsteigung der mächtigen Südwand, die wir beim Annapurna Base Camp direkt vor uns haben, gelang am 27. Mai 1970 den Briten Don Whillans und Dougal Haston. Ein weiterer Meilenstein der Alpingeschichte wurde 1984 gesetzt, als die beiden Schweizer Erhard Loretan und Norbert Joos eine komplette Überschreitung der Annapurna I mit ihren drei über 8000 Metern hohen Gipfeln meisterten. Sie stiegen damals östlich des Tent Peak ein und kletterten über den Roc Noir zum Ost- und Mittelgipfel. Von dort ging es direkt zum Hauptgipfel, um von diesem wieder nordseitig abzusteigen.

Die Annapurna ist ein sehr gefährlicher 8000er, was auch die Statistik belegt. Aufgrund der extremen Lawinengefahr ereignen sich viele tödliche Unfälle. Auf weniger als drei erfolgreiche Besteigungen kommt ein Todesfall! Wahrscheinlich ist das auch der Grund, warum die Annapurna der am seltensten bestiegene 8000er ist. Bis 2008 haben gerade mal 154 Alpinisten den Gipfel erreicht.

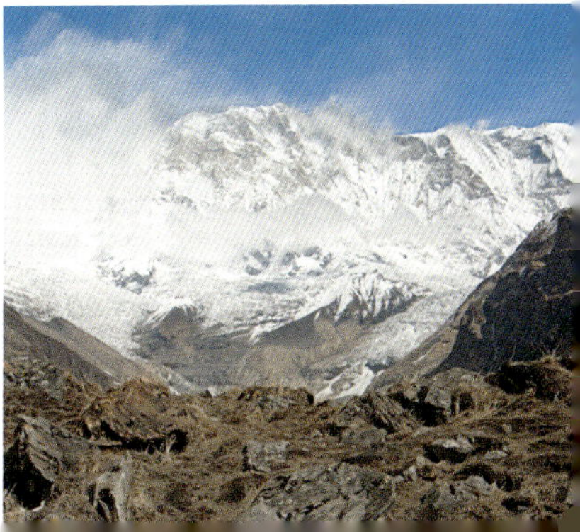

i **Panorama ABC – Annapurna Sanctuary:** *Stehen wir vor dem Annapurna Base Camp und drehen uns einmal im Kreis, so dominieren drei Gipfel das Panorama dieser Bergarena: Annapurna Süd, 7219 m, Annapurna I, 8091 m, und Machhapuchhre, 6993 m. Das gesamte Annapurna-Massiv besteht aus zahlreichen eigenständigen Gipfeln, von denen wir viele vom ABC aus erspähen können. Den Annapurna-Süd-Gletscher sehen wir, indem wir auf die Seitenmoräne beim ABC steigen. Einen noch besseren Blick auf die mächtigen und so nahen Gipfel und besonders auf den Gletscher haben wir, wenn wir vom ABC entlang der Moräne noch 15–20 Minuten weiter Richtung Westen laufen. Gebetsfahnen flattern dort im Wind und unterstreichen die Atmosphäre. Gewaltig wirkt von hier die Südwand der Annapurna I. Vom Hauptgipfel zieht nach rechts der lange Ostgrat hinab. Nach links knickt der Grat nach Süden ab und findet in der Annapurna Süd, 7219 m, seinen Abschluss. Danach folgt in südlicher Richtung noch der Hiunchuli, 6441 m. Vom Hauptgipfel der Annapurna I führt ein weiterer Grat über zahlreiche*

Das Annapurna Base Camp.

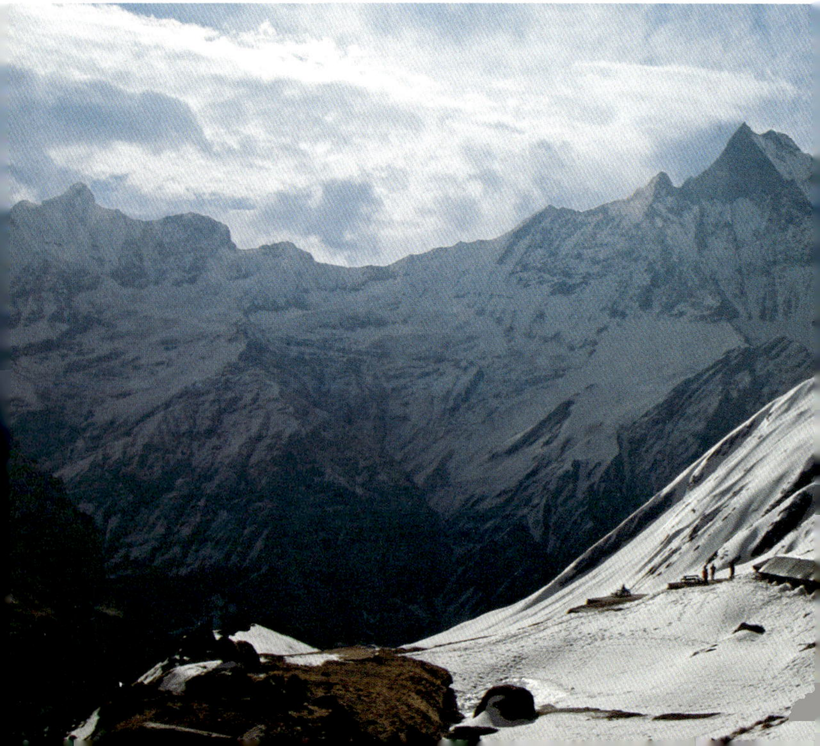

Gipfel nach Osten. Bei der Annapurna III zweigt dieser Richtung Süden ab und erhebt sich schließlich zum 6993 m hohen, formschönen Machhapuchhre. Die Gipfel rahmen damit einen natürlichen Kessel ein, das sogenannte Annapurna Sanctuary. Unter die Lupe genommen: Der Bergkamm der Annapurna I ist ein langer Grat, der sich grob von Ost nach West erstreckt. Auf diesem Grat liegen die Gipfel Glacier Dome (Tarke Kang), 7193 m, Roc Noir (Khangsar Kang, Nebengipfel von Annapurna I), 7485 m, Annapurna I Nordost, 8010 m, Annapurna I Mitte, 8051 m, und der Hauptgipfel Annapurna I, 8091 m. Der Khangsar Kang wird als Roc Noir (schwarzer Fels) bezeichnet, weil an seiner steilen Flanke kein Schnee liegen bleibt. Westlich des Hauptgipfels liegt die Annapurna Fang (Varahar Shikar/Baraha Shikar/Bharha Chuli), 7647 m. Südlich der Annapurna Fang befindet sich der eigenständige Gipfel Annapurna Süd. Östlich des Roc Noir folgt die Gangapurna, ebenfalls ein eigenständiger Berg. Am Roc Noir verzweigt sich der Grat. Nach Norden führt er über die Grande Barrière bis zum Tilicho Peak, nach Süden zum Tent Peak, 5945 m.

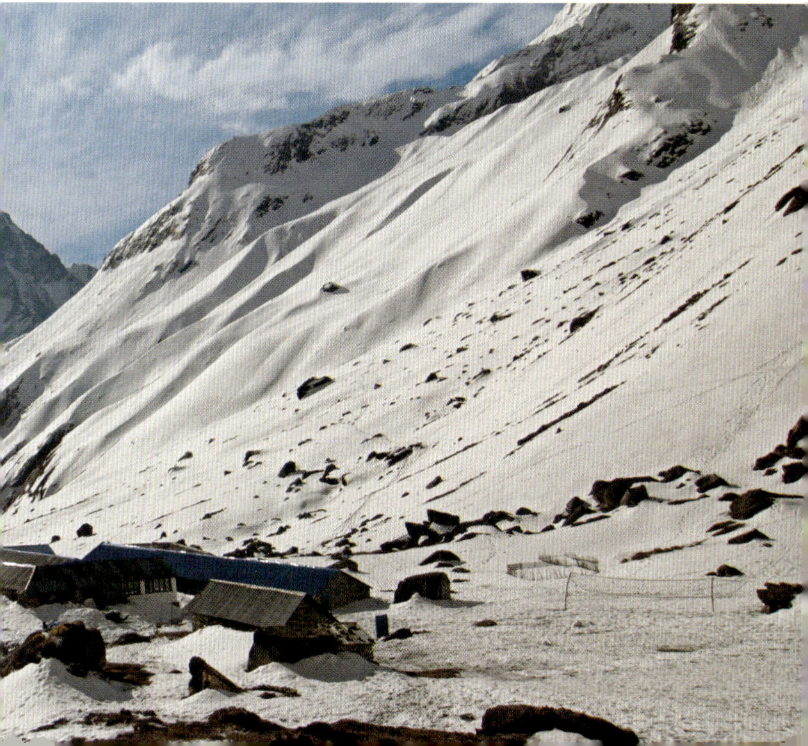

7/8 ABC – Himalaya – Dovan – Bamboo – Chomrong

9.45 Std.

↑570 ↓2550

Endlich bergab und das auf bekanntem Weg

Der Abstieg vom Annapurna Base Camp bis hinunter nach Chomrong verläuft auf dem Aufstiegsweg. Es gibt hier keine Alternativen. Im Aufstieg haben wir uns für dieses Wegstück insgesamt drei Tage Zeit genommen, schon allein wegen der Höhenanpassung. Sicherlich ist es möglich, den gesamten Abstieg mit seinen gut 2500 Höhenmetern vom ABC bis nach Chomrong an einem einzigen Tag zu meistern. Aber dieser Tag wird sehr lang und sehr anstrengend werden. Denken Sie an Ihre Knie und nehmen Sie sich für den Abstieg besser zwei Tage Zeit. Im Aufstieg haben wir in Dovan übernachtet. Um eine gewisse Abwechslung zu haben, empfehlen wir deshalb eine Übernachtung beim Abstieg in Himalaya oder noch besser in der netten Ortschaft Bamboo. An beiden Tagen geht es stetig bergab. Der Wegverlauf kommt Ihnen bekannt vor. Aber die Blicke sind beim Abstieg anders als beim Aufstieg. Und am zweiten Tag wartet noch der finale Gegenanstieg hinauf nach Chomrong auf uns. Dort können wir es uns dann nach den letzten eher einfacheren Unterkünften in einer der komfortableren Lodges gut gehen lassen.

Ausgangspunkt: ABC, 4130 m.
Entfernung: 7. Tag: 15,8 km; 8. Tag: 7,5 km. Höhenunterschied: 7. Tag: 90 Hm Aufstieg, 1910 Hm Abstieg; 8. Tag: 480 Hm Aufstieg, 640 Hm Abstieg.
Anforderungen: Siehe Etappe 4–6.
Einkehr: Siehe Etappe 4, 5 und 6.
Unterkunft: Siehe Etappe 3, 5 und 6.

Tipp: In Bamboo können wir das The Bamboo Guest House empfehlen. Die lustige und sehr herzliche Besitzerin Purna Maya kocht ein ausgezeichnetes Dal Bhat. Die super heiße Dusche ist nach den letzten Tagen auch nicht zu vernachlässigen.
Hinweis: Karten siehe Etappen 4–6.

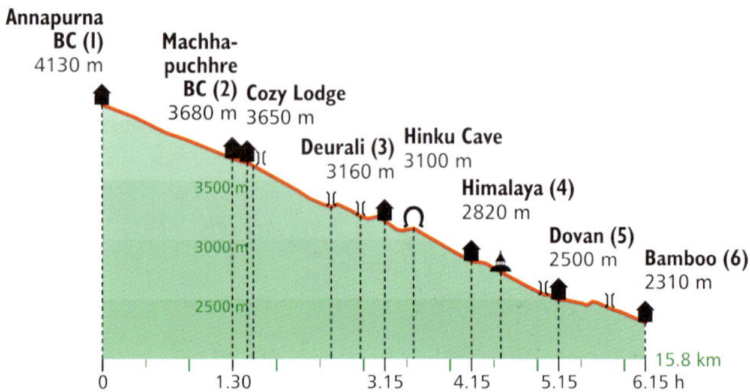

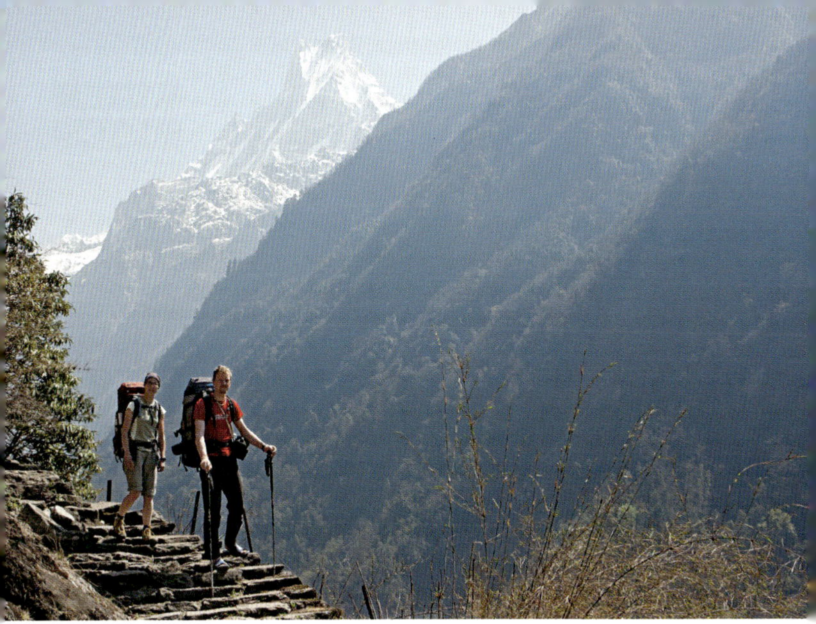

Stufe für Stufe entfernen wir uns wieder vom ABC.

Der Abstieg vom **Annapurna Base Camp** bis nach Chomrong erfolgt auf dem Aufstiegsweg. Insgesamt werden dafür zwei Tage veranschlagt. Entscheiden Sie selbst, wie weit Sie am ersten Tag laufen wollen.
Wir empfehlen eine Übernachtung in Bamboo: Damit folgt auf den eher kurzen Tag mit dem Aufstieg vom MBC zum ABC ein etwas längerer **7. Tag** mit dem Abstieg vom ABC bis nach **Bamboo**.
Der **8. Tag** von Bamboo nach Chomrong ist mit einer Gehzeit von 3.30 Std. wieder eher entspannt. Wir erreichen unser Etappenziel also schon um die Mittagszeit und können den großen und gepflegten Ort **Chomrong** und seine Lodges genießen.

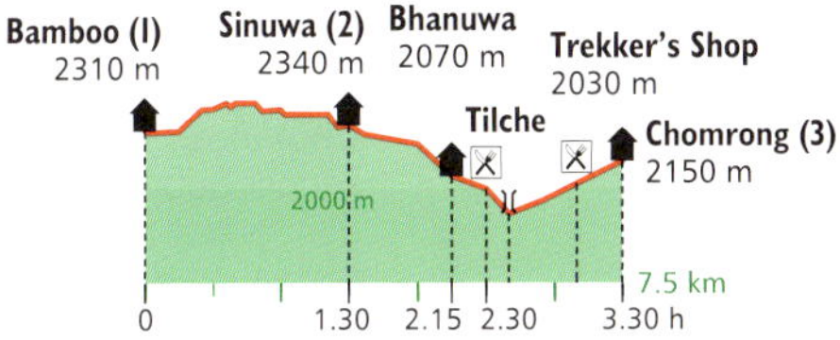

9 Chomrong – Ghandruk

4.45 Std.

↑690 ↓840

Ein Höhepunkt zum Schluss

Ein finaler Höhepunkt erwartet uns heute in zweierlei Hinsicht. Nach dem Abstieg von Chomrong zum Kimrong Khola erfolgt noch einmal ein letzter knackiger Anstieg von gut 400 Höhenmetern hinauf in die kleine Ortschaft Komrong. Ab hier geht es dann bis zum Ende unseres Treks nur noch bergab. Einen weiteren Höhepunkt stellt auch unser heutiges Etappenziel Ghandruk dar. Ghandruk ist das größte Dorf im Annapurna-Gebiet und wird von zahlreichen Reiseführern als das schönste Dorf Nepals gepriesen. Ob sich dieser Ruhm und damit die vielen Touristen positiv auf das Dorf und deren Bevölkerung auswirken, darüber lässt sich streiten. Aber eins ist sicher, der alte Ortskern des Gurung-Dorfes mit seinen typischen, liebevoll angefertigten Schieferdächern und mühevoll angelegten Terrassenbauten ist ein wahres Highlight dieses Treks.

Ausgangspunkt: Chomrong, 2150 m.
Entfernung: 19,6 km.
Anforderungen: Normale Wanderwege. Wegstück von Chomrong bis hinunter zum Kimrong Khola zum Teil etwas ausgesetzt; ein Erdrutsch muss auf neu angelegtem Weg umgangen werden. Orientierung problemlos.

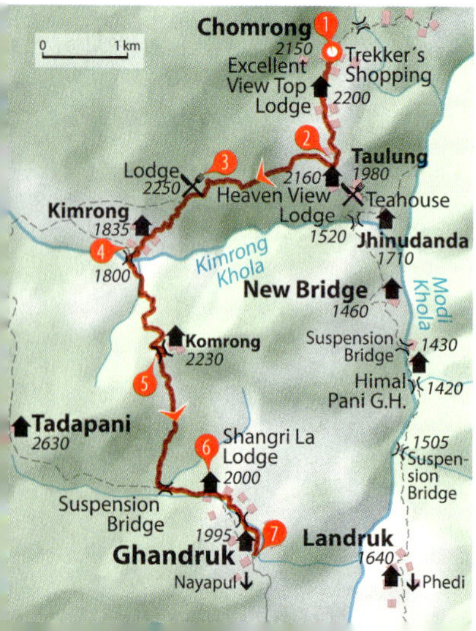

Einkehr: Zahlreiche Möglichkeiten entlang des Weges. Tipp: Sunrise Lodge in Komrong. – SDWS bei Chomrong.
Unterkunft: **Kimrong:** Keine wirklich einladende Unterkunft. – **Komrong:** 2 Lodges, ebenfalls nicht einladend. – **Ghandruk:** Zahlreiche, zum Teil sehr große Lodges, die eher einer Unterkunft in einer Stadt ähneln; Hotel Sakura, beliebte Lodge mit einladendem Vorgarten, toller warmer Dusche und guter German Bakery; Gurung Cottage, klein, sehr gepflegt, eher schicker und deshalb auch etwas teurer; Trekker's Inn, schöne, gepflegte, aber große Lodge.
Einkauf: Unterhalb vom großen Buddha Hotel in Ghandruk befindet sich das ACAP Office und ein Health Post.

Wie schon beim Aufstieg zum ABC ist in Chomrong ein »aussichtsreiches« Frühstück sichergestellt. Danach verlassen wir den Hauptort **Chomrong (1)**, 2150 m, auf dem sauber gepflasterten Weg und steigen hinauf zur Excellent View Top Lodge, 2200 m. Von hier führt der Weg bequem weiter hinüber zur

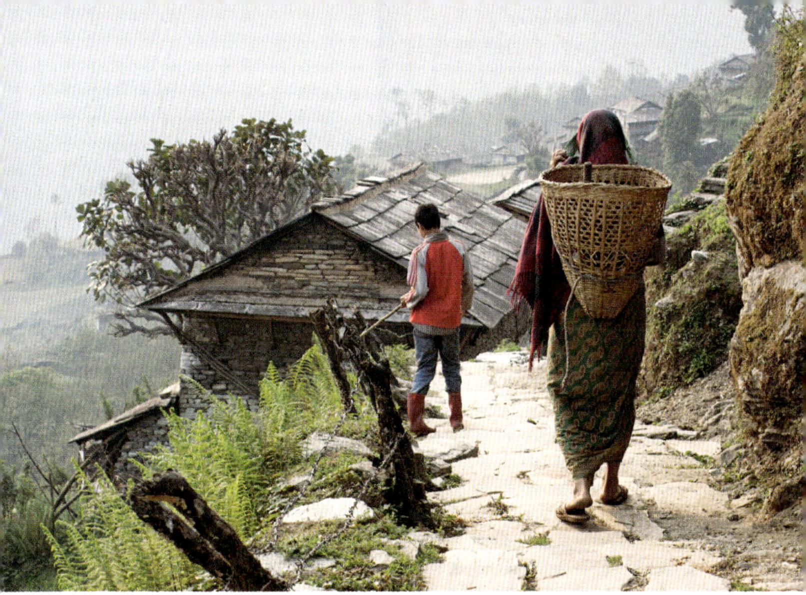

Dorfleben in Ghandruk.

Save Drinking Water Station, 2190 m. Von der Wasserstation steigen wir weitere 5 Min. ab zur **Heaven View Lodge (2)**, 2160 m. Hier nehmen wir aber nicht den bekannten steilen Weg hinunter nach Jhinudanda (»Himmelsleiter«, »Heavenly Path«), sondern biegen nach rechts (W) ab.
Der aussichtsreiche Weg führt gemütlich am Hang entlang, mit beeindruckenden Blicken hinunter zum Kimrong Khola. Oben am gegenüberliegenden Hangrücken sehen wir die Häuser von Komrong. Der Aufstieg vom Bach hinauf zu dieser kleinen Ortschaft wird uns heute noch ein paar Schweißtropfen kosten. Von einer Chautara haben wir einen guten Blick auf einen mächtigen Erdrutsch auf unserer Hangseite. Dieser hat den »alten« Weg

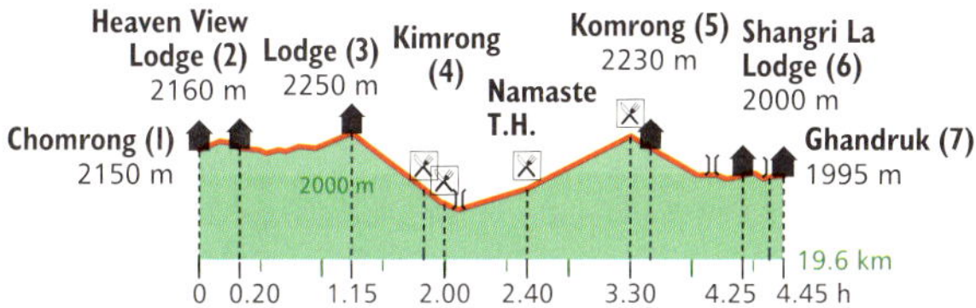

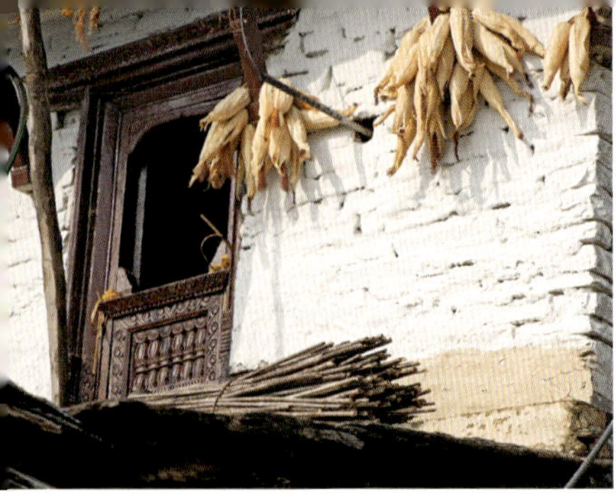

Gepflegte Hausfassade in Ghandruk.

komplett mit sich in die Tiefe gerissen. Mit einem zusätzlichen Anstieg umgehen wir den Erdrutsch und können uns für diesen Aufstieg bei einer kleinen **Lodge (3)**, 2250 m, direkt beim Erdrutsch belohnen. Am Abzweig, ziemlich bald nach dem Teehaus, gehen wir links bergab Richtung Ghandruk. (Der Weg rechts würde nach Tadapani und weiter nach Ghorepani führen, siehe Poon Hill Trek, Etappe 3.) Auf dem neu angelegten Wegstück steigen wir steil bergab, vorbei am Kimrong View Guest House, 1920 m, und erreichen die Ortschaft **Kimrong (4)**, 1835 m. Im Ort stoßen wir auf einen gepflasterten Weg, dem wir nach links folgen. Vorbei am schönen River Side Restaurant gelangen wir zu einer **Holzbrücke**, 1800 m, über den Kimrong Khola. Eine kurze Erfrischung vor dem nun folgenden Anstieg kann nicht schaden!

Stetig und steil geht es ab hier bergauf. Nach etwa 40 Min. von Kimrong erreichen wir das **Namaste Teahouse**, 1920 m. Im Wald können wir uns bei einem Abzweig, 2070 m, zwischen dem etwas flacheren Muliweg oder dem steileren Fußweg entscheiden. Beide bringen uns hinauf in den kleinen Ort **Komrong (5)**, 2230 m. Die zwei Lodges hier oben laden zu einer Pause ein. Der Blick Richtung SO zu unserem heutigen Etappenziel Ghandruk ist fantastisch und es ist auch nur noch eine gute Stunde bis dorthin. Von Komrong, hinter der Annapurna View Lodge, gibt es ebenfalls einen Weg nach Tadapani.

Wir nehmen aber die Steintreppen hinunter in Richtung Ghandruk und erreichen so schon nach 10 Min. die **Sunrise Lodge**, 2160 m (Einkehrmöglichkeit). Der Weg führt hinunter bis zu einer **Stahlhängebrücke**, 2000 m. Anschließend geht es auf dem bequemen, gepflasterten Weg leicht ansteigend weiter bis zum Ortsanfang von Ghandruk. Kurz vor dem Ortseingang an einer Chautara mit einem großen Pipal-Baum zweigt der Weg nach Ghorepani (am Fuß des Poon Hill) nach rechts ab. Wir gehen weiter nach Ghandruk und erreichen in Kürze die nette **Shangri La Lodge (6)**, 2000 m, am Ortseingang.

Ghandruk ist ein lang gezogenes und verzweigtes Dorf. Der Ortsteil mit den meisten und größten Lodges kommt erst am Dorfende, das von der Shangri La Lodge noch ungefähr 1 km entfernt ist. Die Shangri La Lodge ist die einzige zu empfehlende Lodge hier in diesem Ortsteil. Bleiben Sie also entweder hier oder gehen Sie weiter zum Dorfende. Dazu halten wir uns an der

Weggabelung bei der Shangri La Lodge links in den alten Ortskern. Der rechte Weg (hinauf zur Excellent View Lodge) führt oberhalb des Ortes entlang und endet dann ebenfalls bei der Lodgeansammlung am anderen Ortsende.

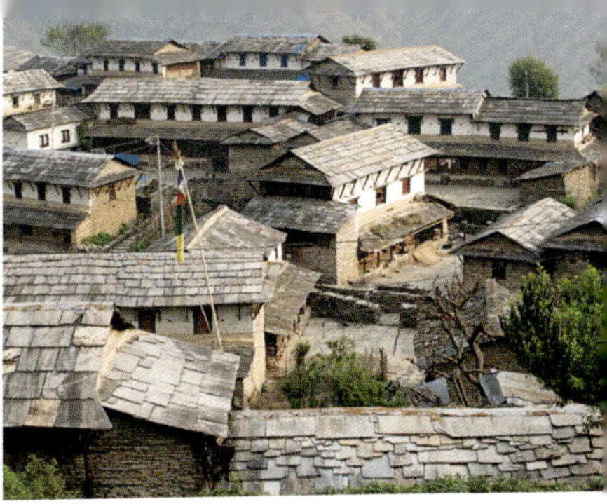

Ghandruk, das vielleicht schönste Dorf Nepals.

Wir gehen also links und gelangen so in den alten Ortskern, wo sich auch das Leben der Einheimischen abspielt. Der Weg verläuft zwischen Steinmauern, eng zusammen gebauten Häusern und steigt dann rechts über Steintreppen wieder an. Wir verlassen den Ortskern, laufen an Gebetsmühlen und einem Teppichladen vorbei immer am Hang entlang weiter. Eine kleine **Betonbrücke**, 1990 m, bringt uns über einen Bach. Schilder weisen uns auf das Old Gurung Museum links unterhalb des Weges hin. Vorbei am Family Cottage (altes Gebäude) gelangen wir zum **Hotel Mountain View** in **Ghandruk (7)**, 1995 m. Hier befinden sich die meisten Unterkünfte, und die morgige Etappe nach Nayapul wird ebenfalls hier starten.

i **Ghandruk:** *Rund 7000 Einwohner hat dieses große Gurung-Dorf aufzuweisen. Die Gurung sind die größte ethnische Gruppe im Annapurna-Gebiet. Sie leben hauptsächlich von Ackerbau und Viehzucht. Einige von ihnen haben es jedoch zu beachtlichem Reichtum gebracht, indem sie für die indische und britische Gurkha-Armee dienten. Auch im fortgeschrittenen Alter erhalten diese ehemaligen Gurkha-Soldaten noch eine mehr als respektable Pension. Die meisten Gurung sind Buddhisten. Man erkennt die Gurung-Männer an ihrer typischen, über Kreuz über den Oberkörper gewickelten weißen Tasche.*

Die Häuser Ghandruks sind im typischen Gurung-Baustil errichtet: ein zweigeschossiges Gebäude aus aufgeschichteten Trockenmauern mit schiefergedeckten Dächern auf einem rechteckigen Grundriss. Ghandruk wird häufig als schönstes Dorf Nepals vermarktet. Und zweifellos ist der alte Ortskern außerordentlich malerisch. Jedoch hat der damit angelockte Tourismus unübersehbar seine Spuren hinterlassen. Immer mehr und größere Hotelbauten ragen aus dem Erdboden. Unter all den Touristen fühlt man sich bisweilen wie ein Eindringling in den wenigen privaten Flecken der Einheimischen, anstatt natürlich an ihrem Tagesablauf teilhaben zu dürfen. Verwunderlich ist, dass das ACAP seinen Hauptsitz hier im Ort hat und dennoch dieser Verwandlung in eine Touristenhochburg nichts entgegensetzt.

10 Ghandruk – Nayapul (Pokhara)

3.45 Std.

↑80 ↓1020

Zurück in die Zivilisation

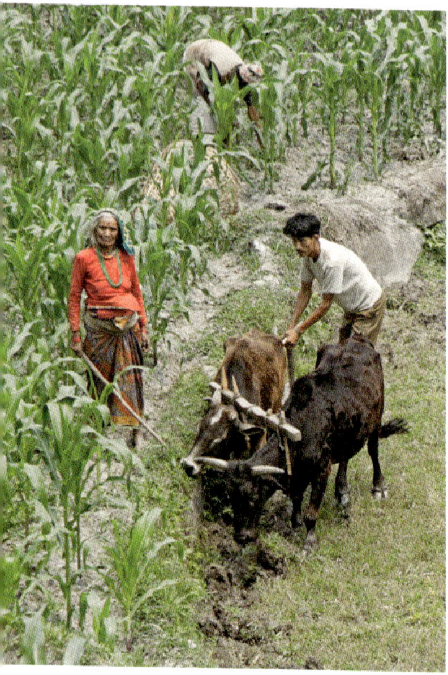

Hart, langsam und mühsam, dafür hundertprozentig umweltfreundlich.

Der letzte Tag unserer Trekkingtour steht bevor. Heute geht es von Ghandruk fast nur bergab bis nach Nayapul. Hier nehmen wir den Rucksack von den Schultern und lassen uns schließlich nach Pokhara fahren. Unsere Tour ist damit beendet, aber wir können uns nach den doch anstrengenden Tagen auf ein abwechslungsreiches Abendessen und komfortables Hotelzimmer in Pokhara freuen und den Abend am See bei einem Glas Bier oder Wein ausklingen lassen. Aber zunächst will ein Abstieg von fast 1000 Höhenmetern bewältigt werden. Inklusive der Fahrt nach Pokhara handelt es sich also noch einmal um einen längeren Tag.

Heute kommen wir an vielen kleinen Siedlungen vorbei. Wir können erneut das Leben der Einheimischen beobachten. Felder werden bestellt oder abgeerntet. Kinder spielen auf dem Weg. Essen wird zubereitet. Die Einkehrmöglichkeiten am Wegesrand häufen sich und die Gegend wirkt touristischer als an den letzten Tagen. Man spürt förmlich die Nähe zur Zivilisation und zur Teerstraße. Viele Touristen unternehmen hier auch Kurz-Trekkingtouren für einen oder zwei Tage. Im Straßenort Nayapul werden sich schließlich viele zurücksehnen nach der Ruhe im ABC oder MBC. Mit Gemütlichkeit hat diese Ortschaft nichts zu tun. Wir hören das Hupen der voll beladenen Lastwagen und Busse von der Hauptstraße oberhalb von Nayapul. Die Ortschaft wirkt staubig und dreckig. Die Hauptstraße durch den Ort ist bestückt mit zahlreichen Shops, Restaurants und Momo-Buden. Wir werden auch vielen Wanderern begegnen, die hier die klassische Annapurna-Umrundung beenden oder eine der vielen anderen Tourenmöglichkeiten starten.

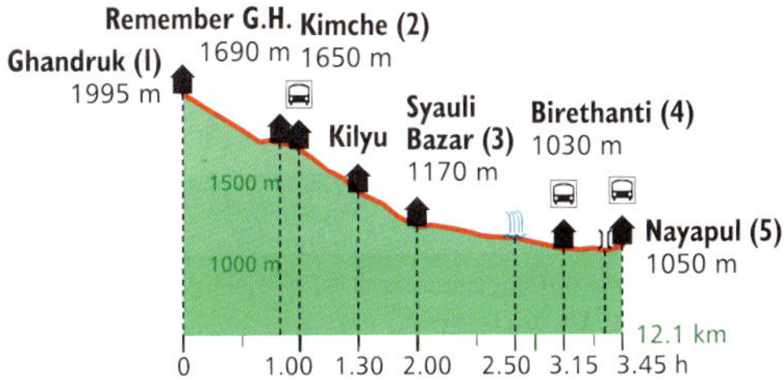

Ausgangspunkt: Ghandruk, 1995 m.
Entfernung: 12,1 km.
Anforderungen: Normale Wanderwege, z.T. Fahrweg. Orientierung problemlos.
Einkehr: Zahlreiche Möglichkeiten entlang des Weges.
Unterkunft: **Kimche:** Sehr einfache Lodges, eher nur zum Einkehren zu empfehlen. – **Syauli Bazar:** 3 große, einladende Lodges. – **Birethanti:** Zahlreiche Lodges. – **Nayapul:** Zahlreiche Unterkünfte, aber nicht als Übernachtungsmöglichkeit zu empfehlen.
Verkehrsmittel: Rückfahrt von Nayapul nach Pokhara siehe Annapurna-Umrundung (Einleitung sowie Etappe 17). Busbahnhof in Kimche: von hier kann man auf der Piste per Taxi, Bus oder Jeep nach Nayapul fahren. Piste wird bald bis nach Ghandruk ausgebaut.

Heute geht es zurück nach Pokhara! Wir verlassen das schöne **Ghandruk (1)**, 1995 m, indem wir am Hotel Mountain View die Steintreppen hinuntersteigen und dann den Pfad unterhalb vom Hotel Manisha und Hotel Sakura, 1960 m, nehmen. Nach den beiden Hotels bringen uns Steinstufen erneut bergab und wir verlassen endgültig den Ort Ghandruk an zwei Steinchörten. Weiter bergab geht es auf dem gepflasterten Weg, vorbei an der Namaste Lodge (rechts) zu ein paar Einkehrmöglichkeiten (z. B. Hotel Sherpa). Wir halten uns immer rechts und bald wird der breite Weg zu einem Fußpfad. Auf der gegenüberliegenden Hangseite können wir

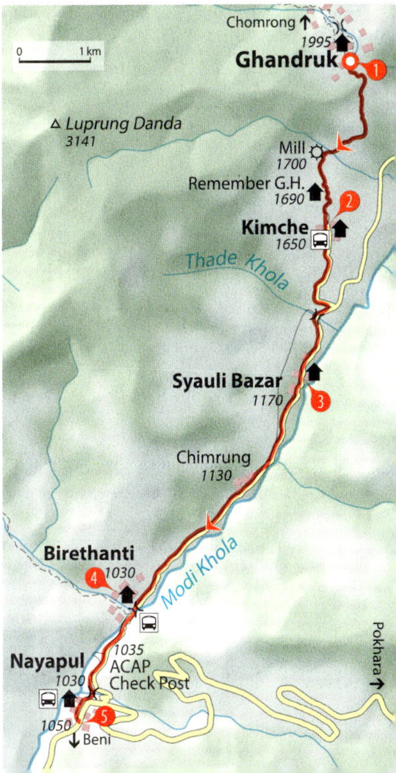

die Häuser von Landruk (siehe Etappe 2) ausmachen. Unser Weg führt bequem am Hang entlang, und bald erreichen wir einen größeren Erdrutsch, der im Jahre 1995 abging. Wir queren diesen Erdrutsch unproblematisch. Der Bach dort speist eine kleine wasserbetriebene Getreidemühle, 1700 m.

i **Getreidemühle:** *Brauchen wir Mehl, gehen wir in der Regel in einen Supermarkt, greifen nach einer Packung Mehl, legen sie in den Einkaufswagen und bezahlen an der Kasse. In Nepal funktioniert das ganz anders! Die meisten Einheimischen in den Bergregionen bauen ihr Getreide (hauptsächlich Gerste) selber an. Nach der Ernte wird es dann entweder in den eigenen vier Wänden per Hand gemahlen oder zu einer nahe gelegenen Getreidemühle (»ghatta«) gebracht. Eigentlich gibt es in der Nähe jeder Ortschaft in der gesamten Himalaya-Region derartige Mühlen. Die Technologie hat sich seit Jahrhunderten bewährt und wird auch zum Mahlen von Mais verwendet. Es handelt sich dabei um eine Mühle, bei der die Mahlsteine durch Wasserkraft bewegt werden. Typisch für derartige Mühlen, von denen heute in Nepal immer noch etwa 25.000 verwendet werden, ist ein Gefälle von 3 bis 4 Metern, eine Wassermenge von 25 bis 35 Litern pro Sekunde und eine Leistung von etwa 1 PS (0,74 Kilowatt). Durch das Wasser wird ein Turbinenrad angetrieben, das in der Regel einfach aus Holz gefertigt wird. Seit ein paar Jahren werden diese einfachen Holzturbinenräder mehr und mehr durch Turbinen ersetzt, deren Schaufeln aus Metall bestehen. Diese Maßnahme wurde durch ein Projekt ins Leben gerufen, das von der GIZ (Deutsche Gesellschaft für Internationale Zusammenarbeit) unterstützt wird. Durch die Metallräder wird der Wirkungsgrad deutlich verbessert. Eine Besichtigung einer solchen traditionellen Mühle lohnt sich auf jeden Fall und gleicht schon fast einem Museumsbesuch.*

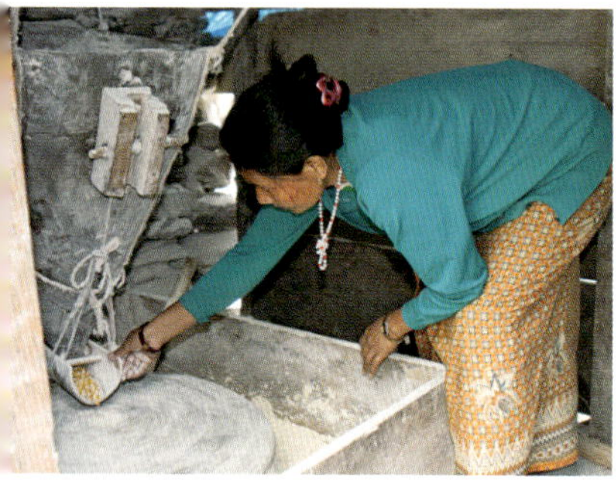

Vorbei am **Remember Guest House**, 1690 m, erreichen wir nach 1 Std. ab Ghandruk die kleine Ortschaft **Kimche (2)**, 1650 m. Hier gibt es mehrere Einkehr- und auch ein paar sehr einfache Übernachtungsmöglichkeiten. Vom Busbahnhof (siehe Verkehrsmittel) können wir auf Taxi, Bus oder Jeep umsteigen und uns direkt nach Nayapul fahren lassen. Wir steigen von Kimche weiter stetig bergab und mit der **Super View Lodge**, 1380 m, erreichen wir den Ort **Kilyu**.

Kurz nach der Shining River Lodge, 1340 m, kommen wir erneut auf die breite Piste, die wir überqueren (unser Wanderweg ist beschildert). Über eine Brücke, vorbei an der Honest Lodge, gelangen wir in den Ort **Syauli**

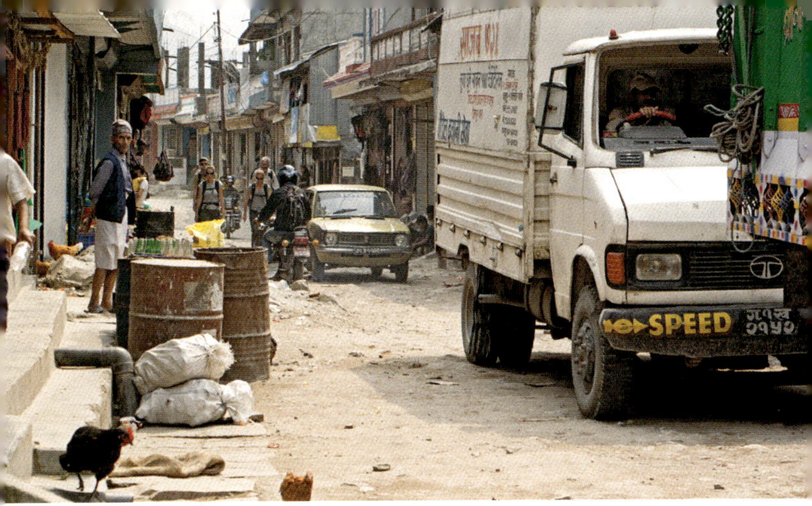

Die Zivilisation hat uns wieder: Hauptstraße in Nayapul.

Bazar (3), 1170 m. Wir folgen dem bequemen, ebenen Weg entlang des Baches und stoßen bald auf die Fahrpiste, die uns bis Birethanti bringen wird. Immer wieder kommen wir an einfachen Restaurants vorbei (z. B. **Samjana Restaurant**, 1110 m, etwa 50 Min. nach Syauli Bazar). Von einem **Wasserfall**, 1100 m, auf der rechten Seite sind es keine 30 Min. mehr bis nach **Birethanti (4)**, 1030 m. Am Dorfplatz von Birethanti befindet sich ein ACAP Checkpost. Von dem rechts liegenden Seitental mündet der Weg von Ghorepani (am Fuß des Poon Hill) nach Birethani ein. Wir lassen den eigentlichen Ort Birethani rechts liegen und überqueren den Modi Khola. Auf der Straße laufen wir, vorbei am TIMS Checkpost, weiter talauswärts Richtung Süden.
Hier finden wir viele Shops, ein paar Lodges und auch meist Taxifahrer, die einen direkt von hier nach Pokhara fahren wollen. Auf die Teerstraße nach Pokhara treffen wir dann gleich bei Nayapul. Dazu bleiben wir auf der Piste weiter Richtung Süden.
Schließlich halten wir uns rechts, laufen an zahlreichen Shops vorbei und steigen dann rechts hinunter zu einer Hängebrücke, 1020 m, die uns in den Ort **Nayapul (5)**, 1030 m, bringt. Entweder steigen wir nach der Brücke direkt den steilen Hang hinauf zur Straße oder wir nehmen den – zu empfehlenden – bequemen Weg durch den Ort zur **Teerstraße** bei Nayapul, 1050 m,. Oben an der Straße befinden wir uns direkt an der »Bushaltestelle«. Einfach warten ist angesagt, es gibt keinen festen Fahrplan. Wir können natürlich auch eines der vielen Taxis nach Pokhara nehmen. Hier ist gutes Verhandlungsgeschick gefragt!

Nar Phu Trek

Der Weg in das abgelegene Tal Nar Phu wurde erst im Jahr 2002 für Touristen geöffnet. Das Dorf Phu, das Endziel des Treks, ist von der tibetischen Grenze nur wenige Kilometer entfernt und so sind Landschaft und Kultur sehr stark tibetisch geprägt. Ausgangspunkt ist Koto, das auf der klassischen Annapurna-Umrundung in der Nähe des größeren Ortes Chame liegt. Für die Nar-Phu-Tour selbst sind mindestens vier Tage einzuplanen. Und es ist zu bedenken, dass der Nar Phu Trek kein eigenständiger Weg ist, sondern mit Teilen der Annapurna-Umrundung kombiniert werden muss, um überhaupt zum Ausgangspunkt zu gelangen. In Koto wird von der Annapurna-Umrundung abgezweigt und in Ngawal kehrt man wieder auf die eigentliche Umrundung zurück. Die Etappen sind deutlich länger, anspruchsvoller und vor allem anstrengender als die der Annapurna-Umrundung. Die Menschen in diesem Tal stellen sich von Jahr zu Jahr immer mehr auf den Tourismus ein. In den drei Hauptortschaften Meta, Phu und Nar gibt es jeweils mehrere Lodges. Unterwegs zwischen diesen drei Ortschaften werden stetig neue kleine Einkehr- und Übernachtungsmöglichkeiten errichtet. Entweder man bewältigt die sehr langen Tagesetappen (so wie hier beschrieben), um in den drei Hauptortschaften in den vorhandenen Lodges zu übernachten, oder man stellt sich auf zusätzliche einfachere Lodges am Wegesrand ein und kann die Tagesetappen entsprechend kürzen. Wer völlig unabhängig sein will, kann natürlich auch ein Zelt mitnehmen. Zum Zelten sind immer wieder Plätze ausgewiesen.

Innenraum der prächtigen Tashi Lakang Gompa oberhalb von Phu.

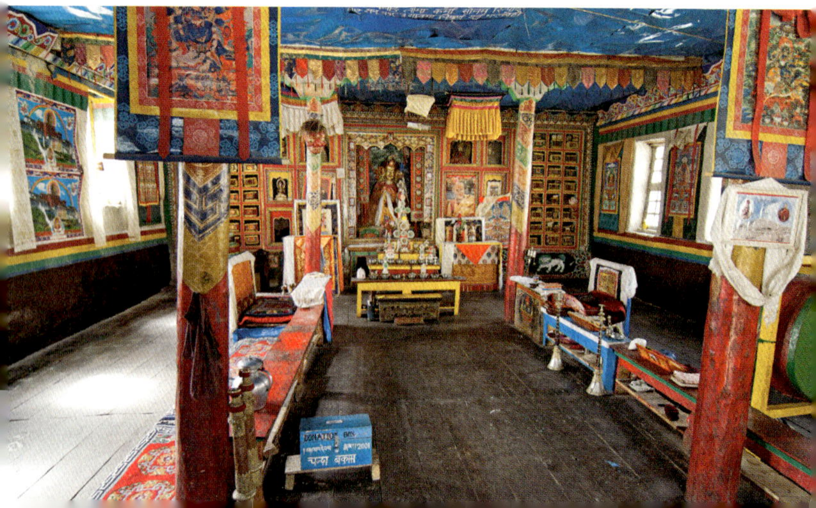

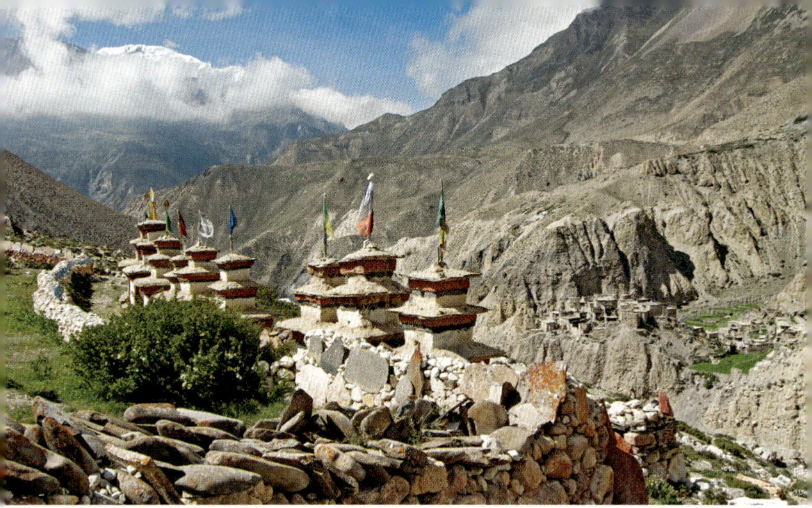

Blick vom Gelände der Tashi Lakang Gompa. Im Tal sind die Häuser von Phu zu erkennen.

Die Tour kann vielleicht immer noch als Geheimtipp bezeichnet werden. Sie führt in eine äußerst abgelegene und mystische Region im Annapurna-Gebiet. Tibet ist zum Greifen nahe.

Permit

ACAP- und TIMS-Permit erforderlich (siehe ab Seite 73) und zusätzlich ein spezielles Permit für das Nar-Phu-Tal (Checkpost z. B. bei Koto); Kosten: 75–90 US$ pro Person und Woche (weitere Infos unter: www.nepalimmigration.gov.np). Dieses Permit ist nur in Kathmandu im Immigration Office erhältlich oder Sie lassen sich das Permit über eine der Agenturen (agencies) z. B. in Thamel besorgen. Es wird auch nur an Reisegruppen (zwei Personen sind schon eine Gruppe) mit Guide (wenigstens offiziell auf dem Papier) vergeben. Besorgen Sie sich bei Bedarf die entsprechenden Informationen bei einer Agentur.

Ausrüstung

Akzeptiert man lange Tagesetappen und ist konditionell stark, kann die Tour ohne Zeltausrüstung bewältigt werden. Unsere Beschreibung und Etappeneinteilung geht von dieser Version aus. Wollen Sie sich eher Zeit lassen und trauen sich nicht die langen Tagesetappen zu, so nehmen Sie bitte ein Zelt und eine Kochausrüstung mit; geeignete Zeltplätze sind bei der Beschreibung aufgeführt. Damit lassen sich die vier langen Etappen in deutlich mehr kurze Tagesetappen einteilen. Bei dieser Zelt-Trekkingvariante empfehlen wir auf jeden Fall einen Guide und/oder Porter.

Etappenübersicht

Etappe		Schwierigkeit	Auf-/Abstieg	Strecke	Gehzeit
1	Koto – Meta	M	1250/220 Hm	16,6 km	7.00 Std.
2	Meta – Phu	S	920/480 Hm	18,9 km	6.45 Std.
3	Phu – Nar	S	1150/1020 Hm	22,1 km	8.15 Std.
4	Nar – Ngawal	S	1150/1660 Hm	16,6 km	7.30 Std.
Insgesamt			4470/3380 Hm	74,2 km	4 Tage

Beste Reisezeit

April bis Mai und Oktober bis November; im Frühling kann im oberen Bereich, besonders auf der Nordseite des Kangla, noch viel Schnee liegen, der den Pass eventuell unpassierbar macht. Da das Nar-Phu-Tal, wie auch Manang, im Monsunschatten des Annapurna-Massivs liegt, kann die Tour auch gut in den Sommermonaten (Juni und Juli) durchgeführt werden. Die Fernsicht ist jedoch im Herbst am besten.

Anreise – Ausgangspunkt

Der Ausgangspunkt für den Nar Phu Trek ist die Ortschaft Koto, 2600 m. Koto ist eines der Dörfer auf der klassischen Annapurna-Umrundung östlich des Thorung La, kurz vor der größeren Ortschaft Chame. Zu Fuß kann Koto von Besisahar in vier Tagen erreicht werden (siehe Annapurna-Umrundung, Etappe 1–4, ab Seite 96). Nach Besisahar gelangen wir von Kathmandu oder Pokhara unproblematisch mit dem Bus.
Der Nar Phu Trek muss somit in irgendeiner Form mit der Annapurna-Umrundung kombiniert werden. Wer Zeit sparen möchte, kann die vier Tage Fußmarsch ab Besisahar durch die Benutzung eines Jeeps deutlich verkürzen. Von der Möglichkeit mit dem Jeep von Besisahar bis direkt nach Koto zu fahren raten wir jedoch ab, da wir uns sonst in kürzester Zeit auf einer Höhe von fast 3000 m befinden. Unser Körper kann sich in der Regel nicht so schnell an die Höhe anpassen, wodurch die Gefahr der Höhenkrankheit steigt.

Rückfahrt

Endpunkt des Nar Phu Treks ist Ngawal, 3680 m. Ngawal befindet sich, ebenso wie Koto, auf der Annapurna-Umrundung (siehe Etappe 7, ab Seite 130). Von einer »Rückfahrt« kann also hier nicht gesprochen werden. Wie kommen wir von Ngawal zurück in die Zivilisation?

- Haben Sie viel Zeit, dann laufen Sie weiter auf der klassischen Annapurna-Umrundung nach Manang, über den Thorung La nach Jomson. Von dort können Sie nach Pokhara entweder fliegen, fahren oder laufen (siehe Etappe 12, ab Seite 166).

Eine magische Gegend: ausgeklügeltes Bewässerungssystem für die »grünen« Felder um Phu, die Ortschaft Phu; dahinter auf dem Hügel die Tashi Lakang Gompa.

- Sie können ab Ngawal auf dem Hauptweg der Annapurna-Umrundung in etwa 4 bis 5 Tagen zurück nach Besisahar laufen.
- Von Ngawal ist es nur ein halber Tag Fußmarsch bis nach Humde oder Braga. Von dort können Sie - falls die Piste befahrbar ist – mit dem Jeep zurück nach Besisahar fahren.
- **Tipp:** Wir empfehlen, in Besisahar zu Fuß nach Koto aufzubrechen. Nach dem Nar Phu Trek gehen Sie den ebenfalls beeindruckenden Weg über den Thorung La bis nach Jomson und fliegen von dort nach Pokhara.

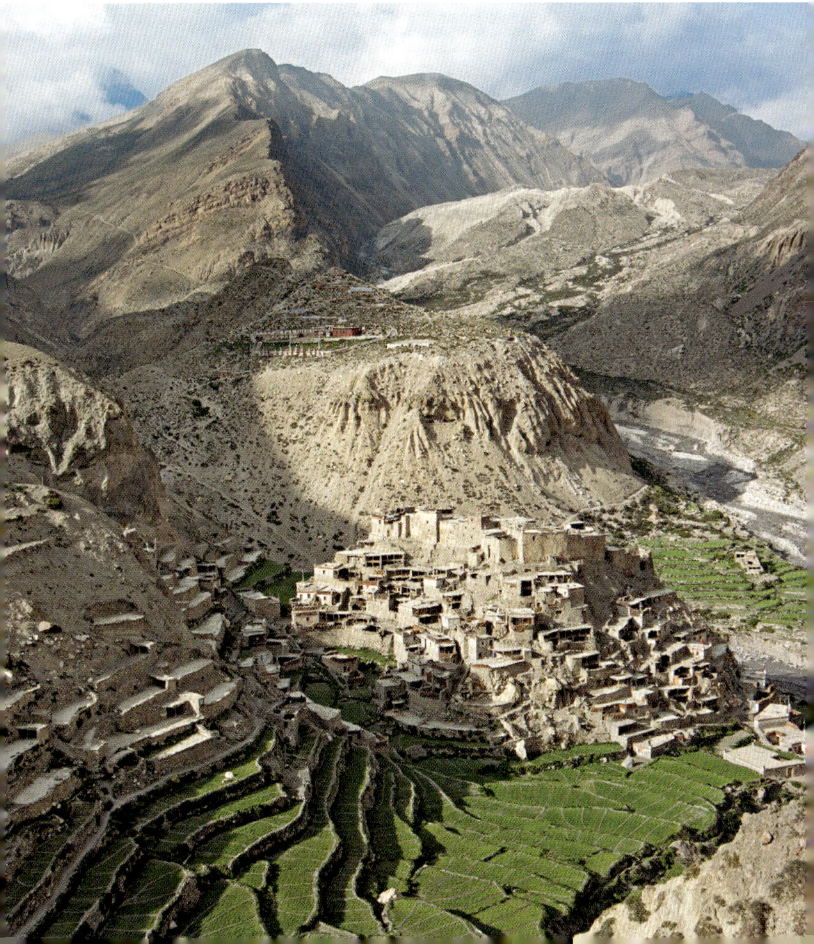

1 Koto – Meta

7.00 Std.

↑1250 ↓220

Mit dem Rauschen des Nar Khola vorbei an steilen Felswänden

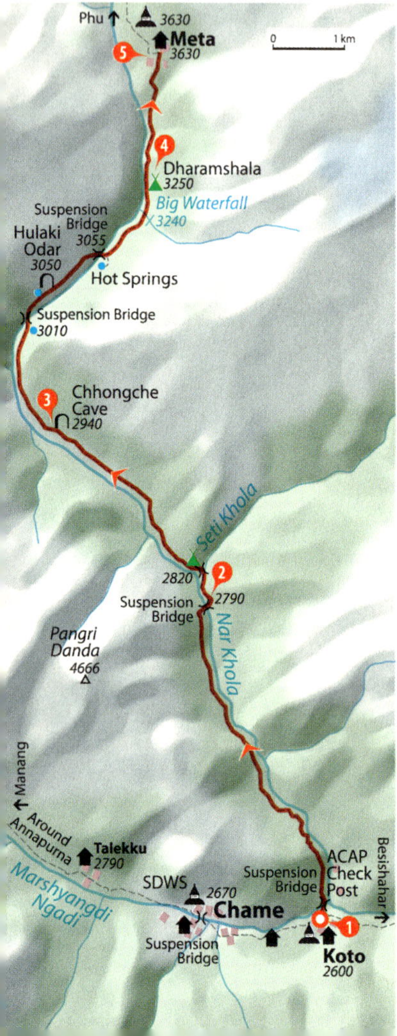

Heute ist der erste Tag unseres Nar-Phu-Abenteuers. Auf dem Weg von Koto nach Meta laufen wir meist tief unten im engen Tal. Immer wieder bringen uns Brücken auf die jeweils besser begehbare Flussseite. Siedlungen gibt es bis Meta keine. Wenige Menschen sind hier unterwegs im Vergleich zum Manang-Tal. Bisweilen können wir Holzfäller bei ihrer Arbeit beobachten – beeindruckend, wie sie zu zweit mit ihren riesigen Sägen per Hand saubere Bretter aus den großen Stämmen sägen. Nach dem Anstieg nach Meta wird der Blick frei hinein in das weitere Tal. Spätestens hier wird die Vorfreude für die nächsten Tage geweckt! Schon heute hat sich das Landschaftsbild im Vergleich zum Manang-Tal deutlich verändert; ab morgen wird es noch mal grundlegend anders und Tibet zum Greifen nahe sein.

Ausgangspunkt: Koto, 2600 m.
Entfernung: 16,6 km.
Anforderungen: Zum Teil schmale und ausgesetzte Wanderwege, lange und anstrengende Etappe, viel Auf und Ab; die Orientierung ist einfach.
Einkehr: Unterwegs z. T. kleine, nicht immer geöffnete, Restaurants. Möglichkeiten zum Füllen der Wasserflaschen vorhanden (siehe Text; Filter oder Desinfektionsmittel verwenden!).
Unterkunft: Zeltmöglichkeit in Dharamshala. – **Meta:** Mehrere Lodges, z. B. Terela Guest House.

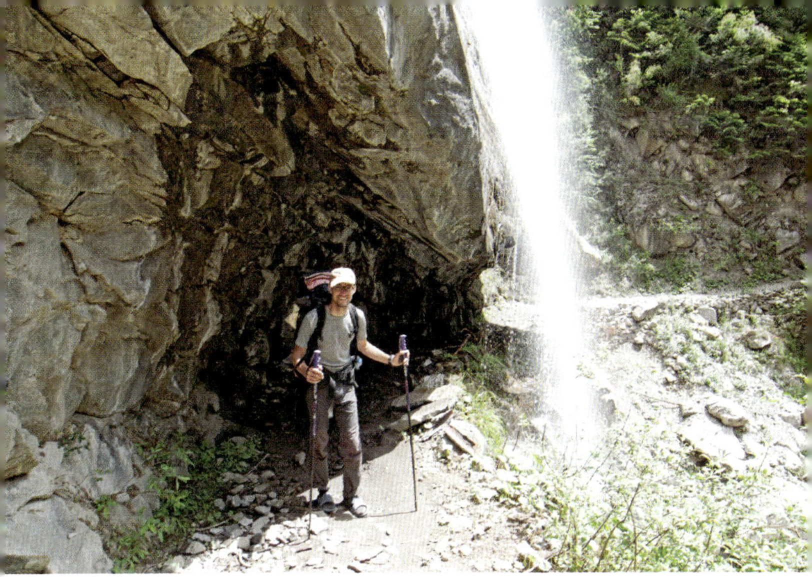

Kühl und erfrischend! Wasserfall kurz vor Dharamshala.

In **Koto (1)**, 2600 m, gehen wir auf dem Hauptweg Richtung Chame, und beim ACAP Checkpost am Dorfende (W) nehmen wir den Weg nach rechts. Vorbei am Police Checkpost, wo unser Nar Phu Permit in der Regel kontrolliert wird, wandern wir hinunter zur **Hängebrücke**, 2580 m, und über den Marshyangdi River. Zunächst laufen wir auf der Westseite des Nar Khola. Hier wurde ein Weg angelegt, der immer wieder über ein Felsband verläuft. Kaum vorstellbar, dass er ausschließlich in Handarbeit erbaut wurde! Wir wandern durch Nadelwald und landschaftlich erinnert uns die Gegend hier an unsere Alpen. Man fühlt sich schon fast heimisch. Das Tal ist eng und riesig sind die Felswände, die links und rechts in die Höhe ragen. Aus diesem

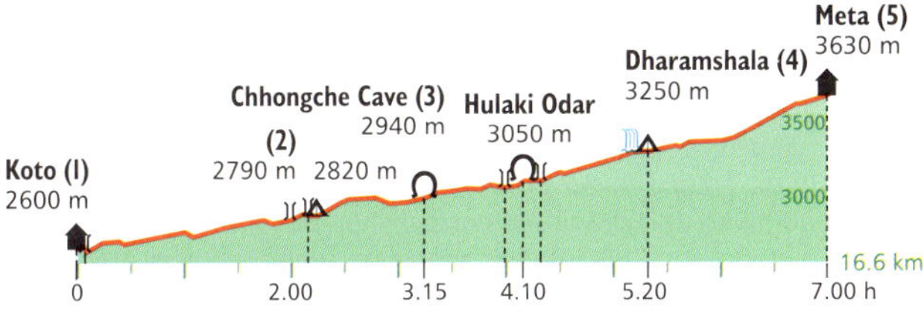

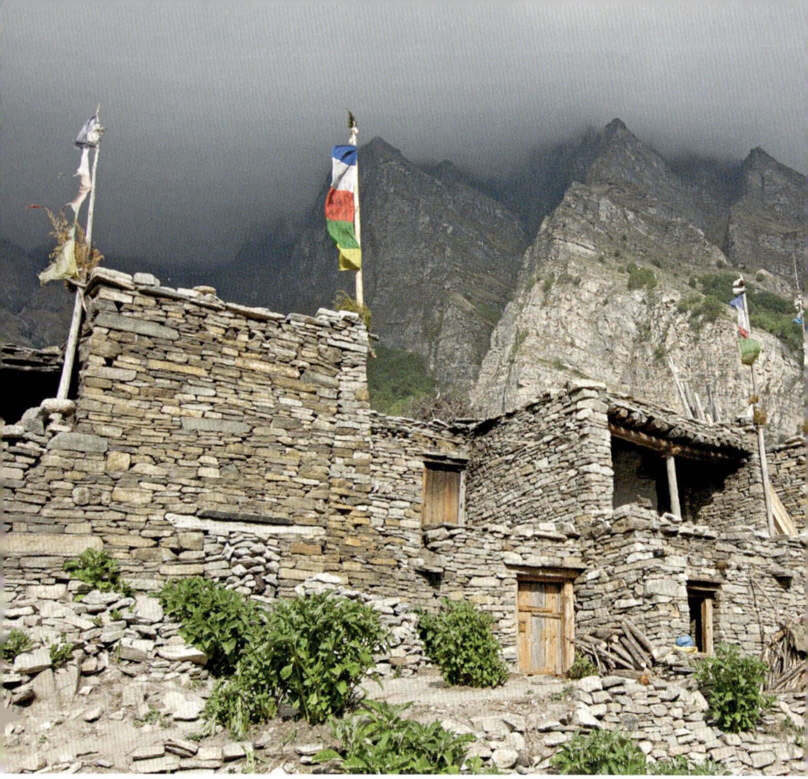

Dunkle Wolken über den Häusern von Meta.

Grund ist es hier auch meist schattig. Das Rauschen des Nar Khola begleitet uns. Wir steigen immer wieder auf, aber oft anschließend auch wieder ab und gewinnen so kaum an Höhe.
2 Std. nach Koto überqueren wir mithilfe einer **Hängebrücke (2)**, 2790 m, den Fluss. Weiter geht es auf der Ostseite des Nar Khola. Wir steigen kurz an, und schon wenige Meter später halten wir uns rechts und gelangen so zum Seitenbach Seti Khola, den wir mit Hilfe einer kleinen Hängebrücke überwinden. Direkt nach der Überquerung des Seti Khola auf der **Hängebrücke**, 2820 m, gelangen wir zu einem Zeltplatz. Wasser muss man sich aus dem Bach holen und das Toilettenhäuschen ist häufig in einem sehr abstoßenden Zustand. Am Zeltplatz befinden sich zusätzlich zwei einfache Hütten aus Holz.

Wir folgen dem eindeutigen Wegverlauf und kommen zunächst am **Chhyache Restaurant** (mit Holzhütte zum Übernachten) und etwa 20 Minuten später am **3-Sisters Restaurant** (Übernachtungsmöglichkeit auf Anfrage) vorbei. Kurz nach diesem Restaurant erreichen wir die **Chhongche Cave (3)**, 2940 m, eine Höhle oder besser gesagt ein überhängender Fels, der den Einheimischen oft als Unterstand dient. Die Feuerstellen der Benützer sind gut erkennbar. Wir laufen weiter am Bach entlang, bei einer Rechtsbiegung (nach Osten) des Flusses wird das Tal eng. Kurz vor der nächsten Hängebrücke befindet sich direkt am Wegrand ein kleines Rinnsal, aus dem sauberes Wasser entnommen werden kann. Mithilfe der folgenden **Hängebrücke**, 3010 m (2 Std. nach der letzten großen Hängebrücke über den Nar Khola), wechseln wir wieder auf das Westufer. Kurz danach kommen wir an einen weiteren Seitenbach, wo wir ebenfalls unsere Wasserflasche auffüllen können. Und schon bald erreichen wir den Fels-Unterstand **Hulaki Odar**, 3050 m.

Wir laufen weiter und bald steigt uns hier oft ein schwefeliger Gestank in die Nase. Der Geruch kommt nicht von fauligen Eiern, sondern von heißen Quellen. Eine weitere **Hängebrücke**, 3055 m, bringt uns auf die andere Flussseite (20 Min. nach der letzten Brücke). Direkt bei der Brücke weist ein Schild zu den »Hot Springs«. Wir dürfen von diesen heißen Quellen aber nicht zu viel erwarten. Manchmal waschen sich die Einheimischen hier. Ein kleiner Abstecher vom Hauptweg bringt uns in etwa 3 Min. über einen schmalen Weg hinunter zum Fluss. Hier folgen wir einfach unserer Nase und kommen an ein kleines unscheinbares Rinnsal, das aber mächtig stinkt und sicher eine Wassertemperatur von 50 °C hat. Baden ist hier nicht möglich, aber die Stelle als Rastplatz ideal.

Wir gehen weiter am Ostufer, gewinnen so an Höhe und kommen an einen **Wasserfall**, 3240 m. Unser Weg führt direkt hinter den Wassermassen (siehe Bild S. 241) entlang und nur wenige Minuten danach erreichen wir **Dharamshala (4)**, 3250 m. Hier befindet sich ein kleines Teahouse (im Frühling und Herbst geöffnet) und ein Zeltplatz. Wasser holt man sich direkt aus dem Bach, den man kurz vor dem Platz überquert hat. Wir laufen weiter und überqueren nach etwa 40 Min. einen kleinen Bach, 3340 m.

Ab hier folgt der finale Anstieg zu unserem heutigen Etappenziel. Bis jetzt haben wir nur langsam an Höhe gewonnen. Hier bei diesem steilen Anstieg gehen wir zwar langsam, aber der steinige Zickzack-Weg bringt uns dennoch schnell nach oben. Dann wird der Hang wieder flacher und etwa 1.30 Std. nach Dharamshala erreichen wir den Ort **Meta (5)**, 3630 m. Die neuen Lodges stehen eher am Ortseingang. Zwei ältere Lodges befinden sich ziemlich zentral im Ort.

Von Meta aus startet man auch zum Base Camp des Kangaru Himal mit fast 7000 m. Leider kamen am Berg im Jahr 2006 bei einem Lawinenunglück mehrere Europäer ums Leben.

2 Meta – Phu

6.45 Std.

↑920 ↓480

Tibet zum Greifen Nahe

Heute dürfen Sie sich auf einen sehr abwechslungsreichen Weg und einige Highlights dieser Wanderung freuen! Wir durchwandern einige Dörfer – ursprünglich Siedlungen der tibetischen Khampa. Im Sommer sind manche diese Orte menschenleer, die Bevölkerung ist in der warmen Jahreszeit mit ihren Tieren in Phu oder auf den Hochebenen (siehe Infokasten Seite 249). Wir folgen den ganzen Tag den Windungen des Phu Khola. In der zweiten Tageshälfte betreten wir eine Schlucht. Das rote Gestein und die Felsbeschaffenheit geben uns das Gefühl, auf einem anderen Planeten zu sein. Irgendwann scheint es kein Weiterkommen am Fluss zu geben: Ein mächtiger Fels versperrt wie ein großes Tor unseren Weg. Wir überwinden diese natürliche Barriere mithilfe einer eindrucksvollen Wegführung und betreten so das zauberhafte hintere Tal von Phu. Sie können gespannt sein, denn bald tut sich vor Ihnen ein Blick auf, den Sie so schnell nicht wieder vergessen: Der Blick auf das mittelalterliche Dorf Phu, das wie ein Adlerhorst auf einem Hügel liegt.

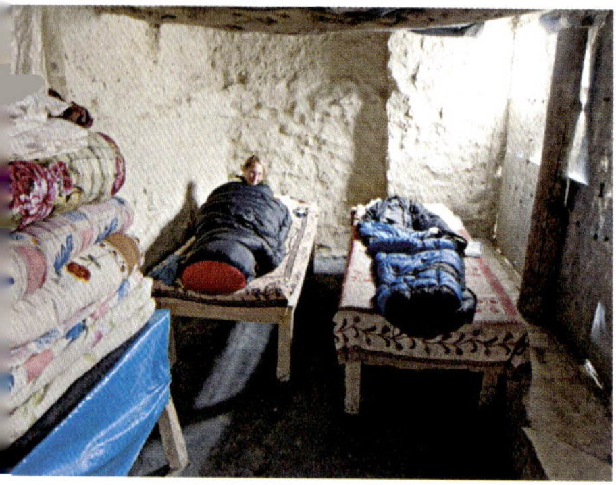

Reduktion auf das Wesentliche: sehr einfache Unterkunft (»homestay«) in Phu.

Ausgangspunkt: Meta, 3630 m.
Entfernung: 18,9 km.
Anforderungen: Zum Teil schmale und ausgesetzte Wege, technisch aber an keiner Stelle schwierig; lange und anstrengende Etappe. Etwas Orientierungsvermögen ist an der einen oder anderen Stelle gefragt.
Einkehr: Unterwegs ein paar einfache Restaurants, die nicht immer geöffnet haben. – Trinkwasserstellen siehe Text.
Unterkunft: – **Jhunum:** Zeltplatz. – **Chyakhu:** mehrere Lodges (in Meta nachfragen, ob die Lodges geöffnet sind). – **Kyang:** Zeltplatz und 2 Lodges im Aufbau (Stand 2018). – **Phu:** Am Ortseingang von Phu, direkt an der Hängebrücke, noch unterhalb des Hauptortes, befinden sich vier Lodges (z. B. Tashi Hotel oder Karma Hotel) und ein Campingplatz (2018). In der Hauptsaison bieten einige Einheimische im Hauptort ein paar wenige, sehr einfache Zimmer mit abendlichem Dal Bhat in der Familienküche an (»homestay«). Dafür sind allerdings zumindest Basics in Nepali erforderlich, denn Englisch spricht hier so gut wie niemand.

Von **Meta (1)**, 3630 m, folgen wir dem Wegenetz am Hang entlang weiter Richtung Norden. Fast eben erreichen wir so nach 10 Min. eine **Chörte**, 3630 m, nach der sich der Blick ins weitere Tal weitet. Bald sehen wir auch links unten die Hängebrücke und parallel dazu die alte Holzbrücke, die die Mahendrapul-Schlucht überspannen und von denen aus der Weg steil hinauf nach Nar zieht. Nar ist jedoch nicht zu sehen. Beeindruckend ist diese verzweigte Schluchtenlandschaft, und im Lauf der nächsten Etappe von Phu nach Nar werden wir über diese ausgesetzte Brücke in luftiger Höhe den Nar Khola überqueren.

Aber heute nehmen wir den bequemen Weg am Hang entlang und erreichen 30 Min. nach Meta einen beschilderten **Abzweig** »Nar Phu«, 3605 m. Links geht es hier hinab zur Hängebrücke und somit weiter nach Nar. Wir nehmen den rechten Weg eben weiter Richtung Phu. Schon bald lassen wir nur wenige Meter links unter dem Weg ein paar sehr einfache Steinhäuser liegen. Diese stellen das Dorf Tallo Chapp dar. Den Platz hier prägen wir uns gut ein, weil wir hier auf dem Rückweg den Abzweig nach Nar nicht verpassen dürfen.

Kurz danach erreichen wir die Häuser von Upallo Chapp, 3600 m. Auch hier werden wir nur ein paar einfache und meist

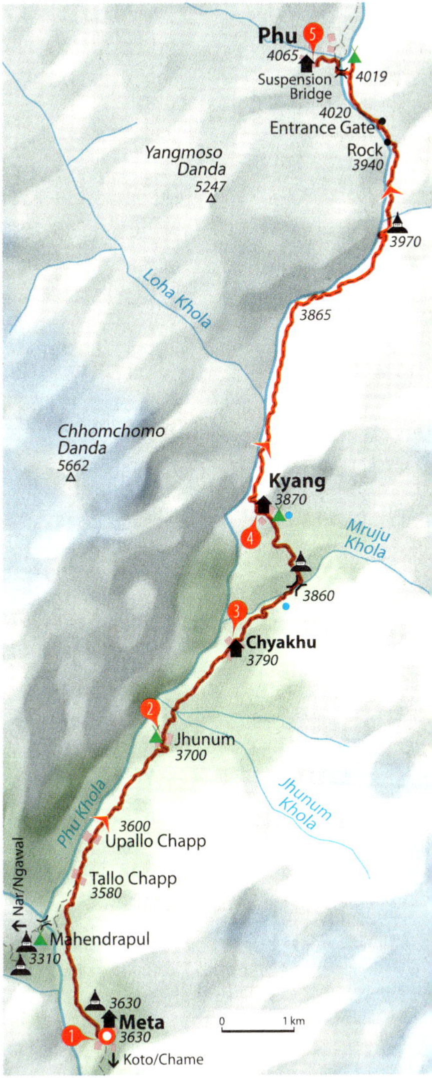

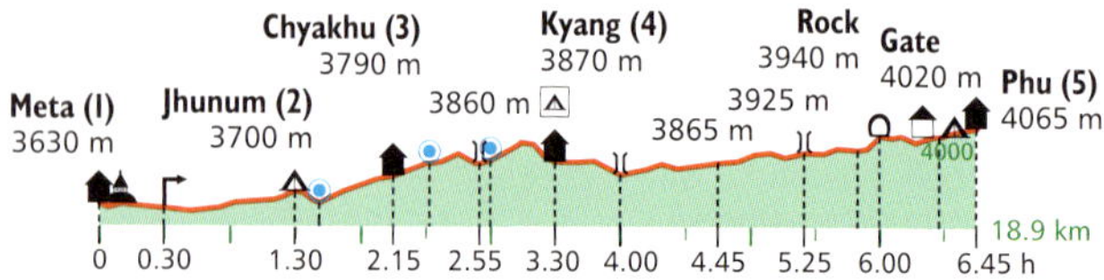

verlassene Steinhäuschen vorfinden. Fast eben und damit bequem folgen wir dem gut erkennbaren Weg und genießen den Blick hinein ins Tal. Kurzweilig scheint der Weg nach **Jhunum (2)**, 3700 m, das wir nach 1.30 Std. von Meta erreichen. Von hier genießen wir den genialen Blick hinein ins Phu-Tal. Direkt bei den ebenfalls im Sommer nicht bewohnten Häusern befindet sich ein einladender Zeltplatz (kein Wasser direkt am Platz).

Von hier steigen wir ab zum **Jhunum Khola**, 3650 m, und überqueren diesen und können hier auch unsere Flaschen auffüllen oder Wasser für den Zeltplatz organisieren, falls wir dort nächtigen. Direkt danach überqueren wir den zweiten Flussarm des Jhunum Khola und dann geht es wieder bergan hinauf auf eine Ebene. Gespeist wird der eiskalte Bach durch den immer noch mächtigen Eisbruch, den wir rechts über uns bestaunen können. Über die fast ebene, weitläufige Alm erreichen wir die Siedlung **Chyakhu (3)**, 3790 m. Die Siedlung besteht neben den Lodges aus sehr einfachen kleinen Steinhäusern und Ställen. Zum Teil flattern Gebetsfahnen über den im Sommer verlassenen Häusern. Von hier sind es Luftlinie 6460 km nach Nürnberg …!

Bald nach Chyakhu erreichen wir an unserem Weg ein kleines Rinnsal, 3860 m, aus dem wir sauberes Wasser entnehmen können. Kurz danach steigen wir bergab zum tobenden Mruju Khola. Hier wirkt die Natur wie eine grüne Oase. Viele Bäume und Blumen säumen den Wegesrand und genießen die Windstille! Manchmal sind hier auch *blue sheep* (Blauschaf, auch Bharal genannt) zu sehen. Eine **Holzbrücke** bringt uns über den Bach, 3860 m, und gleich danach bieten sich ein paar Stellen gut an, um die Wasserflaschen mit dem Bachwasser zu füllen. Jetzt heißt es noch zwei kleinere Anhöhen zu überqueren (mit tollem Blick auf den Pisang Peak), bis wir **Kyang (4)**, 3870 m, erreichen. Kurz vor den Häusern von Kyang gibt es einen Zeltplatz und drei Wasserquellen. Am Zeltplatz befindet sich auch eine Steinhütte mit Bretterboden, in der man mit Isomatte und Schlafsack nächtigen kann. Der Platz bietet sich an für eine Mittagspause, weil es hier Wasser gibt und die Rastplätze auf dem Weiterweg nicht mehr so einladend, weitläufig und bequem sind wie hier in Kyang. In der Wiese sitzend schauen wir gegenüber auf die mächtigen Felswände des Chhomchomo Danda, dessen Gipfel über 5500 m hoch sind. Die Felswände schießen hier also fast 2000 m in die Höhe.

Nach der Pause machen wir uns auf zum zweiten Abschnitt des heutigen Tages. Es sind von hier noch über 3 Std. bis zu unserem Etappenziel Phu und es heißt den spannendsten und schwierigsten Wegabschnitt des heutigen Tages zu meistern. Mit reiner Handarbeit wurde der Weg in den massiven Fels gehämmert! Und so laufen wir auf dem ausgesetzten Felsband entlang und blicken staunend links in die Tiefe und auf den Phu Khola! Der zum Teil rote Fels lässt auf Eisengehalt schließen. Konzentrieren Sie sich hier – und falls Esel entgegenkommen sollten, dann bleiben Sie stehen und warten auf der Felsseite! Der Weg ist nicht breit und ein Ausrutscher hätte fatale Folgen.

Nach diesem felsigen Weg heißt es eine zum Teil durch einen Erdrutsch etwas schwierig zu passierenden Weg am Hang entlang zu meistern. Aber der Weg ist nicht anstrengend, weil wir kaum an Höhe gewinnen bzw. verlieren. Vorbei (nicht überqueren!) an einer Holzbrücke kommen wir an eine **Engstelle**, 3865 m, des Phu Khola. Hier macht der Flussverlauf eine Rechtsbiegung. Wir kommen an vier Chörten vorbei und überqueren nach einem kurzen Auf- und dann wieder Abstieg einen **Seitenbach**, 3900 m.

Und dann wird es noch mal richtig spannend! Wir sehen schon von hier einen mächtigen **Felsblock**, 3940 m, der den Bachverlauf fast versperrt. Wir erkennen gut, wie das Wasser im Lauf der Jahrhunderte den Fels abgeschlif-

Tiefblick garantiert: ausgesetzte Wegpassage kurz nach Kyang.

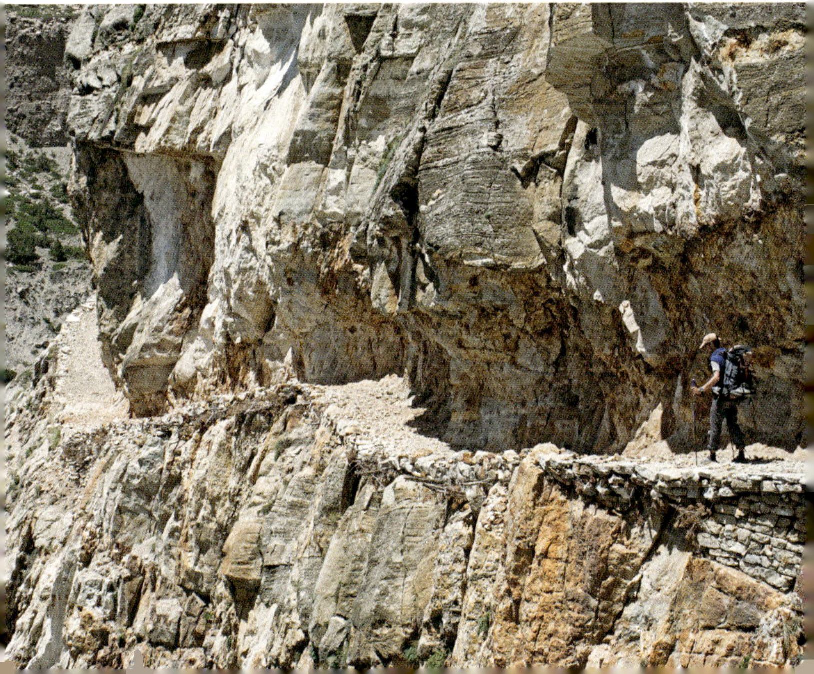

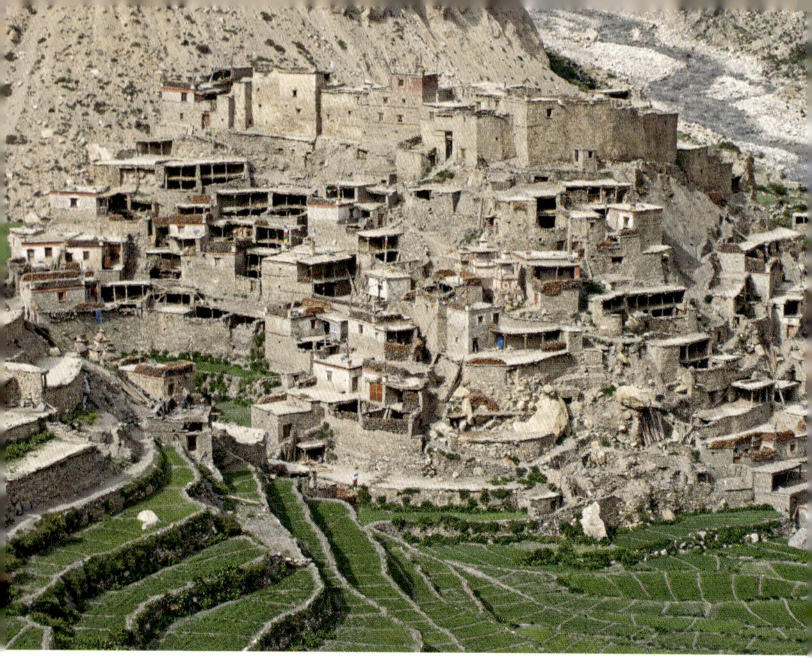

Häuser von Phu.

fen hat. Der Fels riegelt das Tal wie ein natürliches Tor ab. Und dahinter liegt versteckt, geheim das magische Phu-Tal. Den Felsblock umgehen wir rechts. An der Abzweigung halten wir uns rechts, steigen im Zickzack steil bergan und erreichen dann auch das tatsächliche **Eingangstor** von **Phu**, 4020 m. Ein Holztor, durch das wir in eine andere Welt eintauchen.
Nach dem Tor folgen wir dem erneut ausgesetzten Weg. Die Spannung steigt, weil der Blick auf Phu auch hier noch auf sich warten lässt. Aber bald sehen wir die Ortschaft, die auf einem Hügel errichtet wurde. Viele Manisteine, Chörten und Gebetsfahnen schmücken den mystischen Weg nach Phu. Direkt an der großen **Hängebrücke**, 4019 m, aus Stahl befinden sich die Lodges und ein ähnlicher Zeltplatz wie in Kyang. Auch finden wir hier, wie in Kyang, ein Steinhüttchen am Zeltplatz, das aber auch immer wieder Einheimische zum Nächtigen benutzen.
Den eigentlichen Ort **Phu (5)**, 4065 m, erreichen wir, indem wir über die Hängebrücke gehen und den Hauptweg in die Ortschaft nehmen. Im Ort gibt es ein paar sehr einfache Übernachtungsmöglichkeiten (»homestay«).

i **Phu:** *Nur gut 15 km sind es vom Ort Phu zur tibetischen Grenze. Dementsprechend tibetisch muten die Landschaft und die Klöster an. Auch nach Mustang ist es von diesem abgelegenen Ort am Ende des Tales nur ein zwei- bis dreitägiger Marsch. Es ist eine andere Welt hier oben. Der Blick auf die Siedlung Phu, deren Häuser wie Vogelnester auf einem Sandsteinhügel kleben, erweckt eine magische Stimmung.*
Phu besteht aus knapp 40 Häusern, welche allerdings nur zu einem kleinen Bruchteil des Jahres bewohnt sind. Denn die Einwohner von Phu wandern mit den Jahreszeiten. In den Sommermonaten ziehen sie mit ihrem Vieh (Schafe, Ziegen, Yaks) auf die Hochalmen (»goth« oder »kharka«) oder begeben sich auf der Suche nach den heiß begehrten und sehr wertvollen Yartsa Gunbu (eine »Mischung« aus Pilz und Insekt, siehe Infokasten auf Seite 254) in Höhen bis ca. 5000 m. Im Monat Oktober versammelt sich die gesamte Bevölkerung von Phu im Ort, um die mühsam von ein paar zurückgebliebenen Frauen über den Sommer hinweg gepflegte Ernte von den Feldern einzuholen. Im Winter ist Phu menschenleer. Die gesamten Bewohner flüchten ins Mittelland oder in die Städte Kathmandu und Pokhara. Im Frühjahr kehren sie langsam zurück. Allerdings erst in die tiefer gelegenen Dörfer Chyakhu und Kyang, wo sie einige Wochen mit ihrem Vieh leben, um dann, sobald das mildere Klima einsetzt – im April oder Mai – in ihren Ort Phu zurückzukehren.
Es ist kaum zu glauben, dass in dieser kargen Landschaft und bei den extremen Wetterbedingungen überhaupt etwas gedeihen kann. Aber rings um Phu haben die Bewohner Terrassen mit einem ausgeklügelten Bewässerungssystem angelegt, auf denen sie Kartoffeln, Gerste und Buchweizen anpflanzen – das einzige, was auf dieser Höhe wächst. Die Ernährung der Menschen fällt dementsprechend einfach und einseitig aus. Natürlich steht auch hier Dal Bhat ganz oben auf dem Speiseplan. Zusätzlich gibt es noch Tsampa (Gerstenmehl, das zusammen mit Buttertee zu einem festen Teig geknetet wird, der roh verzehrt wird) sowie Dhindo, eine Art Haferschleim, und natürlich den nahrhaften Buttertee.
Wie viele ähnlich abgelegene und isolierte Orte hat auch Phu seine eigene Sprache entwickelt, mit der die Bewohner untereinander kommunizieren.
Ausflüge: *In Phu gibt es drei Gompas, wovon die große Tashi Lakang Gompa dominiert. Es liegt auf einem Hügel nordöstlich des Hauptortes und besteht aus zwei Klosterräumen sowie einem großflächigen Areal mit Gebetsmühlen, Tausenden von Manisteinen, Chörten und Gebetsfahnen, die im heftigen Wind flattern. Dieser Ort, von dem sich ein ausgezeichneter Blick auf Phu bietet, übt wahrlich einen Zauber auf den Besucher aus. Das sehr alte Kloster ist als eines der 108 großen buddhistischen Klöstern der Welt bekannt. Man sagt auch, dass es das letzte Kloster ist, das von Karmapa Rinpoche gegründet wurde.*
Um die Umgebung von Phu zu inspizieren, bietet sich ein Ausflug auf die umliegenden Kharkas (Sommerweiden) oder hoch zu der kleinen Siedlung Phu Ubi (SW, Weg den Hang entlang sichtbar), die sich mitten im Anbaugebiet befindet. Von hier hat man ebenfalls eine tolle Aussicht auf Phu und erhält einen guten Einblick in das landwirtschaftliche Arbeiten der Bewohner.

3 Phu – Nar

8.15 Std.
↑1150 ↓1020

Schritt für Schritt nach Nar

Wir treten wieder den Rückweg an. Der erste Teil unserer Etappe ist uns schon vom Vortag bekannt. Bei der kleinen Ortschaft Uppalo Chapp verlassen wir jedoch den bekannten Weg. Spektakuläre Sandsteinformationen und Schluchten tun sich auf. Mithilfe einer luftigen Hängebrücke gelangen wir auf die andere Hangseite. Von der Gompa in Nar Phedi schraubt sich unser Weg mühsam Serpentine für Serpentine hinauf in die Siedlung Nar. Im Vergleich zu Phu wirkt Nar lebendiger und scheint eher »von unserer Welt« zu sein.

Ausgangspunkt: Phu, 4065 m.
Entfernung: 22,1 km.
Anforderungen: Die erste Hälfte des Tages bis nach Jhunum zieht sich, ist aber nicht besonders anstrengend. Der anschließende Aufstieg ab der Gompa in Nar Phedi zur Ortschaft Nar ist kräftezehrend und nicht zu unterschätzen.
Einkehr: Unterwegs ein paar einfache Restaurants, die nicht immer geöffnet haben. Wasserstellen sind vorhanden (siehe Text).
Unterkunft: Einige Zeltmöglichkeiten am Weg. – **Kyang:** Siehe Etappe 2. – **Chyakhu:** Siehe Etappe 2. – **Jhunum:** Siehe Etappe 2. – **Nar Phedi:** Zeitweise Übernachtungsmöglichkeit in Gompa (Kloster) kurz nach der Hängebrücke, Zimmer etwa 700 NPR. – **Nar:** Mehrere Lodges etwas oberhalb vom eigentlichen Ort bei der Schule, z. B. Santi-Hotel.

Von **Phu (1)**, 4065 m, wandern wir in 4.30 Std. auf dem bekannten Weg zurück Richtung Süden über **Kyang**, 3870 m, und **Chyakhu**, 3790 m, zurück nach **Jhunum (2)**, 3700 m. Lang ist heute unsere Etappe und deshalb soll-

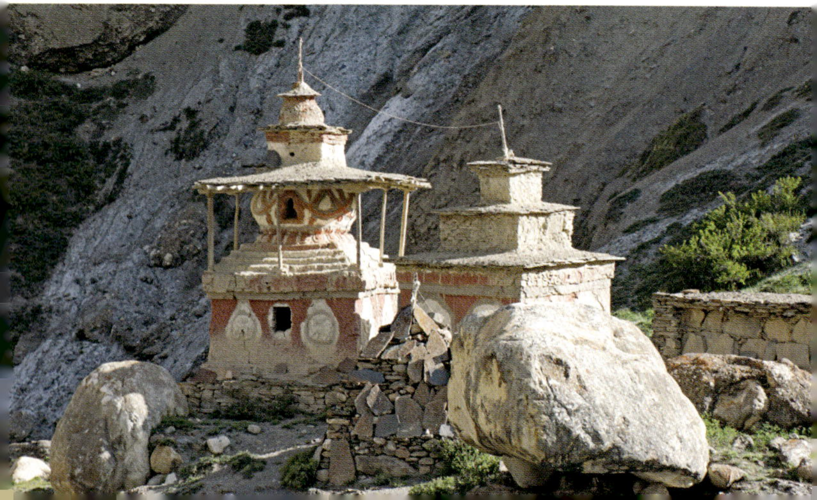

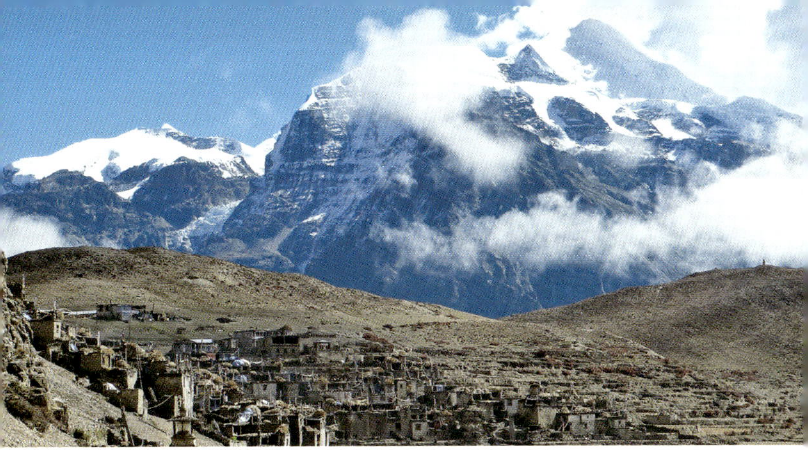

Blick nach Nar und im Hintergrund der mächtige, von Wolken verhangene Gipfel des Kangaru Himal mit fast 7000 Metern Höhe.

ten wir in Phu früh aufbrechen. Die einladenden Wiesen um Jhunum bieten sich dann hervorragend als Mittagspausenplatz an.
Auch von Jhunum nehmen wir zunächst den bekannten Weg weiter Richtung Süden. Wir überqueren ein paar mal kleine, meistens ausgetrocknete Seitenbäche. Bequem laufen wir dahin und rechts, auf der anderen Talseite, sehen wir schon den steilen Weg auf einem Bergrücken entlang nach Nar hinaufziehen. Die Ortschaft Nar liegt aber ein gutes Stück weiter hinten im Ghatte-Tal und ist deshalb noch nicht zu sehen.
Nach gut 30 Min. ab Jhunum erreichen wir die wenigen und sehr einfachen Steinhäuser der Ortschaft **Uppalo Chapp**, 3600 m. 5 Min. später, kurz vor den Häusern der Ortschaft Tallo Chapp, heißt es aufgepasst! Hier verlassen wir unseren bekannten Weg an einer **Weggabelung (3)**, 3590 m, und steigen rechts leicht bergab direkt nach **Tallo Chapp**, 3580 m, bei einer kleinen Almfläche (45 Min. ab Jhunum). Wir laufen durch die kleine Häusergruppe und folgen dem sichtbaren Weg über die Almfläche. Der Weg bringt uns am Hang entlang weiter und dann steil bergab auf einem sandigen Pfad hinunter zur Mahendrapul-Schlucht. Dieser Wegabschnitt ist eher instabil und es ist fraglich, wie lang der Weg hier der Witterung noch standhalten kann. Wahrscheinlich wird er in absehbarer Zukunft etwas verlegt werden müssen.
So erreichen wir die sehr luftige **Mahendrapul Hängebrücke (4)**, 3500 m, mit beachtlichem Tiefblick in die Schlucht. Viel Luft unter den Füßen und dankbar sind wir wahrscheinlich, dass diese neue Brücke erbaut wurde und

Alte Chörten in der Nähe von Phu.

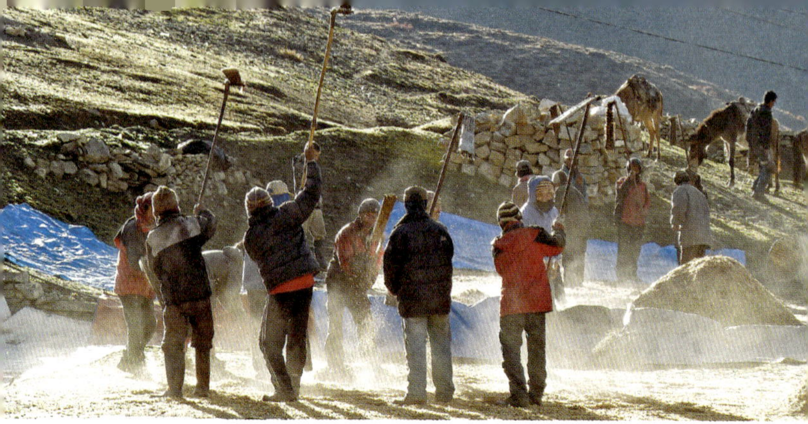

Alle helfen zusammen: Erntezeit in Nar.

wir nicht die alte Holzbrücke benutzen müssen, die direkt nebenan die Schlucht überspannt!
Kurz nach der Hängebrücke befindet sich der Mahendrapul-Zeltplatz (kein Wasser), 3500 m. Direkt nach der Brücke zweigt vom Hauptweg nach links ein Pfad ab, der zu den beiden sehr nahe gelegenen Gompas von **Nar Phedi** führt. Wir empfehlen diesen Weg an den Gompas vorbei. Ab dem Abzweig geht es zunächst am Hang entlang zur alten Gompa mit Chörte. Wir gehen über die Anlage weiter und dann kurz steil bergauf zur neuen Gompa (Übernachtungsmöglichkeit) von **Nar Phedi (5)**. Von hier gelangen wir steil bergan wieder auf den eigentlichen Hauptweg. Wir steigen stetig bergan. Zum Teil ist der Weg ziemlich steil. Immer wieder schmücken Chörten den Weg. 1 Std. nach der Hängebrücke über die Schlucht heißt uns ein erstes **Eingangstor**, 3820 m, willkommen. Aber es sind noch 1.30 Std. bis nach Nar.
Kurz nach dem Tor gelangen wir an einen weiteren **Zeltplatz (6)**, 3871 m, wo zeitweise auch Wasser fließt. Dann erreichen wir oben den Bergrücken und

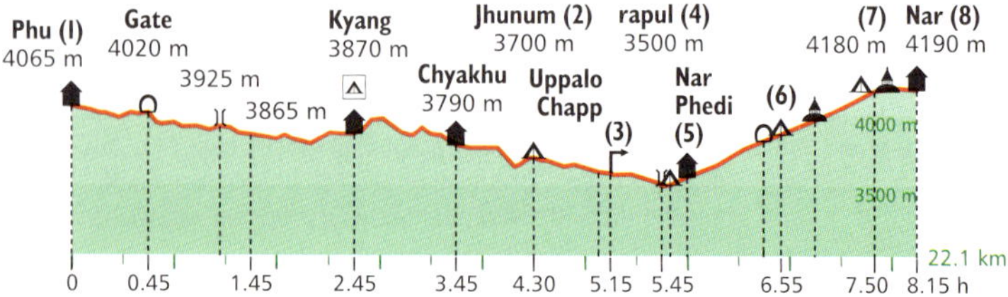

laufen – kaum ansteigend – am Hang entlang. Rechts tief unter uns rauscht der Labse Khola. (An diesem Fluss entlang gibt es einen Weg über den Teri Bhanjyang, 5595 m, nach Lo Manthang in Upper Mustang.) Wir erreichen schon bald das zweite **Eingangstor**, 4150 m, das in eine sauber aufgestellte Steinmauer eingebaut wurde. An einer Ansammlung von schönen alten Chörten finden wir noch einmal einen **Zeltplatz (7)**, 4180 m (ebenfalls mit Wasser). Jetzt ist es wirklich nicht mehr weit bis zu unserem heutigen Etappenziel Nar.

Fast eben laufen wir am Hang entlang, und dann sehen wir schon den Ort **Nar (8)**, 4190 m, der über ein sehr ausgeklügeltes Bewässerungssystem verfügt. Die Unterkünfte befinden sich alle etwas rechts oberhalb der eigentlichen Ortschaft bei der Schule. Dazu laufen wir bei den Gebetsmühlen im Dorfzentrum rechts den Hang hinauf.

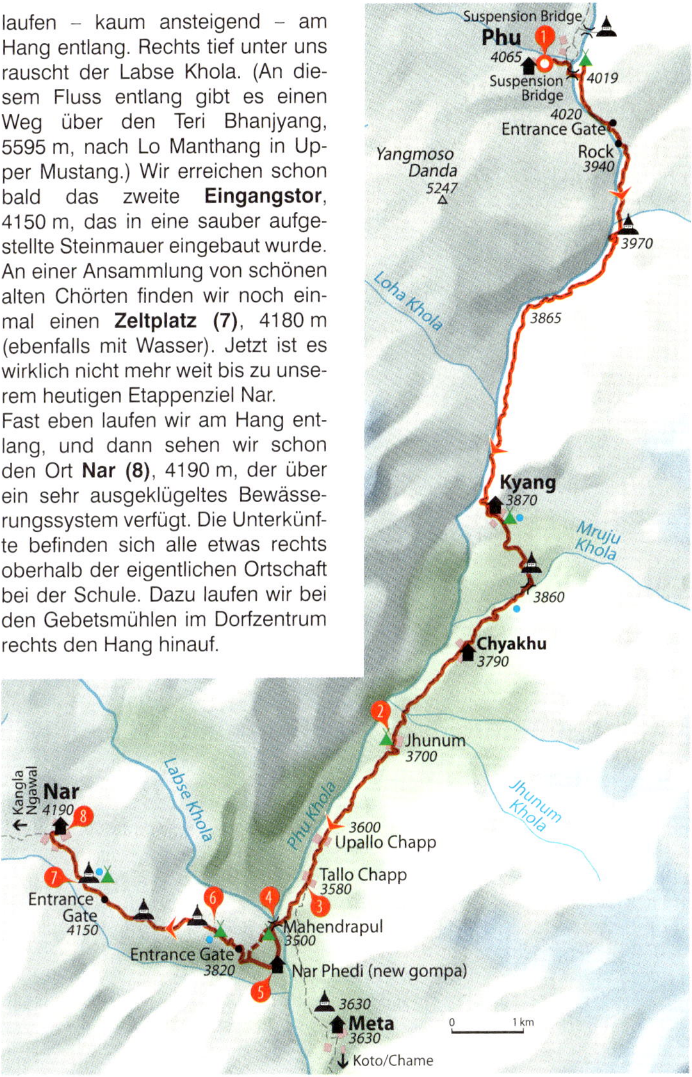

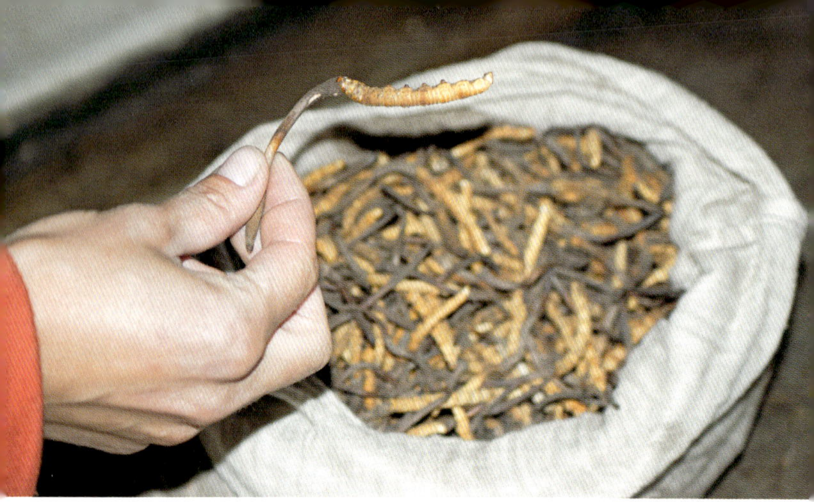

Gras oder Raupe? Heiß begehrt sind die wertvollen Yartsa Gunbu.

i **Yartsa Gunbu – Die Suche nach dem Gold:** *Nun gibt es ja bekanntlich kein Gold in der Annapurna-Region. Aber zumindest so etwas Ähnliches oder jedenfalls etwas ebenso Begehrtes wie Gold. Und das sind Yartsa Gunbu. Auf der Suche nach diesem »Gold« ziehen im Frühjahr Heerscharen von Menschen auf die Hochweiden, sodass ganze Dörfer wie ausgestorben wirken. Denn auf den Hochebenen zwischen 4000 und 5000 Metern sind diese seltenen Geschöpfe zu finden. Jeder, der es irgendwie ermöglichen kann, zieht für 4–5 Wochen mit Zelt, Kind und Kegel hinauf, um nach dem begehrten Schatz zu suchen.*

Aber was verbirgt sich denn nun eigentlich hinter diesem geheimnisvollen Namen »Yartsa Gunbu«? Übersetzt man ihn aus dem Tibetischen, erfahren wir mehr über seine Beschaffenheit: »Im Sommer Gras, im Winter Raupe«. Aber wie kann etwas Tier und Pflanze zugleich sein? Das funktioniert folgendermaßen: Ein Pilz befällt die Larven der Fledermausmotte, die sich an der Erdoberfläche befinden. Langsam ernährt sich der Pilz vom Gewebe der zur Raupe heranwachsenden Larven und frisst diese von innen heraus auf. Im Herbst hat der Pilz einen Großteil der Raupe eingenommen und steuert nun die Raupe zu deren letzter Ruhestätte wenige Zentimeter unter der Erde. Im Frühjahr ist von der Raupe nur noch die Außenhülle vorhanden, das gesamte Innenleben ist vom Pilz ersetzt worden. Aus dem Kopf der Raupe wächst nun ein 5–15 cm langer Stiel (Fruchtkörper) des Pilzes, der dann schließlich ein paar Zentimeter aus der Erdoberfläche ragt. Und dieser sogenannte Tibetische bzw. Chinesische Raupenpilz (Cordyceps sinensis) ist es, der die Sammler von April bis auf die Hochebenen zieht.

Pro Tag finden die Sammler etwa zwischen 5 und 20 dieser kleinen, kostbaren Pilze. Für ein Exemplar erhalten sie umgerechnet zwischen etwa 0,50 bis hin zu 2,00 € bei bester Qualität und Größe. Rechnet man dies nun auf die Saison hoch, so ist ein 4-stelliger Betrag als Verdienst durchaus realistisch. Wenn man bedenkt, dass ein Lehrer im Monat nur zwischen 70 und 80 € verdient, leuchtet einem der Reiz dieser beschwerlichen und gefährlichen Suche ein. Und wo so viel Geld im Spiel ist, liegt es nahe, dass es mitunter zu Neid und kriminellen bis sogar tödlichen Zwischenfällen kommt. Im Dorf Nar wurden beispielsweise im Jahr 2008 drei Sammler leblos im Fluss aufgefunden. Der Grund für ihren Tod wurde nie herausgefunden …
Nun bleibt nur noch die Frage, weshalb diese Raupenpilze, die übrigens auch auf den Hochplateaus in Tibet heimisch sind, solch hohe Summen erzielen? Die Yartsa Gunbu sind seit jeher Bestandteil der tibetischen Heilkunde. Seit einigen Jahren sind sie jedoch auch zum beliebten Exportgut nach China geworden. Man sagt dem Raupenpilz leistungs- und potenzsteigernde Wirkung nach. Kein Wunder also, dass diese Wunderdroge zu Höchstpreisen gehandelt wird. Besonders im Jahr der Olympischen Spiele in China sollen Rekordpreise erreicht worden sein.
Falls Sie also im Frühjahr unterwegs sind, halten Sie die Augen offen!

Im Herbst gibt es viel zu tun! Dorfgemeinschaft von Nar bei der Feldarbeit.

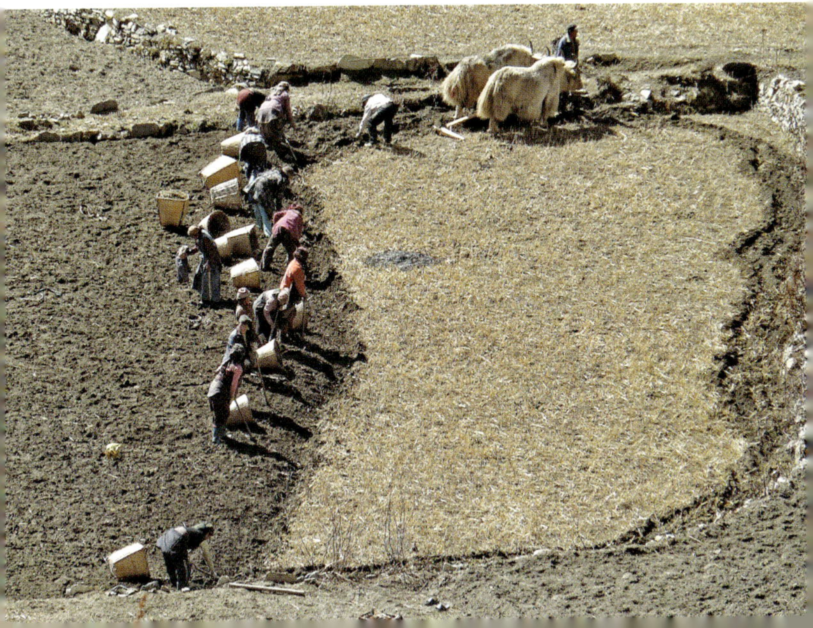

4 Nar – Ngawal

7.30 Std.
↑1150 ↓1660

Dünne Luft am Kangla

Wir verlassen die quirlige Ortschaft Nar im Morgenlicht. Bald bietet sich noch einmal ein wunderschöner Blick zum Abschiednehmen zurück auf die von Feldern umgebenen Häuser. Kurz darauf wandern wir durch ein weites, einsames Tal. Die erste Herausforderung wird eine Bachüberquerung ohne Brücke sein. Wir gewinnen stetig an Höhe und die dünne Luft in Passnähe macht sich an unserem Atem bemerkbar. Im Wind flatternde Gebetsfahnen heißen uns schließlich am Kangla auf gut 5300 m willkommen. Von hier öffnet sich der Blick ins Manang-Tal. Nun folgt noch ein langer, anfangs steiler Abstieg, zunächst durch Schottergelände, bald durch lieblicheres Gras- und Weideland bis hinunter in die Ortschaft Ngawal. Dort endet der Nar Phu Trek.

Ausgangspunkt: Nar, 4190 m.
Entfernung: 16,6 km.
Anforderungen: Anstrengend aufgrund der Höhe; schmale, zum Teil steile Wanderwege, technisch bei guten Verhältnissen jedoch einfach. Normalerweise ist der Pass von April bis Oktober begehbar. Liegt noch Schnee, kann der Übergang problematisch, vielleicht sogar unmöglich werden (nach großem Niederschlag auch in der Sommersaison!). In der Regel ist die Seite beim Abstieg nach Ngawal eher schneefrei, auf dem Wegstück hinauf zum Pass bleibt der Schnee deutlich länger liegen. Schaffen Sie es also hinauf, sollte der Abstieg kein Problem sein. Meist wird der Weg auch bald nach einem Schneefall von Einheimischen wieder gespurt. Der Pass wird auch mit Pferden begangen. Orientierung Richtung Pass schwierig, evtl. GPS-Daten beziehen.
Einkehr: Unterwegs keine.
Unterkunft: **Ngawal:** Mehrere Lodges (siehe Annapurna-Umrundung, Etappe 6).

In der Nähe von Ngawal.

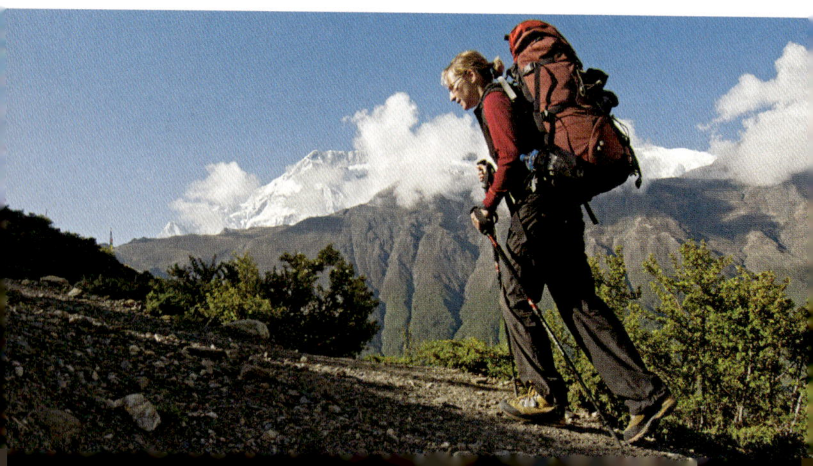

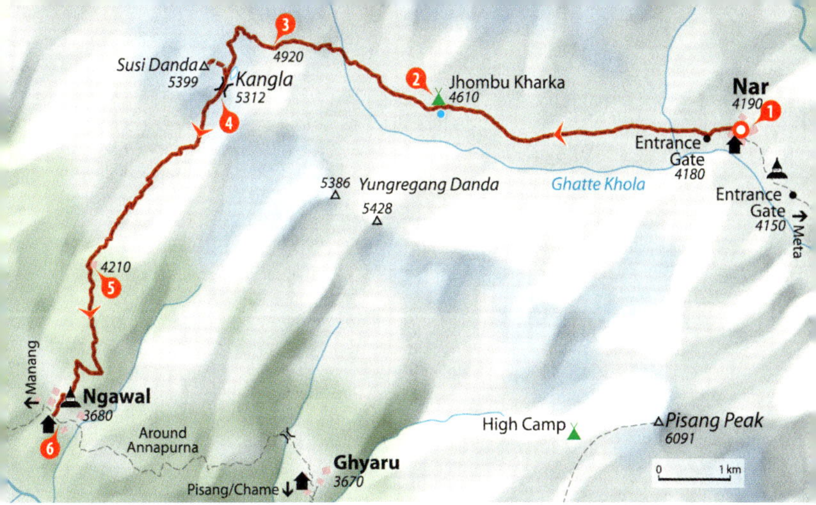

Heute heißt es den Kangla mit über 5300 m Höhe zu überqueren. Deshalb sollten wir früh aufstehen und uns ungefähr um 7.00 Uhr auf den Weg machen. Bei den Gebetsmühlen in **Nar (1)**, 4190 m, nehmen wir den Hauptweg weiter durch die Ortschaft. Klein sind die Gassen und es gibt viel zu sehen. Wie überall in Nepal wird früh aufgestanden und so ist die Ortschaft um diese Uhrzeit schon sehr lebendig. Durch das Tor einer Chörte verlassen wir den eigentlichen Ort und laufen hinunter zum **zweiten Tor**, 4180 m. 10 Min. nach dem Dorfzentrum.
Direkt nach diesem Tor gehen wir rechts bergan (ACAP-Schild!). Wir können wasserbetriebene Gebetsmühlen sehen und über das ausgeklügelte Bewässerungssystem von Nar staunen, ohne das die Bewohner von Nar verhungern würden. Schon bald wird der Weg flacher und das Tal weitet sich. Die Landschaft hier ist grandios. Blicken wir zurück in Richtung Nar, so

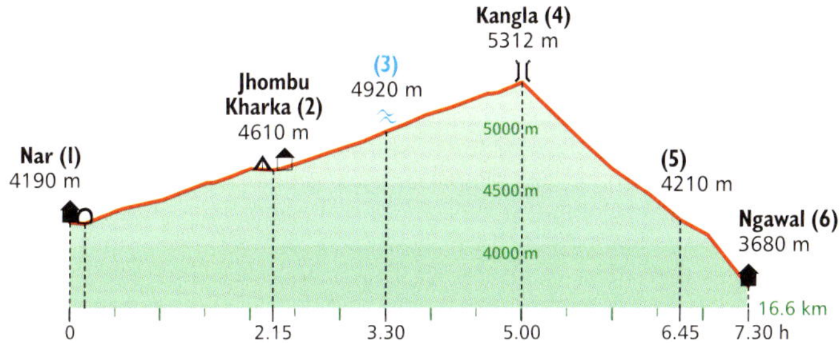

schauen wir direkt auf die Eisflanken des Kangaru Himal mit seinen 6981 m. Der Weg ist oft nicht ganz eindeutig, aber es sind immer Spuren erkennbar und wir folgen einfach dem Talverlauf Richtung Westen. Nach einer Weile halten wir uns eher links. Der Weg führt an einem Hang entlang und wir sehen tief unter uns den Fluss, der das Tal hinausfließt und Nar mit Wasser versorgt. Schon bald können wir auch den Wegverlauf hoch zum Pass erkennen.

Wir laufen etwas bergab und erreichen so den Zeltplatz **Jhombu Kharka (2)**, 4610 m. Auch hier gibt es ein Steinhäuschen, das Wasser müssen wir vom Bach ein paar Meter hinter dem Zeltplatz organisieren. Vom Zeltplatz aus können wir einen großen Teil des Weges zum Pass gut einsehen – es geht wirklich nur noch stetig bergan. Der Pass selber ist noch nicht auszumachen. Wir überqueren vom Zeltplatz aus die zwei Bäche, von denen man sich das Wasser besorgt, dann folgt ein sehr steiler Zickzack-Weg bergan. Genial ist der Blick zurück ins Tal und wir gewinnen schnell an Höhe! Nach diesem sehr steilen Anstieg queren wir eher wieder flach einen splittrigen Schotterhang. Nach der Querung halten wir uns rechts und etwa 1.15 Std. nach dem Zeltplatz heißt es geschickt und möglichst trocken einen **Bach zu überqueren (3)**, 4920 m. Suchen Sie nach einer geeigneten Stelle!

Anschließend laufen wir zunächst am Bach entlang weiter bergan. Auf einem Absatz weiter oben sehen wir Steinmännchen, die uns den Weiterweg zeigen. Nach diesem eben erwähnten steilen Absatz dürfen wir den Abzweig nach links zum Kangla nicht verpassen.

Wir verlassen hier also den Bachverlauf und steigen erneut steil bergan. Immer wieder markieren Steinmännchen den Wegverlauf und auch Trittspuren sind erkennbar. Trotzdem ist hier etwas Orientierungssinn gefragt. Bald gelangen wir zu einem See auf der linken Wegseite und spätestens von hier können wir den Pass sehen. In dieser Höhe dauert es aber schon noch eine Weile, bis wir die Gebetsfahnen und die Stein-Chörte ganz oben am **Kangla (4)**, 5312 m, erreichen.

Vom Pass aus können wir weglos den ganz knapp unter 5400 m hohen Susi Danda erklimmen, das ist der markante Felsriegel nordwestlich des Passes. Die Strecke zum Gipfel ist einsehbar. Schauen wir vom Pass hinunter ins Manang-Tal, dann sind wir froh, dass wir hier absteigen dürfen und den steilen Hang nicht hinaufschnaufen mussten.

Die ersten Meter hinunter in Richtung Manang-Tal sind sehr steil, aber im Zickzack ist auch dieser Hang zu meistern. Blicken wir von unten auf den Weg zurück, so schaut unsere Route fast aus wie Kurzschwünge im Tiefschnee! Unten sehen wir das blaue Dach der großen Gompa von Ngawal. Auf die Höhe dieses Gebäudes müssen wir heute absteigen. Auch erkennen wir ganz unten im Manang-Tal die Flugbahn bei Humde.

45 Min. nach dem Pass verlassen wir das Schotterfeld und gelangen auf Weidegelände. Wir bleiben zunächst direkt auf dem Rücken. Auf einer Höhe von 4620 m verlassen wir den Rücken nach links. Pferde und Yaks weiden

hier im Sommer! Wir laufen immer weiter am Hang entlang und erreichen so eine kleine Almwiese mit einer **Steinhütte (5)**, 4210 m, rechts unterhalb der markanten »Steinfinger« (Felsformationen), die in den Himmel zeigen. Dieser schöne Platz lädt zu einer Pause ein und wir können von hier stolz zurück auf den Pass blicken.

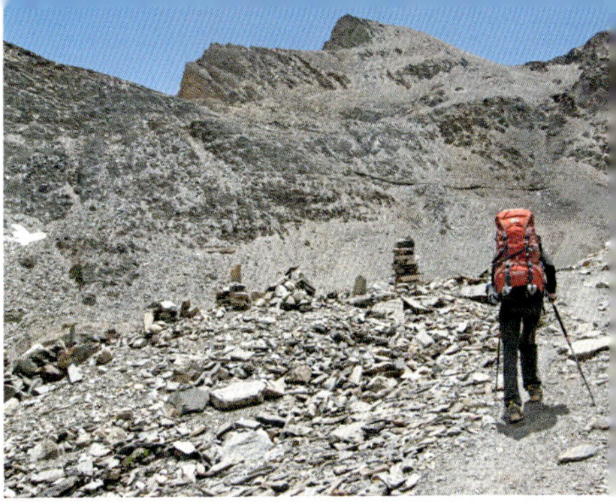

Ein paar Schweißtropfen und Atemzüge entfernt vom Kangla (5312 m). Der tiefste Einschnitt oben am Grat links von der Bildmitte stellt den ersehnten Pass dar.

Von hier folgen wir immer dem Hauptweg und gelangen so in 45 Min. nach der Steinhütte zur Ortschaft **Ngawal (6)**, 3680 m. In der Nähe unseres Weges befindet sich ein Eingang zu einer Höhle (Ngawal Cave). Einheimische glauben, dass man durch diese Höhle bis zur Tempelanlage in Muktinath gelangt. Links lassen wir die alte Gompa von Ngawal liegen und wandern so in die Ortschaft hinein.

Der erste Weg direkt am Ortseingang nach rechts führt zum Chulu Base Camp. Ebenfalls direkt beim Kloster steht ein Hinweisschild des ACAP für den Nar Phu Trek. Im Ort am Hauptweg befindet sich rechts das Hotel Shanti. Der Weg nach rechts, nach dem Hotel Shanti, bringt uns hinunter in das Manang-Tal (z. B. Humde). Laufen wir geradeaus weiter, an den Gebetsmühlen vorbei, gelangen wir direkt zur Lodge Hotel Kailash. Folgen wir diesem Weg immer weiter, so kommen wir kurz vor dem Ortsausgang an die Lodge Hotel Peaceful.

Der Nar Phu Trek endet hier in Ngawal, für den Weiterweg z. B. nach Humde, Braga oder Manang siehe Etappe 7 der Annapurna-Umrundung.

Der Kangla, tiefster Einschnitt am Grat, von Humde, also von Süden, betrachtet. Der Abstieg erfolgt im Zickzack durch das große Schotterfeld.

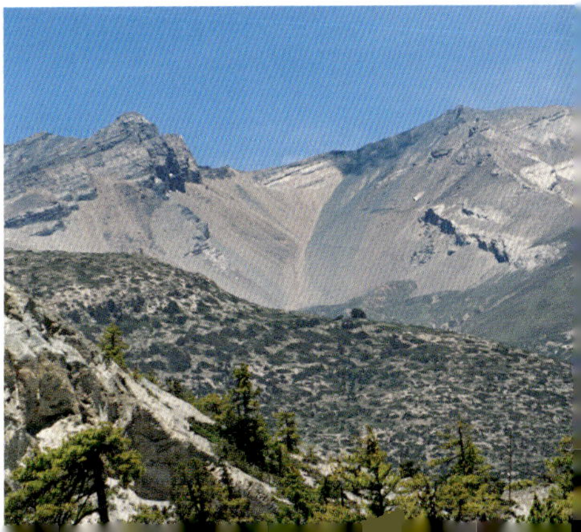

Tilicho Lake Trek

Einige kennen den Tilicho Lake von Postkarten oder großen Postern. Die blaue Wasserfläche auf einer Höhe von fast 5000 m Metern direkt unterhalb des mächtigen Tilicho Peak mit seinen 7134 m stellt einen der höchstgelegenen Seen unserer Erde dar. Zusammen mit seiner Expeditionsgruppe war wohl Maurice Herzog (siehe Seite 270) der erste Europäer, der von der Schönheit des Tilicho Lake begeistert war. Heute zählt der See sicher zu den begehrtesten Trekkingzielen im Annapurna-Gebiet.

Es gibt zwei gängige Möglichkeiten, dem See einen Besuch abzustatten: Entweder wir wandern von Manang (an der Annapurna-Runde) hinauf zum See und auf dem gleichen Weg zurück, um anschließend weiter auf der Annapurna-Runde über den Thorung La in das Kali-Gandaki-Tal zu gelangen. Hier existiert auch eine Abkürzung, die den Rückweg bis Manang erspart und auf einem direkteren Weg zurück auf die Tour zum Thorung La führt.

Bei der zweiten Möglichkeit steigen wir ebenfalls von Manang hinauf zum Tilicho Lake, machen dann aber eine Überschreitung direkt am See vorbei, über den 5254 m hohen Mesokantola und dann hinunter nach Jomson. Diese Überschreitung klingt verlockend und hat für viele Wanderer einen ganz besonderen Reiz; daher wird diese Version auf den folgenden Seiten ausführlich beschrieben. Allerdings ist die Überschreitung von den in diesem

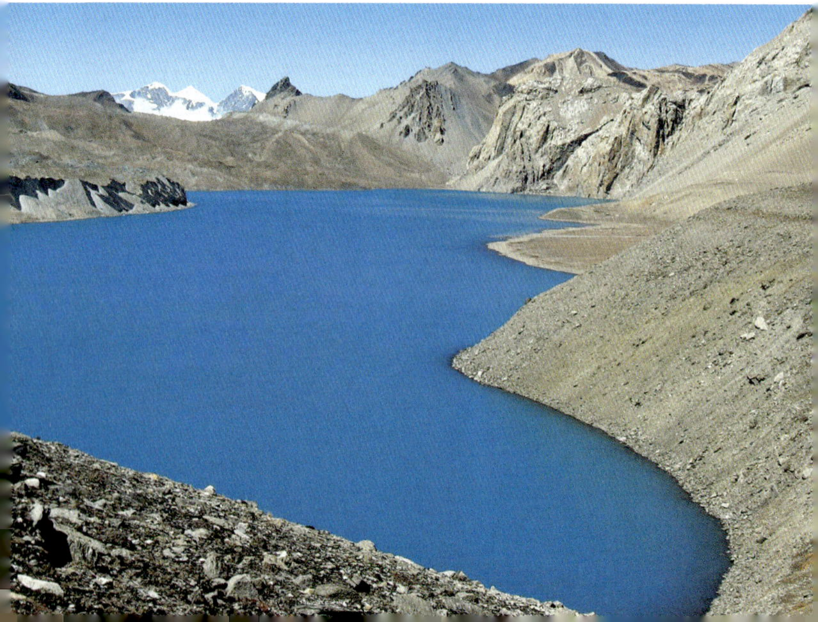

Buch enthaltenen Touren das mit Abstand anspruchsvollste Unternehmen. Der Trek ist eigentlich keine eigenständige Tour, sondern vielmehr eine anspruchsvolle, alpine Variante zur Thorung-La-Überschreitung der Annapurna-Umrundung. Man kann hier tatsächlich von Expeditionscharakter sprechen, daher wird diese Route oft nicht mehr als »Trekking«tour bezeichnet. Aber mit einer guten Tourenplanung und der nötigen Kondition und Erfahrung ist der Trek vorbei am Tilicho Lake eine große Herausforderung und ein unbeschreibliches Erlebnis. Der Weg wird auch von Jahr zu Jahr weiter ausgebaut und die Infrastruktur verbessert. Trotzdem darf die Tour nicht unterschätzt werden. Man befindet sich mehr als einen ganzen Tag auf einer Höhe von über 5000 m und mindestens ein bis zwei Nächte sind im eigenen Zelt zu verbringen. Auf dem Weg vom See bis nach Jomson ist man immer wieder im weglosen Gelände unterwegs und besonders bei schlechtem Wetter kann dies verheerende Folgen haben.
Deutlich weniger anspruchsvoll ist die Variante von Manang hinauf zum Tilicho Lake und direkt wieder zurück nach Manang. Bei diesem Ausflug benötigt man kein Zelt und zudem werden die technisch schwierigen Passagen und konditionell anspruchsvollen Wegabschnitte vorbei am See Richtung Jomson gemieden. Diese Variante wird von sehr vielen unternommen, weshalb es z. T. zu Engpässen in den Lodges kommt!

Permit

ACAP- und TIMS-Permit erforderlich (siehe ab Seite 73).

Ausrüstung

Für die Überschreitung sind eine Zelt- und Kochausrüstung und entsprechende Verpflegung notwendig; beim Ausflug zum See hinauf und zurück nach Manang können alle Nächte in einer Lodge verbracht werden.

Beste Reisezeit

April bis Mai und Oktober bis Mitte November. Im Frühling kann am See noch viel Schnee liegen. Bei Niederschlag müssen Sie auch immer wieder mit Neuschnee rechnen, wodurch die Überschreitung zum Teil unmöglich wird. Wir haben auch gute Erfahrungen in der Zeit von Juni bis Mitte Juli gemacht.

Tipp

Für die Überschreitung von Manang nach Jomson lohnt sich die Mitnahme eines GPS-Gerätes.

Traumblick über den Tilicho-See. Rechts vom markanten Felsturm (»Gendarm«) auf der gegenüberliegenden Uferseite befindet sich der Mesokantola, direkt am gegenüberliegenden Ufer der Zeltplatz Tilicho Lake – West.

Etappenübersicht

Etappe		Schwierigkeit	Auf-/Abstieg	Strecke	Gehzeit
1	Manang – Khangsar	L	300/100 Hm	5,6 km	2.00 Std.
2	Khangsar – Tilicho Base Camp	S	580/180 Hm	9,3 km	3.45 Std.
3	Tilicho BC – Zeltplatz Westufer	S	1250/450 Hm	13,9 km	7.00 Std.
4	Zeltplatz Westufer – Jomson	S	400/2600 Hm	20,6 km	7.30 Std.
Insgesamt			2520/3310 Hm	49,4 km	4 Tage

Anreise – Ausgangspunkt

Der Ausgangspunkt für den Tilicho Lake Trek ist Manang, 3540 m. Manang liegt im gleichnamigen Tal, stellt auf der klassischen Annapurna-Umrundung östlich des Thorung La die größte Ortschaft dar und kann nur zu Fuß erreicht werden. Von Besisahar (Busanschluss) müssen Sie dazu sechs bis sieben Tage einplanen. Sie können sich mehrere Tage Fußmarsch einsparen, wenn Sie in Besisahar einen Jeep in Richtung Manang nehmen. Ist die Piste in einem guten Zustand, so verkehren die Jeeps bis nach Manang. Von dieser Möglichkeit raten wir aber, wie auch beim Nar Phu Trek, wegen des Mangels an Akklimatisierung dringend ab. Sinnvoll erscheint uns eine Jeepfahrt z. B. bis nach Syange.

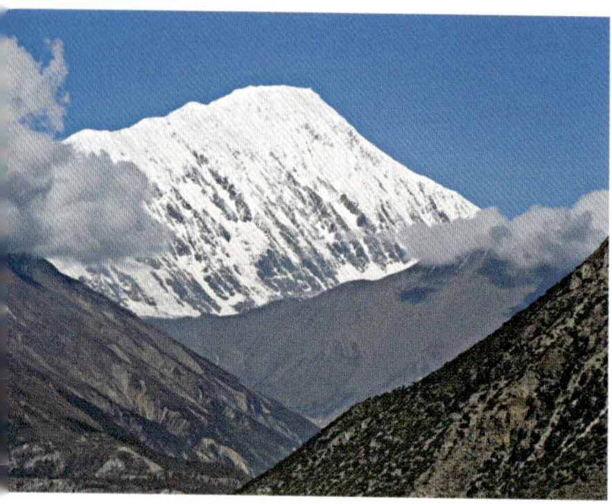

Hineingezoomt: Blick von Ngawal auf den Tilicho Peak.

Rückfahrt

Endpunkt des Tilicho Lake Trek ist Jomson, 2740 m, im Kali-Gandaki-Tal, ebenfalls eine Ortschaft auf der klassischen Annapurna-Umrundung (siehe Etappe 12). Für den Rückweg von Jomson nach Pokhara können Sie zwischen drei Möglichkeiten wählen:

- Sie gehen von Jomson (wie bei der Annapurna-Umrundung beschrieben) nach Nayapul und nehmen dort einen Bus nach Pokhara.
- Sie nehmen einen der Jeeps von Jomson nach Beni und von dort einen Bus nach Pokhara (dafür insgesamt einen langen Tag einplanen).
- Sie nehmen einen Flieger von Jomson direkt nach Pokhara.

Kleines und sehr einfaches Teehäuschen am Tilicho-See. Der Weiterweg über den Eastern Pass befindet sich hinter dem Felsgipfel.

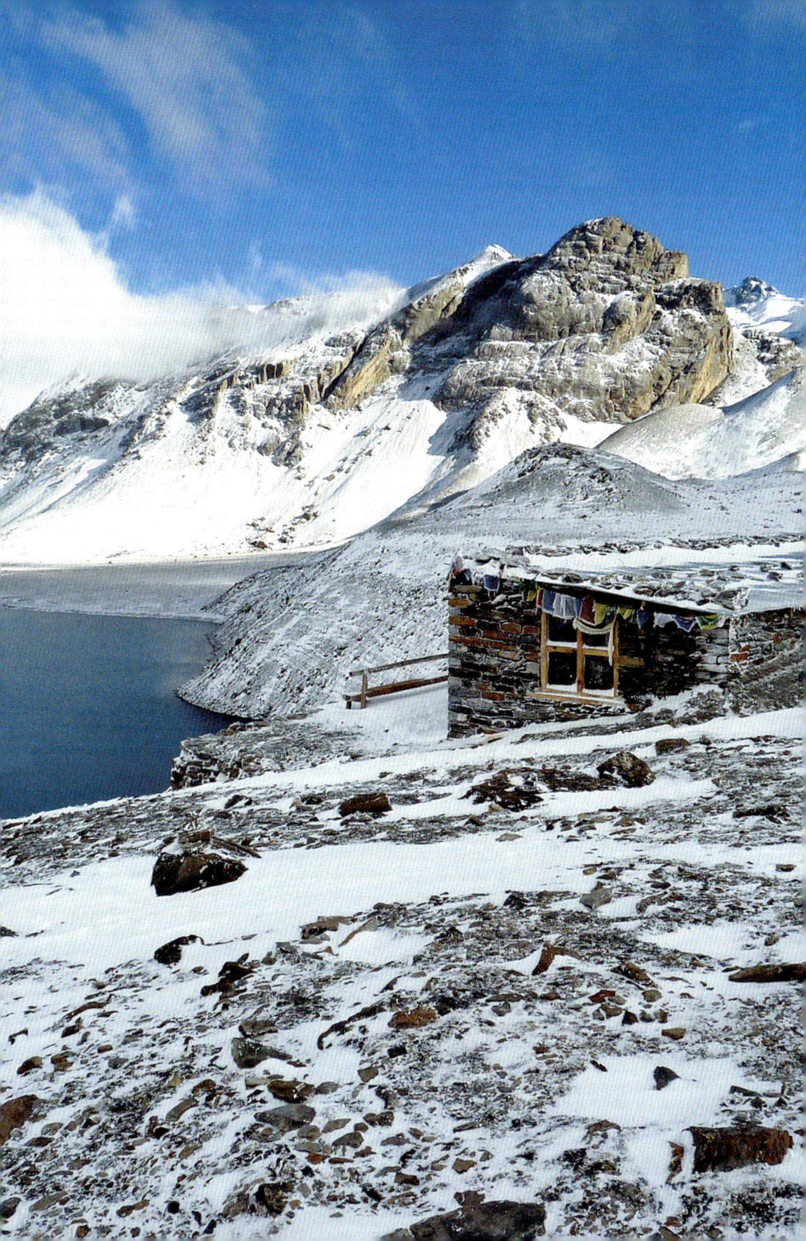

1 *Manang – Khangsar*

2.00 Std.

↑300 ↓100

Kurzer Tag zum Einlaufen

Vor uns liegt ein gemütlicher, kurzer Gehtag. Wir können also die Annehmlichkeiten von Manang noch auskosten, bevor wir uns auf den Weg machen. Durch den alten, ursprünglichen Ortskern verlassen wir schließlich Manang. Vorbei an unzähligen Feldern und nach einem kurzen Anstieg erreichen wir schon bald unser heutiges Ziel Khangsar, die letzte Siedlung auf unserem Trek. Deutlich merkt man, dass wir die stark frequentierte, klassische Annapurna-Umrundung verlassen haben.

Ausgangspunkt: Manang, 3540 m.
Entfernung: 5,6 km.
Anforderungen: Einfach zu findender Weg, sehr kurze und wenig anstrengende Etappe.
Einkehr: Kein Restaurant oder Shop unterwegs.
Unterkunft: Khangsar: Mehrere Lodges, die meisten etwas einfacher als zum Beispiel die in Manang; großes Hotel Mountain Yak, direkt am Ortseingang; Himalchuli Laxmi Hotel, direkt nach dem weißen Tor, aus roten Ziegeln, sehr nette Besitzerin, günstig; Hotel On Hight und dahinter das kleine Khangsar Guest House.
Tipp: Bevor Sie Manang verlassen, nehmen Sie noch eine der kulinarischen Annehmlichkeiten in Anspruch!

Ausgehend von den zahlreichen Unterkünften in **Manang (1)**, 3540 m, laufen wir auf der breiten Piste durch den Ort leicht bergauf (Richtung Nordwesten) vorbei an der Save Drinking Water Station zu einer weißen Chörte, 3550 m, die ringsum mit Gebetsmühlen versehen ist. An der Hauswand neben der Chörte hängt ein großes ACAP-Schild mit Ausflugszielen und Sehenswürdigkeiten in der Umgebung. Hier halten wir uns leicht rechts und erneut geradeaus weiter durch den Ort auf dem Weg in Richtung Thorung La. Wir verlassen Manang und etwa 200 m nach der Ortschaft erreichen wir eine Mauer mit Gebetsmühlen am Wegesrand. Hier zweigen wir vom Hauptweg zum Thorung La ab und halten uns links (Markierungen blau/weiß).

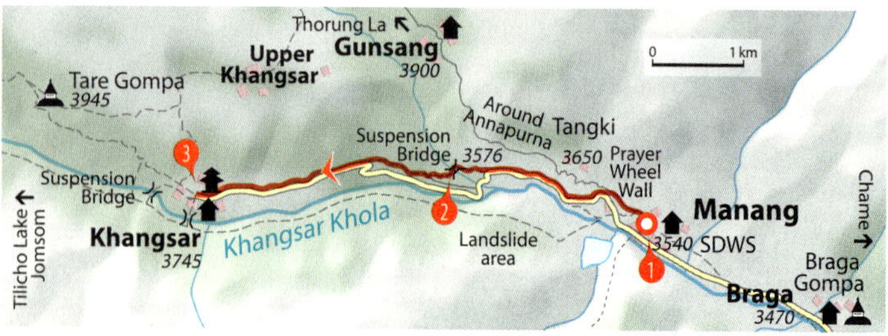

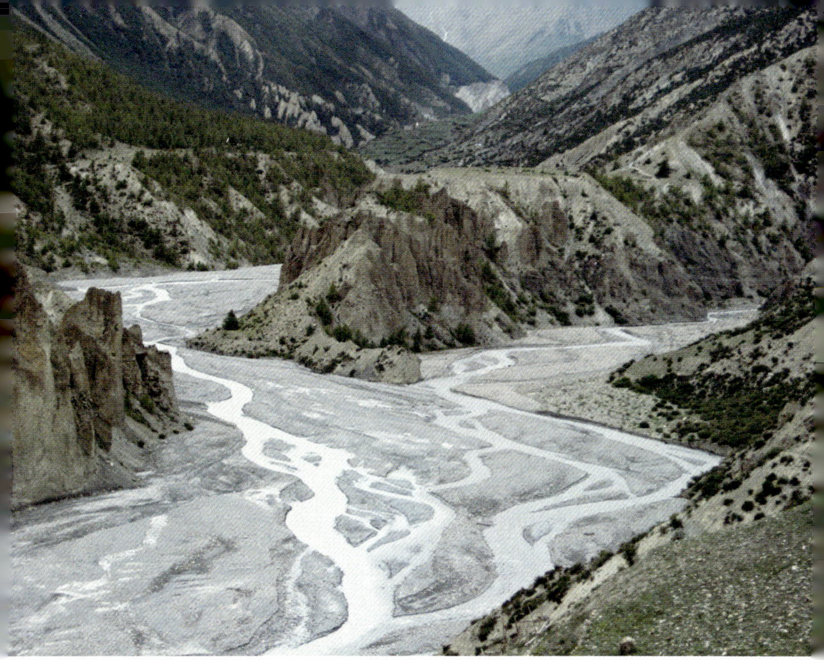

Kurz nach Manang auf dem Weg nach Khangsar.

Schon bald erreichen wir die breite Piste, die südlich unterhalb von Manang entlangläuft und nach Khangsar führt. Wir folgen dieser Piste nach rechts (NW) bis in eine Linkskehre. Die Piste führt hier hinab zum Fluß. Wir nehmen in der Linkskehre den Wanderweg geradeaus und erreichen eine **Hängebrücke (2)**, 3576 m, und überqueren auf dieser den Fluß. Nach der Brücke folgt ein kurzer Anstieg und von hier sehen wir bereits die Häuser von unserem Etappenziel Khangsar. Wir folgen auf der Anhöhe weiter dem Wanderweg, bis dieser in die breite Piste mündet. Bequem am Hang entlang auf breiter Piste in Richtung Westen erreichen wir das Gurung-Dorf **Khangsar (3)**, 3745 m.

Von hier genießen wir schöne Blicke zurück ins Manang-Tal und auf den Pisang Peak. Bei klarer Sicht können wir rechts des Pisang Peak einen Teil des Manaslu-Massivs erkennen. Die meisten Lodges in Khangsar befinden sich eher am Ortseingang.

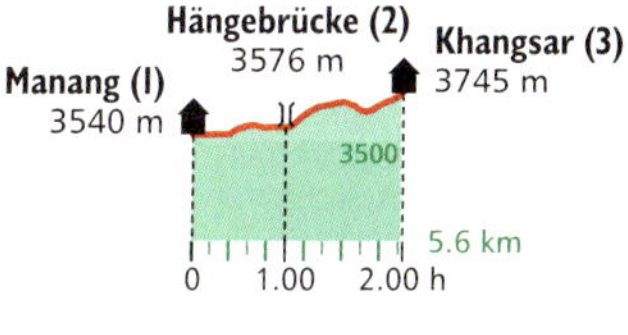

2 Khangsar – Tilicho Base Camp

3.45 Std.

↑580 ↓180

Hangquerung auf Nepali-Art

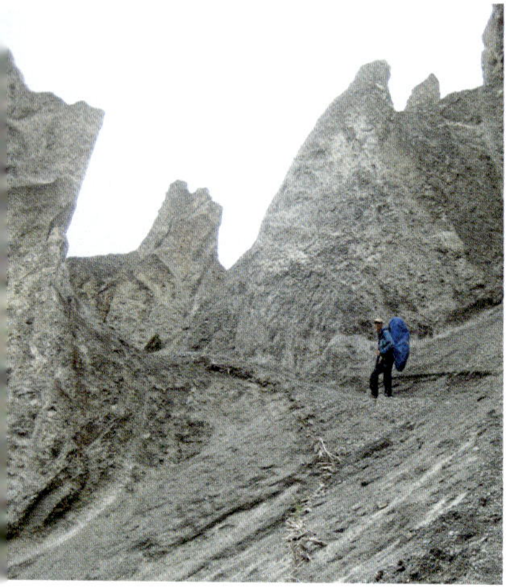

Achtung Erdrutsch! Abschüssige Wegstellen zum Tilicho Base Camp.

Mit Khangsar verlassen wir das natürlich besiedelte Gebiet. In der Tare Gompa können wir uns noch den Segen für die nächsten Tage holen. Die Krux des heutigen Tages stellt die Querung eines erdrutschgefährdeten Hanges dar. Wegebauer haben das abschüssige, lose Gelände feinsäuberlich mit dünnen Holzstecken abgestützt. Erstaunlich, wie viel diese kleinen, dünnen Äste abfangen können! Uns bleibt zumindest nichts anderes übrig, als ihnen zu vertrauen. Begehen Sie diese Passage vorsichtig und konzentriert. Durch immer kargere und gewaltigere Landschaft erreichen wir unser heutiges Etappenziel, das Tilicho Base Camp. Von diesem Platz können Sie die Blicke auf die Gletscher und deren Rumpeln genießen.

Ausgangspunkt: Khangsar, 3745 m.
Entfernung: 9,3 km.
Anforderungen: Schmale, zum Teil ausgesetzte Wegstücke, besonders im Bereich des Erdrutsches ist große Vorsicht wegen Steinschlags erforderlich. Bei Regen Rutschgefahr an den abschüssigen Stellen. Orientierung einfach.
Einkehr: Unterwegs nur im Hotel Tilicho Peak.
Unterkunft: Sheree Kharka: 2 Lodges (Hotel Tilicho Peak und Himalayan Guest House), 15 Min. danach 1 Lodge (Hotel Bluesheep). – **Tilicho Base Camp:** Drei Lodges, z. B. Tilicho Base Camp Lodge. Sie wird von einer Familie aus Khangsar geleitet, machen Sie sich bitte deshalb in einer der Lodges in Khangsar schlau, ob die Lodge wirklich geöffnet ist; in der Regel sind aber immer ein paar Zimmer offen, in denen eine Nächtigung auf Bettgestellen mit Isomatten und Schlafsäcken zur Not möglich ist. Wasser ist vorhanden.
Variante: Viele, die nicht die Überschreitung am Tilicho Lake vorbei bis nach Jomson machen wollen, steigen nach dem Besuch des Sees wieder ab und queren dann direkt nach Yak Kharka, um anschließend über den Thorung La nach Jomson zu gelangen. Eine mögliche Tageseinteilung wäre dann:
1. Tag: Manang – Tilicho Base Camp Hotel. 2. Tag: Tilicho Base Camp Hotel – Tilicho-See – Hotel Tilicho Peak. 3. Tag: Hotel Tilicho Peak – Yak Kharka (und weiter auf der Annapurna-Umrundung).

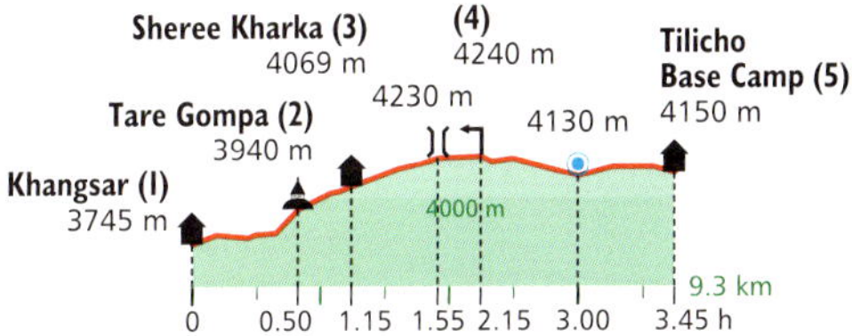

In **Khangsar (1)**, 3745 m, folgen wir dem gepflasterten Hauptweg weiter durch den Ort. Er schlängelt sich durch die engen Gassen, zwischen alten Steinhäusern hindurch und endet bei der Gompa. An der Gompa gehen wir links nur leicht ansteigend am Hang entlang weiter (ACAP-Schild »Tilicho Lake«). (Der Weg hinter der Gompa direkt bergan führt durch Felder hinauf zum alten Khangsar »Upper Khangsar« und dann weiter nach Yak Kharka, 4020 m, was etwa 4 Std. in Anspruch nimmt. So kann man, ohne wieder bis nach Manang abzusteigen, auf den Weg in Richtung Thorung La gelangen; siehe auch bei »Variante«.) Wir wollen aber nicht zum Thorung La, sondern zum Tilicho Lake! Dazu folgen wir dem Weg am Hang entlang, vorbei an einer kleinen Chörte. Die Stromleitung gibt uns die grobe Richtung vor. Und so erreichen wir nach 50 Min. die schöne **Tare Gompa (2)**, 3940 m. Es heißt, wer hier ein Gebet spricht, kommt gut und glücklich zum Thorung La und

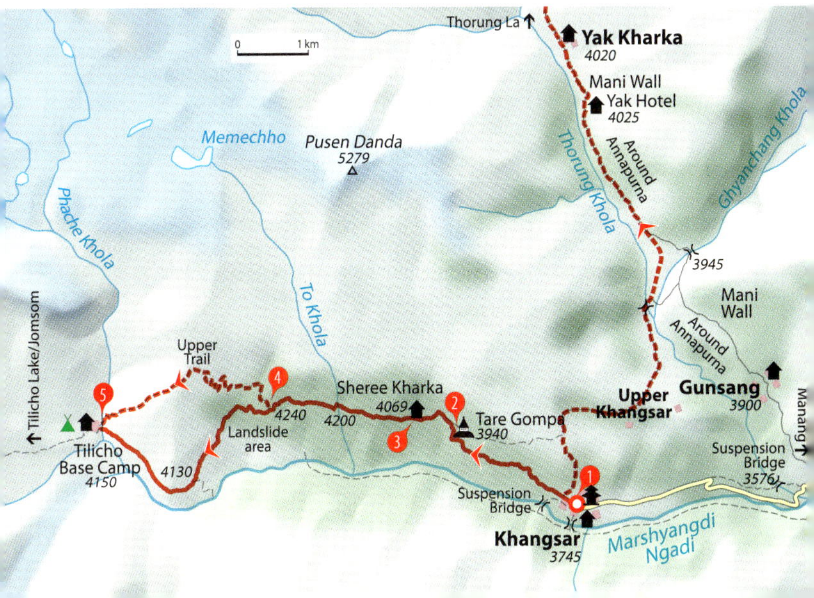

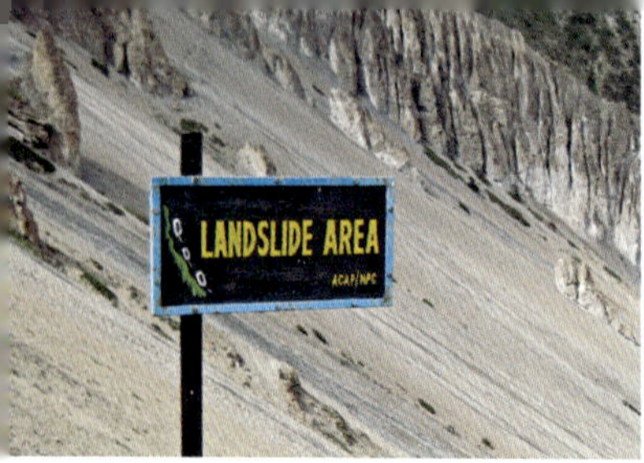

Tafeln warnen vor Erdrutschen.

zum Tilicho Lake. Die Gompa mit den alten Gebetsmühlen wurde angeblich vor etwa 1000 Jahren erbaut. Im Sommer 2009 besuchte ein bekannter buddhistischer Lama diese Gompa, segnete sie und betete dort mehrere Tage.

Hinter der Gompa steigen wir weiter auf einem deutlichen Weg bergan und kommen vorbei an einem beschilderten Abzweig nach Yak Kharka (siehe Variante). Wir gehen weiter Richtung Tilicho Lake, überqueren einen Bach und gelangen so nach **Sheree Kharka (3)**, 4069 m. Hier befinden sich die beiden Lodges Hotel Tilicho Peak und Himalayan Guest House. Die Besitzer geben gerne Auskunft über den Zustand des Weges bis zum See. Etwa 15 Min. nach den beiden Lodges kommen wir an der Lodge Hotel Bluesheep in Upper Sheree Kharka vorbei.

Am Hang entlang geht es weiter und nach einem kurzen Anstieg wenden wir uns nicht links bergab Richtung Fluss, sondern bleiben konsequent am Hang. Nach Queren eines **Baches**, 4200 m, erfolgt ein kurzer, aber knackiger Steilanstieg. Wir erreichen danach eine kleine **Scharte**, 4230 m, und gehen von hier eben weiter am Hang entlang. Links unterhalb des Weges sehen wir eine kleine Steinhütte.

1 Std. nach dem Hotel Tilicho Peak erreichen wir den **Abzweig (4)**, 4240 m, wo sich der Weg in eine obere (»Upper Trail«) und eine untere Variante gabelt. Auch ein ACAP-Schild weist uns darauf hin. Die untere Variante ist von hier komplett einsehbar. Sie verläuft durch einen gewaltigen Erdrutschbereich (s. nebenstehendes Foto sowie Foto auf S. 15). Auf den ersten Blick kann man sich nicht vorstellen, wie man diesen Bereich gut und sicher passieren kann. Aber für die Einheimischen ist diese Variante der Normalweg und deshalb sind sie bemüht, den Weg instand zu halten. Bei der oberen Variante handelt es sich um den neuen Weg, bei dem zunächst ein Anstieg von gut 400 Hm erfolgt. Diese Höhenmeter müssen danach wieder abgestiegen werden. Aus diesem Grund muss für diese aussichtsreichere Strecke etwa 1.30 Std. mehr einkalkuliert werden. Meist ist es so, dass sowieso nur ein Weg begehbar ist (2015 bis 2018 war nur der untere Weg begehbar; der obere Weg war mit einem Schild »no Trail« gesperrt), dann ist die Entscheidung einfach zu treffen. Erkundigen Sie sich in Khangsar oder am besten beim Hotel Tilicho Peak. In der Regel ist die untere Variante die bessere. Der Abstieg der oberen Variante verläuft durch zum Teil sehr unangenehmes Schottergelände.

Wenn wir uns für die untere Variante entscheiden, überqueren wir einen **Bach**, 4210 m, und betreten dann (sogar mit einem Hinweisschild markiert) den Erdrutschbereich, 4227 m. Die Schotterfelder, die zu queren sind, wir-

ken von der Ferne deutlich steiler als sie dann tatsächlich sind. Konzentrieren Sie sich aber trotzdem auf den Weg, ein Abrutschen könnte fatale Folgen haben! Und zudem ist es wichtig, auf Steinschlag zu achten. Halten Sie Abstand zu Ihrem Vorder- bzw. Hintermann, damit bei Steinschlag ein schnelles Ausweichen möglich ist. Nach etwa 30 Min. verlassen wir laut dem Schild den Erdrutschbereich und steigen kurz rechts um den Hang herum an. Danach folgt aber noch mal eine ähnliche Passage, bei der die gleichen Vorsichtsmaßnahmen gelten.
Anschließend sehen wir dann schon die Lodge, in der wir heute nächtigen werden. Zudem haben wir einen guten Blick (links von der Lodge) auf unseren morgigen Weiterweg. Der Weg hinauf zum See zieht von der Lodge aus zunächst ansteigend quer einen Hang hoch und mündet dann in eine »Zickzack-Passage«. Beeindruckend ist die Landschaft hier oben in diesem Kessel. Die Blicke auf die Eiswände sind gewaltig!
Und so erreichen wir am Ende über eine kleine Holzbrücke das **Tilicho Base Camp (5)**, 4150 m.

Variante: Sheree Kharka – Yak Kharka
4 Std., Aufstieg 500 Hm, Abstieg 500 Hm, gut mit Schildern und blau-weiß Markierungen gekennzeichnet.
Vom **Sheree Kharka (3)** nehmen wir den bekannte Weg in Richtung Tare Gompa. Aber schon wenige Meter nach dem Hotel Tilicho Peak zweigen wir leicht links ab und nehmen den Weg in Richtung Upper Khangsar (Schild: Yak Kharka Seasonal). Unser Weg steigt leicht an und wir erreichen Upper Khangsar (etwa 45 Min. von Hotel Tilicho Peak). Am Ortseingang (verlassene Ortschaft; meist Ruinen) halten wir uns links. Der Blick zurück auf die vergletscherten Gipfel ist gigantisch. Ein Schild weißt den weiteren Wegverlauf. Oberhalb des Ortes geht es in Richtung Osten. Wir steigen weiter leicht bergauf, bis wir einen Sattel erreichen (etwa 45 Min. von Upper Khangsar). Von hier genießen wir den tollen Blick in das weite Marsyangdi Tal. Wir steigen vom Sattel bergab und halten uns zunächst eher rechts (Süden). Anschließend zieht der Weg in Richtung Thorung La (Norden). Wir erreichen eine kleine Brücke (kleine Lodge, etwa 1 Std. vom Sattel), die uns über den Thorung Khola bringt, und steigen anschließend auf zum Hauptweg nach Yak Kharka (etwa 1.30 Std. von der Brücke).

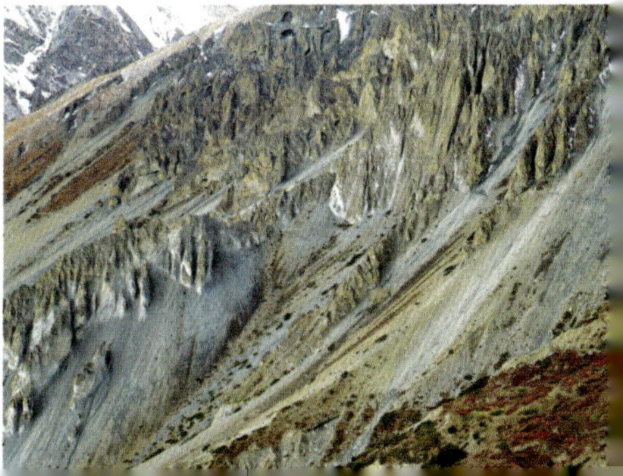

In der Mitte des Bildes ist der Wegverlauf durch das Erdrutschgebiet (untere Variante) zu erkennen.

3 Tilicho Base Camp – Zeltplatz Westufer

7.00 Std.

↑1250 ↓450

Wasser, Fels und Eis in unbeschreiblichen Dimensionen

Drei Stunden und mehr als 800 Höhenmeter sind es vom Tilicho Base Camp bis hinauf zum See. Der Weg dorthin ist technisch einfach, aber schon allein wegen der Höhe anstrengend. Im Süden ragen die mächtigen Eisflanken der Grande Barrière mit fast 7000 Metern in den Himmel und dann wird plötzlich, auf einer Anhöhe, der Blick frei auf den Tilicho Lake. Tiefblau schimmert das Wasser des Sees, der ungefähr 4 km lang, 1,2 km breit und 85 m tief ist. Die Gipfel spiegeln sich auf der Wasseroberfläche. Eine beeindruckende Szenerie mitten im höchsten Gebirge unserer Erde. Ein Panorama, das unvergesslich ins Gedächtnis eingebrannt wird.

Unser Etappenziel, der Zeltplatz am Westufer, liegt direkt vor uns, gerade mal vier Kilometer von uns entfernt. Und laut den meisten Karten können wir uns für den Weg direkt am Südufer oder für den direkt am Nordufer entscheiden. Eine ebene Wanderung, die vielleicht eine gute Stunde in Anspruch nimmt. Aber leider ist das nur eine Wunschvorstellung! Beide Wege existieren nicht. Am Südufer stürzen die Eismassen der Grande Barrière unpassierbar direkt in den See und am Ende des Nordufers versperren senkrechte Felswände den direkten Weg. Ruderboote gibt es zum Glück noch keine, und normalerweise ist der See auch nicht von einer dicken Eisschicht überzogen, die uns den direktesten Weg zum Westufer ermöglichen würde. Maurice Herzog und seine Expeditionsgruppe überquerten auf dem Weg zur 8000er-Besteigung den See im Mai 1950, indem sie auf der Eisfläche kerzengerade von einem Ufer zum anderen liefen. Uns bleibt keine andere Möglichkeit, als den mühsamen Weg über den 5360 Meter hohen Eastern Pass zu nehmen. Dieser Weg wird einen weiteren halben Tag, viele Verschnaufpausen und einige weitere Schweißtropfen in Anspruch nehmen. Aber eins ist sicher: die bleibenden Eindrücke dieses Tages am Tilicho Lake.

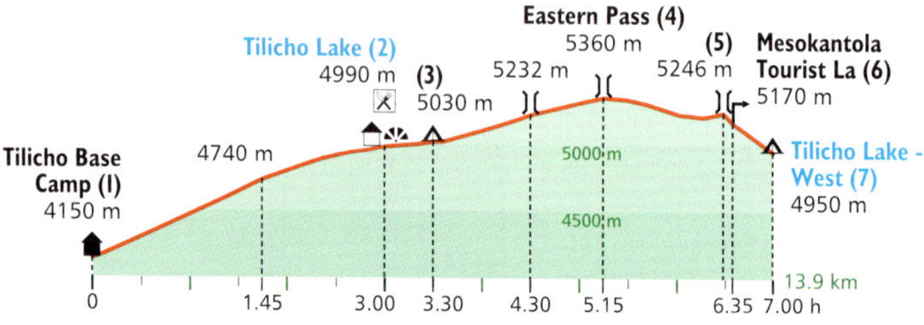

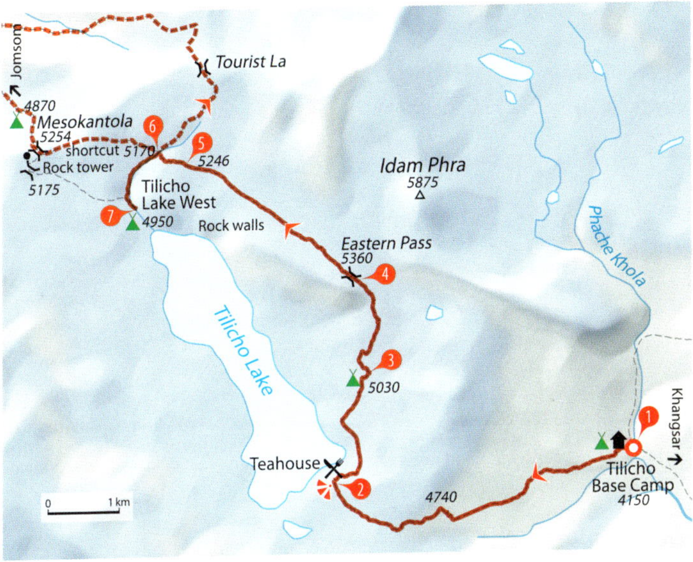

Ausgangspunkt: Tilicho Base Camp Hotel, 4150 m.

Entfernung: 13,9 km.

Anforderungen: Die Etappe stellt hohe Anforderungen an die Kondition. Bis hinauf zum See einfacher Wanderweg, Orientierung problemlos. Vom Ostufer zum Westufer: Dieser Wegabschnitt ist – gemeinsam mit der Überschreitung des Mesokantola (Etappe 4) – der anspruchsvollste dieses Treks bzw. aller Touren, die in diesem Buch beschrieben werden. Der Weg ist zum Teil sehr schmal und ausgesetzt. Über längere Strecken müssen wir uns im weglosen Gelände zurechtfinden. Bei schlechtem Wetter ist die Orientierung sehr anspruchsvoll!

Einkehr: Beim ersten Aussichtspunkt (WP 2) auf den See gibt es in der Hochsaison ein kleines Teahouse (eingeschränkt auch Übernachtungsmöglichkeit). Infos zum Teahouse gibt es in den Lodges im Tilicho Base Camp. Sonst keine Möglichkeit, auch nicht am Etappenziel! – Wasser in den Bächen oft schlammig.

Unterkunft: Keine; Übernachtung im Zelt.

Tipp: Bei dieser Etappe lohnt sich, besonders bei schlechtem Wetter, die Benutzung eines GPS-Gerätes und der entsprechenden Tracks und Wegpunkte.

Varianten: 1. Abkürzung (»shortcut«) zum Mesokantola: Nicht erst am Westufer campen, sondern schon davor (z. B. am Teehäuschen), und dann den Weg zum Mesokantola abkürzen (s. S. 275).

2. Tourist La: Am vierten Tag über den Tourist La statt über den Mesokantola. Insbesondere dann sinnvoll, wenn man nicht am Westufer des Tilicho Lake übernachten will, sondern schon früher (s. S. 276 und Karte Etappe 4).

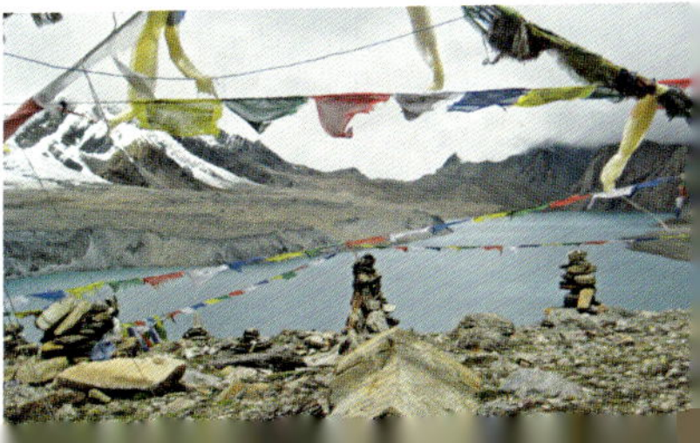

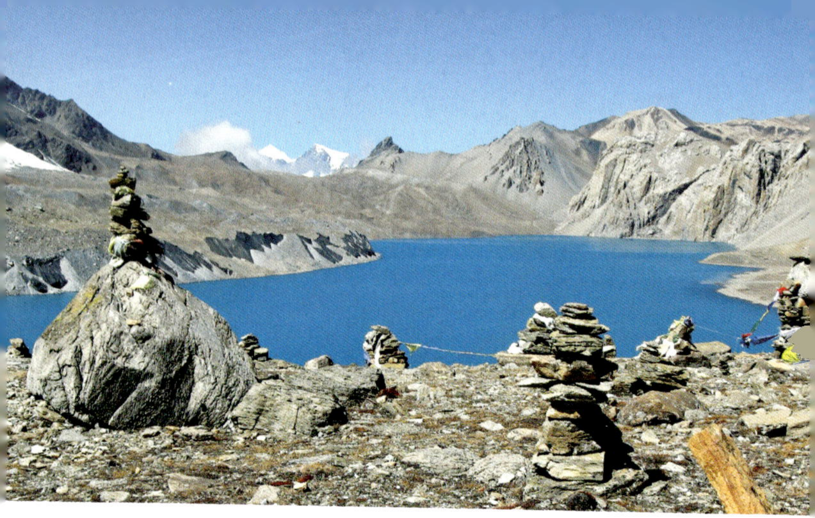

Zum Greifen nahe: Aber es sind noch vier anstrengende Stunden bis zum gegenüberliegenden Ufer.

Wollen wir heute bis zum Zeltplatz am Westufer des Tilicho-Sees gelangen, dann heißt es sehr früh aufbrechen. Die heutige Etappe stellt die anstrengendste Tagesetappe während der Tilicho-See-Überschreitung dar! Zunächst müssen wir die fast 1000 Hm hinauf zum See bewältigen und am Nachmittag steht der Weg vom Ostufer zum Westufer auf dem Programm. Da es zurzeit keinen passierbaren Weg am Seeufer entlang gibt, müssen wir dazu etwas nördlich vom See über einen nicht weniger als 5360 m hohen Pass, um das Westufer zu erreichen. Dafür werden wir mit landschaftlichen Eindrücken belohnt, die wir sicher niemals vergessen werden!
Wir starten beim **Tilicho Base Camp Hotel (1)**, 4150 m, auf einem deutlichen Weg Richtung SW zum See. Bald überqueren wir einen kleinen Bach und steigen steil hinauf auf einen kleinen **Rücken**, 4280 m (knapp 30 Min.). Von hier verläuft der gut sichtbare Weg stetig ansteigend am Hang entlang zum finalen Zickzack. Langsam kommt uns unser Gehen vor. Aber die Luft wird immer dünner und das Schnaufen von Schritt zu Schritt beschwerlicher. Nach der **Zickzack-Passage**, 4740 m, gehen wir links weiter und queren weiter den Hang. Bei den nicht ganz eindeutigen Wegabschnitten weisen uns Steinmännchen den Weg. Wir erreichen eine Art Kuppe und glauben, dass direkt nach dieser der See liegen muss. Aber es sind von hier noch mal knapp 30 Min. bis zum See. Wir folgen dem breiten Weg, der rechts und links von Steinplatten eingesäumt ist. Ein paar kleinere Seen lassen wir links vom Weg liegen und hinter diesen die gewaltigen Eismassen der Grande

Barrière. Auch wenn der Weg fast eben verläuft, jeder einzelne Höhenmeter versetzt uns außer Puste.
Aber schon bald sehen wir vor uns eine Anhöhe mit vielen Gebetsfahnen und einem großen Hinweisschild. Von diesem **Aussichtspunkt**, 4990 m, haben wir endlich den prachtvollen Blick auf unser lang ersehntes Ziel: den **Tilicho Lake (2)**! Nicht selten stellt sich hier ein »Gänsehautzustand« ein. Gigantisch ist das Panorama. Seit ein paar Jahren befindet sich hier ein kleines, sehr einfaches Teehäuschen (siehe Foto Seite 262; verlassen Sie sich aber nicht darauf, dass es bewirtschaftet ist oder eine Übernachtungsmöglichkeit bietet). Am Südufer mündet der Gletscherbruch direkt in den See. Immer wieder hören wir die Stimmen des Gletschers, als ob er mit uns sprechen möchte. Es ist kein Gewitter, sondern die Eismassen, die sich immer wieder lösen und in die Tiefe rauschen. Manche schaffen es fast bis zum Seeufer. Kein Wunder, dass der Weg am Südufer entlang, der fälschlicherweise in vielen Karten eingezeichnet ist, nicht begehbar ist.
Unser Etappenziel stellt das andere Ende des Sees dar. Vom Aussichtspunkt sehen wir gut hinüber zum Westufer (siehe Foto Seite 260), wo ein kleiner Bach in den See fließt. Unser Pass am morgigen Tag, der Mesokantola, 5254 m, ist ebenfalls von hier sichtbar. Am Kamm direkt hinter dem See erkennen wir einen großen »Gendarm« (Felszacken; auf der Karte als »Rock tower« bezeichnet). Der Pass befindet sich direkt rechts von diesem Gendarm; von dort wird es dann steil bergab hinunter nach Jomson gehen. Prägen Sie sich die Position des Gendarms für den morgigen Wegverlauf ein.
Sehr bequem wäre es, wenn wir einfach direkt am Nordufer (rechts) entlang zum Westufer spazieren könnten, wie es ebenfalls in vielen Karten vermerkt ist. Noch ist dieser Weg aber leider ebenfalls kurz vor dem Erreichen des Westufers durch die gewaltigen, von hier aus sichtbaren Felswände versperrt. Geplant ist es, diesen Weg passierbar zu machen, indem ein Pfad durch die ins Seewasser abbrechenden Felswände gesprengt wird. Ob und wann diese Trasse jemals fertiggestellt wird, kann niemand genau sagen. Aktuelle Informationen am besten im Hotel Tilicho Peak oder im Tilicho Base Camp Hotel einholen.
Uns bleibt also nichts anderes übrig, als den Eastern Pass zu bewältigen. Dieser Pass liegt direkt hinter dem Felshügel am Nordufer des See, unser Weiterweg verläuft also hinter diesem Hügel (siehe Foto Seite 263). Nach der Überschreitung des Eastern Pass und weiterer kleinerer Scharten werden wir schließlich wieder zum Seeufer mit dem Zeltplatz absteigen.
Von unserem **Aussichtspunkt**, 4990 m, laufen wir weiter auf dem mit rechts und links mit Steinen markierten Weg und gelangen schon bald in eine kleine Scharte zwischen zwei Hügeln. Direkt nach der Scharte gabelt sich der Weg. Wir gehen nicht links weiter hinunter Richtung See zu einer Art Flussdelta (toller Zeltplatz, Wasser im Fluss aber meistens schmutzig, decken Sie sich also vorher schon mit sauberem Wasser ein), sondern halten uns rechts.

Nach diesem Abzweig wird unserem Orientierungssinn einiges verlangt. Ab hier handelt es sich um keinen richtigen Weg mehr und Wegspuren sind auch nicht immer eindeutig erkennbar. Ab und zu versichern uns aber Steinmännchen, dass wir richtig sind! Rechts von dem Felshügel, hinter dem unser Weg verlaufen wird, sehen wir eine Schotterrinne, in der ein kleiner Bach fließt. Unsere Trekkingroute verläuft direkt in der Schotterrinne links von der Schotterrinne mit Bach. Nur leicht ansteigend erreichen wir eine größere ebene Fläche, die wunderbar als **Zeltplatz (3)**, 5030 m, dienen kann. Unmittelbar danach heißt es einen Bach zu überqueren, der aus der erwähnten Schotterrinne kommt. Bei viel Wasser kann die Suche nach einer geeigneten Stelle zur Querung auch zum Geduldspiel werden. Barfuß (oder besser z. B. mit Trekkingsandalen) und mithilfe von Teleskopstöcken ist es aber ein nettes kleines Abenteuer! Anschließend folgen wir nicht dem Bachverlauf, sondern wir queren nach links in die oben beschriebene trockene Schotterrinne. Oft ist hier eine deutliche Pfadspur erkennbar. Direkt am Anfang der Rinne finden wir dann auch ein ACAP-Schild »Mesokanto Pass«, 5140 m. Diese Art von Schildern werden uns im Folgenden bis zum Westufer (hoffentlich) immer wieder begegnen. Also halten Sie gut Ausschau! Wir folgen konsequent der Rinne, an deren Ende uns ein weiteres Schild, 5197 m, willkommen heißt. Von hier sind es knapp 10 Min. in eine markante Scharte. Wir queren dazu den Hang. In der **Scharte**, 5232 m, steht ebenfalls ein ACAP-Schild.
Von der Scharte steigen wir (sehr steil!) direkt an der Kante Richtung Westen weiter bergan. Dieser Wegabschnitt ist der technisch deutlich anspruchsvollste des heutigen Tages. Ausgesetztheit und Rutschgefahr! Zahlreiche Steinmännchen zeigen uns den Weg bis hinauf zum **Eastern Pass (4)**, 5360 m, den wir in etwa 45 Min. von der Scharte aus erreichen. Am Pass flattern ein paar Gebetsfahnen und toll ist der Blick auf die mächtigen Gletscher im Norden. Die schwierigsten Stellen sind für heute geschafft und bis zu unserem Etappenziel sind es von hier nur noch ca. 1.45 Std.
Wir folgen dem Weg zunächst durch Blockgelände und kommen bald auf ein weitläufiges Schotterplateau. Hier stehen ebenfalls ACAP-Schilder. Im Westen, also direkt vor uns, sehen wir wieder den markanten, großen »Gendarm« (Felszacken), von dem sich rechts der Mesokantola befindet (siehe Foto). Auf diesen Gendarm laufen wir jetzt zu, indem wir zunächst entlang einem Bachbett Richtung Westen absteigen. Vor einer Engstelle wechseln wir auf die rechte Bachseite und steigen leicht rechts haltend an (folgen also nicht mehr dem Bach). Von hier queren wir, kaum an Höhe verlierend, den gesamten Schotterhang (Steinmännchen!). Wir steuern eine kleine Anhöhe Richtung Gendarm an. – Wichtig ist, dass wir, auch wenn es verlockend aussieht, nicht an der zuvor beschriebenen Engstelle weiter dem Bachverlauf Richtung See (nach links) folgen. Man könnte hier vermuten, dass wir so schnell zum Westufer gelangen. Aber diese Vermutung ist falsch – wir würden direkt an die steilen Kliffs gelangen.

Nach 1.15 Std. vom Eastern Pass erreichen wir die mit Steinmännchen und einem weiteren Schild markierte **Anhöhe (5)**, 5246 m. Steil steigen wir Richtung Westen bergab zu einem **Bach (6)**, 5170 m – hier Abzweig zur Abkürzung zum Mesokantola (geradeaus) und Tourist La (rechts) – und folgen diesem bergab, fast weglos, bis kurz vor dem Seeufer. Der **Zeltplatz am Westufer (7)**, 4950 m, befindet sich direkt an diesem Bach an ein paar sehr großen und markanten Felsblöcken (links vom Bach). Die Zeltplätze sind durch die großen Felsblöcke windgeschützt. Der kleine Bach versorgt uns mit sauberem Wasser und wir können die besondere Atmosphäre auf uns wirken lassen. Machen Sie sich in Gedanken auf der Weltkarte bewusst, wo Sie gerade ihr Zelt aufgestellt haben!

Variante-Abkürzung (»shortcut«) zum Mesokantola:
Falls Sie Ihr Zelt nicht am Westufer, sondern schon vorher aufstellen und am nächsten Tag direkt weiter über den **Mesokantola** in Richtung Jomson wollen, dann ist folgende **Abkürzung** sicherlich sinnvoll: Sie nehmen den beschriebenen Weg bis zur Anhöhe, 5246 m, und sehen von hier schon auf der gegenüberliegenden Seite eine Wegspur, die den Hang von rechts unten nach links oben quert. Dieser Weg führt direkt zum Mesokantola. Steigen Sie dazu zunächst von der Anhöhe zum **Bach**, 5170 m, ab und queren Sie dann auf dem gut sichtbaren Weg den Hang bis zu einem kleinen Sattel mit wehenden Gebetsfahnen. Der Gendarm und damit auch der Mesokantola kann von diesem Hang aus nicht gesehen werden. Nach dem Sattel wird der Gendarm jedoch wieder sichtbar und wir queren den folgenden Hang in Richtung Gendarm. So erreichen wir auf konstanter Höhe den **Mesokantola**.

Weglos vom Eastern Pass in Richtung Mesokantola, der sich direkt rechts vom markanten Felsturm (Gendarm, im Bild links) befindet. Auf dem nicht gut erkennbaren Schotterhügel etwas rechts der Bildmitte befindet sich die Anhöhe, 5246 m.

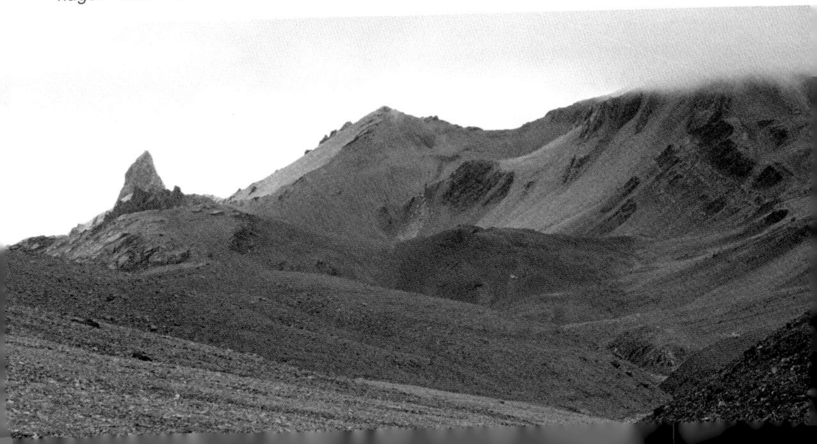

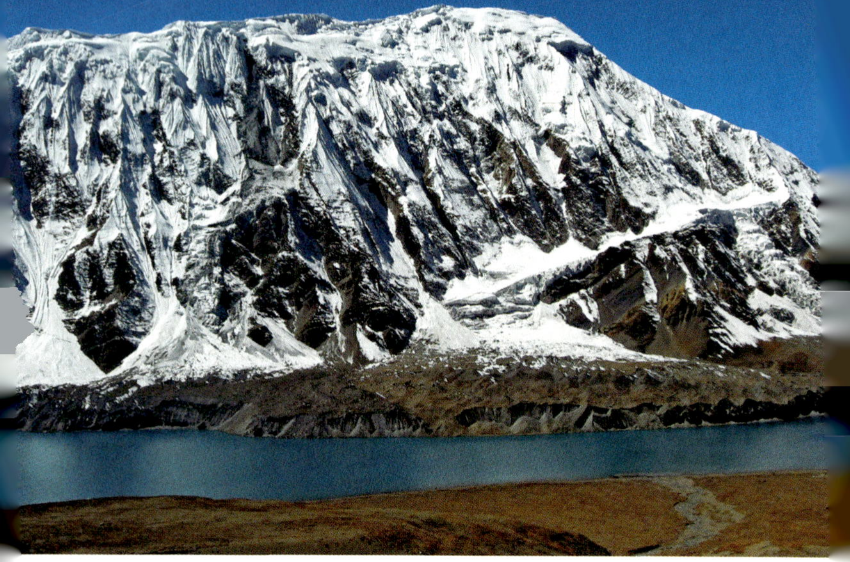

Der Normalweg auf den Gipfel des Tilicho Peak (7134 m) führt über die rechte Flanke.

Variante-Tourist La:

Ein zweiter Übergang ist der sogenannte **Tourist La**. Zum Teil wird dieser Übergang ebenfalls Mesokantola genannt. Er ist höher als der hier als Hauptweg beschriebene Mesokantola und liegt etwas nördlich von diesem. Der Aufstieg zum Tourist La ist seit Jahren (Stand 2018) weglos und nicht beschildert, dafür ist aber der Abstieg einfacher und nicht ganz so steil wie der vom Mesokantola. Eine sinnvolle Alternative ist der Tourist La besonders dann, wenn man nicht am Westufer zeltet, sondern schon vorher, zum Beispiel am Ostufer (teahouse). Dann kann man sich am Tag des Übergangs den Abstieg hinunter bis fast zum See sparen und nach dem Abstieg von der **Anhöhe (5)**, 5246 m, hinunter zum kleinen **Bach (6)**, 5170 m, direkt zum Tourist La aufsteigen.

Beide Wege, der vom Mesokantola und der vom Tourist La, treffen sich auf der anderen Seite auf einer Höhe von etwa 4570 m. Bei der aktuellen Lage empfehlen wir auf jeden Fall den Weg über den Mesokantola. Vermutlich wird sich die Situation in den nächsten Jahren auch nicht ändern. Holen Sie bei Bedarf die notwendigen aktuellen Infos in den Lodges ein. Derzeit ist der vom ACAP ausgeschilderte Weg jener über den Mesokantola.

7.30 Std.

↑400 ↓2600

Zeltplatz Westufer – Jomson 4

Über den Mesokantola zurück in die Zivilisation

Wollen wir heute bis nach Jomson und die Annehmlichkeiten der Zivilisation genießen, so liegt ein sehr langer und sehr anstrengender Tag vor uns! Frühes Aufbrechen ist also ein Muss. Nach dem Frühstück, Zelt-Abbauen und Lager-Räumen steht der eineinhalbstündige Anstieg hinauf zum Mesokantola mit seinen 5254 Metern auf dem Programm. Das teilweise weglose Gelände macht den Aufstieg anstrengend und fordert unseren Orientierungssinn. Von oben ist der Blick zurück zum Tilicho Lake kaum zu beschreiben: dunkelblaues Seewasser, strahlend weiße Eismassen und hoffentlich ein stahlblauer Himmel. Gut erkennbar ist auch der Abstieg hinunter in Richtung Kali Gandaki. Steil sieht der Abstieg aus und steil ist er in der Tat. Auf den ersten 400 Höhenmetern ist große Vorsicht geboten. Das Gestein ist lose. Es gibt keinen wirklich eindeutigen Weg. Bringen Sie Ihre Begleiter nicht unnötig durch Steinschlag in Gefahr! Bei einem mit einem Schild markierten Zeltplatz ist das für heute anspruchsvollste Wegstück gemeistert. Ab hier wird es immer grüner und ein neu angelegter, breiter Weg (Stand 2018) macht die Orientierung ab hier sehr leicht. Edelweiße häufen sich und Yaks erfreuen sich am satten Grün der Wiesen. Aber unser Abstieg zieht sich und will kein Ende nehmen. Die Beine werden immer müder. Die erste wirkliche Ortschaft, die wir erreichen, ist Thini. Hier können wir kurz einkehren und uns für die letzte halbe Stunde bis nach Jomson stärken. Wer Zeit hat und sich diesen Mammut-Abstieg nicht an einem Tag zutraut, dem empfehlen wir eine zusätzliche Nacht im Zelt. Am Abstiegsweg gibt es immer wieder einladende Zeltplätze. Für alle, die den Abstieg an einem Stück meistern, sind weiche und vielleicht schmerzende Knie vorprogrammiert.

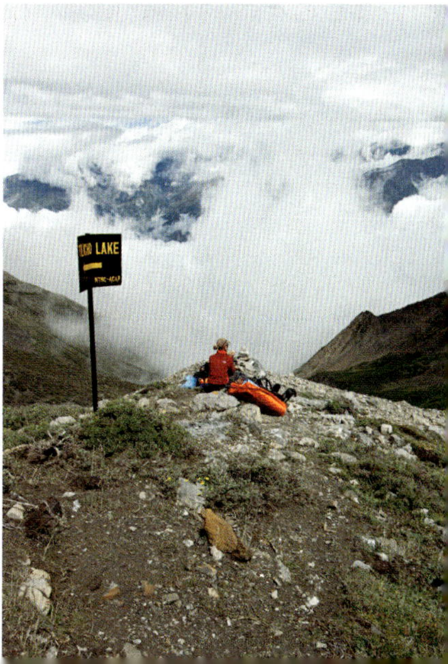

Geschafft! Rast nach dem Mesokantola, aber immer noch steht ein gewaltiger Abstieg nach Jomson bevor.

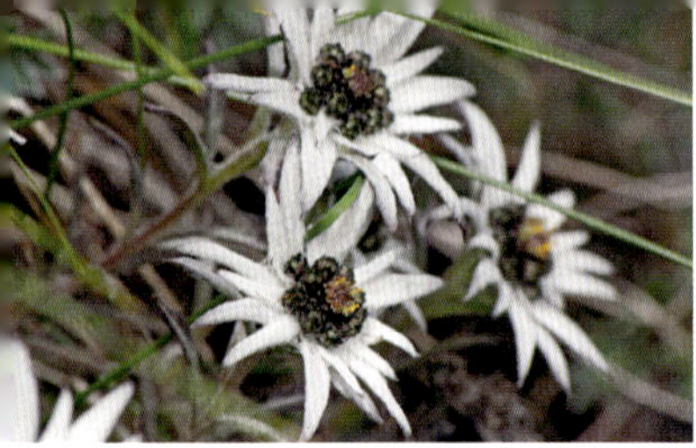

Heimatgefühle.

Ausgangspunkt: Zeltplatz Westufer, 4950 m.
Entfernung: 20,6 km.
Anforderungen: Wer den Weg gestern gut gemeistert hat, sollte auch heute keine Probleme haben. Aber noch einmal werden unsere Kondition und unser Orientierungssinn absolut gefordert. Schmale, ausgesetzte Wege und wegloses Gelände. Technisch am anspruchsvollsten ist der Abstieg vom Mesokantola. Dieser kann bei Schnee und Eis wegen der Steilheit sehr heikel werden!
Einkehr: Erst in Thini. – Wasser ist unterwegs zu finden.
Unterkunft: Keine auf dem Weg, aber einladende Zeltplätze. – **Thini:** Sehr einfache Lodges, besser nach Jomson weiterwandern. – **Jomson:** Zahlreiche Lodges.
Verkehrsmittel: Jeep, Bus und Flugzeug in Jomson; Details zur Rückfahrt siehe Seite 262.
Tipp: Eventuell zusätzliche Nacht einplanen, wer sich diesen extrem langen Abstieg von über 2500 Hm nicht an einem Tag zutraut. Nach dem Pass gibt es immer wieder einladende Zeltplätze mit Wasserversorgung.

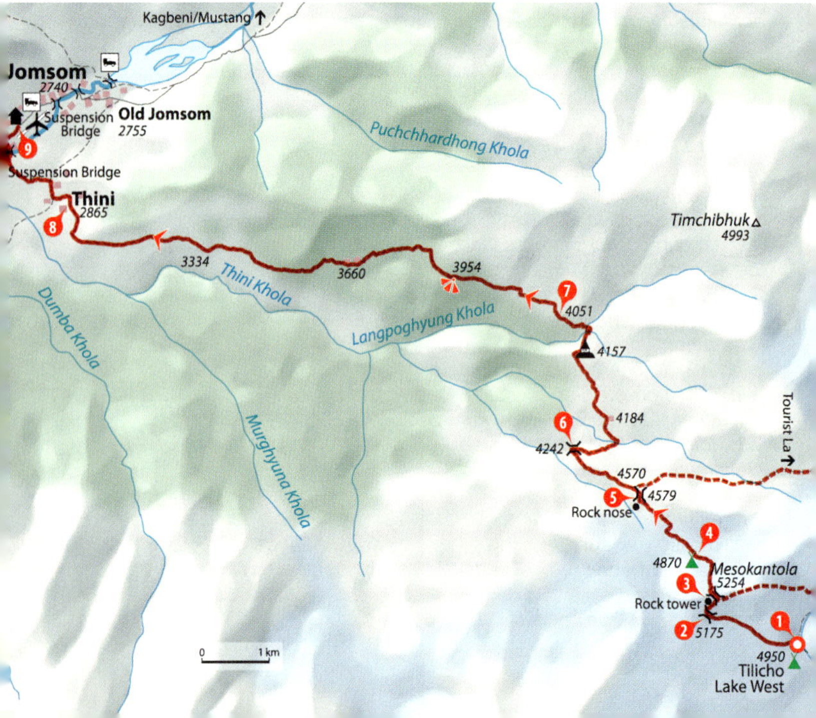

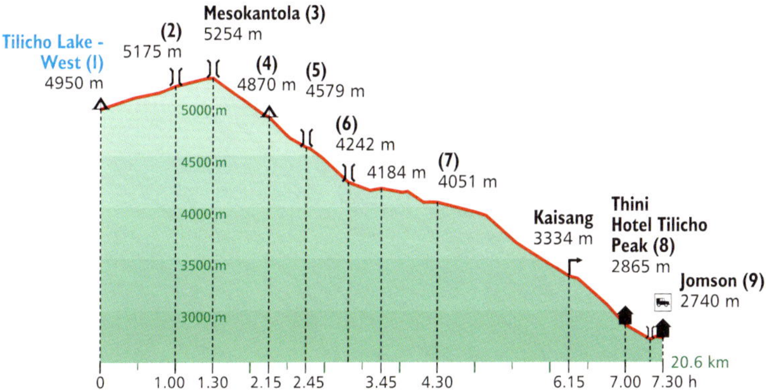

Vom **Zeltplatz am Westufer (1)**, 4950 m, gehen wir zunächst leicht bergauf auf bekanntem Weg zurück Richtung Westen. Aber schon kurz nach dem Zeltplatz bleiben wir nicht nach rechts am Bach, sondern biegen links ab in ein Tal, das weiter nach Westen führt (alternativ können wir auch vom Zeltplatz auf die Seitenmoräne hochsteigen und dieser Richtung Westen folgen). Unten in diesem kleinen Tal finden wir keinen Weg. Nur wenige Trittspuren und vereinzelte Steinmännchen zeigen uns die Route. Aber wir können uns nicht verlaufen: Wir folgen einfach dem schottrigen Tal westwärts.

Nach einem fast ebenen Stück erfolgt noch ein kurzer Anstieg und wir erreichen die Wasserscheide. In dieser Art **Scharte (2)**, 5175 m, befinden sich auch ein paar Steinmännchen. Jetzt heißt es aufgepasst! Wir folgen hier nicht weiter dem Talverlauf Richtung Westen, sondern steigen rechts steil bergan. Am besten wir orientieren uns am großen Gendarm aus Fels, der rechts oberhalb von uns dominiert. Leider gibt es hier keinen Weg und wir sind auf uns selber gestellt. Ziel ist es, den Bergrücken nördlich, also rechts, vom Gendarm zu erreichen. Von hier oben (am Bergrücken rechts vom Gendarm) ist der Pass schon zu sehen (Schild, Gebetsfahnen, Manisteine).

Haben wir unseren Weg hinauf zum Rücken gefunden, so sind es nur wenige Meter eben hinüber zum **Mesokantola (3)**, 5254 m. Von hier oben haben wir einen fantastischen Blick über den gesamten Tilicho Lake. Und zudem sehen wir direkt Richtung Westen hinunter in die Schotterrinne, in der unser Abstieg erfolgen wird. Sehr steil erscheint der Weg und bei Schnee oder Eis handelt es sich hier um eine absolut anspruchsvolle Wegpassage. Auf jeden Fall müssen wir auf Steinschlag achten, der durch andere Trekker ausgelöst wird. Ansonsten erweist sich der Schieferhang trotz der Steilheit als relativ gut machbar. Wir folgen dem offensichtlichsten Wegverlauf und verlieren sehr schnell an Höhe. Unten erreichen wir dann eine Art Ebene. In diesem

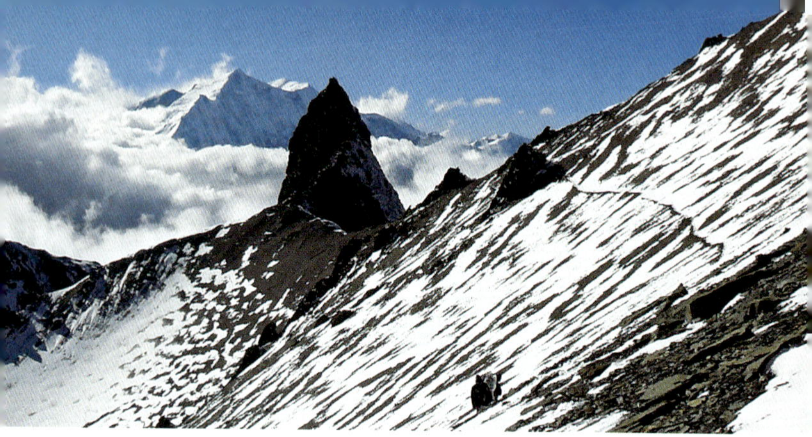

Der Mesokantola (mit Schild) befindet sich direkt vor dem Felsturm (»Gendarm«). Die Wegspuren rechts stammen von der Abkürzung zum Pass (Seite 275, Variante 1).

Schotterfeld (rechts vom kleinen Bach) steht auch ein **ACAP-Schild**, 4900 m. Wir wechseln auf die linke Bachseite und erreichen einen mit einem Schild gekennzeichneten kleinen **Zeltplatz (4)**, 4870 m, 45 Min. vom Pass; Wasser vom nahe gelegenen Bach. Ab hier bis zu unserem Etappenziel Jomson ist es deutlich einfacher, den Weg zu finden. 2018 wurde ein neuer, breiter Weg angelegt. Wir haben also die technisch anspruchsvollen Passagen gemeistert.

Von dem kleinen Zeltplatz steigen wir über den Schotterhang ab zu einer Wiese, die wir überqueren. Am Ende der Wiese (bei einem ACAP-Schild »Tilicho Lake«) haben wir einen tollen Ausblick. Und von hier sehen wir auch gut den folgenden Wegverlauf. Wir steigen rechts ab zum kleinen **Bach**, 4670 m, überqueren diesen und laufen von dort auf eine kleine Felsnase am Rücken zu. Unser Weg verläuft über diesen Rücken direkt rechts von der **Felsnase** über eine kleine **Scharte (5)**, 4579 m. Von dieser Scharte aus queren wir nur kurz Richtung Norden und gelangen an einen weiteren Bergrücken (ACAP-Schild), 4570 m. Hier mündet der **Weg** vom **Tourist La** (siehe Etappe 3, Variante 2) auf unseren Weg.

Unser nächstes Ziel wird die Steinhütte mit blauem Dach in NW Richtung sein. Dazu steigen wir zunächst auf dem Rücken ab. Hier wächst in den Sommermonaten eine üppige Blumenpracht und Yaks nutzen dieses saftige Grün als Weidegrund. Wir folgen einfach konsequent dem Rücken und erreichen dann eine weitere **Scharte (6)**, 4242 m, wieder mit einem ACAP-Schild. Von hier nehmen wir den eindeutigen Weg rechts hinunter zu einem kleinen Bach, 4165 m, und dann bringt uns ein kurzer Gegenanstieg zur **Steinhütte** mit blauem Blechdach, 4184 m.

Weiter Richtung Westen im Auf und Ab queren wir Almgelände (immer wieder ACAP-Schilder) und erreichen so eine kleine alte **Steinchörte**, 4157 m. Von hier bergab zu einem weiteren Bach, 4050 m, und kurzer Anstieg zu einer netten **Wiese (7)**, 4051 m, die zum Rasten einlädt. Ab hier kann man den Weg am Hang entlang bis nach Thini (kurz vor Jomson) wirklich nicht mehr verfehlen. Links unter der gewaltigen Wand des Nilgiri, 7061 m, sehen wir auch immer wieder das Military Camp. Das Betreten des Gebiets um das Camp ist für Touristen strengstens untersagt. Der breite Weg bringt uns immer wieder vorbei an ein paar Steinhütten, mal steil, mal eher eben, vorbei am **Abzweig** nach **Kaisang**, 3334 m, bis hinunter nach Thini. Links unten sehen wir den Dhumba-See.

Wir laufen direkt in den Ort **Thini (8)**, 2865 m, und gelangen so zum Hotel Tilicho Peak. Von Thini können wir den breiten Fahrweg nach Jomson nehmen. Aber wir empfehlen folgenden Weg, weil dieser direkt zu den Lodges und zum Flughafengebäude bei Jomson führt: Vom sehr einfachen Hotel Tilicho Peak gehen wir auf dem gepflasterten Weg weiter bergab durch den Ort zu einer T-Kreuzung. Hier halten wir uns rechts, weiterhin auf dem gepflasterten Weg. Jetzt heißt es noch mal aufgepasst! Dort, wo rechts die Häuser langsam weniger werden, dürfen wir einen Trampelpfad links ab vom Hauptweg nicht verpassen. Lassen Sie sich nicht verwirren: Über den Weg ist eine kleine Steinmauer gebaut, die aber leicht zu überklettern ist. Danach folgen wir dem logischen Wegverlauf und erreichen durch ein paar Felder einen großen, weiß angemalten Felsblock. Von hier orientieren wir uns an den Pfadspuren weiter Richtung Fluss. An einem alten Antennenmast rechts vorbei und hinunter zur großen **Hängebrücke**, 2725 m (ACAP-Schild »Thini + Dhumba Lake«). Wir gehen über die Brücke, laufen links an der Flugbahn vorbei und hoch zum Fahrweg. Diesem folgen wir nach rechts direkt in den Ort **Jomson (9)**, 2740 m, mit seinen zahlreichen Lodges und Geschäften.

Blick auf Thini, im Hintergrund sind schon die Häuser sowie die Start- und Landebahn von Jomson gut erkennbar.

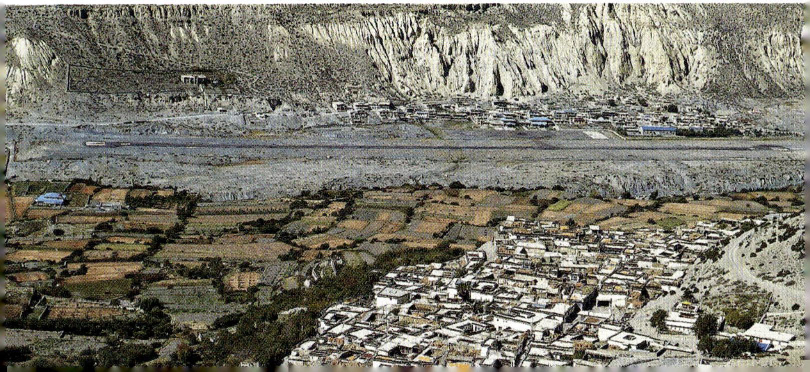

Poon Hill Trek

Sie haben wenig Zeit und keine große Erfahrung in Trekkingtouren? Sie wollen aber trotzdem den hohen Bergen etwas näher kommen und hineinschnuppern in die tolle Atmosphäre einer Trekkingtour im Himalaya? Dann können wir den dreitägigen Kurztrek zum berühmten Aussichtsberg Poon Hill mit 3193 m Höhe empfehlen:
Wir wandern zwei Tage bergauf zur Ortschaft Ghorepani. Der Weg dorthin verläuft von Nayapul durch zahlreiche subtropische Wälder. Im Frühling können die prachtvollen Blüten der unzähligen Rhododendronbäume (siehe Foto Seite 10) bewundert werden. Zudem bekommen wir bei dieser Tour einen guten Einblick in das typische Leben der Einheimischen in dieser Region. Wir kommen an vielen kleineren Ortschaften vorbei und so ist der Kontakt zur ländlichen Bevölkerung immer gegeben. Von Ghorepani, unserem höchsten Übernachtungspunkt, ist es nur etwa eine Stunde auf einem einfa-

Morgenstimmung auf dem Poon Hill: Blick auf den Machhapuchhre, der aufgrund seiner markanten Form auch »Fischschwanz« genannt wird (siehe Seite 218).

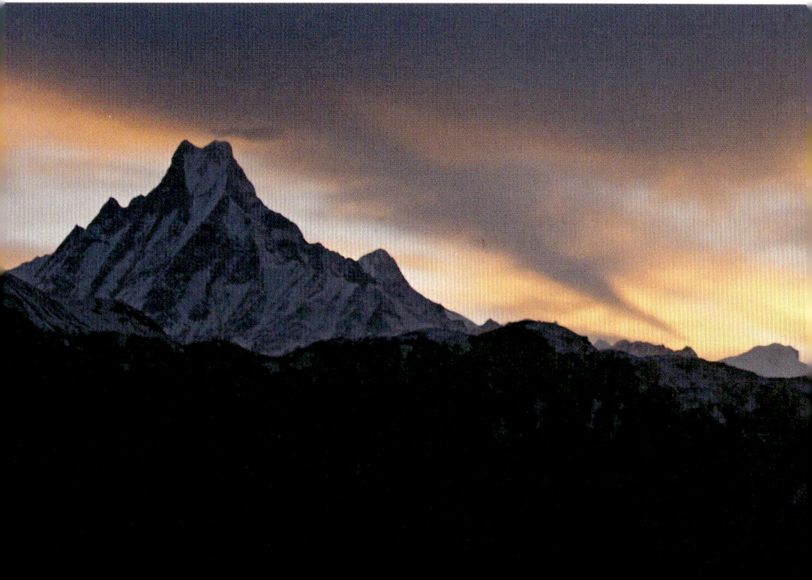

Etappenübersicht

Etappe		Schwierigkeit	Auf-/Abstieg	Strecke	Gehzeit
1	Nayapul – Tikhedhunge	L	610/120 Hm	9,5 km	3.30 Std.
2	Tikhedhunge – Ghorepani	L	1350/50 Hm	9,8 km	5.30 Std.
3	Ghorepani – Nayapul	L	490/2280 Hm	21,9 km	8.00 Std.
Insgesamt			2450/2450 Hm	38,6 km	3 Tage

chen, gut ausgebauten Weg hinauf zum Aussichtshügel Poon Hill. Die meisten Touristen wollen dieses gewaltige Panorama beim Sonnenauf- oder Sonnenuntergang genießen. Erwarten Sie hier oben keine Einsamkeit. Aber trotz der zahlreichen Besucher ist der Blick in Richtung Norden zum frei stehenden Gipfel des Achttausenders Dhaulagiri atemberaubend. Und mindestens genauso unvergesslich ist der Anblick der Annapurna Süd und des Machhapuchhre (Seite 218), dessen markanter Gipfel in Form einer Fischflosse in den Himmel ragt. Nach der Besteigung des Poon Hill geht es dann entweder auf dem Aufstiegsweg zurück in die Zivilisation oder wir erweitern den Trek über die sehr schöne Ortschaft Ghandruk zu einer fünftägigen Rundtour.

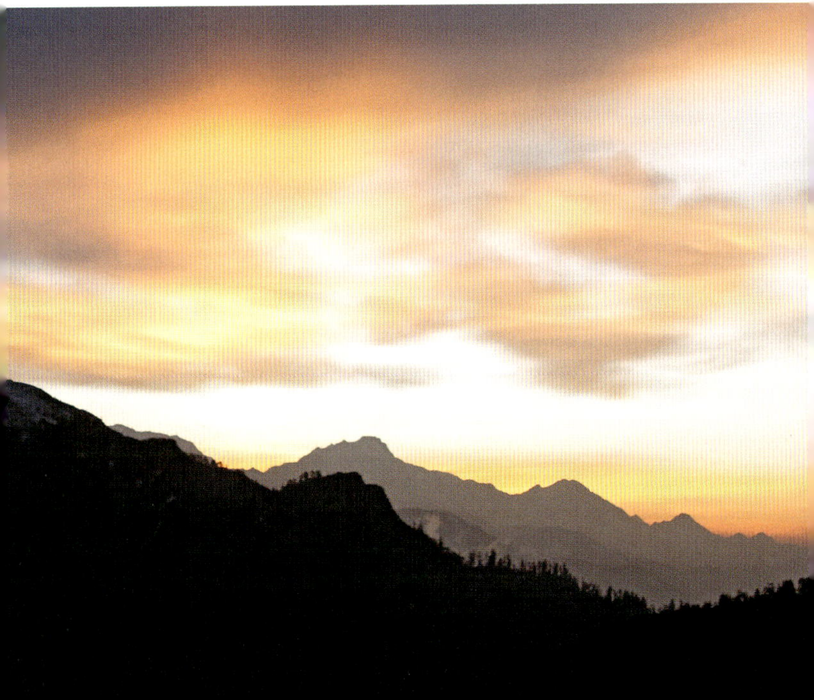

In wirklich kürzester Zeit und auf einfachen Wegen können wir mit dem Poon Hill Trek hineinschnuppern in die faszinierende Trekkingwelt der Annapurna-Region.

Permit

ACAP- und TIMS-Permit erforderlich (siehe ab Seite 73).

Ausrüstung

Es wird ausschließlich in Lodges übernachtet, kein Zelt etc. erforderlich.

Beste Reisezeit

März bis Mai und Oktober bis November; aber auch während der Wintermonate machbar; Rhododendronblütezeit März und April; beste Sicht im Herbst.

Anreise – Ausgangspunkt

Der Ausgangspunkt des Poon Hill Treks, Nayapul, liegt an der Straße zwischen Pokhara und Beni. Nayapul ist entweder mit einem öffentlichen Bus (ca. 200 NPR) oder mit Taxi (ca. 2000 NPR) von Pokhara zu erreichen. Für die Busfahrt sollten Sie 2 Stunden, für die Taxifahrt entsprechend etwas weniger Zeit einplanen. Die Busse fahren vom Baglung Buspark im Norden Pokharas ab. Nehmen Sie am besten ein Taxi von Ihrer Unterkunft zum Buspark (Lakeside – Buspark: ca. 300 NPR).

Rückfahrt

Der Endpunkt des Poon Hill Treks ist ebenso wie der Ausgangspunkt Nayapul. Siehe daher oben bzw. Annapurna-Umrundung (Seite 91).

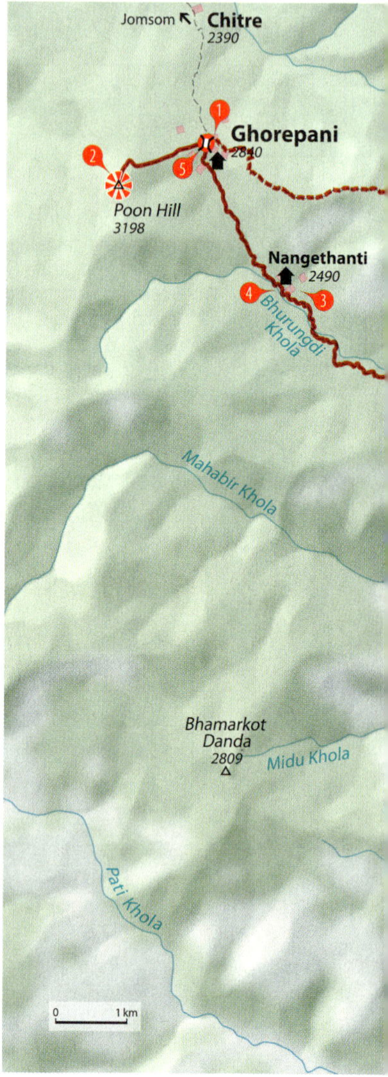

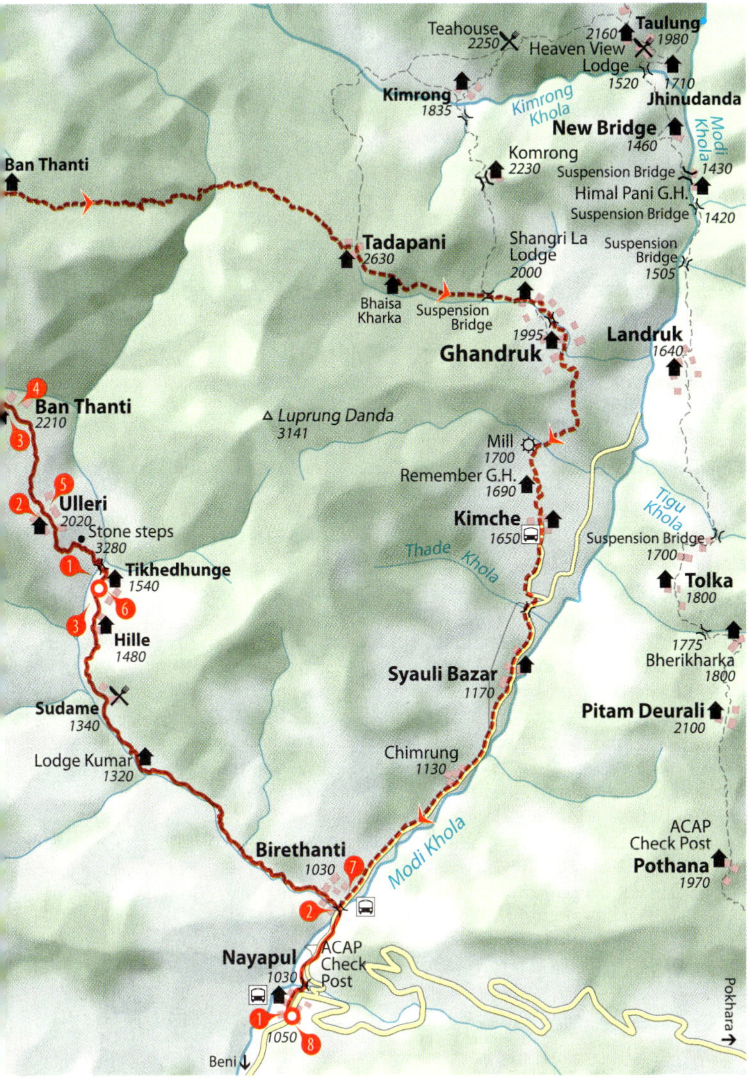
Teahouse
2250
2160
Taulung
1980
Heaven View
Lodge
1520
1710
Kimrong
1835
Kimrong
Khola
Jhinudanda
New Bridge
1460
Modi
Khola
Ban Thanti
Komrong
2230
Suspension Bridge
1430
Himal Pani G.H.
Suspension Bridge
1420
Tadapani
2630
Shangri La
Lodge
2000
Suspension
Bridge
1505
Bhaisa
Kharka
Suspension
Bridge
1995
Ghandruk
Landruk
1640
Ban Thanti
2210
Luprung Danda
3141
Mill
1700
Remember G.H.
1690
Ulleri
2020
Stone steps
3280
Kimche
1650
Tigu
Khola
Suspension Bridge
1700
Thade
Khola
Tikhedhunge
1540
Tolka
1800
Hille
1480
1775
Bherikharka
1800
Syauli Bazar
1170
Sudame
1340
Pitam Deurali
2100
Lodge Kumar
1320
Chimrung
1130
ACAP
Check Post
Pothana
1970
Birethanti
1030
Modi Khola
Nayapul
1030
ACAP
Check
Post
1050
Beni
Pokhara

1 Nayapul – Tikhedhunge

3.30 Std.

↑610 ↓120

Zum Eingewöhnen

Heute heißt es zunächst Nayapul, den Ausgangspunkt unserer Tour, zu erreichen. Schon die Fahrt dorthin mit Bus oder Taxi ist spannend und erlebnisreich. Dann schnüren wir unsere Schuhe enger, schultern den Rucksack und starten die Trekkingtour. Kilometer für Kilometer lassen wir immer mehr die Zivilisation hinter uns. Am Anfang eben, dann etwas ansteigend erreichen wir unser heutiges Ziel Tikhedhunge. Im Ort gibt es viele einladende Lodges. Nehmen Sie sich die Zeit und schlendern Sie nach dem Beziehen Ihres Zimmers mit offenen Augen durch den Ort. Hier ist vieles anders als in den größeren Städten Nepals.

Ausgangspunkt: Nayapul, 1050 m.
Entfernung: 9,5 km.
Anforderungen: Technisch einfache Wege, Orientierung problemlos.
Einkehr: Zahlreiche Möglichkeiten.
Unterkunft: Immer wieder Lodges am Wegesrand. – **Hille:** Mehrere einladende Lodges. – **Tikhedhunge:** Viele einladende Lodges.
Verkehrsmittel: Mit dem Taxi kann man auch bis Birethani und mit einem Jeep sogar bis nach Hille bzw. Tikhedhunge (Stand 2017) fahren.
Hinweis: Karte siehe Seite 284/285.

Wir lassen uns an der Hauptstraße von Pokhara nach Baglung bei der Ortschaft Nayapul absetzen. Mit dem Bus brauchen wir von Pokhara ungefähr 2 Std. bis hierher.

Von der **Teerstraße** bei **Nayapul (1)**, 1050 m, aus gehen wir den breiten Schotterweg durch den Ort **Nayapul**, 1030 m. Der Ort wirkt chaotisch und dreckig. Am Ende dieses Schotterfahrweges halten wir uns auf einem Pfad leicht rechts und gelangen so zu einer Hängebrücke, 1020 m, die uns über einen kleineren Fluss bringt. Danach steigen wir kurz bergan und laufen an einigen Shops vorbei bis zur breiten Piste. Wir folgen der Piste taleinwärts am großen Fluss Modi Khola entlang. Der Fahrweg leitet uns weiter Richtung Norden und so kommen wir zu den ersten Häusern von Birethanti. Hier am

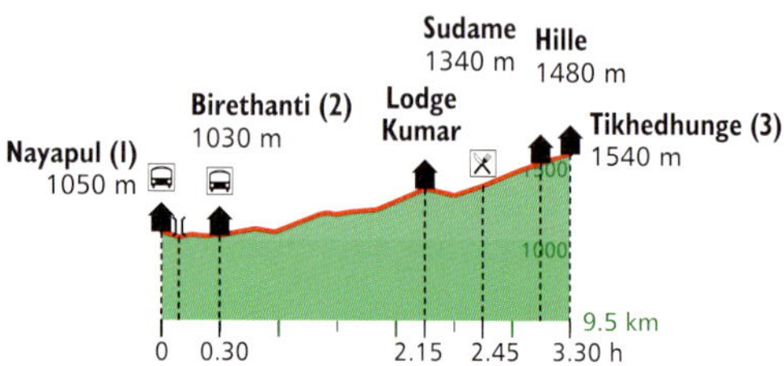

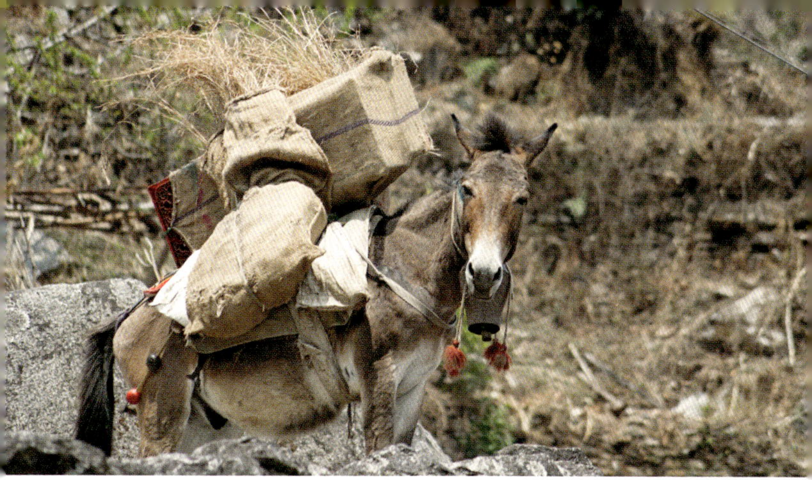

Lastentransport mit einer Mulistärke.

Ortseingang finden wir wiederum viele Shops, ein TIMS Checkpost und auch die ersten Lodges. Eine Brücke bringt uns auf die Westseite des Modi Khola und in den eigentlichen Ort **Birethanti (2)**, 1030 m. Nach der Flussüberquerung halten wir uns links (Der Weg nach rechts würde uns Richtung Norden immer entlang des Modi Khola Richtung Ghandruk und weiter zum Annapurna Base Camp bringen.). Im Ort finden wir einen ACAP Checkpost und mehrere einladende Restaurants und Lodges, in denen wir unsere erste Pause fernab der verkehrsreichen Straßen genießen können.
Ab Birethanti laufen wir entlang des Bhurungdi Khola Richtung Nordwesten. Zunächst steigt der Weg nur mäßig an. Bald können wir einen zusätzlichen Anstieg umgehen, indem wir den Weg direkt im Bachbett wählen. Diese Möglichkeit bietet sich aber nur bei niedrigem Wasserstand. Am besten beobachten wir die Einheimischen und entscheiden nach deren Verhalten. Der Weiterweg verläuft zum Teil ganz nahe am Fluss und zum Teil etwas abseits vorbei an Maisfeldern und Viehweiden. Bei einer größeren Hängebrücke über diesen Bach steht die **Lodge Kumar**, 1220 m.
Wir wechseln aber nicht die Seite, sondern bleiben immer auf der rechten Flussseite (N). Vereinzelte Steinstufen bringen uns, vorbei an **Sudame**, 1340 m, zum Ort **Hille**, 1480 m. Von hier sind es nur wenige Minuten bis zu unserem heutigen Etappenziel Tikhedhunge. Also falls Sie in Hille eine für Sie ansprechende Unterkunft finden, dann spricht nichts dagegen, schon hier zu nächtigen. Ansonsten wandern wir noch bis zum netten und gepflegten Ort **Tikhedhunge (3)**, 1540 m. Hier befinden sich zahlreiche einladende Unterkünfte. Genießen Sie den ersten Abend in einer Lodge!

2 Tikhedhunge – Ghorepani

5.30 Std.
↑1350 ↓50

Das Dorf mit den blauen Häusern

Wahrscheinlich ist heute der anstrengendste Tag unseres Poon Hill Treks. Etwa 3300 Steinstufen erwarten uns, auf denen mehr als 1000 Höhenmeter überwunden werden wollen. Die Aussicht und die zahlreichen Rastmöglichkeiten werden aber auch diesen Anstieg hinauf in die Ortschaft Ghorepani kurzweilig gestalten. Das »blaue Blechdorf« Ghorepani oben am Pass Ghorepani Deurali trägt seinen Namen »ghore« (Pferd) »pani« (Wasser) wegen der vielen Maultierkarawanen, die hier oben am Pass ihre Pferde an die Wasserstelle führten. Heute ist das Ortsbild von großen, aus blauem Blech gefertigten Lodges und zahlreichen Souvenirläden geprägt. Die Hauptattraktion Ghorepanis ist ein Ausflug auf den Poon Hill. Diesen können wir entweder gleich heute Abend oder alternativ morgen in der Früh besteigen (siehe Etappe 3).

Ausgangspunkt: Tikhedhunge, 1540 m.
Entfernung: 9,8 km.
Anforderungen: Technisch einfache Wege, Orientierung problemlos. Aufstieg nach Ulleri über ca. 3300 (!) Steinstufen darf nicht unterschätzt werden.
Einkehr: Zahlreiche Möglichkeiten entlang des Weges.
Unterkunft: Immer wieder Lodges am Wegesrand. – **Ulleri:** Viele einladende Lodges. – **Ban Thanti:** 4 Lodges. – **Nangethanti:** 3 Lodges. – **Ghorepani:** Zahlreiche Lodges.
Einkauf: In Ghorepani, siehe Annapurna-Umrundung, Etappe 16.
Hinweis: Karte siehe Seite 284/285.

Die meisten Lodges in Ghorepani sind groß, blau und mit Blech verkleidet.

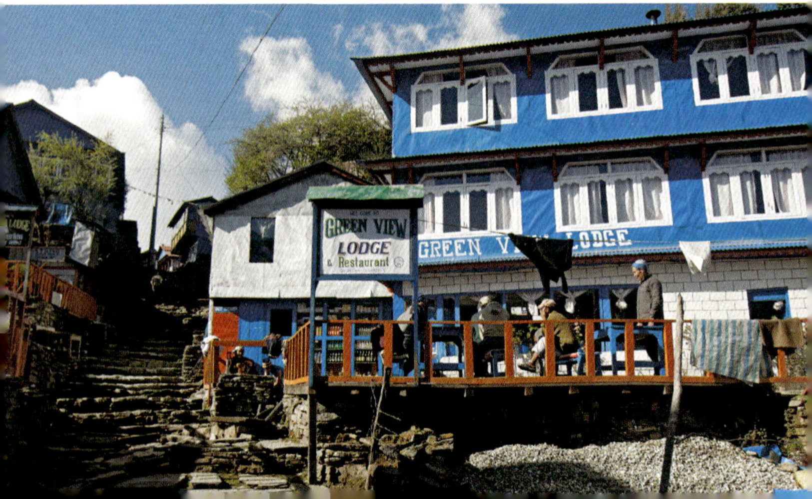

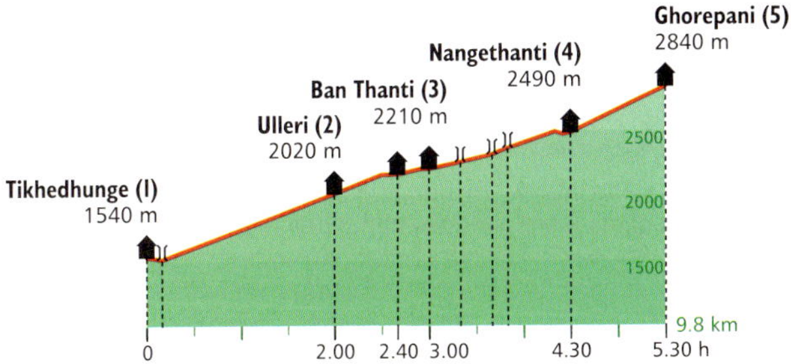

Die heutige Etappe ist länger und anstrengender als die gestrige. Machen Sie sich also nicht zu spät auf den Weg.

Wir folgen dem Hauptweg durch den Ort **Tikhedhunge (1)**, 1540 m, und kommen zu zwei großen **Hängebrücken**, 1530 m und 1520 m. Nach den beiden Brücken folgt der anstrengendste Teil des heutigen Tages und wahrscheinlich der gesamten Trekkingtour. Unzählige – wenn man es genau nehmen will, sind es 3280 Stück! – Steinstufen bringen uns hinauf in den Ort **Ulleri (2)**, 2020 m. Bis hierher könnte man auch mit dem Jeep fahren (Stand 2017).

Weiter geht es den Hauptweg entlang. Am Wegesrand befinden sich immer wieder Restaurants und kleinere Unterkünfte. Wir verstehen schnell, warum vom »Teahouse Trek« gesprochen wird. Vorbei an den beiden großen Lodges Green Hill View und Machhapuchhre Lodge, 2170 m, kommen wir in den Ort **Ban Thanti (3)**, 2210 m. Eher am Ortsende finden wir das Trekker's Guest House, das Hotel Fishtail View und mehrere Einkehrmöglichkeiten. Von hier haben wir einen fantastischen Blick auf den Machhapuchhre mit seinen 6993 m.

Gut 1 Std. nach Ban Thanti tauchen wir dann ein in den sattgrünen, subtropischen Wald. Neben unserem Weg fließt der kristallklare Bhurungdi Khola, und der dschungelartige Wald vereinnahmt uns immer mehr. Ständig sehen wir wunderschöne Rhododendronbäume. Kaum zu glauben, dass dieses Gewächs in Deutschland maximal zu einem größeren Busch heranwächst. Hier hingegen finden wir alte Bäume mit einem Stammdurchmesser von fast einem Meter. Kleine, solide Betonbrücken bringen uns über kleine Seitenbäche, die anschließend in den Bhurungdi Khola münden. So erreichen wir den Ort **Nangethanti (4)**, 2490 m.

Von hier ist es nur noch 1 Std. bis zu unserem Etappenziel. Vor dem Hauptort durchwandern wir noch eine Art Vorort von Ghorepani, 2780 m, wo sich ebenfalls ein paar schöne Lodges befinden. Wir steigen weiter bergauf und kommen so an den Pass, an dem sich direkt unser Ziel **Ghorepani (5)**, 2840 m, befindet. Hier beginnt auch der Weg hinauf auf den Aussichtsberg Poon Hill (Beschreibung siehe Etappe 3).

3 Ghorepani – Nayapul

8.00 Std.

↑490 ↓2280

Auf bekanntem Weg zurück – oder noch ein Schlenker über Ghandruk

Der heutige Tag startet mit der Besteigung des Poon Hill. Wollen wir ihn – wie die meisten Touristen – bei Sonnenaufgang erleben, heißt es also früh aufstehen. Nach dem Poon-Hill-Ausflug können wir erst einmal ein »aussichtsreiches« Frühstück auf der Terrasse unserer Lodge mit hoffentlich klarem Blick auf Annapurna, Dhaulagiri und Machhapuchhre genießen. Trotzdem sollten wir versuchen, früh mit dem Abstieg nach Nayapul zu beginnen, da unser heutiger Tag ein langer Tag ist. Wir kennen die unzähligen Steinstufen, die auf uns warten. Zurück in Nayapul (Jeeps fahren z. T. auch schon in den Ortschaften vor Nayapul los) organisieren wir uns die Rückfahrt nach Pokhara.

Ausgangspunkt: Ghorepani, 2840 m.
Entfernung: 21,9 km.
Anforderungen: Lange Etappe, Steinstufen und Hitze sind nicht zu unterschätzen. Technisch einfache Wege. Orientierung problemlos.
Einkehr: Zahlreiche Möglichkeiten.
Unterkunft: **Nangethanti:** 3 Lodges. – **Ban Thanti:** 4 Lodges. – **Ulleri:** Viele einladende Lodges. – **Tikhedhunge:** Viele einladende Lodges. – **Hille:** Mehrere einladende Lodges. – **Nayapul:** Zahlreiche Unterkünfte, aber nicht als Übernachtungsmöglichkeit zu empfehlen. – **Tadapani** (Variante): Zahlreiche Lodges. – **Ghandruk:** Siehe ABC, Etappe 9.
Verkehrsmittel: Rückfahrt von Nayapul nach Pokhara siehe Annapurna-Umrundung (Einleitung sowie Etappe 17).
Variante: Den Poon Hill Trek kann man zu einer 5-tägigen Runde ausdehnen, indem man über den sehenswerten Ort Ghandruk nach Nayapul zurückgeht (Beschreibung siehe unten).
Tipp: Falls Sie Zeit haben, teilen Sie diese Etappe auf zwei Tage auf und übernachten Sie in Ulleri, Tikhedhunge oder Hille!
Hinweis: Karte siehe Seite 284/285.

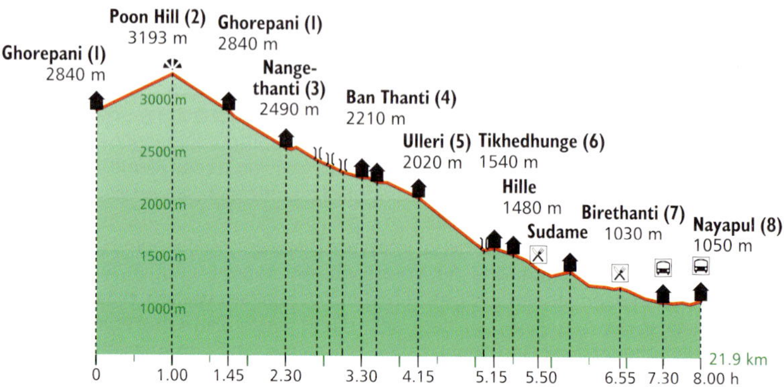

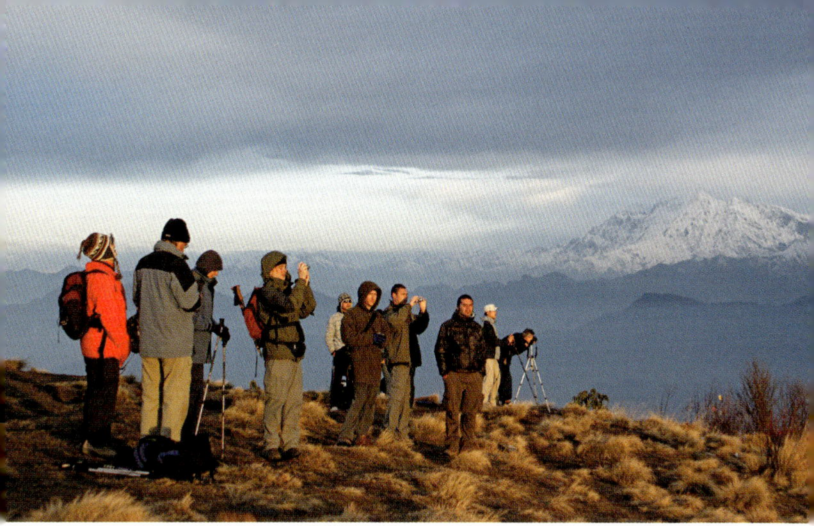

Allein ist man am Morgen auf dem Gipfel des Poon Hill selten!

Heute morgen steht – falls Sie das nicht bereits gestern Abend unternommen haben – die **Besteigung des Poon Hill** auf dem Programm:
Der Weg hinauf zum Poon Hill startet direkt in der Mitte des Ortes **Ghorepani (1)**, 2840 m. Hier befinden sich Schilder, die uns auf den richtigen Aufstiegsweg lotsen. Am Anfang führt der Weg vorbei an Lodges und anschließend stetig den Berg hinauf. Bei dem Weg handelt es sich größtenteils um einen gut ausgetretenen, einfachen Wanderweg, der nicht zu verfehlen ist. Nach etwa 1 Std. haben wir die gut 300 Höhenmeter überwunden und stehen auf dem Aussichtsgipfel **Poon Hill (2)**, 3193 m. Der Abstieg, für den wir etwa 45 Min. einplanen sollten, erfolgt auf dem Aufstiegsweg.

i **Poon Hill:** *Einsamkeit suchen wir hier oben bei gutem Wetter vergeblich, dennoch zählt der Poon Hill auf einer Trekkingtour in diesem Gebiet zum absoluten Pflichtprogramm. Und man muss schon wirklich zugeben, das Panorama von hier oben ist atemberaubend. Der Poon Hill ist ein Aussichtsgipfel oberhalb von Ghorepani mit einer Höhe von 3193 m. Vom Gipfel, auf dem auch ein Aussichtsturm steht, haben wir einen fantastischen Blick auf Dhaulagiri, Annapurna, Machhapuchhre und zahlreiche andere mächtige Bergriesen.*
Die meisten Besucher wollen die besondere Stimmung oben am Poon Hill bei Sonnenaufgang erleben, und so quält man sich in seiner Lodge in Ghorepani um etwa 4 Uhr aus dem Bett, um etwa um 4.45 Uhr den Aufstieg in den Angriff zu nehmen. Eine Stunde sollte man für die 300 Hm einplanen. Normalerweise reiht man sich

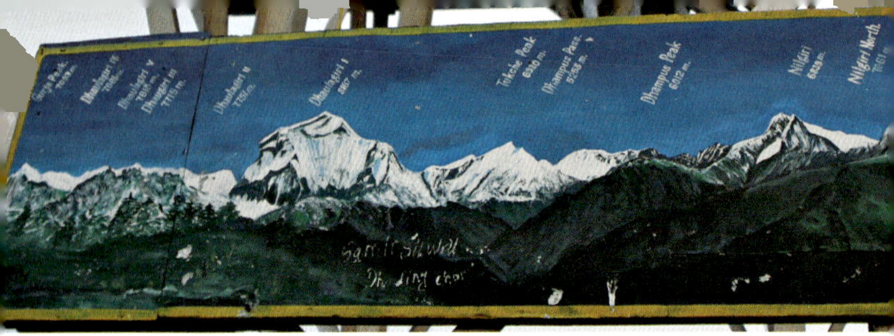

Welcher ist welcher? Die Panoramakarte am Aussichtsturm auf dem Poon Hill hilft hoffentlich bei der Orientierung.

um diese Zeit schon im Ort in die Schlange der flackernden Stirnlampen ein und erreicht mit all den anderen Aspiranten um 5.45 Uhr rechtzeitig zum Sonnenaufgang den »Gipfel«. In der Saison kann man sich hier oben auch heißen Tee gönnen und dabei das Schauspiel des Sonnenaufgangs auf sich wirken lassen.

Die Wegbeschreibung für den Rückweg von **Ghorepani** nach **Nayapul** finden Sie bei Etappe 17 der Annapurna-Umrundung ab Seite 191.

Variante Rückweg: In drei Tagen über Ghandruk nach Nayapul

Allen, die zwei Tage länger Zeit haben, empfehlen wir die Variante von Ghorepani über Tadapani nach Ghandruk und von dort zurück nach Nayapul. In diesem Fall besichtigen Sie die wunderschöne Ortschaft Ghandruk und die dann insgesamt 5-tägige Trekkingtour wird zu einer abwechslungsreichen Rundtour.

1. Tag: Ghorepani – Tadapani (4.30 Std.)

Direkt im Ortskern (bei der Bäckerei) von Ghorepani, 2840 m, nehmen wir den beschilderten Weg nach »Tadapani«. Etwa 50 m nach dem Abzweig kommen wir an der Lodge Sunny Hotel vorbei. Nach anfänglichem Aufstieg zum Deurali-Pass (etwa 3180 m, etwa 1 Std., 350 Hm) erfolgt ein kurzer Abstieg (etwa 0.30 Std.) nach **Deurali**, das nur aus zwei Lodges und ein paar Verkaufsständen besteht. Auf diesem Wegabschnitt können Sie immer wieder einen ähnlich guten Ausblick wie vom Poon Hill genießen. Kurz nach Deurali gelangen wir zum Hotel Laligurand (Abstecher zum Gurung Hill möglich) und halten uns hier links. Wir folgen dem Bachverlauf und steigen von Deurali oft steil in etwa 1.30 Std. auch immer wieder über Treppen nach **Ban Thanti**, etwa 2660 m, 4 Lodges, ab. Nach den vier Lodges in Ban Thanti geht es zunächst leicht bergauf zu einer weiteren Lodge. Etwa 20 Minuten nach den vier Lodges kommen wir an einer weiteren Lodge vorbei. Nach dieser Lodge geht es steil bergab zu einem kleinen Wasserkraftwerk. Von hier erfolgt ein steiler Gegenanstieg (etwa 30 Min.) oft auf Steinstufen hinauf

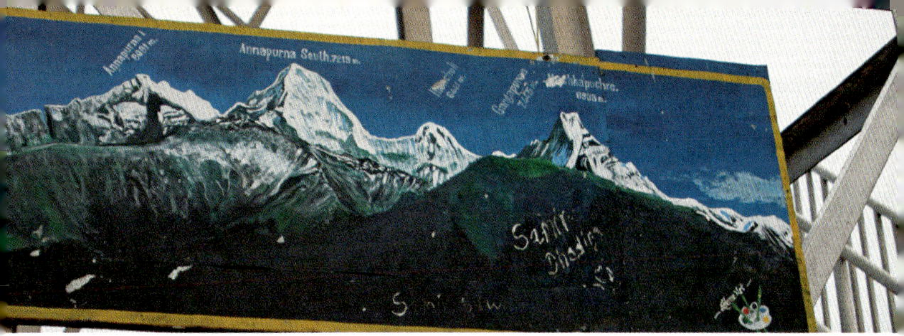

in den Ort **Tadapani**, 2630 m. Der Name des Dorfes kann mit »entferntes Wasser« übersetzt werden. Wir empfehlen, hier zu übernachten.
Tipp: Beim Grand View G.H. führt ein Weg nach Norden zum ABC (siehe ab Seite 196). Von Tadapani über Kimrong nach Chhomrong sind es etwa 4 Std.

2. Tag: Tadapani – Ghandruk (2.30 Std.)
Wir verlassen am nächsten Tag den Ort **Tadapani**, 2630 m, auf dem Hauptweg. Am Ortsende halten wir uns rechts und anschließend geht es stetig bergab. Vorbei an der Paradise Lodge im Ort **Bhaisa Kharka** (etwa 30 Min. nach Tadapani) und dem Hotel Lonely Planet in Sitkyo (etwa 1.30 Std. nach Tadapani) und weiteren einladenden Lodges geht es auf unzähligen Stufen in Richtung Ghandruk (etwa 2.30 Std. ab Tadapani). Kurz vor Ghandruk beginnt ein sauber gepflasterter Weg, der uns in die Ortschaft und damit zu unserem heutigen Etappenziel **Ghandruk**, 1995 m, brin+gt. Zwei Lodges befinden sich am Ortsbeginn, die meisten und auch sehr große Unterkünfte finden Sie eher am Ortsende (siehe auch Annapurna Base Camp Trek, Etappe 9).

3. Tag: Ghandruk – Nayapul (3.45 Std.)
Am letzten Tag wandern wir schließlich von **Ghandruk**, 1995 m, immer bergab, bis wir wieder **Nayapul**, 1030 m, erreichen (detaillierte Wegbeschreibung sowie Höhenprofil siehe Etappe 10 des Annapurna Base Camp Trek).

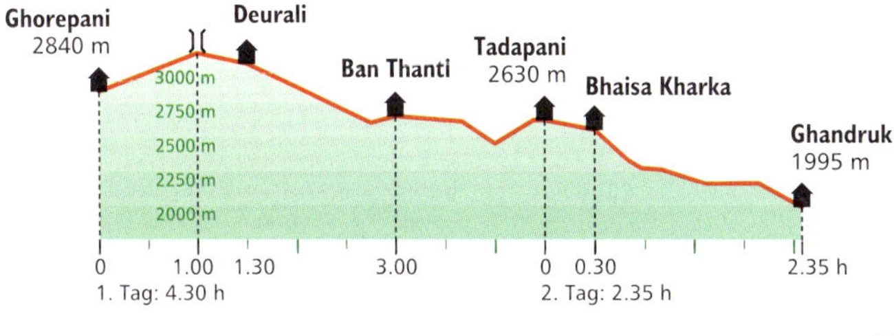

Sprachführer Nepali – Deutsch

Dieser kurze Sprachführer soll Ihnen in den wichtigsten Situationen weiterhelfen und den Kontakt zu den Einheimischen erleichtern. Schließlich ist die Sprache der Schlüssel zur Welt. Zwecks der Alltagstauglichkeit ist folgende Übersicht sehr rudimentär und bisweilen bewusst vereinfacht.

»Namaste«

Dieser Gruß wird sicherlich das erste Wort sein, das Sie auf Nepali beherrschen – jedoch hoffentlich nicht das einzige! Es verfolgt Sie bis in den Schlaf, und auch wieder zurück in Deutschland werden Sie sehnsüchtig an diese freundliche Grußformel denken. Namaste bedeutet wörtlich so viel wie »Ich verbeuge mich vor dem Gott in dir«. Es ist ein Allround-Gruß, der in jeder Situation und zu jeder Tageszeit angewendet werden kann. Zum einen dient er sowohl zur Begrüßung als auch zur Verabschiedung. Zum anderen entspricht es auch den verschiedenen Registern von »Hi« über »Hallo« bis hin zu »Guten Tag« (oder in südlicheren Gefilden »Grüß Gott«). Möchte man jemandem besondere Ehre ausdrücken, so wird das förmlichere Namaskhar verwendet (höhere Position, Alter, Kaste). Beim Gruß faltet man die Hände vor der Brust aufeinander und hebt sie an die Brust, wie beim Gebet. Je höher die Hände positioniert werden und wenn der Gruß noch dazu mit einer Verbeugung einhergeht, umso mehr Respekt gebührt dem Gegenüber. Es ist eher unüblich, sich bei der Begrüßung und beim Abschied die Hände zu schütteln, höchstens unter Männern, nicht aber »zwischengeschlechtlich« oder unter Frauen.

Einige Hinweise zu Aussprache und Transkription

aa	Wie deutsches langes a, wie in Schal, kahl, Mal etc.
a	Kurzes, offenes o, wie in toll, Ross etc.
o	Langes, geschlossenes o, wie in Obst, oder, Oma etc.
kh/th	Beide Laute sind hintereinander hörbar, d.h., hinter dem k/t folgt noch ein »Hauch«
ph	wie f
ch	tsch, wie in Quatsch
y	j, wie in Jacke
j	dsch, wie in Dschungel

Alle übrigen Laute werden mehr oder weniger wie im Deutschen gesprochen.

Einige wichtige Begriffe

I. Basics

Namaste!	Guten Tag!/Hallo!/Auf Wiedersehen!
Sindja nango!	Gute Nacht!
Feri/bholi betaula!	Bis bald/morgen!
Kosto/Sansei chaa?	Wie geht's?
Kosto/Sansei chaa.	Gut geht's.
Hajur?	Wie bitte?
Thik chaa.	In Ordnung.
Danyabaad.	Danke (viel seltener als im Deutschen verwendet, vor allem nicht beim Einkaufen)
Tapaiko nam khe ho?	Wie heißt du?
Mero nam Susanne ho.	Ich heiße Susanne.

Tapaiko desh kun ho?	Aus welchem Land kommst Du?
Mero desh Germany ho.	Aus Deutschland.
Bujeko.	Ich habe verstanden.
Bujeko chaina.	Ich habe nicht verstanden.
Tapai angreji bolnuhuntscha?	Sprechen Sie Englisch?
Bistare!	Langsam!

II. Wo ist ...?

... kahaa chaa?	Wo ist ...?
Hotel kahaa chaa?	Wo ist ein Hotel?
Jagat-ma jaane baato kun ho?	Welches ist der Weg nach Jagat?
Yo bus Besisahar-ma jaane?	Fährt dieser Bus nach Besisahar?
Sutne tau chaa?	Gibt es hier einen Schlafplatz?

III. Trekking

baya	links
daya	rechts
(sano) bato	(schmaler) Weg
pul	Brücke
bhatti	Einkehrmöglichkeit
danda	Hügel
himal	Berg
taal, phokaari	See
ngadi, khola	Fluss, Quelle
Jagatma kati ganta/din?	Wie viele Stunden/Tage sind es nach Jagat?

IV. Essen und Trinken

(ekdam) mito chaa	Es schmeckt (sehr) gut.
(khalo) chiyaa	(schwarzer) Tee
pani	Wasser
dudh	Milch
dhaal (dal)	Linsen
bhaat (bhat)	Reis
roti, chapati	Brot
saag	Spinat
tarkari	Gemüse
aalu	Kartoffeln
masu	Fleisch
chiura	Reisflocken
chini	Zucker
Malai pani/chyiaa dinus!	Geben Sie mir bitte das Wasser/ einen Tee!
Piro chaa?	Ist es scharf?

V. Tage und Zeiten

minet	Minute
ghanta	Stunde
din	Tag

kati bajyo? – Ek bajyo.	Wie viel Uhr ist es? – Ein Uhr.
aja	heute
hijo	gestern
bholi	morgen
bihaanaa	der Morgen
diuso	der Mittag
beluka	der Abend
raati	die Nacht

VI. Hilfe/Notfall

guhar!	Hilfe
Malai sancho chaina.	Mir geht es nicht gut.
(ramro) doktor kaha painchaa?	Wo gibt es einen guten Arzt?
Doktor bolaunus!	Rufen Sie einen Arzt!
Malai jado/garmi laagchaa.	Mir ist kalt/heiß.
Malai rughaa laagyo.	Ich bin erkältet.
Malai disaa laagchaa.	Ich habe Durchfall.

VII. Zahlen

ek	1	athaara	18
dui	2	unnais	19
tin	3	bis	20
chaar	4	tis	30
paach	5	chaalis	40
chha	6	pachaas	50
saath	7	saathi	60
aath	8	sattaari	70
naau	9	pachahatter	75
dos	10	asi	80
eghara	11	nabbe	90
bara	12	se	100
tera	13	dui se	200
chaudha	14	tin se	300
pandhra	15	haajaar	1000
sora	16	dui haajaar	2000
satra	17		

Stichwortverzeichnis